铁路专业系列教材

铁道概论

中国国家铁路集团有限公司运输部　主编

中国铁道出版社有限公司

2025年·北京

内 容 简 介

为加强铁路专业技术和技能人才队伍建设，增强铁路职业教育和技术业务培训的系统性、针对性，中国国家铁路集团有限公司组织编写了铁路专业系列教材。

《铁道概论》为铁路专业系列教材之一，全书包含绪论，铁路线路，铁路车站，铁路机车，铁路车辆，铁路动车组，铁路供电，铁路信号设备，铁路通信，铁路信息系统，铁路信号显示，铁路运输组织，高速铁路，重载运输等内容。

本书既可作为高等职业学校铁道类相关专业基本教材，又可作为普通高等学校铁路专业入门教材，同时也可作为铁路企业管理人员、专业技术人员、技能人员岗位培训和业务学习参考用书。

图书在版编目(CIP)数据

铁道概论/中国国家铁路集团有限公司运输部主编．—北京：中国铁道出版社有限公司，2022.8(2025.9 重印)

铁路专业系列教材

ISBN 978-7-113-29211-9

Ⅰ.①铁… Ⅱ.①中… Ⅲ.①铁路工程-教材 ②铁路运输-教材 Ⅳ.①U2

中国版本图书馆 CIP 数据核字(2022)第 095741 号

书　　名：铁道概论
作　　者： 中国国家铁路集团有限公司运输部

责任编辑： 黄　筱　　**编辑部电话：**(010)51892548
封面设计： 崔丽芳　　**封 面 摄 影：** 王明柱
责任校对： 安海燕
责任印制： 高春晓

出版发行： 中国铁道出版社有限公司(100054，北京市西城区右安门西街 8 号)
网　　址： https://www.tdpress.com
印　　刷： 北京联兴盛业印刷股份有限公司
版　　次： 2022 年 8 月第 1 版　2025 年 9 月第 14 次印刷
开　　本： 787 mm×1 092 mm 1/16　**印张：** 22.25　**字数：** 503 千
书　　号： ISBN 978-7-113-29211-9
定　　价： 59.00 元

前言

为加强铁路专业技术和技能人才队伍建设，增强铁路职业教育和技术业务培训的系统性、针对性，在全国铁道职业教育教学指导委员会指导下，中国国家铁路集团有限公司组织编写了铁路专业系列教材。

近年来，随着我国铁路事业的快速发展，铁路技术装备加快升级，铁路生产组织、作业方式、作业规章发生了较大变化，对铁路专业技术及技能人才的知识结构、技能结构提出了更高要求。从对院校铁路专业教学调研的情况看，部分院校专业教材存在知识老化、与现场岗位技能要求脱节的问题，影响了铁路技能人才培养质量。中国国家铁路集团有限公司组织编写本套教材，旨在引导院校加强铁路主专业建设，将铁路企业现场新技术、新规章、新技能融入专业教材中，指导院校完善课程体系，改进专业教学，提高铁路人才队伍源头培养质量。

本套教材由中国国家铁路集团有限公司各业务部门组织铁路企业专业技术人员及院校专家共同编写，历时一年完成。在教材编写过程中，广泛征求了铁路企业和院校专家意见，并经多次修改完善。整套教材紧扣铁路现代化发展，系统梳理了近年来我国铁路发展特别是高速铁路发展理论和实践经验，全面概括了铁路各专业学科的基本内容、基本要求，是我国铁路专业教材建设的重要成果。本教材有以下主要特点：

第一，系统性。系列教材涵盖铁路主要行车工种对应的行车、客运、货运、机务、车辆、动车组、工务、信号、通信、供电等各专业，编写思路清晰，结构科学严谨。通用教材与专业教材承接紧密，各专业教材之间协调互补，构建了全面、系统的铁路专业知识体系，反映了铁路专业学科特色和基本要求。

第二，权威性。坚持专业领航、产教融合、校企合作，组建“企业（技术管理、运营维护、科学研究、生产制造）+院校”的编写团队，由中国国家铁路集团有限公司各业务部门牵头把关，组织来自铁路局集团公司、铁科院集团公司、高等学校、高职院校以及生产制造企业的数百名专业人士，潜心撰写，深入研讨，既有理论阐释，又有现场作业演示，全方位、多视角呈现了铁路专业学科知识。

第三，实用性。坚持学以致用，注重对最新规章标准文件的运用和解读，针对铁路现场岗位技能要求，确保教材内容与铁路运输岗位标准相契合，突出铁路职工岗位必知必会内容。本套教材减少大篇幅的理论推导和施工报告式的工艺流程堆砌，避免晦涩难懂的专业术语和理论运算，体现实用性和可读性相互兼顾。根据普通高校、职业院校和铁路职工岗位专业学习的特点，系列教材既有一般教材的共性，又有铁路专业学科的知识体系、逻辑结构和体例风格，特别是结合现场工作要求，突出岗位技能，使广大师生和铁路从业人员学得懂、用得上。

第四，融合性。坚持融合出版，本套教材收入了大量的现场设备及现场作业实景图片，图文并茂，生动易懂。在编写和出版过程中，积极运用“互联网+职业教育”的思维方法，推动传统教学理论变革，打造立体化新型教材，推进学术性与知识性结合。同时，充分运用现代信息技术，融合电子图书、课程视频、知识库等多种数字资源，进一步丰富教材内容，通过手机浏览器扫描二维码，下载安装教材 App，获得电子教材与规章标准数据联通共享，知识内容检索等增值服务，便于读者深入学习和拓展阅读。

本套教材既可作为高等职业学校铁道类专业基本教材，又可作为普通高等学校铁路专业入门教材，同时也可作为铁路企业管理人员、专业技术人员、技能人员岗位培训和业务学习参考用书。

本书为《铁道概论》，包含绪论，铁路线路，铁路车站，铁路机车，铁路车辆，铁路动车组，铁路供电，铁路信号设备，铁路通信，铁路信息系统，铁路信号显示，铁路运输组织，高速铁路，重载运输等内容。

本书由中国国家铁路集团有限公司运输部主编。中国国家铁路集团有限公司运输部张亮、沈阳局集团公司冯春祥、南京铁道职业技术学院周平统稿。参加编写人员有：沈阳局集团公司冯春祥，南京铁道职业技术学院周平，中国国家铁路集团有限公司运输部张亮，沈阳局集团公司岳力勋

(第一章);南京铁道职业技术学院周平,中国国家铁路集团有限公司工电部张晓阳、杨梦蛟,北京局集团公司张良顺(第二章);中国国家铁路集团有限公司运输部张亮,沈阳局集团公司冯春祥,北京局集团公司乌峥、王欢、中国国家铁路集团有限公司运输部任威、北京局集团公司邓小辉(第三章);中国国家铁路集团有限公司机辆部胡崇、肖孝军,中国国家铁路集团有限公司工电部徐其瑞,南京铁道职业技术学院周平(第四章、第五章);中国国家铁路集团有限公司客运部刘峰,中国国家铁路集团有限公司机辆部肖孝军,中国国家铁路集团有限公司客运部牟宏基、李昊光(第六章);中国国家铁路集团有限公司工电部乔凯庆、裴海斌、张克永,武汉高铁训练段胡志刚(第七章);中国国家铁路集团有限公司工电部李文涛,南京铁道职业技术学院周平,河北轨道运输职业技术学院贾毓杰(第八章);上海局集团公司李竑,南京铁道职业技术学院周平,河北轨道运输职业技术学院贾毓杰(第九章);中国国家铁路集团有限公司科信部丁晓萌(第十章);沈阳局集团公司冯春祥,中国国家铁路集团有限公司运输部孙博,北京局集团公司张国延,沈阳局集团公司岳力勋(第十一章);中国国家铁路集团有限公司运输部申宏楠、张亮,中国国家铁路集团有限公司客运部刘峰、安仲文、牟宏基、李昊光,中国国家铁路集团有限公司调度中心高磊,中国国家铁路集团有限公司货运部唐劲松、郑亚波,南昌局集团公司邹俊(第十二章);中国国家铁路集团有限公司运输部王鹏、张亮,河北轨道运输职业技术学院任萍,中国国家铁路集团有限公司调度中心高磊,上海局集团公司姜镇华,西安局集团公司王政波(第十三章);中国国家铁路集团有限公司运输部任建忠,沈阳局集团公司冯春祥,中国国家铁路集团有限公司运输部张小强,太原局集团公司王利平(第十四章)。参加审定人员有:中国国家铁路集团有限公司运输部徐伟、中国国家铁路集团有限公司客运部宁斐、中国国家铁路集团有限公司客运部孟凡栋、中国国家铁路集团有限公司工电部闫永利、中国国家铁路集团有限公司调度中心刘志新,铁科院集团公司王洪业,上海局集团公司赵强,南昌局集团公司刘维国,郑州局集团公司张宝奇,中车齐齐哈尔车辆有限公司程伟。

本书在编写过程中得到了河北轨道运输职业技术学院、南京铁道职业技术学院、湖南铁路科技职业技术学院和沈阳局集团公司、北京局集团公司、南昌局集团公司、上海局集团公司、太原局集团公司、西安局集团公司的大力支持，在此一并表示感谢。

由于编者水平有限，书中难免有遗漏和不妥之处，诚请读者批评指正。

编　者

2022 年 7 月

目录

第一章

绪 论

学习任务

交通运输是利用交通工具、设施完成人员或货物空间位移的生产经营性活动过程，是人类社会生产、经济、生活中的一个重要环节，在现代社会的各个方面起着十分重要的作用。铁路运输作为现代交通运输方式的一种，已有近200年的发展史，是我国运输业中的主要运输方式之一，也是世界上大多数国家陆上运输的主要方式，铁路的技术进步和现代化进程深刻影响着整个世界经济的发展。

本章介绍了现代交通运输的作用和特点、铁路建设发展情况和铁路的运营与管理。

通过学习，了解交通运输业的主要方式、交通运输现代化发展情况和中国铁路的发展史及发展方向。

第一节　现代交通运输

一、现代交通运输业的作用

交通运输业是国民经济的重要组成部分，是保证人们在政治、经济、文化、军事等方面联系交往的手段。交通运输业又是衔接生产和消费的一个重要环节，它是沟通工农业、城乡、地区、企业之间经济活动的纽带，是面向社会为公众服务的公用事业，是对国民经济和社会发展具有全局性、先行性影响的基础行业，在现代社会的各个方面起着十分重要的作用。

1. 促进人民生活水平提高

运输业中的交通网络，遍布祖国各地，把全国连成一个统一的整体，为提高人民生活水平、各民族的团结发挥着重要作用。

2. 提升社会劳动生产率

交通运输业把国民经济中各项生产活动的产、供、销环节有机地结合在一起。交通运输业的高效性促进整个社会的劳动生产率和国民经济效益的提升。

3. 强力支撑国防现代化

交通运输业的多样性、高效性对巩固国防,实现国防现代化具有重要的作用。

4. 促进对外开放、对外贸易和与世界各民族间友好往来

交通运输业在国家间经济、技术、文化交流中发挥着重要的作用,促进了“一带一路”倡议与沿线国家发展的相互衔接。

二、现代交通运输业的性质与特点

(一)交通运输业的性质

交通运输业具有物质生产和为社会公众服务的多重属性,是一个具有明显服务功能的物质生产部门。交通运输是生产过程在流通过程中的继续,是独立的物质生产部门,它参与社会物质财富的创造。

(二)交通运输业生产的特点

1. 交通运输业在自己生产过程中,对劳动对象进行一种特殊形式的物理加工,加工后得到的结果不是形成任何新的物质产品,而只是运输对象的位置变化。可见交通运输业的产品就是旅客和货物所在地点的改变,即位移,它的计量单位是人公里和吨公里。交通运输业对它的劳动对象只提供服务,而不能自由支配。

2. 交通运输业的产品——旅客和货物的位移,同交通运输业的生产过程不能分离,即位移的生产和消费是同时进行的。因此,交通运输业的产品既不能储存,也不能进行积累。交通运输业不创造新的物质产品,不改变劳动对象的形状和性质,只变动劳动对象的空间位置,它是进行物质生产的必要条件,也是物质生产过程不可缺少的重要环节。

3. 交通运输业不能用调拨产品的办法来调节不同时期和不同地区对运输的需要,只能用调动交通运输业的一部分生产能力来进行调剂。

三、现代交通运输的技术经济特征及适用范围

现代交通运输业主要包括铁路、公路、水路、航空及管道运输五种方式,由于各种运输方式都有自己的特征和优缺点,因而它们都有各自最适合的应用范围。

(一)铁路运输

铁路运输是以固定轨道作为运输道路,由各种牵引动力牵引车辆运送旅客和货物的运输方式。铁路运输具有运输能力比较大、运输速度比较快、运输成本比较低、安全性可靠性比较高、受天气条件的影响比较小,并且具有占地少、能耗低、污染小等特点。因此,在国土幅员辽阔的大陆国家,铁路运输是陆地交通运输的主力,适合经常稳定的大宗货物运输,特别是中长途货物运输,也适合中长途、短途城际和高速旅客运输。

(二)公路运输

公路运输是在公路上运送旅客和货物的运输方式。其主要优势是机动性、灵活性强,而且对客货运量大小具有很强的适应性,在中短途运输中效果最突出。但其装载量小,单位运输量的能源消耗大,运输成本高,产生噪声和排放污染物对环境有较大的污染。

(三)水路运输

水路运输是以船舶为交通工具,在水域沿航线载运旅客和货物的一种运输方式。水路

运输按航行的区域分为远洋运输、沿海运输和内河运输等类型。水路运输能力相当大，且具有占地少、运量大、投资省、运输成本低等特点，在运输长、大、重件货物时，水上运输更具有突出的优势。但是水路运输速度比较慢，受自然条件的限制较大。

(四)航空运输

航空运输是用飞机运送旅客和货物的一种运输方式。其最大的特点是速度快，并具有一定的机动性，且不受地形地貌、山川河流的障碍，若用直升机运输，则机动性更大。航空运输适用于长途旅客运输、货物运输及邮件运输，包括国际和国内运输，在通用航空运输方面(摄影、人工降雨、林业播种、抗灾救护等)更显优势。其缺点是载运能力小、能源消耗大、运输成本较高。

(五)管道运输

管道运输是使用管道输送流体货物的一种运输方式，其所运货物多为燃料。管道运输与其他运输方式最大的不同是，管道既是运输工具，又是运输通道，它通过输送设备驱动货物，使之通过管道流向目的地。因此，管道运输具有输送能力大、效率高、成本低及能耗小、占用土地少，且不受地形与坡度的限制，易取捷径，可缩短运输里程、基本不受气候影响，可以长期稳定运行，沿线不产生噪声且漏失污染少等优点。同时，管道运输也存在一些缺点，它适于长期定向、定点、定品种运输，调节范围窄，更不能输送不同品种的货物。

总之，五种交通运输方式既相对独立又互相依存，既有协作又有竞争。在国民经济和社会发展以及运输技术不断进步的条件下，如何综合利用和发展各种运输方式的问题日益受到各国的重视。

根据中国的国情和交通运输发展规划，中国的交通运输业是以铁路为骨干，公路为基础，努力发展航空制造业和航空运输技术，加大水路运输能力，加快沿海港口的建设和发展管道运输，建设一个全国统一的、协调的综合交通运输体系。

四、交通运输现代化

随着科学技术的进步和发展，交通运输业采用新技术装备日益增加，在实现运输工具和设备现代化的过程中出现了大型化、高速化、自动化和信息化的趋势。

(一)快速、高速客运技术

客运快速化、高速化是世界交通运输客运发展的一个重要趋势。从20世纪初至50年代，德国、法国、日本等国家先后开展了有关高速列车的理论研究和试验工作。1964年日本东海道新干线、1981年法国TGV东南新干线和1991年德国汉诺威—维尔茨堡和曼海姆—斯图加特高速铁路的开通运营，标志着高速铁路发展进入了新阶段。

2008年8月1日，我国首条设计速度达350 km/h的高速铁路京津城际铁路建成通车。截至2021年底，中国铁路营业里程已突破15万km，居世界第二，其中高速铁路营业里程已超过4万km，居世界第一。

欧洲各国、美国等发达国家先后建成了比较完善、高标准的国家公路网和高速公路网。目前中国国家高速公路网是世界上规模最大的高速公路系统。

(二)快捷、重载货运技术

铁路快捷货物运输是利用先进的运输组织手段，提高货物列车行车速度，改善货物运输服务质量的一种快速货物运输形式。

法国在 1987 年里尔—马赛开行了第一列最高运行速度 160 km/h 的特快货物列车和 140 km/h 的鲜活特快货物列车。德国铁路从 1991 年起利用既有线与新投入运营的高速铁路联合运营的办法开行城市间特快货物列车,最高速度达 160 km/h,在全国最重要的 23 个经济中心之间每天开行 70 列联合运输快速直达货物列车,运送集装箱和流动式货箱。

中国也采用多种货物运输组织形式,发展集装箱运输,开展多式联运和大陆桥运输,逐步实现包装和成件货物的运输集装化。

中国在货物运输方面以发展重载运输为主攻方向,已经形成以山西、陕西、内蒙古西部煤炭基地为中心,向东北、京津冀、华东及中南 4 个调入区呈扇形辐射状调运煤炭的运输格局。中国 1984 年开行了组合重载列车,1992 年在大秦铁路上开行了单元式重载列车,牵引质量达到 6 000 ~ 20 000 t。大秦铁路重载运输是一项庞大的系统工程,如大功率电力机车、装有转动车钩的新型运煤专用敞车、光缆数字通信系统、计算机调度集中系统、自耦变压器供电系统、运营信息系统等,其综合技术水平和运输能力达到了国际水平,标志着中国铁路重载技术和运输组织管理向现代化管理方面迈出了重要一步。

公路运输大力开展集装箱运输、专业化运输,在货物运输组织形式上,采用多班运输、定点运输、定时运输、甩挂运输、直达联合运输等方式,快速、便捷地满足货物运输的需求。

(三)运载工具大型化、专业化和运输装备现代化

为适应货物运输的需求,铁路上采用大轴重、轻自重、低动力作用的大型化货车;为减少重载列车纵向冲动,采用了铰接式转向架或无间隙牵引杆;采用高强度重型钢轨,铺设无缝线路;在重载列车上装设了列车同步操纵和遥控装置,发展了货运车辆的电控空气制动新技术;各国已采用载重 70 t 通用货车、载重 80 t 煤炭专用货车、载重 100 t 的矿石和钢铁专用货车。

公路货运汽车也向大吨位、专业化、低能耗方向发展。客运汽车除要求高速、安全、舒适外,还采用了各种先进的机、电控制装置以及车轮防抱死和滑转装置等,以强化大客车的制动性能。

航空运输也呈现出飞机大型化和航空公司全球化的趋势。全球卫星导航系统已被各国际民航组织广泛采用,从而使空中交通管制系统进入新的阶段。

(四)运营管理信息化

在运输生产、经营和管理中广泛采用各种先进技术和手段,如全球定位技术、移动通信技术、电子数据交换技术和企业计算机管理信息技术等,建成了强大的铁路、公路公用综合数据通信网。利用计算机数据通信网的支持,把原来单独建立的专用系统接入网络,使运营管理自动化系统向综合化发展,进一步优化了信息资源的配置和合理利用,增强了系统功能,扩大了应用范围。

第二节 铁路的建设与发展

一、世界铁路的建设与发展

（一）世界铁路发展经历

1825年英国修建了斯托克顿—达林顿（21 km）铁路，这是世界上第一条公用铁路。它的出现标志着近代铁路运输业的开端，使陆上交通运输迈入了以蒸汽机为动力的新纪元。由于它显著的优越性，备受人们的青睐，在短时间内，世界上其他国家的铁路相继修通并得到较快发展。

世界铁路发展经历了以下三个阶段：

第一阶段：从1830年到1900年前后。这一阶段以蒸汽机的发明和钢轨生产技术的进步为代表，解决了铁路发展的动力和钢轨等关键问题，促进了铁路的大发展。

第二阶段：从1900年到1950年前后。在这一阶段中，铁路技术的进步主要是围绕机车技术的进步和钢轨断面的改进两个方面进行的。电力机车的出现，为铁路的发展提供了干净的动力。

第三阶段：从1950年开始到现在。这一阶段是铁路的飞跃发展时期，特别是1964年10月1日，世界上第一条高速铁路——日本东海道新干线的问世，向世人展示了铁路新的发展前景，使古老的铁路又焕发出了新的生机。从20世纪60年代到现在，高技术铁路以其高的速度、高的运输效率、低的运营成本和特有的安全舒适性，在陆地运输中占很大比重。

截至2021年底，世界铁路总长度超过130万km。其中美国26万km，中国15万km，俄罗斯8.7万km，印度6.6万km，加拿大4.7万km，德国4.3万km。

（二）部分国家铁路建设与发展情况

1. 美国铁路

美国第一条铁路为巴尔的摩—俄亥俄铁路，于1830年5月建成通车，全长21 km。1916年，美国铁路总里程曾达到历史最高峰，约41万km。此后，由于铁路经营状况恶化，大量线路被拆除和封闭，路网长度不断缩减。1980年美国铁路实施了放松管制改革后，又进行了大规模的路网合理化改造。

2011年，全美铁路客运公司（Amtrak）营业里程约33 796 km（包括加拿大的3个省内线路）。由于铁路具有较强的社会公益性，在与公路、航空的激烈竞争中，城际客运铁路不具备竞争优势。以旅客周转量计算，10年来Amtrak城际客运铁路市场份额保持在0.1%，远远落后于其他运输方式，公路市场份额一直保持在87%左右，航空市场份额在10%左右，城市交通份额为1%左右。

铁路在美国货运市场居主导地位，以货物周转量计算，铁路货运占美国货运市场41%的份额，高于其他运输方式。煤炭是美国铁路运输最主要的货物品类。多式联运已成为美国铁路运输增长最快的业务，收入约占美国铁路收入的21%，仅次于煤炭运输。集装箱运输是美国铁路多式联运的主要运输方式，伴随多式联运运量增长，集装箱运量在铁路多式联运总运量中的比例也在不断扩大。

重载运输是美国铁路货物运输的主要方式，经过40余年的发展，美国重载铁路已经牢固地确立了在货运市场中的地位。目前，美国铁路大部分货车载重已达到70～100 t，铝制煤运敞车载重达到122 t。

美国自20世纪70年代起，对东北走廊持续进行提速改造。东北走廊电气化建设于1992年开始，1999年完工。目前在东北走廊投入运营的高速（摆式）列车，最高运行速度240 km/h。

2. 日本铁路

日本第一条铁路——京滨铁路（新桥—横滨）于1872年建成，全长29 km。目前，日本铁路网由JRs线路和其他轨道交通方式线路（包括大型民铁、东京地铁、地方交通、公营）组成。其中JRs线路主要是横跨全国的干线铁路，后者则主要为城市或市郊轨道交通线路。

1964年10月1日，世界上第一条高速铁路——东海道新干线建成通车。此后，新干线线路不断发展，逐渐延伸至日本本州岛、九州岛的大部分地区。所有新干线的最高运营速度均达250 km/h以上，其中山阳新干线达300 km/h，东北新干线达320 km/h。当在建、计划建设及未来规划建设的高速铁路建成后，日本将形成较完整的新干线高速铁路网。

3. 德国铁路

20世纪初，德国铁路网已基本形成，第二次世界大战后，路网规模大为缩小。1964年，德国铁路提出铁路网扩建改造计划，对既有线进行了为期多年的现代化改造。

1964年，联邦德国铁路制定了《联邦铁路承担主要运输流任务的快速铁路发展规划》，其主要任务是采用20世纪的线路标准改造既有铁路，建设时速200 km的快速铁路网，规定快速铁路继续按客货混运模式组织运营。1970年出台了以21世纪线路标准为基础的联邦铁路网扩建改造规划，第一次提出了建设最高速度为300 km/h的1 100 km高速铁路计划。按照上述两项规划，20世纪60～70年代，联邦德国铁路对既有路网进行了持续多年的现代化改造，重点是加快电气化改造。

1971年9月，联邦德国铁路开始开行最高速度为200 km/h的IC城间特快列车，这是德国真正向现代铁路高速运输发展的第一步。同年，开工建设第一条高速新线——汉诺威—维尔茨堡铁路，并于1991年正式开通运营。

德国重新统一后，联邦德国铁路和民主德国国营铁路合并，成立德国铁路股份公司。由德国铁路股份公司承担的货运量总体上呈下滑趋势。1994年11月，德国铁路股份公司制定了21世纪路网发展规划基本方案，路网不再按线路在运输中的作用分为主干线、次要长途线路和其他线路，而按其用途和基础设施的标准分类，由优先网、能力网、地区网三种路网构成。优先网——根据速度将快、慢运输分开，形成相对独立的三部分铁路网，共计约为10 000 km；能力网——长途、短途和货物列车共线混合运行线路，根据运输负荷、计划对其瓶颈区段采取局部的协调措施（使速度趋于基本一致），共计约13 000 km；地区网——用于补充优先网和能力网，运行地区旅客列车和货物列车，共计约13 000 km。

铁路改革以后，德国铁路股份公司提出了四个新战略：面向货主战略、优化核心业务战略、物流化战略和国际化战略。其主要举措包括：组建欧洲铁路货运联盟；大力发展物流和多式联运业务；实施大客户战略（德铁称为 MORA-C 工程）；推行零散整车货物运输生产系统；建立现代化的货主服务中心。

4. 英国铁路

英国的铁路网早在 100 多年前就已经成型。19 世纪 50 年代是英国铁路建设的高峰时期，截至 1880 年主要线路基本建成，1928 年路网规模达到 32 565 km 的历史最高水平。之后，由于受到第二次世界大战和公路激烈竞争的影响，铁路运输市场份额逐渐萎缩，路网规模不断缩小。

英国铁路在 2009 年左右对重要既有线进行了升级改造，包括东海岸、西海岸干线的升级改造工程。东海岸干线连接伦敦和爱丁堡，长 632 km。改造工程涉及邻近的米德兰干线和欧洲之星高速列车的终点站圣潘克拉斯车站，以及国王十字车站。西海岸干线是英国重要的铁路线路，全长 880 km，连接伦敦与伯明翰、曼彻斯特、利物浦、格拉斯哥等人口密集城市，承担 40% 以上的全国铁路货运量。西海岸干线改造工程对整个线路进行了彻底改造，包括线路、桥梁、牵引供电系统、信号设备等各方面。工程完工后运行最高速度 200 ~ 250 km/h 的摆式列车。工程分两阶段，第一阶段于 2004 年 9 月完成并通车，第二阶段于 2008 年底完成，2009 年 1 月投入使用。

海峡隧道铁路连接线（CTRL）是英国近一个世纪以来修建的一条重要新线，也是英国第一条高速铁路，因此被称为 HS1。它从伦敦中部的圣潘克拉斯站通向英吉利海峡隧道，将英国铁路直接与欧洲高速铁路网相连，全长 109 km，最高运营速度 300 km/h，23% 的线路在隧道内，沿线设 4 个新站。

2009 年，英国开始规划建设高速铁路 2 线（HS2），并于 2009 年 1 月成立了 HS2 有限公司，该公司由运输部直接领导，负责对 HS2 线进行可行性研究。规划的 HS2 线从伦敦到伯明翰，然后分别通往曼彻斯特和利兹，形成“Y 形”高速铁路网，全长约 540 km，计划总投资 327 亿英镑，分两阶段开展建设。第一阶段线路从伦敦到伯明翰，全长约 190 km，第二阶段线路从伯明翰向北继续延伸到曼彻斯特和利兹。2012 年，英国政府批准修建 HS2 第一阶段线路，该线路 2017 年开工建设，计划 2026 年开通运营。

英国是世界铁路运输业的发源地，以客运为主，客货共线运输。在英国铁路发展的历史最好时期，货运市场份额曾达到 52%，客运市场份额曾达到 30%。但是从 20 世纪 50 年代开始，随着公路、航空运输的兴起，铁路运输受到了严重挑战，逐渐走向衰落。之后，通过实行网运分离、民营化等一系列改革措施，英国铁路重新确立了在交通运输业中的位置，客货运量逐年增长，市场份额保持在一个相对稳定的水平。

5. 法国铁路

1826 年 10 月，法国建成第一条铁路（圣埃蒂安—安泰基矿山铁路），全长 21. 286 km。1937 年，法国国营铁路公司（SNCF）成立，国家拥有 SNCF 51% 的资产。1938 年，法国铁路网里程达到 64 000 km 的历史最高峰。1982 年，国家收购了全部私人股份，法国国营铁路公司（SNCF）成为国内唯一的铁路经营者。1947—1976 年，SNCF 制订和实施了 6 个铁路发展计划，重点进行了铁路重建、电气化建设和机车车辆更新。1976 年后，法国陆续建设和开通了东南线、大西洋线、北方线、东南延伸线、巴黎地区东部联络线、地中海线等多条高速铁路线。

2008 年全球金融危机以来，受法国“国家经济复苏计划”推动，高速铁路建设步伐加快，期间建成的高速铁路线主要包括:东欧线(二期)、南欧大西洋线、布列塔尼—卢瓦尔河大区线、尼姆—蒙彼利埃线。

近年来,法国政府从可持续发展的角度调整运输政策,重视提升铁路在综合交通中的地位。2011 年 1 月 27 日,法国新的“交通基础设施发展规划”草案明确,未来 20 ~ 30 年内,法国政府将向交通领域投资 1 700 亿欧元,其中,铁路领域投资占总投资额的 52%。根据该规划,法国政府计划到 2030 年,将实现 100 亿吨公里的货物周转量、25 亿人公里的旅客周转量从公路转移至铁路,以及 20 亿人公里的旅客周转量从航空转移至铁路,由此实现每年减少温室气体排放 200 万 t。

法国铁路根据列车速度等级、开行范围、服务特点等因素,开发了多元化、系列化的客运产品,很好地适应了市场需求。近年来,法国铁路客运发展势头良好,旅客周转量及所占市场份额均有所增长。客运经营特点呈现为:大力发展 TGV 高速客运、积极开拓国际客运市场、努力实现品牌化经营、不断借助科技手段创新服务内容等。

法国铁路开发了一系列快捷货运产品,但与客运相比,法国铁路货运发展前景并不乐观,在与公路的竞争中,货物周转量呈明显颓势,市场份额连年下降。

6. 印度铁路

印度铁路路网在印度独立前已大致形成规模,1950 年建国后,铁路营业里程增长很缓慢,但电气化率提高明显。印度铁路是多轨距系统,按轨距分有宽轨铁路(轨距 1 676 mm)、米轨铁路(轨距 1 000 mm)和窄轨铁路(轨距有 762 mm 和 620 mm 两种)。其中大部分是宽轨铁路,主要繁忙干线都是宽轨铁路,电气化线路也全都是宽轨铁路。

印度的干线铁路属于客货混运型,随着经济快速发展,主要干线运输日益繁忙。从 2006 年开始,为满足客货运量的不断增长,印度铁路研究并制定了货运专线和高速客运走廊建设规划。2009 年,印度“货运专线走廊计划”东线工程正式动工修建,东线全长 1 256 km,2/3 的线路为双线铁路,用于重载运输。

印度铁路的客运量非常庞大,在世界上是客运量最多的铁路系统之一。印度建国70 多年来,印度铁路的旅客发送量和旅客周转量稳步增长。

印度铁路货运无论从运量和收入来看,煤炭运输都占有极为重要的地位,也在印度铁路的运输总收入中占有举足轻重的地位。

7. 俄罗斯铁路

俄罗斯联邦国家铁路网在苏联解体前已经形成,占苏联整个路网总长度的 59. 3%。路网布局主要集中分布在人口稠密和经济发达的欧洲部分,约占俄罗斯铁路路网的 80%,铁路线路以轨距 1 520 mm 宽轨线路为主。

2008 年,《俄罗斯联邦铁路 2030 年运输发展战略》规划开始实施。预计到 2030 年,俄罗斯铁路网将新增线路 20 550 km,其中具有战略意义的铁路 4 452 km、具有社会意义的铁路 1 262 km、高速铁路 1 528 km、技术性线路 8 648 km、货物运输线 4 660 km,预算总投资为 13. 7 万亿卢布。

俄罗斯铁路是国家的交通运输骨干,也是世界上最强大的铁路运输系统之一。进入 21 世纪,特别是俄罗斯铁路(股份)公司成立以来,铁路客货运量基本呈保持稳定和增长态势。

二、中国铁路的建设与发展

中国铁路建设始于晚清时期。从第一条营运铁路——上海吴淞铁路1876年通车之日算起，中国铁路迄今已有140多年历史。百余年来，中国的铁路事业经历了两个根本性质不同的社会。中华人民共和国成立以后，在中国共产党的领导下，我国铁路的落后状况得到了迅速而彻底的改变。尤其是改革开放以来，我国铁路建设更是取得了前所未有的成就。进入21世纪以后，中国铁路建设进入了黄金机遇期，特别是党的十八大以来，铁路现代化建设事业发展更为显著，取得了世人瞩目的辉煌成就。

(一)1876—1912年

1. 中国领土上出现的第一条营运铁路

中国第一条营运铁路是1876年在上海修建的吴淞铁路，如图1-1所示。这条铁路从上海市至吴淞镇，全长14.5 km，轨距为762 mm的窄轨。这条铁路最后被清政府以28.5万两白银收回并拆除。

图1-1　吴淞铁路通车

2. 中国投资建设的第一条铁路

中国自己投资建设的第一条铁路是1881年的唐胥铁路(唐山—胥各庄)。它是清政府为了解决开平矿务局的煤炭运输问题而修建的，铁路全长约10 km，采用15 kg/m的钢轨。中国工人利用矿场起重机锅炉和竖井架的槽铁等旧材料，建成了一台蒸汽机车。机车全长18 ft 8 in，两侧各镶嵌一条金属刻制的龙，故称为"龙号"机车，如图1-2所示。

3. 中国自主设计、施工修建的第一条铁路

1905年10月开工，1909年10月通车的京张铁路，南起北京丰台，北至张家口，全长201 km，采用1 435 mm标准轨距，是在杰出的爱国工程师詹天佑主持下，全部用中国人民自己的智慧和才能建成的。

京张铁路建筑工程相当艰巨，自南口进入燕山山脉军都山后，岭高、坡陡、隧道工程大，需要开凿居庸关隧道(长365 m)、五桂头隧道(长45 m)、石佛寺隧道(长141 m)和八达岭隧道(长1 091 m)。在当时条件下，完全靠人工修筑而成。从南口至青龙桥站18 km间的最大坡度已达33‰，为了保证列车能安全越过山岭，在詹天佑主持下设计成"人"字形爬坡线路解决了这一难题，如图1-3所示。京张铁路的修建谱写了中国铁路建筑史上光辉的一页。

图 1-2 “龙号”机车

图 1-3 京张铁路青龙桥“人”字形线路

清政府时期共修建铁路约 1 万 km,具有浓厚的半封建半殖民地的性质和色彩,整个铁路事业的发展缓慢又畸形。

(二)1912—1949 年

1912—1927 年,在北洋军阀统治时期,由于军阀混战和帝国主义列强的控制,主要是借款修建铁路。修建的铁路主要有:大包铁路(大同至包头 400 km)、陇海铁路徐海和观陕段(498 km)、粤汉铁路湘鄂段(武昌至长沙 258 km)等。

1927 年,南京国民政府设立了铁道部,制订了大规模修建铁路的计划,但因连年内战,又缺乏资金,修建的铁路很少。

1928—1937 年,东北地方当局修建了滨北铁路的绥化至海伦段、沈吉铁路的吉林至海龙段等,共 823 km。南京国民政府在关内修建了陇海铁路灵宝至宝鸡段、粤汉铁路株洲至韶关段等,共 3 600 km。山西省采用 1 m 轨距,修建了贯通全省的同蒲铁路(大同至风陵渡),共 860 km。

1935 年 9 月建成的浙赣铁路钱塘江大桥,是由中国桥梁专家茅以升、罗英主持设计建造的第一座特大公路铁路两用桥,在中国桥梁史上占有重要位置。

1931 年“九一八”事变后,日本在侵占东北期间修建了敦化至图们等铁路。日本占据东北期间修建的这些铁路,大部分已在 1945 年日本投降前后被拆除。1937 年抗日战争全面爆发后,日本在华北、华东、华南等占领区,为了扩大侵略及经济掠夺的需要,拆除了一些旧线,修建了一些新线。日本在侵华期间,威逼中国劳工,在东北地区修建了 5 700 km 铁路,在华北、华东和华南等沦陷区修建了 900 km 铁路。

抗日战争胜利前,国民党政府为了战时后方供应的需要,以及谋求打通连接越南、缅甸的国际通道,先后在西南、西北地区修建了 1 900 km 铁路,即湘桂、黔桂、叙昆、滇缅、綦江等铁路。陇海铁路的宝鸡至天水段、天水至兰州段,以及成渝、湘黔等铁路也在施工。但这些铁路有的中途停建,有的被拆除,至 1945 年日本投降时,能够勉强通车的铁路只有湘桂铁路的衡阳至来宾段、黔桂铁路的柳州至清泰坡段、陇海铁路的宝鸡至天水段,以及叙昆和滇缅铁路的部分区段。

民国时期铁路建设的特点:一是数量少、分布偏,大部分分布在东北和沿海地区;二是标准杂、质量差,全国轨距宽窄不一,技术设备陈旧落后,行车安全得不到保障;三是管理分割、经营落后。大部分铁路借外债修建,按投资的国别分线设局管理。各铁路局各自为政,不仅没有统一的规章制度、管理方法,也给旅客乘车和货主运货带来诸多不便。

中华人民共和国成立以前的铁路贫乏、畸形、落后,但在客观上对当时的物资交流、人员往来等发挥了重要作用,对政治、经济、文化的发展,起到一定推动作用,也培养造就了一批中国自己的铁路建设和经营管理人才,为以后的铁路建设创造了条件。

(三)1949—1978 年

中华人民共和国成立后,我国铁路建设有了极大的发展,在路网建设、线路状况、技术装备和运输效率上取得了光辉的成就。至 1978 年,铁路运营里程增长到 5.2 万 km,我国铁路网初步形成,铁路成为国民经济大动脉。这一时期部分典型铁路建设项目如下:

1. 成渝铁路

成渝铁路自成都至重庆,全长 505 km,如图 1-4 所示。成渝铁路 1950 年 6 月 15 日开工,1952 年 7 月 1 日全线通车。成渝铁路是我国在极其困难的条件下自行设计施工,完全采用国产材料修建的第一条铁路。

图 1-4 成渝铁路

2. 成昆铁路

成昆铁路自成都至昆明,全长 1 096 km,如图 1-5 所示。1958 年 7 月,成昆铁路成都至峨眉段全面动工建设。1958—1962 年,成昆铁路项目"三上三下",全线工程多次改变标准进行定测和变更设计,仅成都至青龙场 61.5 km 路段铺轨通车,而南段工程基本没有开工建设。1964 年 9 月汇聚数十万筑路大军重新建设成昆铁路。1966 年,成昆铁路进入建设高潮,施工人员达到 35.97 万余人。1970 年 6 月,成昆铁路完成铺轨,7 月 1 日,全线开通运营,在西昌举行通车典礼大会。

图 1-5 成昆铁路

在当时的社会环境下,成昆铁路是一项难度极大的工程,沿线地带被外国专家们称作"铁路禁区",长期被认为是不可能修筑铁路的地方。成昆铁路全线贯穿地势险峻、地形多样、地质复杂的山川河谷,途经崎岖陡峭、奇峰耸立、深涧密布、沟壑纵横及水流奔腾湍急的山岭重丘,线路所经区域有"露天地质博物馆"之称。成昆铁路是一条用血肉之躯筑造的建筑工程,沿线留下大量丰碑,烈士陵园 20 余处。

3. 宝成铁路

宝成铁路自宝鸡至成都,全长 668. 2 km,如图 1-6 所示。宝成铁路于 1952 年 7 月 1 日动工,1956 年 7 月 12 日两端于甘肃黄沙河接轨,1958 年 1 月 1 日正式运营通车,全线采用蒸汽机车牵引。从 1958 年 6 月起,宝成铁路进行了电气化改造工程, 1975 年 7 月 1 日全线完成电气化改造,成为中国第一条电气化铁路。

图 1-6　宝成铁路

(四)1978—2012 年

这一时期,我国铁路改革持续推进,瓶颈制约逐步打破,高铁发展迈出坚实步伐。至 2012 年底,铁路营业里程由改革开放初期的 5. 2 万 km 增长到 9. 8 万 km。铁路网功能逐渐完善,服务质量不断提高,铁路运力紧张与人民群众出行需求旺盛的矛盾逐步缓解。这一时期部分典型铁路建设项目如下:

1. 京九铁路

京九铁路自北京西至九龙(红磡站),全长 2 553. 2 km。这是中国在京沪、京广两大干线之间纵贯南北的又一条长大干线,也是我国一次性建成的最长双线铁路。1993 年 4 月 20 日京九铁路全线动工建设,1996 年 9 月 1 日全线竣工通车。京九铁路建设及开通场景如图 1-7 ~ 图 1-9 所示。

图 1-7　京九铁路建设场景

图 1-8　京九铁路沿途革命老区人民喜迎火车

图 1-9 京九铁路开通首发旅客列车

2. 大秦铁路

大秦铁路自大同至秦皇岛，全长 653. 2 km，被誉为“中国重载第一路”，是山西、陕西、内蒙古西部煤炭主产区“西煤东运”重要能源通道，如图 1-10 所示。1992 年 12 月 21 日大秦铁路全线通车，2008 年运量突破 3. 4 亿 t，目前年最高运量已突破4. 5 亿 t，是世界上年运量最大的铁路线。

图 1-10 大秦铁路

3. 粤海铁路

粤海铁路包括广东省境内湛江至海安铁路、琼州海峡铁路轮渡、海南省境内海口至叉河铁路三个部分，全长 568. 3 km，如图 1-11 所示。1998 年 8 月 30 日，粤海铁路开工，2003 年建成通车。粤海铁路是世纪之交时中国建设史上一项标志性工程，表明中国在建设跨海铁路上取得了关键技术的突破，填补了多项国内空白，标志着中国铁路建设进入了新的历史阶段。粤海铁路作为中国第一条跨海铁路，为中国跨海铁路的建设、运营、管理，提供了经验。

图 1-11 粤海铁路

4. 青藏铁路

青藏铁路自西宁至拉萨，全长 1 956 km，如图 1-12 所示。1984 年 5 月青藏铁路西宁至格尔木段建成通车，2006 年 7 月 1 日全线开通运营。

图 1-12 青藏铁路

青藏铁路在堪称世界屋脊的青藏高原，克服了多年冻土、高寒缺氧、生态脆弱三大世界难题，是世界上海拔最高、线路最长、通过永久冻土区最长的高原铁路，成为与首都相连、与世界接轨的钢铁大动脉，是世界铁路建设史上最宏伟的大工程，开创了西藏交通史上又一个新纪元。

5. 京津城际铁路

京津城际铁路自北京南经天津至滨海，全长 166 km。2005 年 7 月 4 日，京津城际铁路正式动工，2008 年 8 月 1 日正式开通运营，如图 1-13 所示。（京津城际铁路延伸线——天津站至滨海站于 2015 年 9 月 20 日开通。）京津城际铁路拉近了北京、天津两个特大型城市的距离，对两大城市经济社会发展产生了重要影响，深刻改变了两地人民的工作和生活观念，方便了百姓的出行。同时，作为中国首条设计速度 350 km/h 的高速铁路，京津城际铁路不仅培养出一批中国高速铁路发展和建设的探路人、先行者，还为中国高速铁路领跑世界提供了技术积累和宝贵经验。京津城际铁路以运行安全平稳、乘坐舒适快捷、消耗节能环保等优势，推动了交通运输方式的巨大变革。

图 1-13　京津城际铁路

6. 京沪高速铁路

京沪高速铁路自北京南至上海虹桥，全长 1 318 km，2008 年 4 月 18 日开工，2011 年 6 月 30 日全线正式通车，如图 1-14 所示。京沪高速铁路是中华人民共和国成立以来投资规模最大的建设项目之一。

图 1-14　京沪高速铁路

京沪高速铁路自开通运营以来，基础设施状态良好、运量快速增长、运营安全有序可控，实现了让旅客“安全出行、方便出行、温馨出行”的目标，取得了良好的经济效益与社会效益。京沪高速铁路构建了中国高速铁路标准体系与技术体系，支撑了中国高速铁路的快速发展,打造了技术先进、安全可靠、性价比高的中国高速铁路品牌。以京沪高速铁路为代表的高速铁路已成为中国的一张亮丽名片。

(五)2012 年至今

党的十八大以来,我国铁路发展进入快车道,发展速度之快、质量之高令世界惊叹,成功建设了世界上规模最大、现代化水平最高的高速铁路网。这一时期部分典型铁路建设项目如下:

1. 哈大高速铁路

哈大高速铁路自哈尔滨西至大连北,全长 921 km,2007 年 8 月 23 日开工建设,2012 年 12 月 1 日建成通车,如图 1-15 所示。哈大高速铁路设计速度 350 km/h,初期运营实行冬季和夏季两张列车运行图,列车分别按 200 km/h 和 300 km/h 速度行驶。2015 年 12 月 1 日,哈大高速铁路全线实行冬夏相同列车运行图,列车全年按 300 km/h 速度运营。

图 1-15 哈大高速铁路

2. 海南环岛铁路

海南环岛铁路分为海南东环铁路和海南西环铁路,连接海口至三亚,东环铁路 308 km,西环铁路 345 km。海南环岛铁路主要运行 C 字头城际列车,兼顾普速列车,泛称环岛高速铁路、海南高速铁路。2015 年 12 月 30 日,海南西环铁路开通运营,在海口站和三亚站与东段接轨形成闭环,如图 1-16 所示。

3. 浩吉铁路

浩吉铁路自浩勒报吉南至吉安,全长 1 814 km, 2019 年 9 月 28 日建成通车。浩吉铁路设计速度 120 km/h,设计年运量 2 亿 t,是国家“北煤南运”新的战略大通道,是目前世界上一次建成里程最长的重载铁路和国内规模最大的运煤专线。浩吉铁路对完善区域路网布局,以及华中“中三角”地区和长江中游城市群的建设与经济发展具有重要战略意义。

图 1-16 海南环岛铁路

4. 京张高速铁路

京张高速铁路自北京北至张家口，全长约 174 km，2015 年 12 月开工建设，2019 年 12 月 30 日开通运营，如图 1-17 所示。京张高速铁路，是中国第一条采用自主研发的北斗卫星导航系统、设计速度为 350 km/h 的智能化高速铁路，为 2022 年北京冬奥会提供了高品质、现代化的服务保障。

图 1-17 京张高速铁路

5. 拉林铁路

拉林铁路自拉萨至林芝,全长 403.144 km,2014 年 12 月 19 日开工,2021 年 6 月 25 日开通运营。拉林铁路是西藏第一条电气化铁路,设计速度 160 km/h。复兴号高原内电双源动车组同步投入运营,这是复兴号动车组首次开进西藏,实现复兴号动车组 31 个省区市全覆盖,如图 1-18 所示。

图 1-18　复兴号动车组开进西藏

6. 中老昆万铁路

中老昆万铁路自中国昆明南至老挝万象南,全长 1 035 km,设计速度 160 km/h,于 2021 年 12 月 3 日开通运营,如图 1-19 所示。中老昆万铁路是中国与老挝之间通行的一条铁路,也是泛亚铁路中线的重要组成部分,全线采用中国标准。中老昆万铁路统筹国际国内建设与运营,参建单位历时 5 年,经历了工程地质挑战和疫情风险考验,安全优质按期完成建设任务和运营准备工作,展示了中老昆万铁路作为“一带一路”、中老友谊标志性工程的建设成果和铁路“走出去”的良好形象。中老昆万铁路为加快建成中老经济走廊、构建中老命运共同体提供有力支撑。

图 1-19　中老昆万铁路

截至 2024 年底,我国铁路营业里程达到 16.2 万 km,其中高速铁路 4.8 万 km。我国高速铁路运营里程居世界第一位,是世界上唯一实现高速铁路时速 350 km 商业运营的国家,树起了世界高速铁路商业化运营标杆,以最直观的方式向世界展示了“中国速度”。

从林海雪原到江南水乡,从大漠戈壁到东海之滨,我国高速铁路跨越大江大河、穿越崇山峻岭、通达四面八方,“四纵四横”高速铁路网已经形成,“八纵八横”高速铁路网正加密成型。高速铁路已覆盖全国92%的50万人口以上的城市,运营网络通达水平世界最高。

目前,我国形成了涵盖高速铁路工程建设、装备制造、运营管理三大领域,具有自主知识产权的成套高速铁路技术体系,高速铁路技术水平总体进入世界先进行列,部分领域达到世界领先水平,迈出了从追赶到领跑的关键一步。

三、中国铁路的发展规划

(一)新时代交通强国铁路先行规划纲要

2020年8月12日中国国家铁路集团有限公司(简称“国铁集团”)发布了《新时代交通强国铁路先行规划纲要》(以下简称《纲要》)。

1.《纲要》的指导思想

坚持稳中求进工作总基调,坚持新发展理念,坚持以供给侧结构性改革为主线,坚持人民铁路为人民,聚焦交通强国铁路先行,对标国际先进标准水平,着力固根基、扬优势、补短板、强弱项,加快推动铁路发展质量变革、效率变革和动力变革,全面打造世界一流的铁路设施网络、技术装备、服务供给、安全水平、经营管理和治理水平,率先建成现代化铁路强国,为全面建成社会主义现代化强国、实现中华民族伟大复兴中国梦提供有力支撑。

2.《纲要》的发展目标

第一阶段,到2035年,率先建成服务安全优质、保障坚强有力、实力国际领先的现代化铁路强国。基础设施规模质量、技术装备和科技创新能力、服务品质和产品供给水平世界领先,运输安全水平、经营管理水平、现代治理能力位居世界前列,绿色环保优势和综合交通骨干地位、服务保障和支撑引领作用、国际竞争力和影响力全面增强。

第二阶段,到2050年,全面建成更高水平的现代化铁路强国,全面服务和保障社会主义现代化强国建设。铁路服务供给和经营发展、支撑保障和先行引领、安全水平和现代治理能力迈上更高水平,智慧化和绿色化水平、科技创新能力和产业链水平、国际竞争力和影响力保持领先,制度优势更加突出。形成辐射功能强大的现代铁路产业体系,建成具有全球竞争力的世界一流铁路企业。中国铁路成为社会主义现代化强国和中华民族伟大复兴的重要标志和组成部分,成为世界铁路发展的重要推动者和全球铁路规则制定的重要参与者。

3.《纲要》的主要任务

(1)建设发达完善的现代化铁路网。一是构建现代高效的高速铁路网,二是形成覆盖广泛的普速铁路网,三是发展快捷融合的城际和市域铁路网,四是构筑一体衔接顺畅的现代综合枢纽。

(2)发展自主先进的技术装备体系。一是提升基础设施技术装备水平,二是加强新型载运工具研发应用,三是以新型基础设施赋能智慧发展。

(3)创新优质高效的运输服务供给。一是构建舒适快捷的客运服务体系,二是发展集约高效的货运物流体系,三是拓展服务新业态新模式新领域。

(4)厚植效率效益优良的经营实力。一是推动效率变革提升,二是做强做优做大主业,三是提升经营开发水平。

(5)提升持续可靠的安全发展水平。一是提升安全生产管理水平,二是确保设施设备本质安全,三是增强兴安强安保障能力,四是提高铁路应急处置和救援能力。

(6)强化科技创新的支撑引领能力。一是推进科技创新产业化应用,二是突破掌握关键核心技术,三是完善铁路科技创新体系。

(7)改革创新科学高效的现代治理体系。一是完善和发展铁路制度优势,二是深入推进铁路企业改革,三是推动布局结构优化调整,四是建立健全市场化运营机制,五是大力培育弘扬优秀铁路文化。

(8)发挥节能环保的绿色铁路优势。一是提高绿色铁路承运比重,二是集约节约利用资源和能源,三是强化生态保护和污染防治。

(9)拓展互利共赢的开放合作空间。一是打造互联互通铁路通道网络,二是完善国际铁路物流服务体系,三是深化铁路国际交流与合作。

(10)突出精良专业的人才队伍建设。一是造就高水平科研人才,二是建设高技能产业大军,三是培养高素质干部队伍。

(11)当好经济社会发展的支撑引领。一是增强经济发展新动能,二是强化重大战略支撑能力,三是促进扶贫减贫和国土开发,四是推动铁路军民融合深度发展,五是发挥"高铁+"支撑引领作用。

(二)"十四五"铁路科技创新规划

2021年12月,国家铁路局发布了《"十四五"铁路科技创新规划》(以下简称《规划》)。

《规划》指出铁路是综合交通运输体系的骨干,是建设现代化经济体系的重要支撑,是全面建设社会主义现代化国家的先行领域。铁路科技创新是国家科技创新体系的重要组成部分,是引领铁路发展的第一动力。

1.《规划》的基本原则

(1)围绕建设科技强国、交通强国的奋斗目标,立足服务国家战略和人民群众对美好生活的新期待,促进新理论、新技术、新材料、新工艺、新设备在铁路的应用发展,加快科技创新成果转化,强化高质量科技供给。

(2)突出铁路自主创新领跑优势,强化基础理论研究和应用基础研究,注重关键共性技术、前沿引领技术、现代工程技术创新,聚焦芯片、基础材料、基础零部件等关键核心技术短板,集智攻关,取得突破。

(3)强化企业创新主体地位,推动创新要素向企业集聚,发挥政府搭平台、建机制、拟政策作用,营造良好创新环境。坚持人才是第一资源,推动校企合作,打造战略科学家、一流科技领军人才和创新团队,充分激发人才创新活力。

(4)坚持全球视野,主动融入全球科技创新网络,持续拓展铁路科技国际交流合作。统筹铁路行业各方力量和各类资源,深化产学研用融合创新,推动跨区域、跨领域、跨部门协同创新。

2.《规划》的发展目标

到2025年,铁路创新能力、科技实力进一步提升,技术装备更加先进适用,工程建造技术持续领先，运输服务技术水平显著增强，智能铁路技术全面突破，安全保障技术明显提升，绿色低碳技术广泛应用，创新体系更加完善，总体技术水平世界领先。

3.《规划》的重点任务

(1)技术装备。聚焦装备领域关键技术，推进更高速智能动车组、先进载运装备、现代工程装备研制，加快关键核心技术攻关，推动技术装备高端化、智能化、谱系化发展，打造现代化装备体系。并对推动更高速度轮轨技术研发、强化先进载运装备技术研发、加强现代工程装备技术研发、加快关键核心技术攻关提出具体要求，确定了实施 CR450 科技创新工程、建设时速 400 km 级高速列车全流程试验验证平台等十项重点工程。

(2)工程建造。以重大工程为依托，发挥科技创新关键性作用，提升勘察设计综合实力，突破复杂艰险山区工程建造关键技术，攻克严酷环境灾害孕灾机理及防控技术难题，为高起点高标准高质量推进国家重大工程建设提供有力支撑。并对推进勘察设计一体化技术应用、强化工程建造技术攻关、深化工程防灾减灾技术应用提出具体要求，确定了开展 CR450 科技创新工程基础设施工程化技术验证、建立 25 ~ 40 t 轴重重载铁路系列化技术体系等十三项重点工程。

(3)运输服务。围绕“人享其行、物畅其流”目标，开展旅客运输、货物运输和运输组织领域技术研发应用，不断满足旅客和货主多样化、品质化、精细化运输服务需求，实现客运便捷化、货运物流化、调度高效化、运输智能化。并对推动旅客运输服务技术创新、加快货物运输服务技术升级、深化运输效能提升技术研发提出具体要求，确定了实施中国铁路客户服务系统(12306)优化升级工程、应用大型编组站智能“管控一体”调度指挥系统等四项重点工程。

(4)智能铁路。大力推进北斗卫星导航、5G、人工智能、大数据、物联网、云计算、区块链等前沿技术与铁路技术装备、工程建造、运输服务等领域的深度融合，加强智能铁路关键核心技术研发应用，推进大数据协同共享，促进铁路领域数字经济发展，提升铁路智能化水平。并对推动前沿技术与铁路领域深度融合、加强智能铁路技术研发应用、推进交通运输大数据协同共享提出具体要求，确定了建设实施智能铁路 2.0 示范应用工程、推进铁路 5G 专网技术体系及关键核心技术研究等十项重点工程。

(5)安全保障。树牢安全发展理念，完善铁路系统一体化主动安全防控技术，深化设备养护维修关键技术研究，提高铁路应急处置和救援能力，健全完善人防、物防、技防“三位一体”的安全保障技术体系。并对深化主动安全防控系统技术研发应用、推动设备设施运维养护技术工程应用、提升安全应急救援保障能力水平提出具体要求，确定了研发新一代更高速度综合检测车、研发覆盖高速铁路全线综合视频监控与智能分析应用系统等九项重点工程。

(6)绿色低碳。贯彻落实国家碳达峰碳中和部署要求，充分发挥铁路绿色发展优势，把绿色科技贯穿铁路技术装备、工程建造、生产运营全过程，着力降低铁路综合能耗，强化生态保护修复、降低污染物排放等各方面关键技术的研发与应用，提高监管水平，打造更高水平绿色生态铁路。并对深化能效提升及能源供给技术研发、加强生态环保与修复技术研发、提升污染综合防治技术水平提出具体要求，确定了制定铁路碳排放达峰行动实施方案、建立健全铁路能耗计量统计监测体系等八项重点工程。

第三节　铁路的运营与管理

一、铁路的管理体制与机构

对铁路进行行政管理的主要政府部门为国家铁路局，此外还包括国家发展和改革委员会、交通运输部及各个省区市设置的铁路管理部门。对国家铁路进行运营管理的主要为国铁集团，各个省（自治区、直辖市）的铁路运输企业对各自所有的地方铁路进行相应管理。在铁路施工和设备制造方面，中国铁路工程集团有限公司和中国铁道建筑集团有限公司等是以铁路建筑施工为主的建筑集团，中国中车股份有限公司是中国铁路机车车辆的主要设计制造企业。

2013 年之前，中华人民共和国铁道部是中华人民共和国铁路事务的最高主管机关，是中华人民共和国国务院的组成部门之一。根据 2013 年 3 月 14 日批准通过的《国务院机构改革和职能转变方案》，中国实行铁路政企分开，不再保留铁道部，组建国家铁路局（隶属于交通运输部）和中国铁路总公司。2019 年 6 月 18 日，中国铁路总公司改制成立国铁集团。国铁集团以铁路客货运输为主业，承担国家规定的公益性运输任务，负责铁路行业运输清算和收入进款管理，负责国家铁路新线投产运营的安全评估等。

按照产权性质划分，现有中国铁路系统可以分为国家铁路、地方铁路、专用铁路和铁路专用线。国家铁路是由国家授权机构投资控股的铁路；地方铁路是由地方人民政府授权机构或者社会资本投资控股的铁路；专用铁路是由企业或其他单位投资建设，专为本企业、单位内部运输服务的铁路（一般规模较大，具有自备机车）；铁路专用线是由企业或其他单位投资建设的与国家铁路或其他铁路接轨的岔线。

1. 国家铁路局机构设置

国家铁路局由交通运输部管理，是国家对铁路运输进行行政管理的部门。

国家铁路局的内设机构主要包括综合（外事）司、科技与法制司、安全监察司、运输监督管理司、工程监督管理司、设备监督管理司等。

国家铁路局的主要职能：

（1）起草铁路监督管理的法律法规、规章草案，参与研究铁路发展规划、政策和体制改革工作，组织拟订铁路技术标准并监督实施。

（2）负责铁路安全生产监督管理，制定铁路运输安全、工程质量安全和设备质量安全监督管理办法并组织实施，组织实施依法设定的行政许可，组织或参与铁路生产安全事故调查处理。

（3）负责拟定规范铁路运输和工程建设市场秩序政策措施并组织实施，监督铁路运输服务质量和铁路企业承担国家规定的公益性运输任务情况。

（4）负责组织监测分析铁路运行情况，开展铁路行业统计工作。

（5）负责开展铁路的政府间有关国际交流与合作。

(6)承办国务院及交通运输部交办的其他事项。

2. 国铁集团机构设置

国铁集团实行两级法人(国铁集团和铁路局集团公司)、三级管理(国铁集团、铁路局集团公司和站段)的管理方式。

(1)国铁集团

国铁集团设置与运输组织紧密相关的运输部(总调度长室)、客运部、货运部、机辆部、工电部、安全监督管理局等多个部、局和运输调度指挥中心。这些部门共同负责铁路运输统一调度指挥,经营铁路客货运输业务,承担铁路安全生产主体责任等。

运输部(总调度长室):负责运输系统各专业工作的综合协调,车务专业等行车规章制度建设,车务专业安全管理,列车运行图管理,运输生产力布局调整,运力资源配置工作;负责编制运输生产经营计划和运输综合分析,运输政策、运价政策、运输组织和客货运服务质量监督等工作。

客运部:负责客运相关资源的开发经营管理工作;负责铁路客运、行包的规章制度建设、安全管理、经营管理、价格管理和服务质量管理等工作。

货运部:负责铁路货运、物流全程服务的规章制度建设、安全管理、经营策略、营销策略、市场分析、产品开发、保价运输、价格管理和服务质量管理等工作;负责国家重点物资运输、专用线(专用铁路)接轨和自备车过轨运输管理等工作。

机辆部:负责机车车辆(含机车、动车组、客车、货车、铁路救援起重机)运用、检修的规章制度建设和安全管理等工作。

工电部:负责铁路工务、电务、供电、房建以及相关自轮运转特种设备、线路防护、自然灾害及异物侵限监测等设施设备的运用、维护的规章制度建设、安全管理等工作。

安全监督管理局:负责安全管理制度规定建设;负责安全管理的监督工作;负责组织或参与铁路交通事故的内部调查处理等工作。下设沈阳、北京、上海、武汉、成都、兰州六个安全监督管理特派员办事处,负责辖区的铁路安全监督管理工作。

运输调度指挥中心:负责全路运输调度集中统一指挥工作,组织完成铁路日常运输生产任务及应急救援指挥和特种运输、军事运输组织、施工管理、运输十八点统计等工作。

(2)所属运输企业

国铁集团所属运输企业包括18个铁路局集团公司和3个专业运输公司,具体见表1-1。

表1-1 国铁集团所属运输企业

国铁集团所属运输企业	铁路局集团公司	中国铁路哈尔滨局集团有限公司
		中国铁路沈阳局集团有限公司
		中国铁路北京局集团有限公司
		中国铁路太原局集团有限公司
		中国铁路呼和浩特局集团有限公司
		中国铁路郑州局集团有限公司
		中国铁路西安局集团有限公司
		中国铁路济南局集团有限公司

续上表

国铁集团所属运输企业	铁路局集团公司	中国铁路武汉局集团有限公司
		中国铁路上海局集团有限公司
		中国铁路南昌局集团有限公司
		中国铁路广州局集团有限公司
		中国铁路南宁局集团有限公司
		中国铁路成都局集团有限公司
		中国铁路昆明局集团有限公司
		中国铁路兰州局集团有限公司
		中国铁路乌鲁木齐局集团有限公司
		中国铁路青藏集团有限公司
	专业运输公司	中铁集装箱运输有限责任公司
		中铁特货物流股份有限公司
		中铁快运股份有限公司

各铁路局集团公司一般设置与国铁集团部、局职能对应的运输管理部门,对铁路局集团公司管辖范围内的铁路日常运输生产实施统一指挥和组织。

(3)基层站段

铁路局集团公司下属若干个运输站段,各运输站段设置机关科室、车间对基层运输组织工作进行组织管理,是铁路运输生产过程的具体实施机构。

为了完成铁路运输各环节不同的任务,一般设有车务段(直属车站)、机务段、工务段、电务段、通信段、车辆段、动车段、供电段、房建段、客运段、货运中心等。

车务段(直属车站):主要负责列车运行及所辖车站行车、客运、货运业务管理工作。

机务段:主要负责铁路机车整备维修运用及驾驶乘务管理工作。

工务段:主要负责铁路线路设备的维修与养护工作。

电务段:主要负责铁路信号、通信设备的维修工作。

通信段:主要负责铁路专网通信设备设施的维修工作。

车辆段:主要负责铁路车辆整备维修及车辆乘务员管理工作。

动车段:主要负责动车组整备维修及机械师管理工作。

供电段:主要负责铁路接触网及供电设施整备维修工作。

房建段:主要负责铁路站场站房维护工作。

客运段:主要负责旅客列车服务工作。

货运中心:主要负责货运营销与服务工作。

近年来,部分铁路局集团公司根据管辖特点,在部分区域采取专业融合方式设置了站段,如工电段、机辆段、综合段、运营维修段等。

二、铁路职工队伍建设

铁路运营系统内部特有岗位(工种)众多,按专业可以分为基础固定设备管理维护(工务、电务、供电)、移动设备管理维护(机务、车辆)、运输组织与管理(车务、客运、货运),还有部分通用工种。具体岗位(工种)见表1-2。

表 1-2 铁路运营系统内部岗位(工种)

铁路运营系统内部岗位(工种)	基础固定设备管理维护	工务	铁路线路工
			铁路路基工
			铁路桥隧工
			道岔钳工
			钢轨焊接工
			铁路探伤工(工务)
			大型养路机械司机
			轨道车司机
			铁路舟桥工
			机动舟驾驶员
			舟桥起重工
		电务	铁路信号工
			信号设备制造钳工
			信号组调工
			铁路通信工
			铁路电源工
		供电	接触网工
			铁路电力线路工
			接触网作业车司机
	移动设备管理维护	机务	电力机车司机
			内燃机车司机
			动车组司机
			机车检查保养员
			机车调度员
			机车运用值班员
			救援机械司机
			救援起复工
			内燃机车钳工
			电力机车钳工
			铁路机车电工(电力)
			铁路机车电工(内燃)
			机车整备工
			铁路探伤工(机务)
			铁路试验检测设备维修工(机务)
			铁路机车车辆制动钳工(机务)
		车辆	货车检车员
			客车检车员
			列检值班员
			发电车乘务员
			动车组机械师
			动车组维修师
			铁路车辆电工

续上表

铁路运营系统内部岗位(工种)	移动设备管理维护	车辆	铁路车辆钳工
			铁路机车车辆制动钳工(车辆)
			轮轴装修工
			动态检车员
			铁路探伤工(车辆)
			铁路试验检测设备维修工(车辆)
	运输组织与管理	车务	车站值班员
			助理值班员
			扳道员
			车号员
			驼峰值班员
			驼峰作业员
			调车指导
			调车长
			连结员
			车站调度员
			调车区长
			列尾作业员
		客运	客运值班员
			客运计划员
			铁路车站综控员
			客运安检员
			铁路客运员
			售票值班员
			铁路售票员
			铁路客户服务员(客运)
			客车给水员
			行李值班员
			铁路行李员
			行李计划员
			列车值班员
			列车长
			列车员
			餐车长
		货运	货装值班员
			货检值班员
			货运调度员
			货运检查员
			铁路货运员
			装卸司机
			电动起重机司机

续上表

铁路运营系统内部岗位(工种)	按特有工种管理的通用工种	变配电值班员
		电工
		钳工
		起重工
		铆工
		机床工
		车工
		空压机司机
		仪器仪表维修工
		锻工
		化学检验员
		内燃起重机司机
		蓄电池工
		充电工
		牵引车司机
		挖掘机司机
		焊工(熔接工)
		风动车卸车工

凡是参加相关岗位作业的新职、转岗、晋升操作技能人员，必须根据国铁集团关于岗位培训的有关规定，落实“先培训、后上岗”制度，进行拟任岗位资格性培训并经考试考核合格，取得相应岗位培训合格证书，方可上岗。

复习思考题

1. 简述交通运输业的性质及其特点。
2. 简要分析铁路运输较其他运输方式的优点有哪些。
3. 简述现代化交通运输的形式及其技术经济特征。
4. 交通运输现代化的标志是什么？
5. 世界上第一条公用铁路是哪个国家的哪条铁路？
6. 简述中国自主设计、施工修建的第一条铁路概况。
7. 简述京津城际铁路建设的重大意义。
8. 简述2012年以来我国铁路的建设成就。
9. 简述我国铁路到21世纪中叶要实现的目标。
10. 铁路局集团公司一般设有哪些基层站段？

第二章

铁路线路

学习任务

铁路线路是机车车辆运行的基础,直接承受机车车辆通过轮对传递来的荷载。为了保证列车能按规定速度安全、平稳和不间断地运行,铁路线路必须经常保持良好状态。

本章介绍了铁路等级及技术标准和线路平面及纵断面,围绕线路组成对路基、桥隧建(构)筑物、轨道和限界方面知识进行介绍,同时对线路设备修理方面进行简要介绍。

通过学习,了解铁路的等级、技术标准和线路设备修理方面知识,熟悉线路平面、纵断面及路基、轨道、限界等相关知识。

第一节 概 述

铁路线路是由轨道、路基和桥隧建筑物组成的一个整体工程结构。

一、铁路等级

铁路等级依据其在路网中的作用、性质、设计速度和客货运量确定,分为高速铁路、城际铁路、客货共线铁路和重载铁路。

(一)高速铁路

高速铁路是指新建设计速度为250 km/h(含预留)及以上、运行动车组列车、初期运营速度不小于200 km/h的客运专线铁路。设计速度分为250 km/h、300 km/h和350 km/h三级。高速铁路一般只运行动车组列车,不开行货物列车和机车牵引的旅客列车。

(二)城际铁路

城际铁路是指专门服务于相邻城市间或城市群的快速、便捷、高密度的客运专线铁路。城际铁路可自成体系并相对独立运营,重要节点考虑与铁路网互联互通或换乘的条件。

(三)客货共线铁路

客货共线铁路是指铁路网中旅客列车与货物列车共线运营、旅客列车设计行车速度

200 km/h 及以下的铁路。

客货共线铁路根据其在路网中的作用和运量，又分为Ⅰ级、Ⅱ级、Ⅲ级和Ⅳ级铁路。

Ⅰ级铁路，铁路网中起骨干作用的铁路，或近期年客货运量大于或等于 20 Mt。

Ⅱ级铁路，铁路网中起联络、辅助作用的铁路，或近期年客货运量小于 20 Mt 且大于或等于 10 Mt。

Ⅲ级铁路，为某一地区服务或企业服务的铁路，近期年客货运量小于 10 Mt 且大于或等于 5 Mt。

Ⅳ级铁路，为某一地区服务或企业服务的铁路，近期年客货运量小于 5 Mt。

以上年客货运量为重车方向的货运量与客车对数折算的货运量之和，每日一对旅客列车按 1 Mt 年货运量折算。近期指交付运营后第 10 年。

(四) 重载铁路

满足列车牵引质量 8 000 t 及以上、轴重为 27 t 及以上、在至少 150 km 线路区段上年运量大于 4 000 万 t 三项条件中两项的铁路。

二、铁路主要技术标准

铁路主要技术标准应根据其在铁路网中的作用、运输需求和输送能力、地形和地质条件等因素，按系统优化的原则综合比选确定。铁路主要技术标准见表 2-1。

表 2-1 铁路主要技术标准

高速铁路、城际铁路	客货共线铁路	重载铁路
——铁路等级 ——设计速度 ——正线数目 ——正线线间距 ——最小曲线半径 ——最大坡度 ——动车组编组辆数(城际铁路) ——到发线有效长度 ——列车运行控制方式 ——调度指挥方式 ——最小行车间隔	——铁路等级 ——旅客列车设计速度 ——正线数目 ——最小曲线半径 ——限制坡度 ——牵引种类 ——机车类型 ——牵引质量 ——到发线有效长度 ——闭塞类型	——铁路等级 ——货物列车设计速度 ——正线数目 ——设计轴重 ——最小曲线半径 ——限制坡度 ——牵引种类 ——机车类型 ——牵引质量 ——到发线有效长度 ——闭塞类型

铁路主要技术标准体现了铁路线路在路网中的作用、性质、功能定位。同时还应考虑运输性质、运量、动力资源分布、地形、与邻线协调、安全、经济和编组站分布等多种外在因素的影响。

(一) 高速铁路、城际铁路的主要技术标准

高速铁路一般修建在具有较大客运量的地区，列车开行方式要求高密度、安全、准时、快速，这一开行特点必然要求正线数目为双线。

设计速度、正线线间距、曲线半径、最大坡度、到发线有效长度等与设计线路的具体情况关系密切，因此，需要根据运输需求、自然与技术条件、远期发展条件等因素经综合技术经济比选后确定。

高速铁路、城际铁路由于速度快,列车运行控制方式需采用自动控制;调度指挥方式一般采用集中控制系统;最小行车间隔与运输能力密切相关,故三项内容均作为主要技术标准。

城际铁路列车编组数量与车站线路及站台长度、供电和通风设备的容量、系统运输能力以及检修车库的长度等匹配,也与城际铁路的建设成本、运营成本相关,同时影响服务水平。因此将列车编组数量作为其主要技术标准。

由于高速铁路运行动车组是基本条件之一,故牵引种类和机车类型未作为主要技术标准。

其他如轨道类型、供电方式等技术标准对工程投资影响较大,可在具体工程设计中予以考虑。

(二)客货共线铁路、重载铁路的主要技术标准

客货共线铁路的 10 项主要技术标准,有的与铁路的输送能力和运输安全密切相关,是铁路建筑物和设备类型、能力和规模设计的基本标准。主要技术标准除对设计线路的工程造价、运输能力、运输效率、运行安全和经济效益有直接影响外,相互之间也存在密切联系。应根据国家要求的年输送能力和确定的铁路等级在设计中综合考虑,经过技术经济比选确定,以保证技术上先进、经济上合理、标准间协调。

重载铁路区别于客货共线铁路最大的特点就是其轴重大、列车编组辆数多、牵引质量大。由于机车车辆轴重对重载铁路的设计参数影响较大,是确定有关技术参数的基础,因此在重载铁路的主要技术标准中加入了轴重。

重载铁路一般不开行客运列车,故路段设计速度是指货物列车设计速度,是确定线路平面最小曲线半径、缓和曲线长度、夹直线和圆曲线最小长度以及竖曲线半径等标准的主要技术参数,故对于重载铁路,货物列车设计速度也是线路主要技术标准之一。

重载铁路往往重空车方向明显,由于重车方向的线路较轻车方向需要的线下工程和平纵断面标准要求较高,在地形条件困难或既有线改造困难时,工程投资巨大,为减少工程投资,轻车方向采用相对重车方向较低的技术标准,也能满足需要且能节省大量投资。

第二节　铁路线路的平面和纵断面

铁路线路在空间的位置是用它的线路中心线表示的。线路中心线在水平面上的投影,叫作铁路线路的平面。线路中心线(展直后)在垂直面上的投影,叫作铁路线路的纵断面。

一、铁路线路的平面

铁路线路平面由直线、圆曲线以及连接直线与圆曲线的缓和曲线组成,如图 2-1 所示。

(一)圆 曲 线

铁路线路在转向处所设的曲线为圆曲线,其基本要素有:曲线半径(R),曲线转向角(α),曲线长度(L),切线长度(T),如图 2-2 所示。

列车在曲线上行驶的速度越快,车体离心力也就越大,为了保证列车运行的安全性和舒适性,应根据线路地形和列车通过速度合理进行曲线的设置。

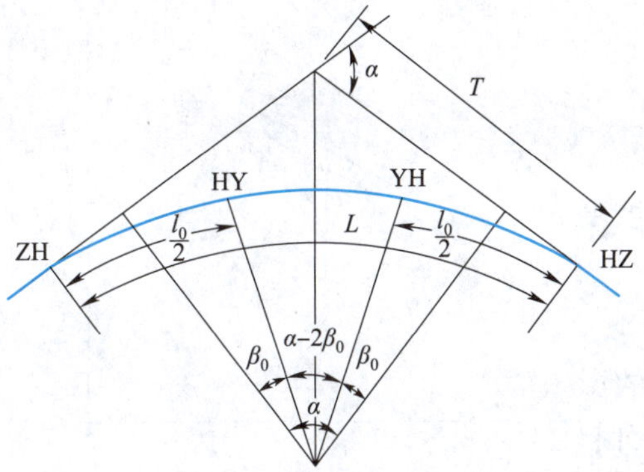

图 2-1 线路曲线

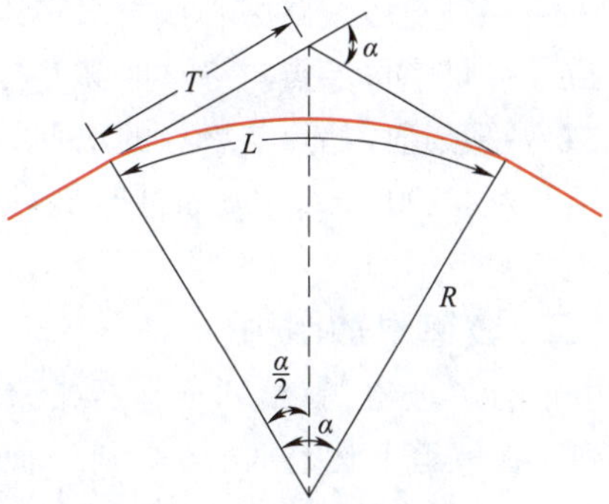

图 2-2 圆曲线组成要素

(二)缓和曲线

为了使列车平顺地由直线过渡到圆曲线或由圆曲线过渡到直线，以避免离心力的突然产生和消除，为旅客提供良好的乘坐舒适性，需在直线与圆曲线之间设置一条曲率半径变化的曲线，这个曲线称为缓和曲线，如图 2-3 所示。

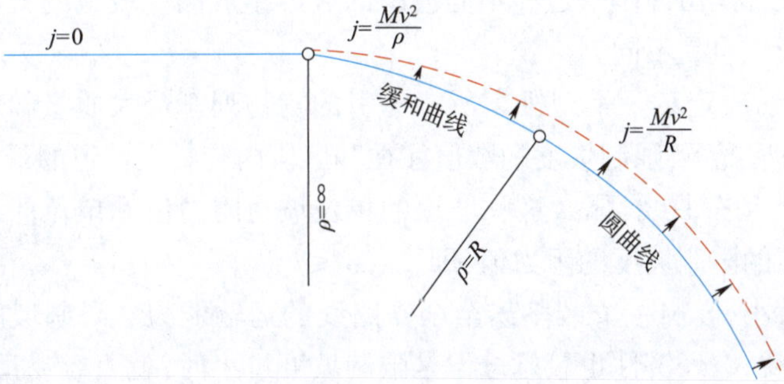

图 2-3 缓和曲线

缓和曲线的特征为：从缓和曲线所衔接的直线一端起，它的曲率半径 ρ 由无穷大逐渐减小到它所衔接的圆曲线半径 R。它可以使离心力逐渐增加或减小，不至于造成列车强烈横向摇摆，有利于行车平稳。

二、铁路线路的纵断面

为了适应地面的起伏，线路上除了平道以外，还有坡道。因此，平道、坡道和竖曲线是线路纵断面的组成要素。

(一)坡 度

坡道的陡与缓常用坡度来表示。坡度是指坡道线路中心线与水平夹角的正切值，即一段坡道两端点的高差与水平距离之比，如图 2-4 所示。

坡道坡度的大小通常是用千分率来表示。

$$i‰ = \tan \alpha = h/L$$

式中 i——坡度值；

α——坡道段线路中心线与水平线夹角(°)；

h——坡道段始点与终点的高差(m)；

L——坡道段始点与终点的水平距离(m)。

若 L 为 1 200 m，h 为 6 m，则 AB 段坡道的坡度为 5‰。

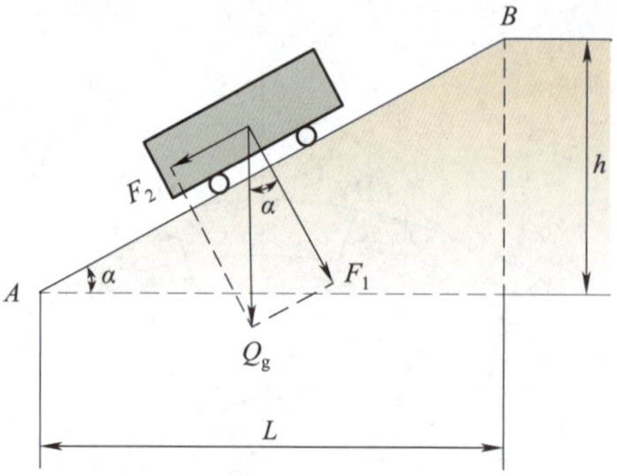

图 2-4 坡度与坡道阻力

(二) 坡道附加阻力

由于有了坡道，就给列车运行带来了一定的影响。列车在坡道上运行时，会受到一种由坡道引起的阻力，这一阻力称之为坡道附加阻力，如图 2-4 中的 F_2。

列车上坡时，坡道阻力规定为"+"，而当下坡时，坡道阻力规定为"-"。

坡度越大，列车上坡时的坡道阻力也就越大。在保持列车运行速度相同的条件下，同一台机车所能牵引的列车重量也就越小。

(三) 限制坡度

每一铁路区段都是由许多平道和不同坡度的坡道组成的。坡道的长度和坡度不同，对列车牵引质量的影响也就不同。

在一个区段上，决定某一类型机车所能牵引的货物列车最大质量的坡度，叫作限制坡度(i_x‰)。在一般情况下，限制坡度的数值往往和区段内陡长上坡道的最大坡度值相当。

如果在坡道上又有曲线，那么这一坡道的单位坡道阻力值和单位曲线阻力值之和，不能大于该区段规定的限制坡度的阻力值，即：$i+\omega_r \leqslant i_x$。

限制坡度的大小，影响一个区段甚至全铁路线的运输能力。限制坡度小，列车重量可以增加，运输能力就大，经济性也较好。但是限制坡度过小时，就不容易适应地面的天然起伏，特别是在地形变化很大的地段，使工程量增大，造价提高。因此，限制坡度的选定是一个很重要的问题，要经过仔细的综合研究，才能得出合理的结论。我国《铁路技术管理规程》(以下简称《技规》)规定的最大限制坡度的数值，见表 2-2。

表 2-2 客货共线Ⅰ、Ⅱ级铁路区间线路最大限制坡度(‰)

铁路等级		Ⅰ		Ⅱ	
		一般	困难	一般	困难
牵引种类	电力	6.0	15.0	6.0	20.0
	内燃	6.0	12.0	6.0	15.0

在个别线路的越岭地段，由于地形障碍显著而集中，若仍采用表 2-2 规定的限制坡度，实际上有困难或工程造价太高时，在经过详尽的技术经济比较后，允许采用大于限制坡度的加力牵引坡度。加力牵引坡度是指在大于限制坡度的坡道地段，为了统一全区段的列车重量标准，保证必要的线路通过能力，而进行多机牵引的坡度。内燃牵引的加力牵引坡度可增至 25‰，电力牵引的可增至 30‰。

（四）竖 曲 线

竖曲线是纵断面上的圆曲线，用以连接相邻两段坡道，如图 2-5 所示。列车经过平道与坡道、坡道与坡道的交点时，由于坡度的突然变化，车钩内产生附加应力较大，严重时容易发生断钩和脱钩等事故，因此采用竖曲线进行相邻坡道的连接以减缓车辆动力冲击。对于高速列车来说，竖曲线还能改善行车舒适性。

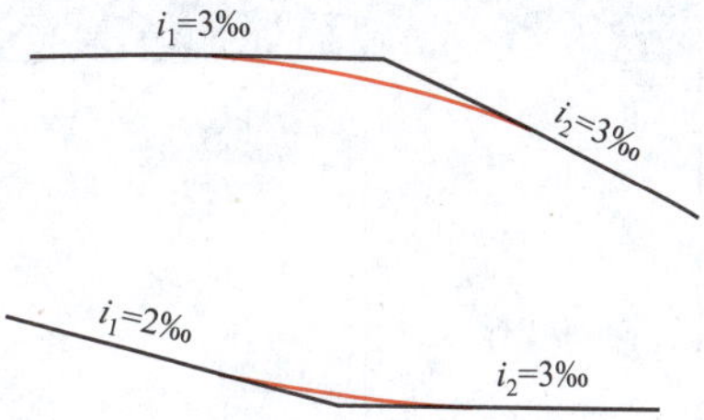

图 2-5　竖曲线

三、线路标志

为了线路维修及机车乘务员等工作需要，在线路沿线设有各种线路标志。线路标志包括公里标、半公里标、坡度标、曲线标、圆曲线和缓和曲线的始终点标、桥梁标、隧道（明洞）标，以及铁路局集团公司、工务段、线路车间、线路工区和供电段的界标，见表 2-3。

表 2-3　线路标志

名　称	图 片 示 意
公里标	
半公里标	
坡度标	  

续上表

<table>
<tr><th>名　称</th><th colspan="2">图 片 示 意</th></tr>
<tr><td>曲线标</td><td colspan="2">
</td></tr>
<tr><td rowspan="2">圆曲线和缓和曲线的始终点标</td><td>
</td><td>
</td></tr>
<tr><td colspan="2">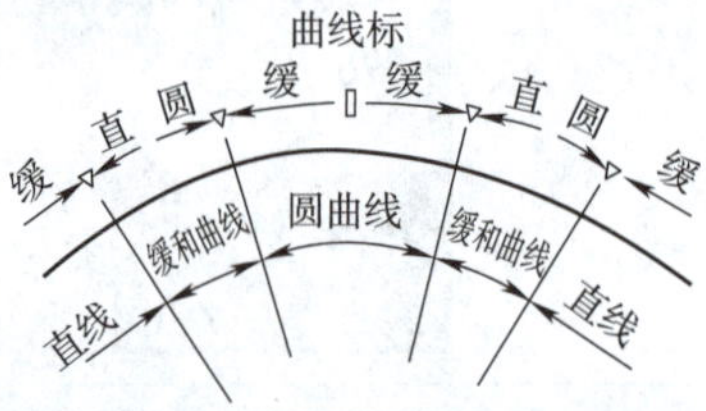
</td></tr>
<tr><td>桥梁标</td><td colspan="2">
</td></tr>
<tr><td>隧道(明洞)标</td><td colspan="2">
</td></tr>
</table>

续上表

名　称	图 片 示 意
铁路局集团公司、工务段、线路车间、线路工区和供电段的界标	

线路标志内侧设在距线路中心线应不小于3.1 m处。线路标志按计算公里方向设在线路左侧，双线区段须另设线路标志时，应设在列车运行方向左侧。

公里标、半公里标是线路的里程标。公里标表示从铁路线路起点开始计算的连续里程，每整公里设一个。半公里标设于线路的每半公里处。

坡度标设于变坡点处。它的正面和背面分别表示两边的坡度和坡段长度，并用箭头表示上坡或下坡，侧面则标明它所在的里程。

曲线标，设在曲线的中点处，标明曲线中心里程、半径大小、曲线和缓和曲线长度、超高等。

圆曲线和缓和曲线始终点标，设于直线与缓和曲线、圆曲线与缓和曲线的连接处，表明缓和曲线的起点与终点。在该标上分别写有直缓、缓圆、圆缓、缓直字样。

桥梁标一般设于桥头处，标明桥梁编号、中心里程和长度。

隧道(明洞)标，直接标注在隧道(明洞)两端洞门端墙上，标明隧道号或名称，中心里程和长度。

铁路局集团公司、工务段、线路车间、线路工区和供电段的界标，设在各该单位管辖地段的分界点处，两侧标明所向的单位名称。

第三节　路基、桥隧建(构)筑物

一、路　　基

路基是轨道的基础，是铁路线路的重要组成部分。它直接承受轨道的重量以及轨道传来的机车车辆荷载。路基的质量如何，对于整个线路质量和行车安全有很大的关系。因此，路基必须填筑坚实，基床应强化处理，具有良好的排水性能，并经常保持干燥、稳定和完好状态，以保证运输安全畅通。路基面应有足够的宽度，符合轨道铺设、附属构筑物设置和线路养护维修作业的要求。同时,路基两侧应留有足够宽度的铁路用地,以保证路基稳定,满足维修检查通道、栅栏设置及绿化带建设的需要。公铁并行路段在邻近铁路的公路路侧设置护栏。

路基工程主要由地基、路基本体、路基支挡和防护、路基防排水设施等组成。

(一)路基的基本形式

在铁路线路工程中,路基常见的两种基本形式是路堤和路堑,如图 2-6 所示。

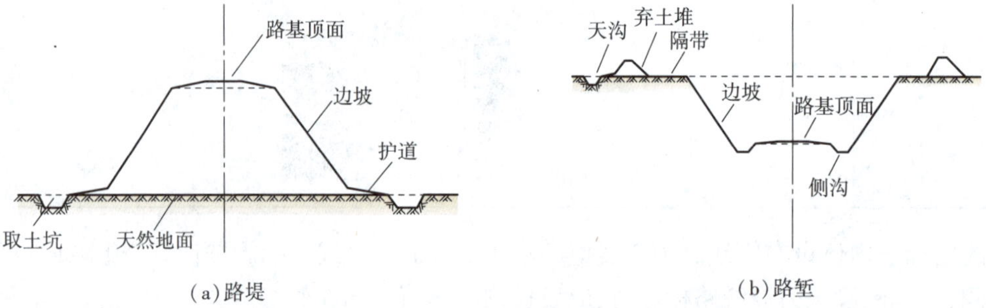

图 2-6 路基的基本形式

1. 路堤

当线路设计标高高于天然地面标高,经填方修筑而成的路基称为路堤。路堤主要包括路基顶面、护道、边坡、取土坑(或纵向排水沟)等。

2. 路堑

当线路设计标高低于天然地面标高,经挖方修筑而成的路基称为路堑。路堑主要包括路基顶面、边坡、侧沟和截水沟等。

(二)路基支挡和防护

1. 路基支挡

路基支挡是为保持路基边坡土体稳定而设置的工程结构,如挡土墙等。

2. 路基防护

路基坡面的地表水流沿山坡呈片状流动,它与边坡坡度及坡面状态等有关。缓坡、粗糙或有草木生长时地表水流流速小,反之就大些。路基坡面地表水流对坡面有洗蚀破坏作用,时间越长还会把坡面冲成纹沟、鸡爪沟,进而破坏路基边坡的稳定性。因此,对路基坡面地表水流的洗蚀应及时进行坡面防护,并修筑排水设备,保证排水通畅。常用的坡面防护措施有种草、铺草皮、植树、抹面、灌浆和砌石护坡等。

(三)路基防排水设施

路基必须坚实而稳固,才能承受沉重的压力。但是土质路基的坚固性和稳定性受许多因素的影响。在一般情况下,水的侵害往往是一个主要原因。因此,在路基的构造形式上处处要考虑如何有利于排水。为保持路基经常处于干燥、坚固和稳定状态,路基上设有一套完整的排水设备。路基面通过路拱进行横向排水。路基两侧一般设置纵向排水沟、侧沟和截水沟,排除地面水,如图 2-7 所示。

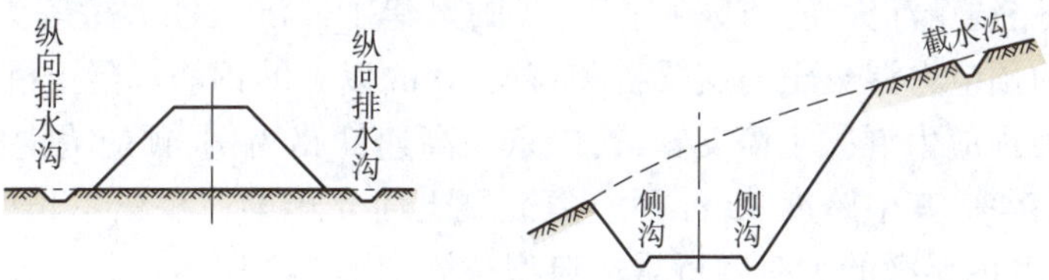

图 2-7 路基地面排水设施

除了地面水以外，地下水也是破坏路基坚实、稳固的一个重要因素。为了拦截地下水，降低地下水位，常采用渗沟和渗管等地下排水设备，如图 2-8 所示。地下水渗入渗沟后，可通过渗管纵向排出路堑。

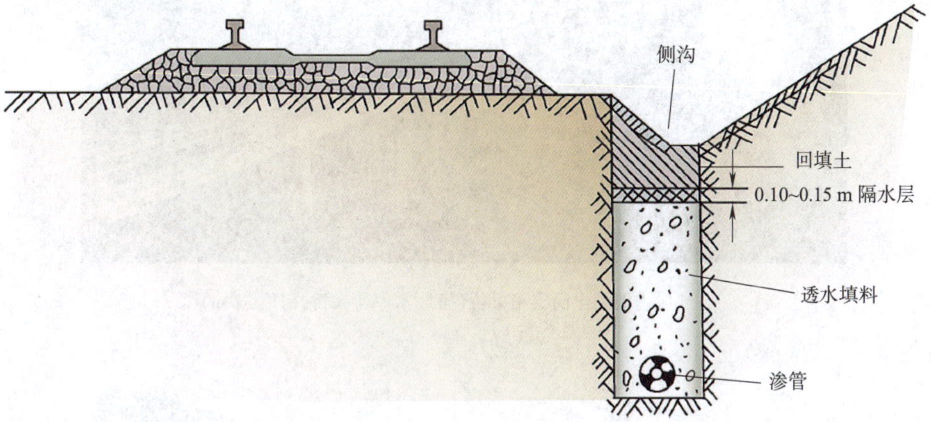

图 2-8 渗沟和渗管

二、桥隧建筑物

当铁路线路要通过江河、湖泊、溪沟、谷地、不良地质、环境敏感区以及山岭等天然障碍，或要跨越道路、铁路、城市轨道交通、管道、水渠等人工建筑物，以及节约土地资源，就需要修建桥隧建筑物，以使铁路线路得以继续向前延伸。桥隧建筑物包括桥梁、涵洞、隧道等。在修建铁路时，桥隧建筑物的工程量一般占相当大的比例，而大桥和长隧道的建设工期，有时还成为新建铁路按时通车的关键控制因素。

(一)桥　梁

1. 桥梁分类

桥梁的种类很多、形式多样，按建造材料分主要有钢桥、混凝土桥、石桥等，按照桥梁结构形式分主要有梁桥、拱桥、斜拉桥、悬索桥等，按照桥梁长度(L)分主要有小桥($L \leq 20$ m)、中桥(20 m $< L \leq 100$ m)、大桥(100 m $< L \leq 500$ m)和特大桥($L > 500$ m)等，按照跨越障碍分主要有跨河桥、跨线桥、高架桥等。

中国桥梁的发展分为古代、近代和现代三个时期。古代桥梁指中国 1876 年出现第一条铁路(吴淞铁路)以前的桥梁；近代桥梁指 1876 年至 1949 年修建的桥梁；现代桥梁则是中华人民共和国成立后修建的桥梁。近代铁路桥多为钢桥，包括我国著名桥梁专家茅以升主持修建的浙赣铁路钱塘江大桥。1949 年后,我国修建了武汉长江大桥等大跨度钢桥,以及很多跨度 32 m 的预应力混凝土简支梁桥和跨度 20 m 以下的钢筋混凝土桥。高速铁路修建以来,桥梁主型为预应力混凝土简支箱梁,以京沪高速铁路为例,预应力混凝土简支箱梁占全线桥梁总长度 94%,其中跨度 32 m 预应力混凝土简支箱梁占桥梁总长度 88. 5%。同时,我国还修建了很多世界级的大跨度桥梁。典型桥梁如图 2-9 所示。

(a)预应力混凝土简支箱梁桥(官厅水库特大桥,跨度 32 m)

(b)钢桁拱桥(京沪高速铁路南京大胜关长江大桥,主跨 336 m)

图 2-9

(c)斜拉桥(沪苏通长江公铁大桥,主跨 1 092 m)

(d)悬索桥(五峰山长江公铁大桥,主跨 1 092 m)

图 2-9　典型桥梁

2. 桥梁的组成(图 2-10)

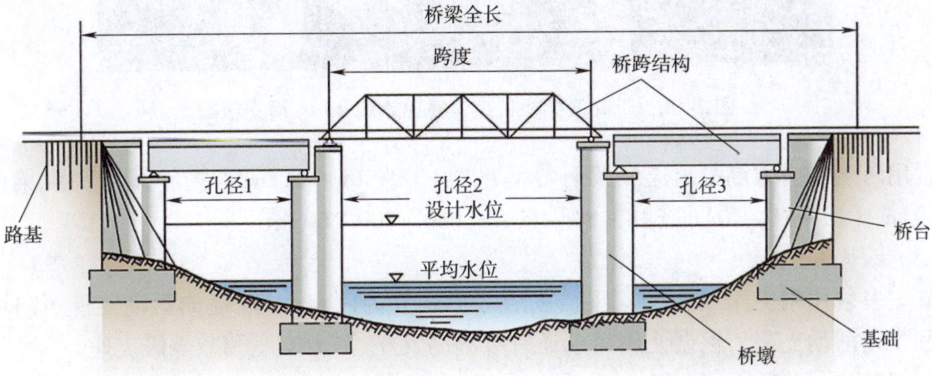

图 2-10　桥梁组成

两个相邻墩台之间的空间叫桥孔。每个桥孔在设计水位处的距离叫作孔径。从桥跨结构底部到设计水位的高度以及相邻两墩台之间的限界空间，叫作桥下净空。桥梁的孔径和桥下净空应能满足泄洪、排水及船舶通航的要求。每一桥跨两端支座间的距离，叫作跨度。整个桥梁包括墩台在内的总长度，是桥梁的全长。

桥梁主要由桥面、桥梁上部结构、支座、墩台及基础等部分组成。

(1)桥面

桥面由轨道结构、作业通道、遮板、防护墙、电缆槽、桥面防水层、梁端防水装置和泄水管组成。轨道结构包括有砟轨道、无砟轨道和明桥面。有砟桥面还设有梁缝钢盖板。

(2)桥梁上部结构

桥梁上部结构是桥梁承受荷载、跨越障碍的部分。

钢结构包括钢板梁、钢桁梁、钢箱梁、钢拱肋等，钢结构连接分为焊接和栓接。

混凝土简支梁包括多片式简支 T 梁和简支箱梁。简支箱梁的跨度主要有 20 m、24 m、32 m 和 40 m，简支箱梁结构有单箱单室、双箱单室和双箱双室等。混凝土简支梁一般在梁场进行预制，在桥位处使用架桥机进行架设。千吨级架桥机架设高速铁路 40 m 简支箱梁，如图 2-11 所示。

图 2-11　千吨级架桥机架设高速铁路 40 m 简支箱梁

常用跨度预应力混凝土连续梁有等高度梁(32 + 48 + 32)m 和抛物线变高度梁(40 + 56 + 40)m、(40 + 64 + 40)m、(48 + 80 + 48)m、(60 + 100 + 60)m。

(3)支座

支座多采用钢支座和橡胶支座。按活动形式分为固定支座、横向活动支座、纵向活动支座和多向活动支座。根据使用需求还有可调高支座、测力支座和减隔震支座。

(4)墩台及基础

墩台是支承桥跨结构的部分，包括桥墩和桥台，设于桥梁中部的支座称为桥墩，设于桥梁两端的支座叫作桥台。桥墩与桥台的底部为墩台的基础。

基础类型包括扩大基础、桩基础、沉井基础等。

(二)涵　洞

涵洞设在路堤下部的填土中,是用以通过水流或行人的一种建筑物。

涵洞主要由洞身、基础、端墙和翼墙所组成,如图 2-12 所示。洞身埋在路基之中,它具有一定的纵向坡度(从进口向出口),以便排水。端墙和翼墙的作用,是便于水流进出涵洞,同时还可以保护路堤边坡,使它不受水流的冲刷。

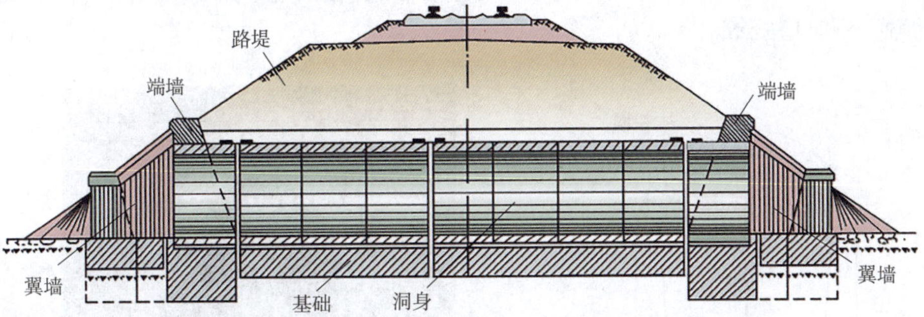

图 2-12　涵洞

按照建筑材料的不同,涵洞有石涵、混凝土涵、钢筋混凝土涵等多种。涵洞的截面有矩形、圆形、拱形等不同形式。涵洞的孔径一般在 6.0 m 以下。高速铁路涵洞以整体性好的钢筋混凝土框架箱涵为主。

(三)隧　道

铁路隧道是线路跨越山岭时,为避免开挖很深的路堑或修建很长的迂回线,而修建的穿越山岭的建筑物。此外,还有建筑在河床、海峡或湖底下的水下隧道和建筑在大城市地下的隧道、环境敏感区地下的隧道。明洞是在隧道口部或路堑地段,为防止塌方、落石、雪崩等影响行车,用明挖法修建的掩土建筑物。

1. 隧道分类

(1)按长度可分为:

短隧道:500 m 及以下;

中长隧道:500 m 以上至 3 000 m;

长隧道:3 000 m 以上至 10 000 m;

特长隧道:10 000 m 以上。

(2)按开挖跨度(即隧道开挖横断面的水平最大宽度)可分为:

小跨度:5 m 以上至 8. 5 m;

中等跨度:8. 5 m 以上至 12 m;

大跨度:12 m 以上至 14 m;

特大跨度:14 m 以上。

2. 隧道的构造

隧道一般由洞身、洞门、避车洞、设备洞室,沟槽(洞内侧沟、中心水沟),衬砌背后防水板、盲管，洞外泄水洞、隧道排水管等组成。长度 20 km 及以上隧道和隧道群设置紧急救援站，长度 10 km 及以上单洞隧道设紧急出口或避难所。

(1)洞身

洞身是隧道的主要组成部分，其长度由两端洞门的位置决定。洞身是列车通过的通道，为保证行车安全，洞身必须按建筑限界标准修建。

(2)洞门

洞门是隧道进出口处，其主要作用是用来保证洞口仰坡和边坡的稳定，缓解高速铁路隧道气动效应等，如图 2-13 所示。洞门形式有端墙式、柱式、翼墙式、耳墙式、台阶式、切削式、帽檐式、喇叭口式等。

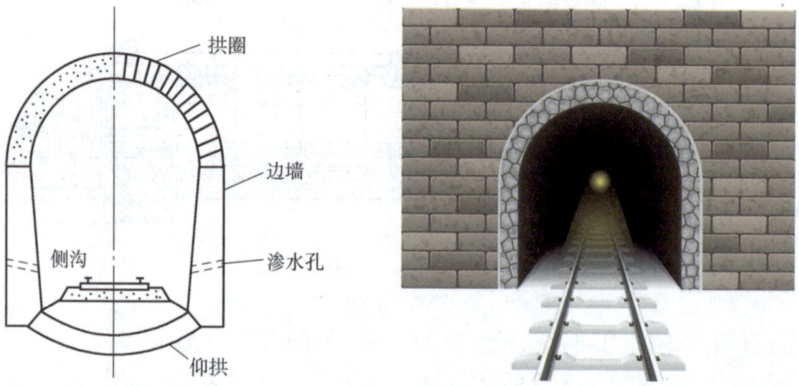

图 2-13　隧道洞门

(3)避车洞

在隧道两侧边墙上，每隔一定距离设置的供人员躲避列车或临时存放器材用的洞室。

(4)设备洞室

设备洞室用于存放通信、信号和供电、电力设备。

(5)沟槽

沟槽是沿线路纵向设置于隧道中心或两侧，供排水或敷设电缆用的矩(圆)形构筑物。

三、道口、平过道

铁路和公路交叉形式分为平面交叉和立体交叉。既有铁路与道路的平面交叉应逐步改为立体交叉，新建、改建铁路原则上不设置平面交叉。列车运行速度 120 km/h 及以上线路全封闭、全立交，线路两侧按标准进行栅栏封闭，并设置相应的警示标志。

列车运行速度 120 km/h 以下的线路，铁路道口、人行过道的设置或拓宽按照国铁集团有关规定办理。铁路道口、人行过道的等级、标准、铺设、拆除及需否看守，由铁路局集团公司决定。

铁路道口是指在铁路线路上铺面宽度在 2.5 m 及以上，直接与道路贯通的平面交叉。铁路道口和人行过道均应设置道口标志、道口路段标线、司机鸣笛标及护桩，根据需要设置栅栏或其他安全防护设施。

有人看守道口根据需要修建道口看守房，设置照明灯、警示灯、遮断色灯信号机和道口自动通知设备，并督促地方道路管理部门设置齐全道口警示标志。根据需要设置列车无线调度通信设备。

平过道是指在车站、货场、厂（场）区范围内，专为内部作业使用，不直接与道路贯通的平面交叉。平过道铺面宽度应不小于 2.5 m，但只为工作人员走行的铺面宽度为 1.0 ~ 1.2 m。站内平过道必须与站外道路和人行道路断开，禁止社会车辆、非工作人员通行，平过道不得设在车站两端咽喉区内。

在电气化铁路上，铁路道口通路两面应设限高架，其通过高度不得超过 4.5 m。道口两侧不宜设置接触网锚段关节，不应设置锚柱。

栏杆（门）以对道路开放为定位。特殊情况下需要以对道路关闭为定位时，由铁路局集团公司规定。

一切车辆、自动走行机械和牲畜，均须在立体交叉或平交道口处通过铁路。铁路工作人员发现有违反上述情况时，应予制止。特别笨重、巨大的物件和可能破坏铁路设备、干扰行车的物体通过道口时，应提前通知铁路道口管理部门，采取安全和防护措施，并在其协助指导下通过。

四、防护栅栏和声屏障

铁路线路防护栅栏是防止人和家禽、家畜、野生动物进入铁路运营安全影响范围内的隔离设施，以确保时速超过 120 km 列车在封闭的区域内安全稳定运行。防护栅栏一般设置在铁路用地界以内 0.5 m 处。防护栅栏主要有钢筋混凝土和金属网片两种。普速铁路防护栅栏高度 1.8 m；高速铁路采用防护栅栏为钢筋混凝土防护栅栏和金属网片相结合的方式，防护栅栏总高度为 2.7 m，上部加装刺丝滚龙。防护栅栏按铁路行车设备管理。每隔一定距离设有栅栏门，便于工务、电务等设备检查和维修施工作业人员进出。

根据铁路噪声排放治理需要，在铁路两侧设置声屏障。声屏障结构形式主要以插板式金属声屏障、轻质混凝土声屏障为主，声屏障安装位置一般距铁路线路外侧轨道中心线 3.40 m 以外，高度高于轨面 2.15 m。

第四节　轨　　道

路基、桥隧建筑物修建完成之后，就可以在上面铺设轨道。轨道由钢轨、联结零件、轨枕、道床、防爬设备和道岔等主要部件组成。它对机车车辆运行起导向作用，直接承受由车轮传来的巨大压力，并把它传递给路基或桥隧建筑物，如图 2-14 所示。

轨道是一个整体性工程结构，经常处于列车运行的动力作用下，所以它的各组成部分均应具有足够的强度和稳定性，以便保证列车按照规定的最高速度，安全、平稳和不间断地运行。

图 2-14 轨道的基本组成

一、轨道的组成

(一)钢 轨

钢轨的作用是直接承受车轮的巨大压力并引导车轮的运行方向,因而它应当具备足够的强度、稳定性和耐磨性。

为了使钢轨具有良好的抗弯性能,钢轨的断面形状采用"工"字形,如图 2-15 所示,由轨头、轨腰和轨底组成。

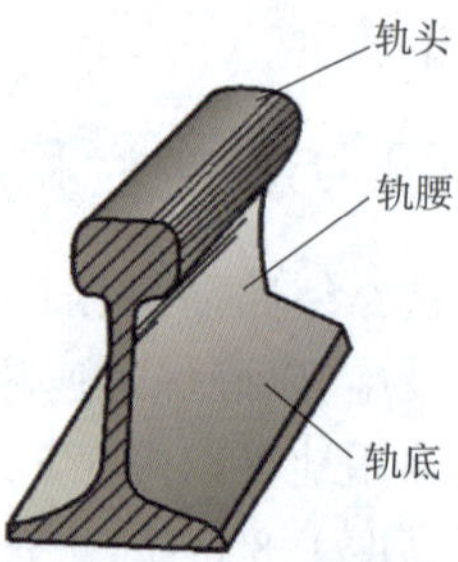

图 2-15 钢轨断面形式

在我国,按照每米长度的大致质量(kg/m)对钢轨进行分类,现行的标准钢轨类型有:75 kg/m、60 kg/m、50 kg/m 及 43 kg/m。新建、改建铁路正线采用 60 kg/m 钢轨的跨区间无缝线路(重载铁路应采用60 kg/m 及以上类型钢轨的无缝线路)。

钢轨制造的定尺长度长,可以减少接头的数量,列车运行更平稳,且可节省接头联结零件和线路的维修费用,钢轨定尺长可为 100 m、75 m、25 m、12.5 m。无缝线路 60 kg/m 钢轨宜选用 100 m 定尺长钢轨,75 kg/m 钢轨宜选用 75 m 或 100 m 定尺长钢轨。有缝线路宜选用 25 m 定尺长钢轨。

(二)联结零件

联结零件包括接头联结零件和扣件两类。

接头联结零件是用来联结钢轨与钢轨之间的接头部件的统称,它包括夹板、螺栓、螺母和弹性垫圈等。普通线路钢轨接头处必须保持一定的缝隙,这一缝隙叫作轨缝。当气温发生变化时,轨缝可满足钢轨的自由伸缩。钢轨接头是线路上最薄弱的环节,它使行车阻力和线路维修费用显著增加,因此它是线路维修工作的重点对象。

扣件的作用是将钢轨紧扣在轨枕上。扣件因轨枕的不同,有混凝土枕用扣件和木枕用扣件两类。木枕用扣件包括普通道钉和垫板。垫板置于轨底与木枕之间,其目的在于增加木枕与轨底的接触面积,使木枕经久耐用。同时,由于它的顶面做成 1∶40 的斜度,使钢轨具有适当的内倾度(叫作轨底坡),以防止和减轻轮对的蛇行运动。混凝土枕有砟轨道主要采用弹条扣件,其结构简单、弹性好、扣压力大,因此被广泛采用。

(三)轨 枕

轨枕的作用是支承钢轨,并将钢轨传来的压力传递给道床,保持钢轨位置和轨距。轨枕应具有必要强度和耐久性,并且造价低、制作简单、铺设及养护方便。

轨枕按照制作材料分,主要有木枕和钢筋混凝土枕两种。木枕具有弹性好,形状简单,加工容易,重量轻,铺设和更换方便等优点。其主要缺点是消耗大量木材,使用寿命较短。经过防腐处理的木枕,一般可用15年左右。为了保护生态平衡和森林资源,木枕已很少使用。混凝土轨枕使用寿命长、稳定性能高、养护工作量小,加上材料来源较广,所以在我国铁路上得到广泛采用,不仅可以节省大量木材,还有利于提高轨道的强度和稳定性。

我国普通轨枕的长度有2.5 m、2.6 m,道岔用的岔枕和钢桥上用的桥枕,其长度有2.6~5 m多种。

每公里线路上铺设轨枕的数量,应根据运量及行车速度等运营条件确定,一般在1 520~1 920根之间。

(四)道　床

道床是铺设在路基面上的石砟(道砟)垫层。其主要作用是支承轨枕,把从轨枕上部的压力均匀地传递至线下基础;固定轨枕的位置,阻止轨枕纵向或横向移动;缓和车辆对钢轨的冲击;调整线路的平面和纵断面。

道床的材料应当具有坚硬,不易风化,富有弹性,并有利于排水的特点。一般都采用碎石道床。

道床的断面呈梯形,其顶面宽度、边坡坡度及道床厚度等均根据轨道的类型而定。

(五)防爬设备

因列车运行时纵向力的作用,使钢轨产生纵向移动,有时甚至带动轨枕一起移动,这种现象叫轨道爬行。轨道爬行经常出现在单线铁路的重车方向(运量大的方向)、双线铁路的行车方向、长大下坡道上及进站前的制动距离内。

轨道爬行往往引起轨缝不匀、轨枕歪斜等线路病害,对轨道的破坏性极大,严重时还会危及行车安全。因此,必须采用有效措施加以防止。通常的做法是,一方面加强钢轨与轨枕间的扣压力和道床阻力;另一方面是设置防爬器和防爬撑等防爬设备。

我国铁路采用穿销式防爬器,如图2-16所示。它由带挡板的轨卡和穿销组成。安装时,将轨卡的一边紧紧地卡住轨底,另一边用楔形穿销楔紧,使整个防爬器牢固地卡在轨底上。

为充分发挥防爬器的防爬能力,常在轨枕间安装防爬撑,将若干根轨枕联系起来,如图2-17所示。

图2-16　穿销式防爬器

图2-17　防爬设备组成

(六)道　　岔

道岔是一种使机车车辆能从一股道转入或越过另一股道的线路连接设备,大量铺设在车站内,以满足各种作业需要,最常见的是单开道岔。

1. 单开道岔

单开道岔由转辙器、辙叉及护轨、连接部分所组成,如图 2-18 所示。

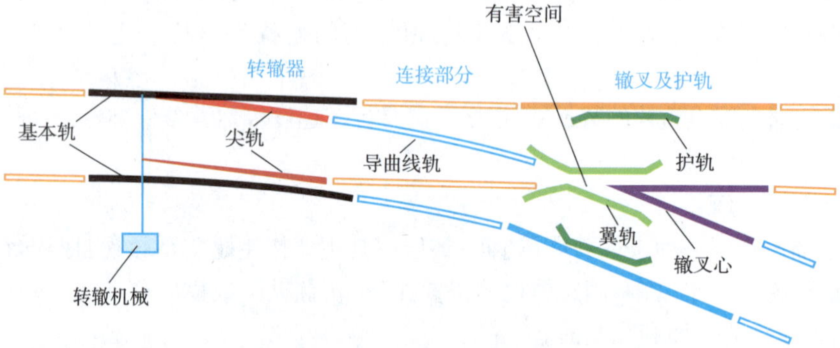

图 2-18　普通单开道岔

(1)转辙器

转辙器由两根尖轨、两根基本轨和转换设备组成。尖轨是转辙器的主要部件,通过转换设备可使两侧尖轨分别处于密贴或斥离位置,以确定道岔的开通方向。

(2)辙叉及护轨

辙叉及护轨包括辙叉心、翼轨及护轨。其作用是保证车轮安全通过两股轨线的相互交叉处。

固定型辙叉从两翼轨最窄处到辙叉心实际尖端之间,存在着一段轨线中断的空隙,叫作辙叉的有害空间。当机车车辆通过辙叉有害空间时,轮缘有走错辙叉槽而引起脱轨的可能,因此,必须设置护轨,对车轮的运行方向实行强制性的引导。

道岔上的有害空间是限制列车过岔速度的一个重要因素。为了消灭有害空间,减轻车轮对翼轨和心轨的冲击,适应列车高速运行的要求,国内外都发展了各种可动心轨道岔。一般来说,辙叉心轨和尖轨是同时被扳动的,当尖轨开通某一方向时,可动心轨的辙叉心轨就与开通方向一致的翼轨密贴,与另一翼轨分开,从而消灭了有害空间。可动心轨辙叉的基本结构组成和各部名称如图 2-19 所示,它是由长心轨、短心轨拼装成的可动心轨和翼轨、叉跟基本轨、帮轨等组合而成,此种辙叉利用心轨可摆动与翼轨密贴的特征,消除了有害空间,不仅避免了车轮对心轨和翼轨冲击,而且提高了列车直向过岔速度,广泛用于高速铁路。

运营实践证明,由于消灭了有害空间,可动心轨道岔具有行车平稳、直向过岔速度高等优点,因此适合运量大、高速行车的线路使用。

(3)连接部分

在单开道岔中,连接前端转辙器与后端辙叉及护轨部分的线路称为道岔连接部分。在单开道岔中,主线为直线,侧线为曲股。小号码道岔导曲线一般为圆曲线形,大号码道岔为圆曲

图 2-19 可动心轨辙叉

线与缓和曲线组合线形。由于道岔导曲线较短,没有足够的超高递减距离,因此一般不设超高。

2. 道岔号数及道岔定反位

(1)道岔号数

道岔因其辙叉角的大小不同,有不同的道岔号(N)。道岔号数是用辙叉角(α)的余切值来表示的,如图 2-20 所示。其计算公式为:

$$N=\cot\alpha=\frac{FE}{AE}$$

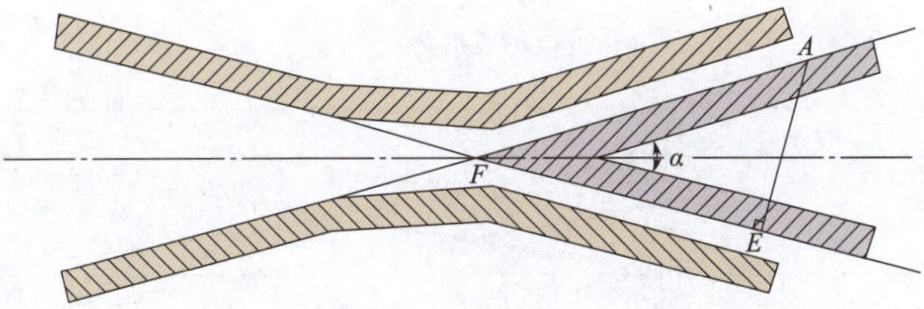

图 2-20 道岔号数计算

由此可见,辙叉角越少,N 值就越大,导曲线半径也越大,机车车辆侧线通过道岔时就越平稳,允许的侧线过岔速度也就越高。所以,采用大号码道岔对于列车运行是有利的。然而,道岔号数越大,道岔全长就越长,铺设时占地就越多。因此,采用何种道岔来连接线路,要根据线路的用途来决定。

目前,我国普速铁路线路上大多使用 9 号、12 号、18 号道岔,它们所允许的侧向通过速度分别为30 km/h、45 km/h、80 km/h。在客运专线和高速铁路上,多采用18号及以上的大号码道岔,以保证列车平稳、安全。

(2)道岔定反位

每组道岔有两个开通位置。道岔除使用、清扫、检查或修理时经常向某一线路开通的位置规定为定位,反之则为反位。

3. 其他类型道岔与交叉设备

除了单开道岔以外,按照构造上的特点及所连接的线路数目,道岔与交叉设备还有对称双开道岔、对称三开道岔、菱形交叉和复式交分道岔等,如图2-21所示。

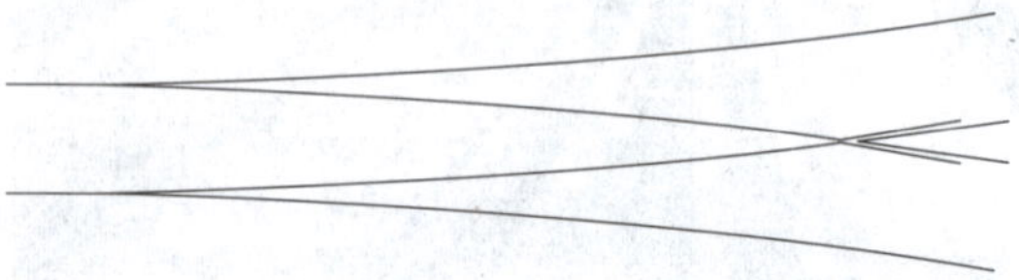

(a)对称双开道岔

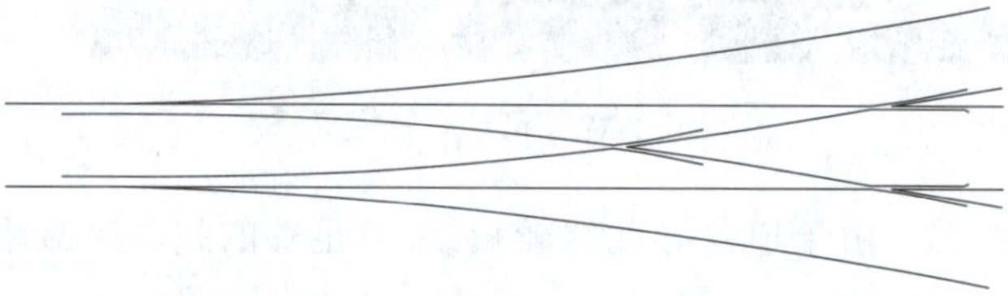

(b)对称三开道岔

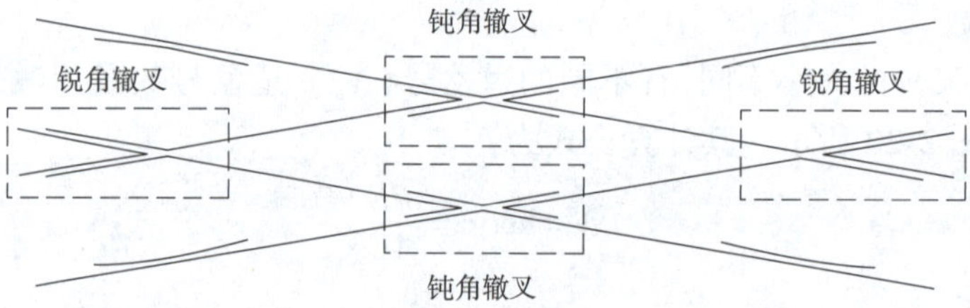

(c)菱形交叉

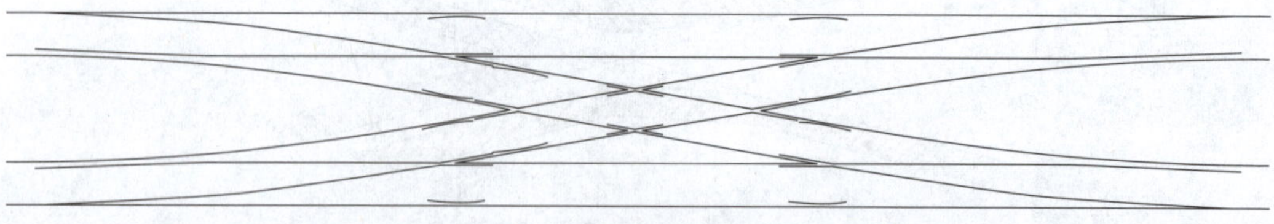

(d)交叉渡线

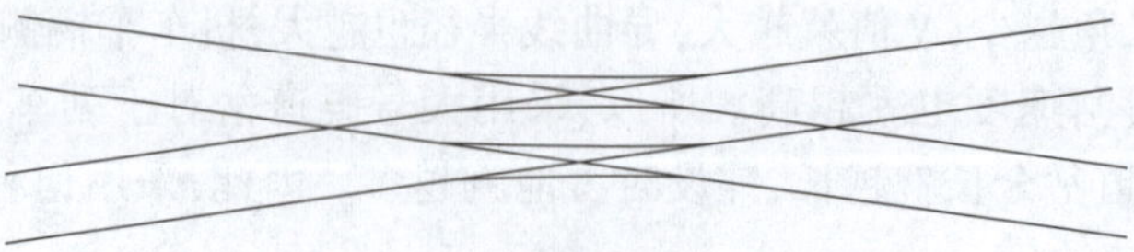

(e)复式交分道岔

图2-21　其他常用道岔与交叉设备

对称双开道岔的特点是与道岔相衔接的两条线路各自向两侧对称分岔。对称三开道岔的特点是可以同时衔接三条线路,所以具有两套尖轨和两组转换设备。

菱形交叉由两组锐角辙叉和两组钝角辙叉组成。菱形交叉没有转辙器部分,机车车辆通过交叉设备时,只能沿着原来线路继续运行而不能转线。

复式交分道岔相当于四组单开道岔和一副菱形交叉设备的结合体,但它需要占用的地面却小得多。

二、无缝线路和新型轨下基础

(一)无缝线路

无缝线路也叫长钢轨线路,通常是在焊轨厂将标准轨焊接成250~500 m的轨条,再运到现场就地焊接成1 000~2 000 m后铺设。

与普通线路相比,无缝线路在其长钢轨段内消灭了轨缝,避免了车轮对钢轨接头的冲击,使得列车运行平稳,旅客舒适,延长了线路设备和机车车辆的使用寿命,减少了线路养护维修工作量,并能适应高速行车和重载的要求。

铺设无缝线路的关键是设法克服长钢轨因轨温变化而产生的伸缩问题。道床纵向阻力、钢轨接头阻力是解决这一问题的主要因素。无缝线路一般由固定区、伸缩区和缓冲区三部分构成。当温度变化时,伸缩区钢轨可产生一定的伸缩,伸缩区长度根据年轨温差幅度、道床纵向阻力、钢轨接头阻力等确定。无缝线路固定区长钢轨不能自由伸缩,只能在钢轨内部产生应力。可见,选择适当的锁定轨温,对无缝线路的强度和稳定性具有很大影响。锁定线路时(即铺设或维修时)的轨温称为锁定轨温。

选择锁定轨温是一件十分重要的工作,锁定轨温偏高,冬季产生的温度拉力大,易造成钢轨折断;反之,锁定轨温偏低,夏季产生的温度压力大,易使线路胀轨跑道,给行车带来危害。根据多年来铺设无缝线路的经验,在实际铺设时,无缝线路的锁定轨温,一般以当地历年最高轨温与最低轨温的中间值,作为锁定轨温。

无缝线路在20世纪30年代开始出现,50年代以后逐步得到推广。我国自1958年开始铺设,经过几十年的建设和运营实践,现已全面推广应用。

(二)混凝土宽枕和无砟道床

混凝土宽枕(简称宽枕)外形与普通混凝土轨枕相似,但比普通混凝土轨枕宽而且稍薄,它在线路上是连续铺设的,如图2-22所示。

采用宽枕的轨道变形小,也不易发生坑洼不平和道床的脏污现象。由于它的底部和道床、上部和轨底的接触面积增大了,有利于提高线路的稳定性,改善钢轨的受力条件,另外,相比于普通有砟轨道,其道床较为整洁,但同时存在维护困难的问题。

我国以前在部分隧道、客运车站到发线上采用宽枕,目前新建铁路已不再采用,既有宽枕逐步更换下道。

无砟道床是一种以钢筋混凝土等整体结构代替轨枕和散体道砟的道床形式。无砟轨道具有稳定性好,轨道几何形位能持久保持,维修工作量少,平顺性及刚度均匀性好,耐久性好等优点。我国普速铁路隧道内无砟轨道主要采用弹性支承块式、双块式、轨枕埋入式等结构。

图 2-22　宽枕线路

三、轨道上两股钢轨的相互位置

为了确保行车安全,轨道除了应具有合理的组成外,还应保持两股钢轨的规定距离和钢轨顶面的相对水平位置。

(一)直线部分的轨距和水平

1. 轨距

轨距是钢轨头部踏面下 16 mm 范围内两股钢轨工作边之间的最小距离。我国铁路采用 1 435 mm 的标准轨距。轨距小于 1 435 mm 的铁路统称为窄轨铁路,轨距大于 1 435 mm 的统称为宽轨铁路。我国台湾地区部分铁路线路采用 1 067 mm 窄轨距,云南省内部分铁路线路采用 1 000 mm 的窄轨距。此外,其他国家还有采用 1 520 mm、1 600 mm 等宽轨距的铁路。

为使机车车辆能顺利通过轨道,轨道的轨距必须略大于轮对宽度,有一定的游间。

从机车车辆轮对和直线地段钢轨的相互位置中(图 2-23)可以看出:

轨距(S_0) = 轮对宽度(q) + 游间(δ)

由于轮缘和钢轨之间有一个游间,使轮缘能在两股钢轨之间自由滚动,而不会卡住。

在机车车辆运行的动力作用下,轨距可能产生一定的偏差。我国线路验收时,区间线路、道岔的轨距静态允许偏差见表 2-4。

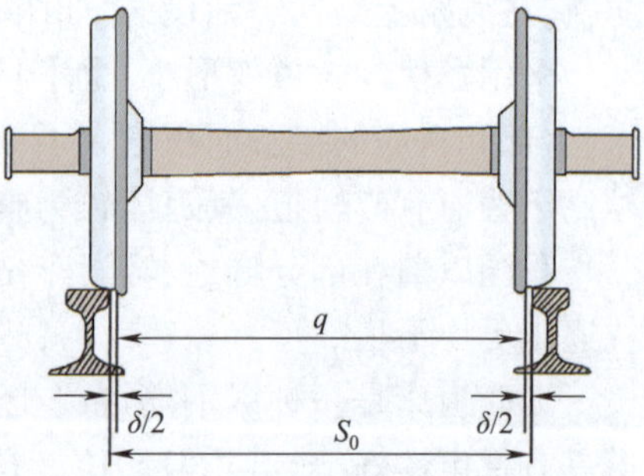

图 2-23　轮对与钢轨的相互位置

表 2-4 线路、道岔轨距静态允许偏差

线路允许速度(km/h)	$v \leqslant 120$	$120 < v \leqslant 160$	$160 < v \leqslant 200$
线路(mm)	+6 −2	+4 −2	±2
道岔(mm)	+3 −2	+3 −2	±2

2. 水平

直线地段两股钢轨的顶面应保持在同一水平。线路、道岔的钢轨水平静态允许偏差见表 2-5。

表 2-5 钢轨水平静态允许偏差

线路允许速度(km/h)	$v \leqslant 120$	$120 < v \leqslant 160$	$160 < v \leqslant 200$
正线及到发线(mm)	4	4	3
道岔(mm)	4	4	3

(二)曲线部分的轨距和水平

1. 轨距加宽

机车车辆走行部中只能保持平行而不能做相对运动的车轴中心线间的最大距离,叫作固定轴距。由于机车车辆具有固定轴距,在曲线上运行时转向架的纵向中心线与曲线轨道中心线并不一致,因而引起转向架前一轮对外侧车轮轮缘和后一轮对的内侧车轮轮缘压挤钢轨,增加走行阻力,如图 2-24 所示。

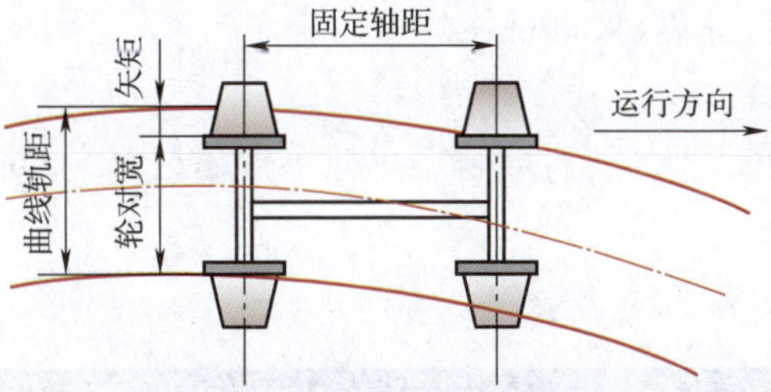

图 2-24 轨距加宽原因示意

为了使机车车辆顺利地通过曲线,需对小半径曲线的轨距适当加宽,曲线轨距加宽见表 2-6。

表 2-6 曲线轨距加宽

曲线半径 R(m)	加宽值(mm)
$R \geqslant 295$	0
$295 > R \geqslant 245$	5
$245 > R \geqslant 195$	10
$R < 195$	15

2. 外轨超高

机车车辆在曲线上运行时,由于离心力的作用使曲线外轨承受了较大的压力,因而造成两股钢轨磨耗不均匀现象,并使旅客感到不舒适,严重时还可能造成翻车事故。因此通常要将曲线上的外轨抬高,使机车车辆内倾,以平衡离心力的作用。外轨比内轨高出的部分称为超高,如图 2-25 所示。

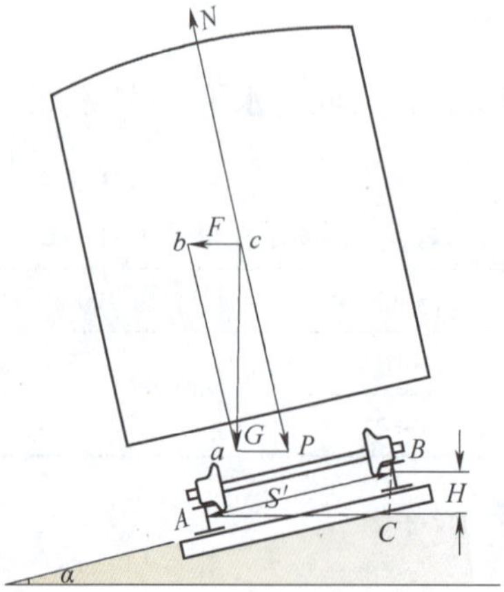

图 2-25　外轨超高原理

曲线外轨超高量(H),通常可用下列公式计算:

$$H = 11.8\frac{v^2}{R}(\mathrm{mm})$$

式中　v——列车平均运行速度(km/h);

R——曲线半径(m)。

普速铁路,外轨超高的最大值,有砟轨道单线不得超过 125 mm,双线不得超过 150 mm;无砟轨道不得超过 150 mm。

第五节　限　　界

为了确保机车车辆在铁路线路上运行的安全,防止机车车辆撞击邻近线路的建筑物和设备,而对机车车辆和接近线路的建筑物、设备所规定的不允许超越的轮廓尺寸线,称为限界。铁路基本限界可分为机车车辆限界和建筑限界两种。

一、机车车辆限界

机车车辆限界是机车车辆横断面的最大极限,它规定了机车车辆不同部位的宽度、高度的最大尺寸和底部零件至轨面的最小距离。机车车辆限界是和桥梁、隧道等限界起相互制约作用的,当机车车辆在满载状态下运行时,也不会因产生摇晃、偏移等现象而与桥梁、隧道及线路上其他设备相接触，以保证行车安全。

机车车辆无论空、重状态，均不得超出机车车辆限界。

客货共线铁路，机车车辆的中心最大高度为 4 800 mm。因此，机车车辆顶部的任何装置均应在 4 800 mm 之内，以防机车车辆顶部与桥梁、隧道上部相撞。

机车车辆在钢轨轨面上部 1 250 ~ 3 600 mm 范围内其宽度为 3 400 mm，在 2 600 ~ 3 100 mm 列车信号、后视镜装置范围内允许两侧各加宽 100 mm，如图 2-26 所示。

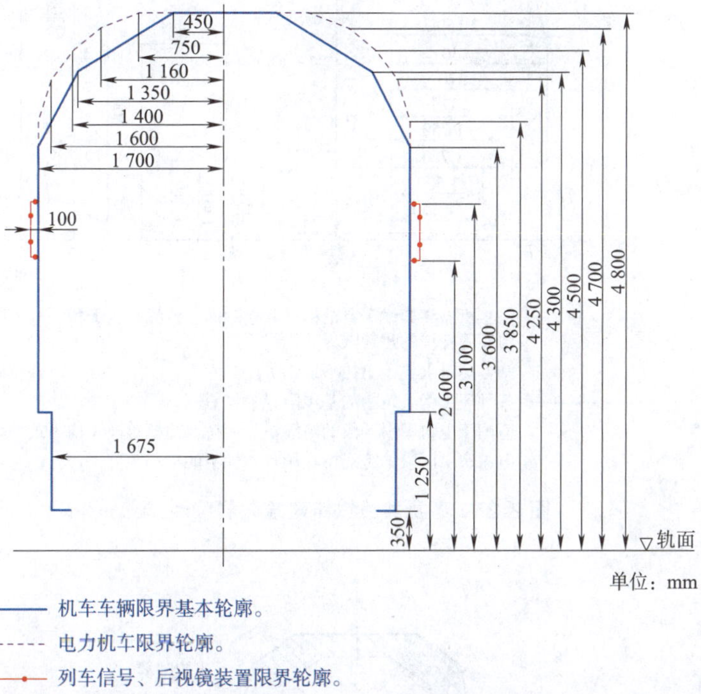

图 2-26　客货共线铁路机车车辆上部限界

二、建筑限界

建筑限界是一个和线路中心线垂直的横断面，它规定了保证机车车辆安全通行所必需的横断面的最小尺寸。凡靠近铁路线路的建筑物及设备，其任何部分（和机车车辆有相互作用的设备除外）都不得侵入限界之内。根据不同的运行速度和是否运行双层集装箱，规定了不同的建筑限界标准。其中 $v \leq 160$ km/h 客货共线铁路建筑限界，如图 2-27 所示。

建筑限界与机车车辆限界之间的空间为安全空间，如图 2-28 所示。留有安全空间的目的：一是为组织“超限货物列车”运行；二是为适应运行中的列车横向晃动偏移和竖向上下振动，防止与邻近的建筑物或设备发生碰撞。

机车车辆限界在装载货物时作为货物的装载限界。随着经济的发展，经由铁路运输的长大货物不断增加，当货物装车后，货物任何部分的高度和宽度超过机车车辆限界时，称为超限货物。

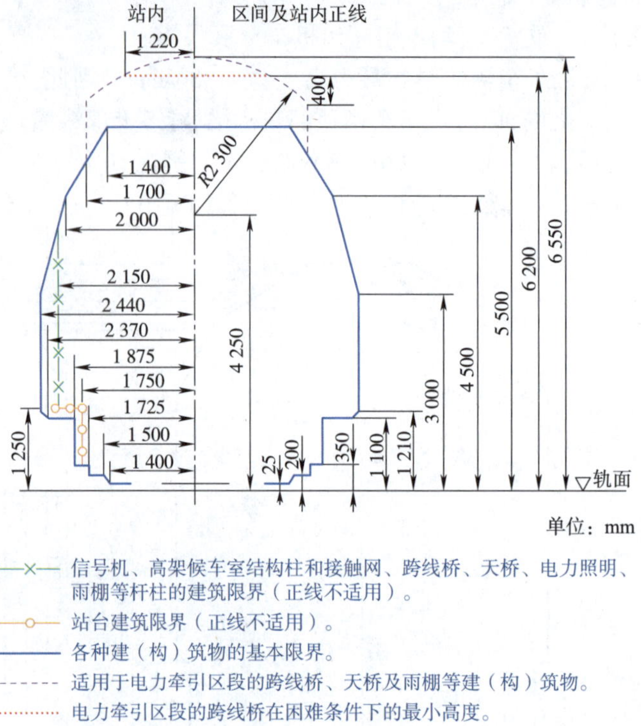

图 2-27　客货共线铁路建筑限界(v≤160 km/h)

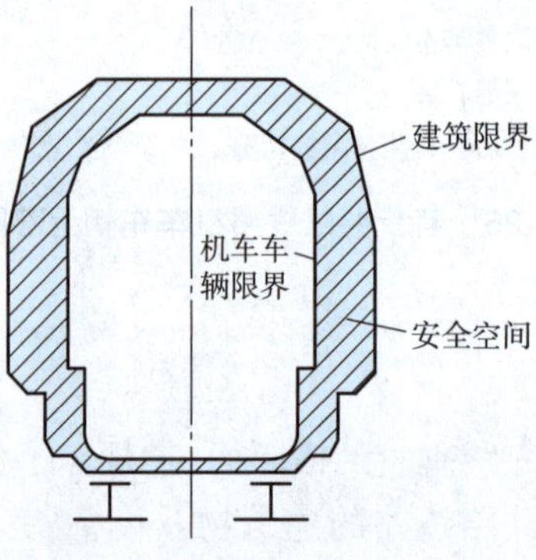

图 2-28　铁路限界和安全空间

第六节　工 务 工 作

轨道在机车车辆动力作用下,在风、沙、雨、雪和温度变化等自然条件的侵袭下,逐渐产生各种变形或损坏,以致发生病害,如钢轨磨损,轨枕腐朽、损坏,道床脏污,路基松软、下沉、翻浆，轨道爬行以及轨道几何超限等，从而削弱了轨道的强度和稳定性，影响列车高速、平稳运行，甚至威胁行车安全。因此，为了确保列车能按规定速度安全、平稳、不间断地运行，延长线路的使用寿命，必须加强线路的修理，保证线路设备经常处于完好状态，这是铁路工务部门的基本任务。

工务段（含工务桥工段、综合维修段等）是工务部门的基层生产单位，负责线路设备的修理工作。工务机械段承担利用大型养路机械对线路的修理。

线路设备修理分为线路设备大修和维修。线路设备修理采用周期修与状态修相结合。线路设备大修以周期修为主，线路设备维修以状态修为主。线路设备修理应贯彻"修理标准与线路等级匹配、投入产出经济合理"理念，实行线路分级管理。优化劳动组织，实行检、养、修分开，大力推进检测、修理专业化建设；积极推行工务、电务、供电等专业日常维修一体化管理，促进专业管理和综合管理融合。全面实行天窗修制度，铁路局集团公司应安排足够数量的天窗，以满足线路设备修理的需要；大力推广集中修，各项施工、维修作业采用平行作业的方式，综合利用天窗。积极推行施工作业机械化，采用新技术、新设备、新材料、新工艺，改善劳动条件，提高作业效率，保证作业质量。

一、线路设备大修

线路设备大修是为全面恢复和提高线路设备固有可靠度而对线路进行大规模的修理。应按照"运营条件匹配、轨道结构等强、修理周期合理、线路质量均衡"和"全面规划、适度超前、区段配套"原则，根据运输需要及线路设备变化规律，及时对线路设备进行更新和修理，恢复和提高线路设备强度。线路设备大修项目原则上应按周期安排，并可根据设备状态评价结果合理调整。线路设备大修应由专业大修设计、施工队伍承担。

根据线路设备各部件状态变化规律的不同，线路设备大修可分为：钢轨大修、道岔大修、轨枕大修、道床大修、线路中修、扣件大修、道口大修、其他大修（以上未涵盖的线路设备大修项目列其他大修）。

二、线路设备维修

线路设备维修是根据线路设备变化规律，维持列车以规定速度安全和不间断地运行，而对线路进行的日常维护和小规模修理。线路设备维修应坚持"预防为主、防治结合、修养并重、严检慎修"原则，根据线路设备变化规律，合理安排计划维修与临时补修，有效预防和整治线路病害，有计划地补偿线路设备损耗，保持线路设备完整和质量均衡，延长设备使用寿命，以取得较好的技术经济效益。线路设备维修项目原则上按状态评价结果进行合理安排。线路设备维修分为：计划维修与临时补修。

（一）计划维修

计划维修指根据线路及其各部件的变化规律，依据维修周期、结合设备状态评价，以大型养路机械为主要作业手段，全面调整和改善轨道空间线形线位，消除轨道结构病害，恢复道床弹性，更换失效轨枕和联结零件，调整轨道几何尺寸，消除钢轨轨头病害，达到钢轨目标廓形，以及其他各结构部件的修理等为主要内容的单项或多项修理，以恢复线路完好技术状态。

(二)临时补修

临时补修指以小型养路机械为主要作业手段,对轨道几何不平顺超过临时补修容许偏差管理值及其他不良处所进行的临时性整修,以保证行车安全和平稳。

复习思考题

1. 何谓铁路线路?由哪几部分组成?
2. 铁路线路如何分类?
3. 何谓线路的平面和纵断面?它们的组成要素分别是什么?
4. 何谓缓和曲线?缓和曲线的作用是什么?
5. 曲线半径大小对列车运行速度有何影响?
6. 何谓限制坡度?限制坡度的大小对铁路运输有什么影响?
7. 在铁路沿线为什么要设置线路标志?常见的线路标志有哪些?
8. 路基的两种基本断面形式是什么?其基本组成包括哪些?
9. 桥梁、隧道各由哪些部分组成?
10. 何谓道岔?单开道岔由哪三大部分组成?
11. 何谓辙叉的有害空间?为消灭有害空间,可采用什么道岔?
12. 道岔号数是用什么来表示的?我国铁路常用的道岔号数有哪些?
13. 何谓无缝线路?有何优点?
14. 在曲线地段为何要进行轨距加宽与外轨超高?
15. 何谓限界?铁路基本限界有哪两种?

第三章

铁路车站

学习任务

铁路车站是供铁路部门办理客、货运输业务和列车技术作业的场所，既是铁路和旅客货主联系的纽带，也是铁路系统的一个基层生产单位。

本章从车站的分类、设置条件、办理的作业及配备的相关设备方面对铁路车站相关知识进行介绍。

通过学习，了解车站的分类、办理的作业及配备的相关设备，熟悉车站线路分类、股道和道岔编号及线路有效长等相关知识。

第一节　概　　述

在车站上，除办理旅客和货物运输的各项作业以外，还办理和列车运行有关的各项工作，如列车的接发、会让、越行，列车的解体与编组，机车的换挂与车辆的检修等。

为了完成上述作业，车站上设有客货运输设备及与列车运行有关的各项技术设备，还配备了客运、货运、行车、装卸等方面的工作人员。设备较完善的车站，还进行列车解体和编组等工作。

一、车站的定义及分类

（一）车站的定义

车站上除了正线以外，还配有到发线、牵出线等其他线路，所以把车站定义为在铁路线上设有配线的分界点，如图 3-1 所示。此外，还有一种无配线的分界点，它包括线路所（图 3-2）、自动闭塞区段上的通过色灯信号机（图 3-3）。

（二）车站的分类及等级

1. 车站按业务性质分为营业站、非营业站，营业站分为客运站、货运站、客货运站。

客运站：专门办理客运业务的车站。

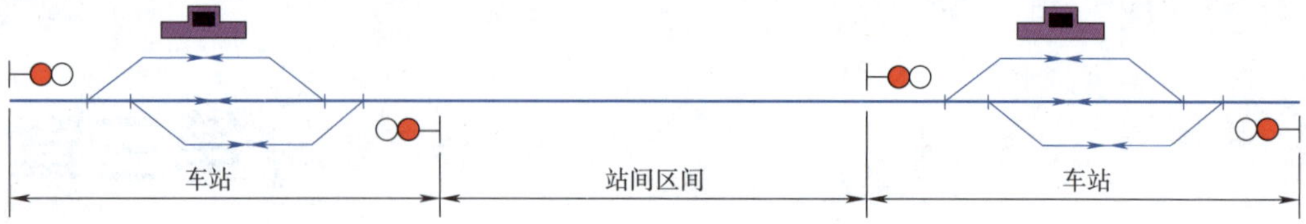

图 3-1　单线铁路站间区间

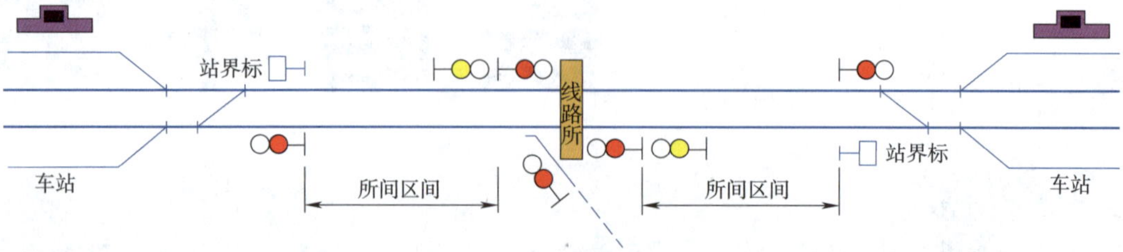

图 3-2　双线铁路所间区间

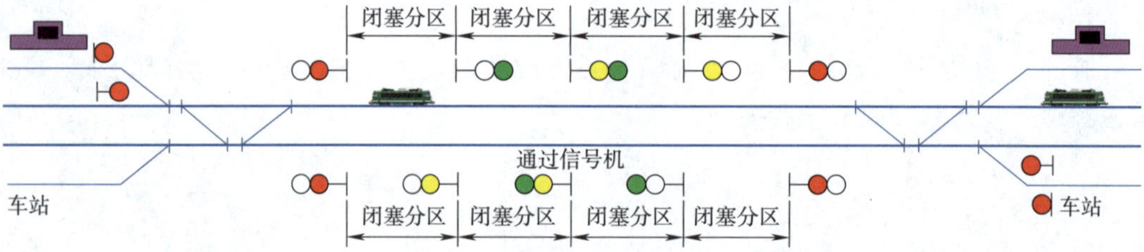

图 3-3　双线铁路自动闭塞分区

货运站：专门办理货运业务的车站。

客货运站：既办理客运业务又办理货运业务的车站。

2. 车站按技术作业分为中间站、区段站和编组站，区段站和编组站统称为技术站。

中间站：一般设在技术站之间的区段内，主要办理列车接发、会让和通过作业，以及调车作业和客货运业务的车站。有些中间站还进行机车整备作业、补机摘挂、列车技术检查和凉闸作业、列车始发和终到作业。仅办理接发列车作业的车站，单线区段称为会让站，双线区段称为越行站。

区段站：设于货物列车牵引区段两端，一般为机务段（折返点）所在站，担负更换机车或乘务员，主要解编区段列车和摘挂列车的车站。

编组站：设置于大量车流集散，港、矿附近或若干铁路线路衔接的地点，担当大量货物列车解体和编组作业，编组直达、直通、区段、摘挂、小运转等各种货物列车的车站。

3. 车站按其担负的客、货运量和改编作业量的大小，以及在政治、经济上和铁路网上所处的地位分为特等站和一、二、三、四、五等站。车站等级是确定车站规模、设置和配备定员的依据。

二、区间、闭塞分区、区段及站界

(一)区　　间

铁路线上每隔一定距离(10 km 左右)就要设置一个车站或线路所。车站和线路所把铁路线路划分成若干个长度不等的段落,这些段落就叫作区间。其中,两相邻车站之间的区间叫作站间区间(见图 3-1),相邻两线路所间或线路所与车站之间的区间叫作所间区间(见图 3-2)。

1. 站间区间

(1)在单线上,车站与车站间以进站信号机柱的中心线为车站与区间的分界线。

(2)在双线或多线上,车站与车站间分别以各该线的进站信号机柱或站界标的中心线为车站与区间的分界线。

2. 所间区间

两线路所间或线路所与车站间,以该线上的通过信号机柱的中心线为所间区间的分界线。设有进站信号机的线路所,所间区间的分界方法与站间区间相同。

(二)闭塞分区

自动闭塞区间,同方向相邻两架通过色灯信号机柱中心线之间或进站信号机柱(站界标)中心线与通过色灯信号机柱中心线之间的一段线路空间,称为闭塞分区,见图 3-3。

(三)区　　段

区段通常是指两相邻技术站间的铁路线路,包含若干个区间和车站。区段的长度一般取决于牵引动力的种类或路网状况。

(四)站　　界

为了保证行车安全和分清职责,在车站和它两端所衔接的区间之间应有明确规定的界限。在单线铁路上,车站的范围是以两端进站信号机机柱中心线为界,外方是区间,内方属于车站,见图 3-1。在双线铁路上,站界是按上、下行正线分别确定的,进站一端以进站信号机机柱中心线为界,出站一端则以反向进站信号机机柱中心线为界,无反向进站信号机的以站界标中心线为界,见图 3-2、图 3-3。

三、车站线路种类与线路间距

(一)线路种类

铁路线路按用途分为正线、站线、段管线、岔线、安全线及避难线,如图 3-4 所示。

1. 正线

正线是指连接车站并贯穿或直股伸入车站的线路。正线可分为区间正线及站内正线,连接车站的正线为区间正线,贯穿或直股伸入车站的部分为站内正线。

2. 站线

车站内除设有正线外,还根据业务性质、运量大小及技术作业的需要,分别铺设其他配线,这些配线统称为站线。站线包括到发线、调车线、牵出线、货物线及站内指定用途的其他线。

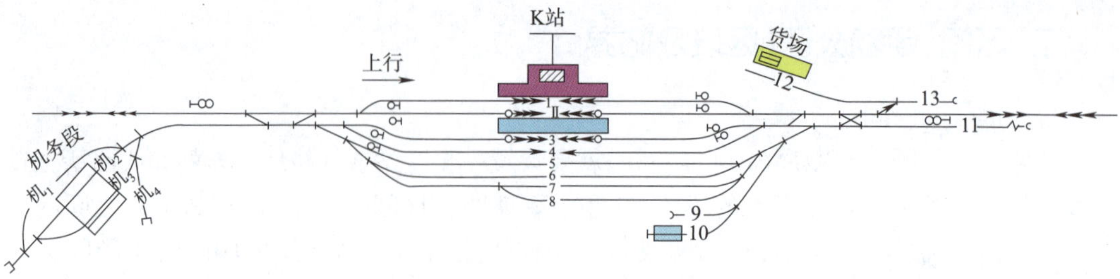

图 3-4　车站线路图

Ⅱ—正线;1、3、4—到发线;5、6、7、8—调车线;9、10—站修线;
11、13—牵出线;12—货物线;机$_1$、机$_2$、机$_3$、机$_4$—机车走行线

(1)到发线:供列车到达、出发使用的线路。

(2)调车线:供车列解体和编组并存放车辆的线路。

(3)牵出线:供列车解体、编组及转线等作业使用的线路。

(4)货物线:供办理货物装卸车使用的线路。

(5)站内指定用途的其他线:主要有机车走行线、机车整备线、车辆站修线、驼峰迂回线及驼峰禁溜线等。

3. 段管线

段管线是指机务、车辆、工务、电务、供电等段专用并由其管理的线路。

4. 岔线

岔线是指在区间或站内接轨,通向路内外单位的专用线路。

5. 安全线

安全线是为防止列车或机车车辆从一进路进入另一列车或机车车辆占用的进路而发生冲突的一种安全隔开设备。

6. 避难线

避难线是在长大下坡道上能使失控列车安全进入的线路。

(二)线路间距

线路间距是指两相邻线路中心线之间的距离。线路间距应能保证行车和车站工作人员工作时的安全,满足设置各项设备的需要。它通常由机车车辆限界、建筑限界、线间设备计算宽度和线间办理作业性质需要的安全余量等因素确定。线间距的大小应根据《技规》有关规定确定。普速铁路直线地段线路间距见表 3-1。

表 3-1　普速铁路直线地段线间距

序号	名　称		线间最小距离(mm)
1	区间双线	$v \leqslant 120$ km/h	4 000
		120 km/h $< v \leqslant$ 160 km/h	4 200
		160 km/h $< v \leqslant$ 200 km/h	4 400
2	三线及四线区间的第二线与第三线		5 300
3	站内正线		5 000

续上表

序号	名　称				线间最小距离(mm)
4	站内正线与相邻到发线	无列检作业			5 000
		有列检作业或上水作业	$v \leq 120$ km/h	一般	5 500
				改建特别困难	5 000
			120 km/h < $v \leq 160$ km/h	一般	6 000
				改建特别困难	5 500
			160 km/h < $v \leq 200$ km/h	一般	6 500
				改建特别困难	5 500
5	到发线间或到发线与其他线				5 000
6	站内线间设有高柱信号机时,相邻两线(含正线)均需通行超限货物列车				5 300
7	站内线间设有高柱信号机时,相邻两线(含正线)只有一条通行超限货物列车				5 000
8	牵出线与其相邻线	调车作业繁忙车站			6 500
		改建困难或仅办理摘挂取送作业			5 000

注:线间有建(构)筑物或有影响限界的设施,最小线间距按建筑限界计算确定。既有线列车最高运行速度提速到 140 ~ 160 km/h 时,可保持 4 m 线间距。

四、股道、道岔的编号及线路有效长

为便于车站生产指挥作业的联系和对设备的维修管理,应对站内线路和道岔进行统一编号。同一车站或车场内的线路和道岔不得有相同的编号。

(一)股道编号方法

站内正线规定用罗马数字编号(Ⅰ,Ⅱ,Ⅲ,…),站线等其他线路一般用阿拉伯数字编号(1,2,3,…)。

1. 单线铁路车站内的线路,由靠近站舍的线路起向远离站舍方向顺序编号;位于站舍左、右或后方的线路,在站舍前的线路编完后,再由正线方向起,向远离正线顺序编号,如图 3-5 所示。

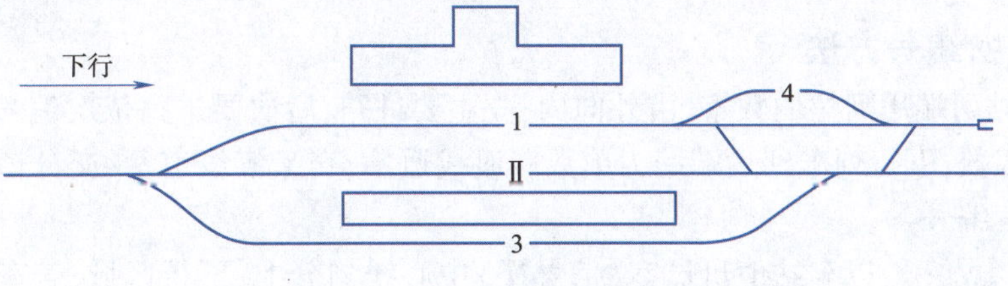

图 3-5　单线铁路车站线路编号

2. 双线铁路车站内的线路,从正线起按列车运行方向分别向外顺序编号,上行编双数,下行编单数,如图 3-6 所示。

3. 尽头式车站,站舍位于线路一侧时,从靠近站舍的线路起,向远离站舍方向顺序编号,如图 3-7(a)所示;站舍位于线路终端时,面向终点方向由左侧线路起顺序向右编号,如

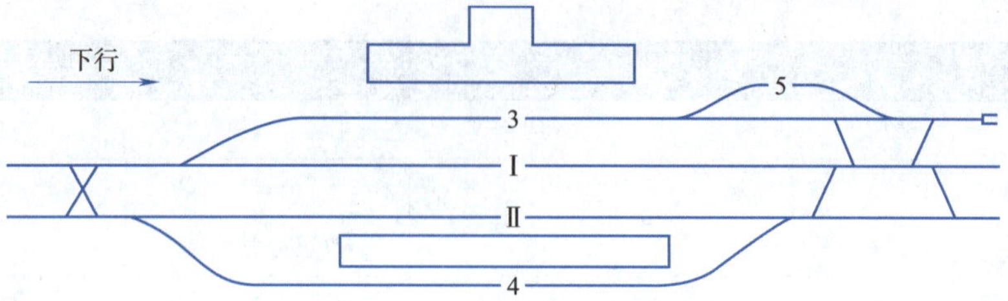

图 3-6　双线铁路车站线路编号

图 3-7(b)所示。

4. 大型车站当有数个车场时,应分车场编号。车场靠站舍时,从靠近站舍线路起,向站舍对侧顺序编号;车场远离站舍时,顺公里标前进方向从左向右顺序编号;且在线路编号前冠以罗马数字表示车场,如二场 3 道,一般写为Ⅱ-3。

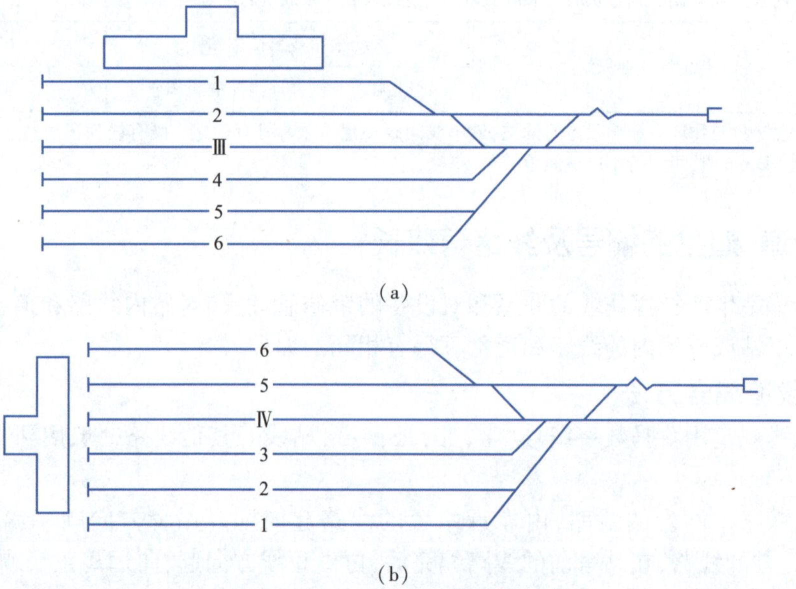

图 3-7　尽头式铁路车站线路编号

(二)道岔编号方法

1. 从车站两端用阿拉伯数字,由外向内,先主要进路,后次要进路依次编号。上行列车到达端编为双数,下行列车到达端编为单数。渡线道岔、交叉渡线道岔、交分道岔及梯线上的道岔应连续编号。

2. 站内道岔一般以车站值班员室(信号楼)中心线划分上、下行区域,若车站值班员室(信号楼)远离车站中心时,以车站或车场中心线划分。

3. 车站一端衔接两个及其以上方向,有上行又有下行时,应按主要方向编号。

4. 尽头式车站,向线路终点方向顺序编号。

5. 大型车站当有数个车场时,每一车场的道岔应单独编号,道岔号码可使用三位数字,百位数字表示车场号码,十位和个位数表示道岔编号,如一场下行方向第 1 号道岔,编为

101 号；如车场一端的道岔超过 50 组时，可使用四位数字，千位数表示车场号码，如一场的第 1 号道岔，编为 1001 号，一场的第 100 号道岔，编为 1100 号。

6. 联锁区内的道岔号码应连续编排，在联锁道岔编完后，再编非联锁道岔。

（三）线路有效长

线路有效长：系指在线路的全长中，可以停放机车车辆而不影响信号显示、道岔转换（压中间道岔除外）或邻线行车可利用线路全长中的部分长度。

线路有效长度的起止范围由下列因素确定：

1. 警冲标：信号标志的一种，设在两会合线线间距为 4 m 的中间，用来指示机车车辆的停留位置，防止机车车辆的侧面冲撞，如图 3-8 所示。

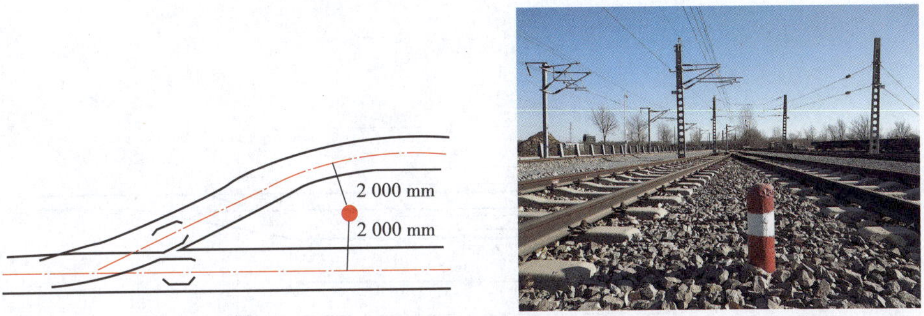

图 3-8 警冲标

2. 道岔的尖轨尖端（无轨道电路时）或道岔基本轨接头处的钢轨绝缘（有轨道电路时）：对于逆向道岔来说，要保证机车车辆在道岔前的停留位置不影响道岔的自由转换。

3. 出站信号机：牵引列车的机车应停于出站信号机的内方。对于顺向道岔来说，出站信号机应设于警冲标内方适当的位置；对于逆向道岔来说，出站信号机可设于道岔尖轨尖端或道岔基本轨接头的钢轨绝缘处或稍后一些的位置。

4. 车挡：表明其位置为线路的尽头，如图 3-9 所示。

图 3-9 车挡

根据线路用途及其连接形式，结合上述各项因素就可以确定出线路有效长，如图 3-10 所示。

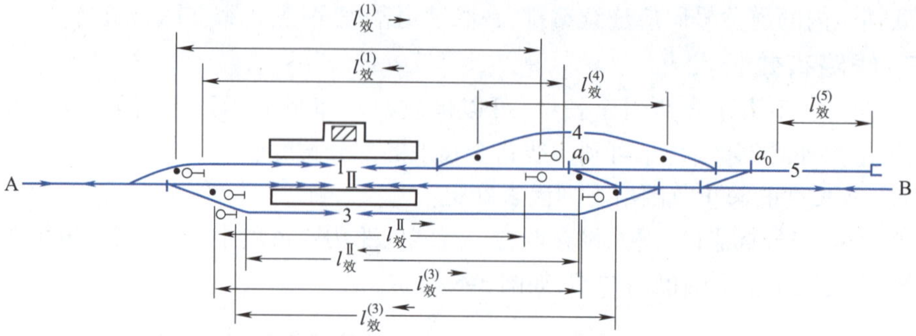

(a)无轨道电路

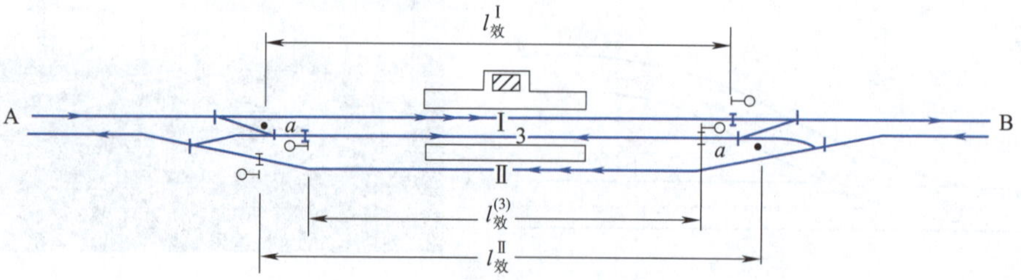

(b)有轨道电路

图 3-10　线路有效长的确定

货物列车到发线的有效长度设计，应根据规定的列车长度及列车停车时的附加距离(规定为 30 m)等因素确定。

我国铁路采用的货物列车到发线有效长度在Ⅰ、Ⅱ级铁路上为 1 050 m、850 m、750 m、650 m；Ⅲ级铁路上为 850 m、750 m、650 m 或 550 m，开行重载列车为主的铁路可采用大于 1 050 m 的到发线有效长度。

一条铁路采用何种标准有效长，应根据输送能力的要求，机车类型及所牵引的列车的长度，结合地形条件并与相邻铁路区段到发线有效长度的配合等因素确定。

第二节　中　间　站

中间站是为提高铁路区段通过能力，在技术站间设置的主要办理列车接发、会让和通过作业，及调车作业和客货运业务的车站。有些中间站还进行机车整备作业，补机摘挂，列车技术检查和凉闸作业，列车始发和终到作业。只办理接发车工作的车站，单线区段称为会让站，双线区段称为越行站。

中间站规模虽然较小，但是数量很多，它遍布全国铁路沿线中、小城镇和农村，在发展地方工农业生产，沟通城乡物资交流中起着很重要的作用。中间站的设置位置，既要符合线路通过能力的要求，又要适当满足地方工农业生产发展的需要，并应考虑地形、地质等自然条件。

我国铁路中间站可分为：无货场的中间站，一般只办理列车的通过、会让和越行以及少量的客货运作业，不办理摘挂列车甩挂车组的作业；有货场的中间站，除办理与无货场的中间站同样的作业外，还办理摘挂列车甩挂车组、货物装卸的作业。

一、中间站的作业和设备

（一）中间站的主要作业

1. 列车的到发、通过、会让和越行。
2. 旅客的乘降和行李、包裹的承运、保管、装卸与交付。
3. 货物的承运、装卸、保管与交付。
4. 摘挂列车的车辆摘挂和到货场或专用线取送车辆的调车作业。

有的中间站如有工业企业线接轨或加力牵引起终点以及机车折返时，尚需办理工业企业的取送车、补机的摘挂和机车整备等作业。

（二）中间站的主要设备

为了完成上述作业，中间站应根据作业的性质和工作量大小而设置以下设备：

1. 客运设备：包括旅客站舍（售票房、候车室、行包房）、旅客站台、雨棚和跨越设备（天桥、地道、平过道）等。
2. 货运设备：包括货物仓库、货物站台和货运室、装卸机械等。
3. 站内线路：包括到发线、牵出线和货物线等，它们分别用于接发列车、进行调车和货物装卸作业。
4. 信号及通信设备。

此外，某些中间站还设有机车整备设备和列车检查设备等。

二、会让站和越行站

在我国铁路上，主要用来提高线路通过能力而设置的车站，称为会让站和越行站。

（一）会 让 站

会让站设在单线铁路上，主要办理列车的到发和会让，也办理少量的客货运业务。因此，会让站应铺设到发线、旅客乘降设备，并设置信号及通信设备、技术办公用房，但没有专门的货运设备。在会让站上，既可以实现会车，也可以实现越行。先到的列车在本站停车，等待反方向的列车到达本站，两个列车互相交会，叫作会车；先到的列车在本站停车，等待后一个同方向的列车通过本站或到达本站停车后先开，叫作越行。

（二）越 行 站

越行站设在双线铁路上，主要办理同方向列车的越行业务。因此越行站应有到发线、旅客乘降设备、信号及通信设备、技术办公房屋等。

三、中间站布置图

中间站布置图按到发线的相互位置，主要分为横列式和纵列式两种。

(一)横列式中间站布置图

横列式中间站布置图的特点是到发线沿正线横向排列。这种布置图具有站坪长度短，工程投资省;设备布置紧凑，便于管理;到发线使用灵活等优点。因此在中间站上广泛采用此种图形，如图3-11、图3-12所示。

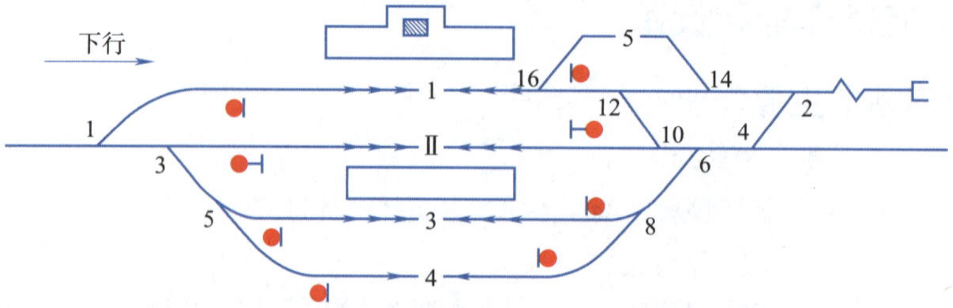

图3-11　单线横列式中间站布置图

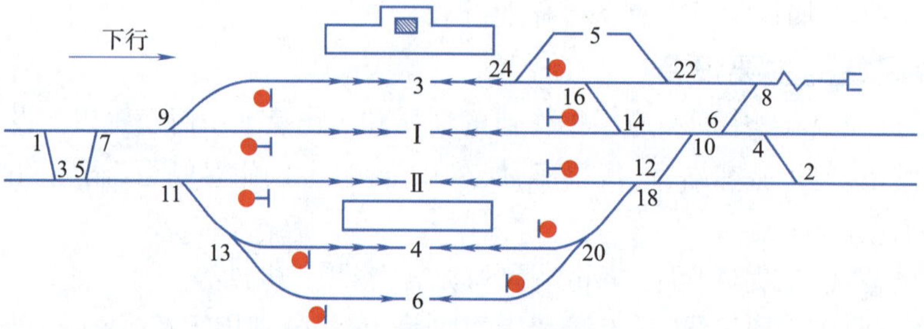

图3-12　双线横列式中间站布置图

(二)纵列式中间站布置图

纵列式中间站布置图的特点是:到发线沿正线纵向排列，通常逆运转方向错移一个货物列车到发线的有效长度。纵列式中间站布置图有利于组织列车不停车会车，提高区间通过能力;适应重载列车到发的需要;便于车站值班员与司机交接行车凭证。但这种图形站坪长度长、工程投资大，且增加了中间咽喉，车站定员多，管理也不方便;瞭望信号确认进路也不方便。因此这种图形利少弊多，故一般只在山区因地势陡窄或需组织不停车会让才采用，如图3-13所示。

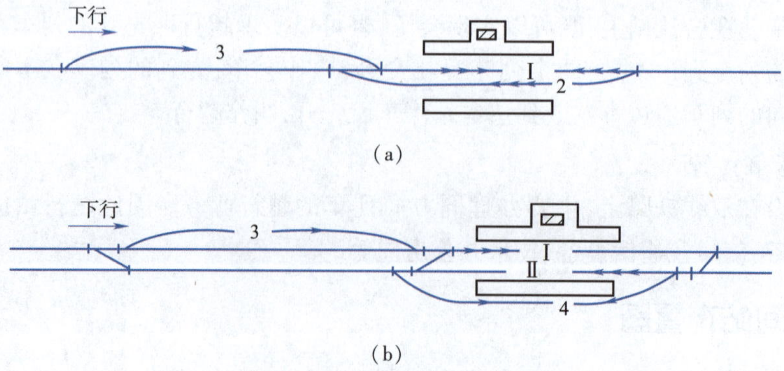

图3-13　纵列式中间站布置图

第三节 区 段 站

区段站设置于机车牵引区段两端，一般为机务段（折返点）所在站，主要办理无调车作业中转列车的技术作业，机车的更换或整备，乘务组的换班，区段列车和摘挂列车的编、解作业，以及直达、直通列车的补减轴作业，也担当部分列车的编、解作业。始发、终到旅客列车较多的客运站、客货运站，进行大量机车换挂等技术作业，也属于区段站。

一、区段站的作业与设备

区段站的作业和设备尽管在数量和规模上都不是最大的，但是作业和设备的种类却是比较齐全的。

（一）区段站的作业

根据区段站所担负的任务，它要办理的作业可以归纳如下：

1. 客运业务：与中间站办理的客运业务基本相同，只是数量较大。

2. 货运业务：与中间站办理的货运业务大致一样，但作业量要大。

3. 运转作业：包括与旅客列车和货物列车有关的运转作业。

（1）与旅客列车有关的运转作业：主要办理通过旅客列车的接发作业；有的车站还办理铁路局集团公司管内或市郊旅客列车的始发、终到作业及个别车辆的甩挂作业。

（2）与货物列车有关的运转作业：主要办理无改编中转货物列车的接发和有关作业；对区段列车和摘挂列车，要进行解体和编组作业；同时还办理向货物线、工业企业线取送作业车等。某些区段站还担当少量的始发直达列车的编组任务。

4. 机车业务：主要是换挂机车和乘务组，对机车进行整备、修理和检查等。

5. 车辆业务：办理列车的技术检查和车辆的检修任务。在少数设有车辆段的区段站上，还办理车辆的段修业务。

所有到达区段站的货物列车，按它在该站所进行的作业性质，可以分为两类：一类是到达本站不解体，只作技术检查和机车换挂等作业，然后继续运行的列车，叫作无改编中转列车；一类是到达本站后，要将列车解体，这种列车叫作改编列车或解体列车。

由上述可知，区段站所办理的作业，无论从数量上或种类上，都远较中间站繁多。而在所办理的解体、编组及中转列车中，又以无改编中转列车所占的比重为大。

（二）区段站的设备

为了保证上述作业的完成，在区段站上设有以下设备：

1. 客运业务设备：主要有旅客站房、站台、雨棚及跨越线路设备等。

2. 货运业务设备：货场及其有关设备。如装卸线、货物站台、仓库及装卸机械等。

3. 运转设备：主要有旅客列车到发线；货物列车到发线、调车线、牵出线（有时设简易驼峰）、机车走行线等。

4. 机务设备：机务段或机务折返段。在机务段所在的区段站上，如采用循环运转制时，在到发场应设有机车整备设备。采用长交路轮乘制时可设置机车运用段或换乘点。

5. 车辆设备:包括车辆段、列车检修所和站修所等。

除上述设备外,还有信号、通信、照明、办公房舍等设备。

二、区段站布置图

由于地形、城市规划、运量及运输性质、正线数目等因素的影响,可以形成多种多样的区段站布置图形。区段站图形的选择,是一项重要而复杂的工作。图形选择应讲求经济效益,满足运输需要,节省工程投资,便于管理,有利于铁路、城市和工农业生产等的发展。

区段站常见的布置图有横列式、纵列式及客货纵列式三类。

(一)横列式区段站布置图

当上、下行到发线(场)平行布置在正线一侧,调车场在到发场的一侧时,称为横列式区段站布置图,如图3-14所示。

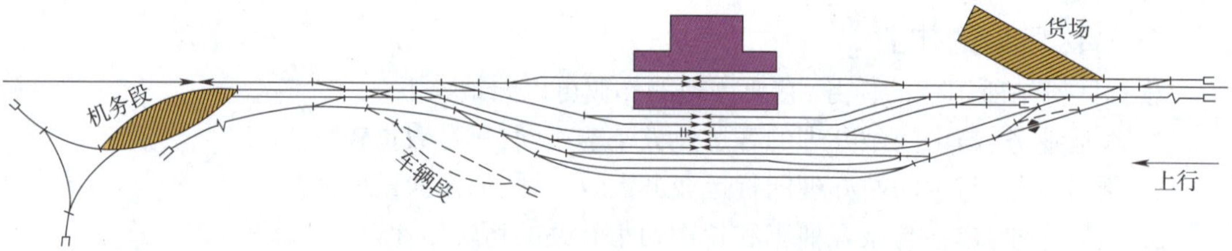

图3-14 单线铁路横列式区段站布置图

这种布置图的主要优点是布置紧凑,站坪长度短,占地少,设备集中,管理方便,作业灵活性大,对各种不同地形的适应性强。它的缺点是,一个方向的列车机车出入段走行距离长,对站舍同侧的货物取送车和正线有交叉干扰。

(二)纵列式区段站布置图

在双线铁路上,当运量较大时,为了减少站内两端咽喉区上、下行客、货列车进路的交叉干扰,区段站可采用纵列式布置图。

在区段站上,当上、下行到发场分设在正线两侧,并逆运行方向全部错移,在其中一个到发场一侧,设一个双方向共用的调车场时,称纵列式区段站布置图,如图3-15所示。

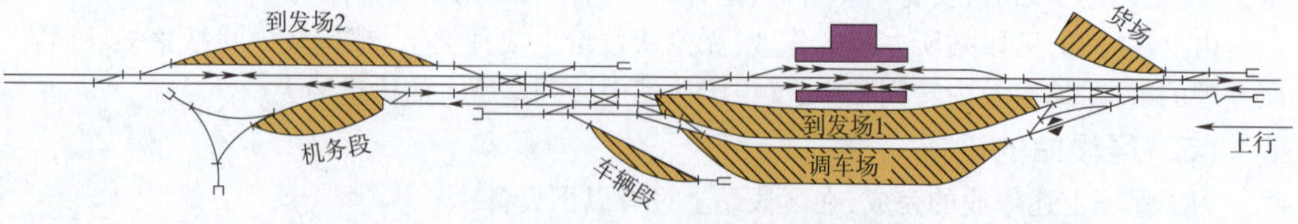

图3-15 双线铁路纵列式区段站布置图

纵列式区段站的优点是:作业上的交叉干扰较横列式少;机车出入段走行距离短,当机车采用循环运转制时,到发线上的整备设备比较集中;对站舍同侧的支线或工业企业线的接轨也比较方便。它的缺点是:站坪长度长,占地多;设备分散,投资大;定员较多,管理不便；一个方向货物列车的机车出入段要横切正线。

(三)客货纵列式区段站布置图

客货纵列式区段站是客运运转设备(主要指旅客列车到发场)与货运运转设备(主要指货物列车到发场)纵向配列，如图 3-16 所示。

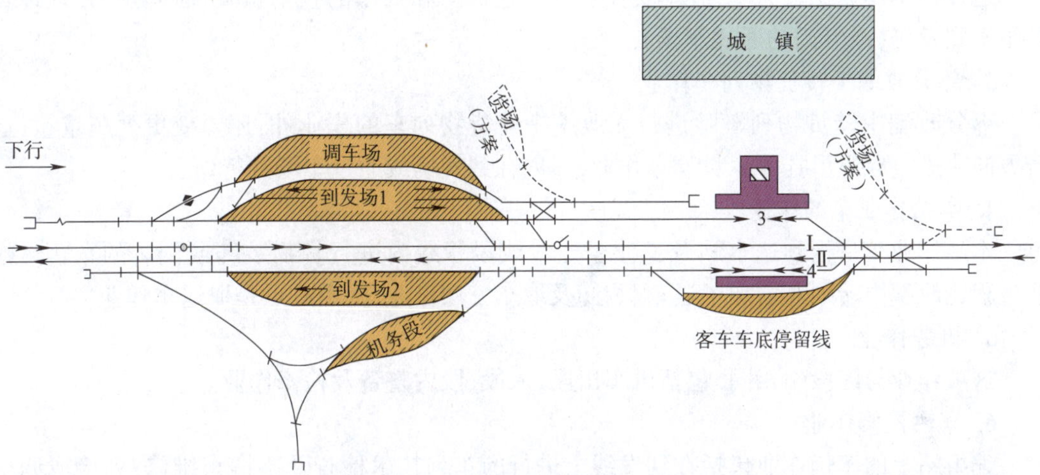

图 3-16 客货纵列式区段站布置图

此种图形往往是改建时逐步形成的，故客、货运转设备和机务设备相互位置的配置形式很多，最大优点是客货作业相互干扰小。

第四节 编 组 站

编组站设置于大量车流集散，港、矿附近或若干铁路线路衔接的地点，其主要作业为解体和编组各种货物列车，在设备上有较多的配线、若干车场和调车设备，以及机车整备、车辆检修等设备。

一、编组站的任务及主要作业

(一)编组站的任务

编组站是铁路网上办理大量货物列车解体和编组作业，并为此设有比较完善调车设备的车站。编组站是按照列车编组计划的要求，编解各种类型的列车，而且多数是直达列车和直通列车，为合理的车流组织服务。从这个意义上讲，编组站实际上就是一个编组列车的工厂。

(二)编组站的主要作业

根据编组站在路网和枢纽内的作用和所承担的任务以及其作业对象，可看出编组站主要办理以下几项作业。

1. 改编货物列车作业

这是编组站最主要的作业,包括解体列车的到达和解体作业,始发列车的集结、编组和出发作业。这几项作业的数量既多而又复杂,是分别在相应的不同地点和车场办理的。

2. 无调中转列车作业

这种列车作业比较简单,其主要作业是换挂机车和列车的技术检查,时间短,办理地点只限于到发场(或专门的通过车场)。

3. 部分改编中转货物列车作业

部分改编中转货物列车除进行无改编中转货物列车的作业外,还要变更列车重量、运行方向或进行成组甩挂等少量调车作业,一般在到发场或通过车场进行。

4. 本站作业车的作业

本站作业车是指到达本站及工业企业线或段管线内进行货物装卸或倒装的车辆。作业过程比改编中转列车增加了送车、装卸及取车三项作业,其中重点是取送车作业。

5. 机务作业

这项作业与区段站相同,包括机车出段、入段、段内整备及检修作业。

6. 车辆检修作业

编组站上的车辆作业包括在到发线上进行的车列技术检查及不摘车维修;列检或调车过程中发现车辆损坏送往车辆段或站修所进行修理(即站修);根据任务扣车送车辆段维修(即段修)。

7. 其他作业

(1)客运作业,主要是旅客乘降作业。

(2)货运作业,主要包括货物装卸、换装等作业。

(3)军运列车供应作业。

为了减少对编组站解编作业的干扰,确保主要任务的完成,应尽量不在编组站上办理或少办理客、货运业务。

二、编组站主要设备

(一)调车设备

调车设备是编组站的核心,包括调车驼峰、调车场、牵出线、辅助调车场等几部分,用以办理列车的解体和编组作业。

(二)行车设备

编组站的行车设备是指办理货物列车作业的到发线,用以办理货物列车的到达和出发作业。根据其作业量的大小和不同的作业性质,可设置到发场或到达场、出发场(包括通过车场)。

(三)机务设备

编组站的机务设备即机务段。编组站一般应设机务段,且规模比较大,供本务机车和调车机车办理检修和整备作业。为了减少另一方向列车机车出入段走行距离,必要时,还可修建第二套整备设备。

(四)车辆设备

编组站的车辆设备包括列检所、站修所和车辆段。

(五)货运设备

编组站一般不设专门的货运设备,按照具体情况可设换装站台等设备。

(六)其他设备

1. 客运设备。编组站的客运业务很少,一般利用正线办理旅客列车到发(通过)。旅客列车较多时,也可以设置1~2条到发线及1~2个旅客站台。

2. 站内外连接线路设备。如进出站线路、站内联络线和机车走行线等。

此外,编组站还必须有信号、联锁、闭塞、通信和照明的设备。

三、编组站在作业和设备上的特点

编组站和区段站同属技术站。从技术作业上看,编组站和区段站都要办理列车的接发、解编,机车的供应或换挂,列车的技术检查及车辆的检修等。但是,区段站主要是办理中转列车的作业,解体和编组的列车数量少,而且大多是区段列车或摘挂列车。而编组站的主要作业是大量办理货物列车的解体和编组,而且其中多数是直达列车和直通列车。

编组站的设备,从种类上看,一般与区段站一样,也有旅客和货物运转、客货运业务及机务、车辆等设备。但位于大城市郊区的编组站,可能不设客、货运设备;在货物运转设备方面,作为编组站主要设备的调车场和调车设备的规模和能力往往比区段站大得多。

编组站通常设在几条主要干线的汇合处,也可以设在有大量装卸作业地点的大城市、港口或大工矿企业附近。

四、编组站的分类

根据编组站在路网中的位置、作用和所承担的作业量,可分为路网性编组站、区域性编组站和地方性编组站。

1. 路网性编组站

路网性编组站位于路网、枢纽地区的重要地点,承担大量中转车流的改编作业,编组大量技术直达和直通列车,一般设有单向纵列式、双向纵列式或混合式的站场,其驼峰大多采用自动控制设备。

2. 区域性编组站

区域性编组站一般位于铁路干线交会的重要地点,承担较多中转车流改编作业,编组较多的直通和技术直达列车,一般设有单向混合式、纵列式或双向混合式的车场,其驼峰大多采用自动或半自动控制设备。

3. 地方性编组站

地方性编组站一般是位于铁路干支线交汇处,铁路枢纽地区或大宗车流集散的港口、工业区,承担中转、地方车流改编作业,一般设有单向混合式、横列式布置的车场,其驼峰大多采用半自动或其他控制设备。

若在一个铁路枢纽内设有两个及以上的编组站,则根据作业分工和作业量,可将其分为以下两类:

(1)主要编组站。主要编组站主要担当路网上中转车流的改编任务,以解编直达、直通列车为主。

(2)辅助编组站。辅助编组站协助主要编组站作业,以解编地区小运转车流为主,个别情况也编组少量直达列车。

五、编组站布置图及主要类型

编组站的主要工作,是进行列车的解编作业,而列车的到达、解体、集结、编组和出发等一系列作业过程,又是在编组站的各个车场上完成的。因此,到达场、调车场、出发场就成为列车改编作业的主要场地。调车设备是编组站的核心设备。调车设备的数量与规模及各车场的相互位置,就构成了编组站不同形式的布置图。

(一)按照调车设备的套数及调车驼峰方向分类

1. 单向编组站:只有一个调车场,上、下行合用一套调车设备(包括驼峰、调车场、牵出线),其驼峰溜车方向一般顺主要改编车流运行方向(也称顺向)。

2. 双向编组站:有两个调车场,上、下行各有一套调车设备。一般情况下,两系统的调车驼峰应朝向各自的上行和下行调车方向。

(二)按照每一套系统内车场的相互位置和数目分类

1. 横列式编组站:上、下行到发场与调车场并列配置。

2. 纵列式编组站:到达场、调车场、出发场等主要车场顺序纵向排列。

3. 混合式编组站:到达场与调车场纵列,出发场与调车场并(横)列。

我国编组站布置图的基本类型,归纳有六种:单向横列式、单向纵列式、单向混合式、双向横列式、双向纵列式、双向混合式,其他类型都是在这些图形基础上派生的。

此外,我国铁路现场对编组站图形,在习惯上称为"几级几场"。"级"是指同一调车系统中到达场、调车场、发车场纵向排列(纵向数),一级式就是指车场横列,二级式就是指到达场、调车场纵列,而三级式是指到达场、调车场、发车场顺序纵列。"场"是指车场,车站有几个车场,就叫作几场。例如"一级三场"、"三级三场"或"三级六场"。

三级六场纵列式编组站,如图 3-17 所示。

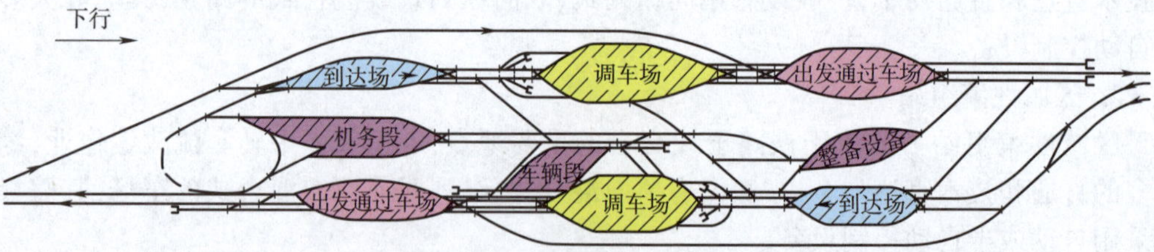

图 3-17 三级六场纵列式编组站

六、驼　　峰

铁路编组站的主要任务,是对货物列车进行解体和编组,其运营特征集中反映在解体和编组的调车作业过程中。而调车作业的效率与安全,除了与调车人员的技术水平和熟练程度有关外,主要取决于车站所采用的调车设备和技术设施。调车工作按使用的设备不同,分为牵出线调车和驼峰调车两种。

平面牵出线是车站的基本调车设备,基本是设于平道上。调车时,车辆溜放的动力是调车机车的推力。牵出线一般设于调车场尾部,适合于车列的编组、转线、车辆的摘挂、取送等调车作业。

驼峰是专门用来解体溜放车辆的一种调车设备,驼峰调车是因铁路驼峰像骆驼的峰背而得名。调车时,车辆溜放的动力以其本身的重力为主,调车机车的推力为辅。驼峰一般设在调车场头部,适合于车列的解体作业。

平面牵出线和驼峰纵断面比较如图 3-18 所示。

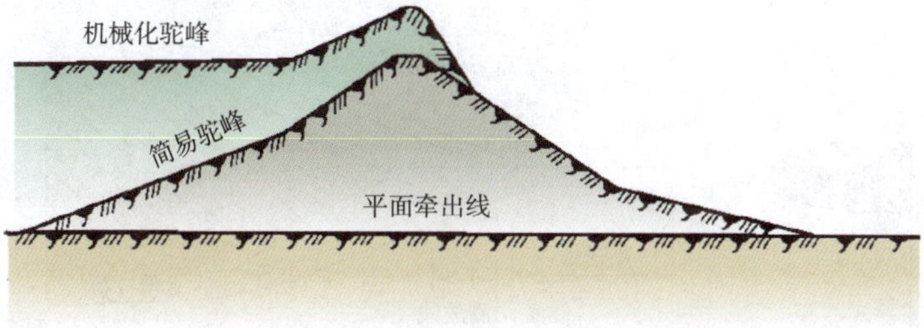

图 3-18 平面牵出线与驼峰纵断面比较

(一)驼峰分类

1. 按日均解体作业量分

驼峰按日均解体作业量分三类:大能力驼峰、中能力驼峰、小能力驼峰。

(1)大能力驼峰:日均解体车数 4 000 辆以上,调车线不少于 30 条,设两条溜放线,应设有推峰机车遥控、钩车溜放速度和溜放进路自动控制系统,建在路网性和区域性编组站上。

(2)中能力驼峰:日均解体车数 2 000 ~ 4 000 辆,调车线在 16 条以上,设 1 ~ 2 条溜放线,宜设有推峰机车遥控、钩车溜放速度和溜放进路自动控制系统,建在区域性或路网性编组站上。

(3)小能力驼峰:日均解体车数 2 000 辆以下,调车线 5 ~ 16 条,宜设置溜放进路自动控制系统、推峰机车信号,有条件时可采用推峰机车遥控系统、钩车溜放速度自动或半自动控制系统。

2. 按设备条件分

根据设备条件的不同,驼峰还可分为简易驼峰、非机械化驼峰、机械化驼峰、半自动化驼峰和自动化驼峰。

(1)简易驼峰:多数是利用原有调车场牵出线头部平地起峰修建而成。道岔控制一般采用非集中操纵或电气集中操纵,制动工具采用铁鞋,它一般设在调车线大于 5 股的区段站或小型的编组站上。

(2)非机械化驼峰:道岔控制采用电气集中或自动集中,制动工具采用铁鞋,到达场标高高于调车场。非机械化驼峰一般设在调车线少于 15 股的中、小型编组站上。

(3)机械化驼峰：道岔控制采用自动集中，制动设备主要用人工控制车辆减速器，到达场标高高于调车场，它一般设在调车线多于15股的大、中型编组站上。

(4)半自动化驼峰：道岔控制采用自动集中，制动设备再人工控制减速器出口速度，采用自动化设备，如测长、测重等。

(5)自动化驼峰：是在半自动化驼峰的基础上，采用一系列自动化设备，自动控制车辆减速器，雷达测速，自动控制车组间隔、车辆溜放进路、目的制动，采用计算机处理。

(二)驼峰的平、纵断面

驼峰的范围是指峰前到达场(在不设峰前到达场时为牵出线)与调车场之间的一部分线段，包括推送部分、溜放部分和峰顶平台等，如图3-19所示。

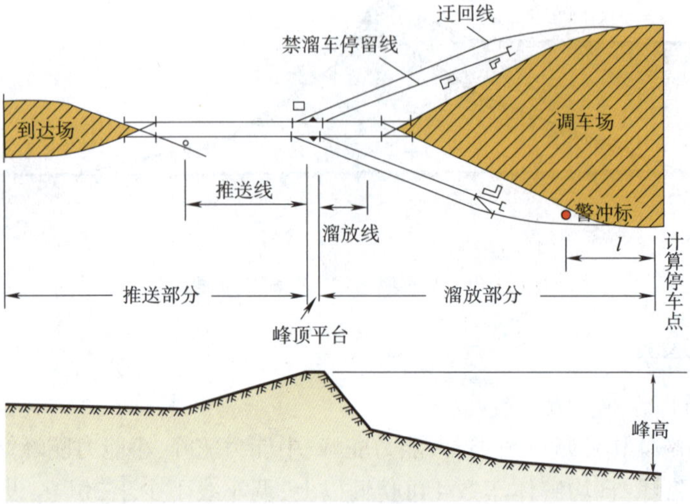

图3-19 驼峰组成

1. 推送部分

推送部分是指经驼峰解体的车列其第一钩车位于峰顶时车列全长所在的线路范围。设置这一部分的目的是使车辆得到必要的位能，并使车钩压紧，便于摘钩。

2. 溜放部分

溜放部分是指由峰顶至编组场头部各股道警冲标后100 m(对机械化驼峰)或50 m(对非机械化驼峰或简易驼峰)处的线路范围。这个长度叫作驼峰计算长度，计算长度的末端叫作驼峰的计算停车点。因为各调车线的警冲标不在同一横向位置上，所以每一调车线各有一个计算停车点(该点只是计算的根据，在现场并无任何标志)。

3. 峰顶平台

峰顶平台是指推送部分与溜放部分的连接处设置的一段平坦地段。

(三)驼峰调速系统

驼峰调速系统是指为调整溜放车辆的速度而设置的一套系统。

1. 点式调速系统：在驼峰溜放部分和调车线内，钩车溜放的调速设备全部采用减速器的调速系统。

2. 点连式调速系统:在驼峰的溜放部分和调车线的始端采用减速器,在调车场内采用连续式调速设备的调速系统。

3. 连续式调速系统:在驼峰的溜放部分和调车线内,钩车溜放的调速设备连续布置在线路上实现对车辆的连续调速。

(四)驼峰调速工具

调速工具是用来调控溜放车辆速度的,按其在驼峰调车中的作用可分为间隔制动、目的制动和调速制动。间隔制动是保证前后溜放钩车间有必要的间隔距离,该距离能确保道岔来得及转换,使减速器能及时转换制动或缓解的状态,以便车辆顺利通过溜放部分进入调车线;目的制动是为调车场内的停车制动创造条件,使车辆能停在调车线内的预定地点或与停留车辆安全连挂,避免超速连挂和过大的天窗;调速制动是用以调整溜放钩车的速度,使车辆溜入道岔和减速器时不超过容许速度。

驼峰调车场调速工具,是为了提高驼峰的改编能力,保证作业安全所必需的设备。目前,我国铁路上常用的调速工具有人力制动机和车辆减速器、减速顶、铁鞋等。在机械化驼峰上,除调车场内使用铁鞋制动外,在驼峰溜放部分均采用车辆减速器。而在自动化驼峰上,根据车辆的走行性能、质量、预定的停车地点以及溜放速度等条件,由自动化装置控制减速器的制动能力。

1. 车辆减速器

目前,我国铁路采用的减速器主要有以下两种:

(1)非重力式减速器,利用压缩空气作为动力,由钢轨两侧的制动夹板挤压车轮进行制动,其构造及工作原理简图如图 3-20 所示。当需要对车辆进行制动时,操纵制动按钮,使压

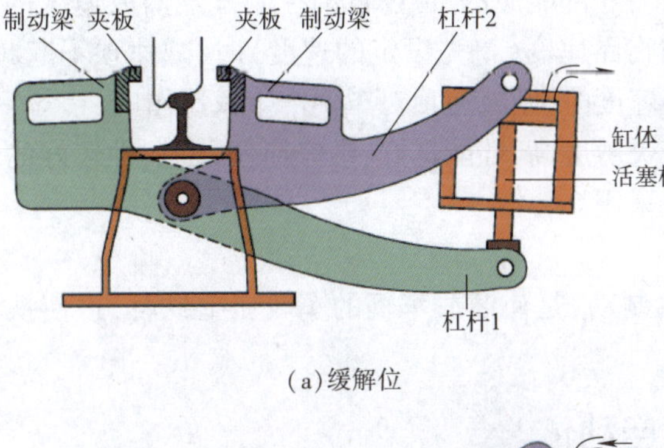

(a)缓解位

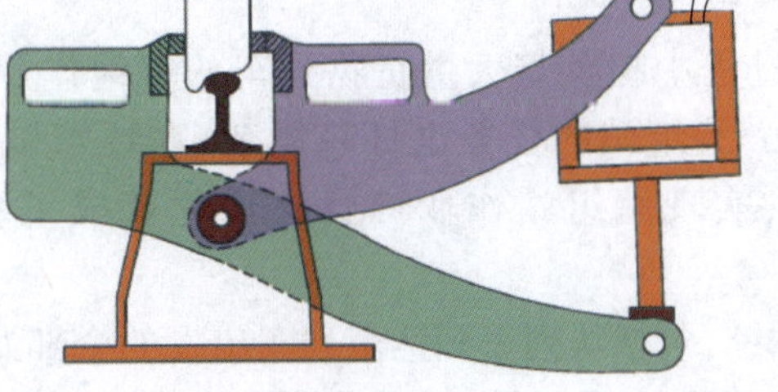

(b)制动位

图 3-20 非重力式减速器构造原理

缩空气进入气缸,活塞杆和杠杆1的末端就被压向下方,而缸体连同杠杆2的末端则上升。这样,由于两杠杆末端分开,使夹板合拢而挤压车轮实现制动。

(2)重力式减速器,主要借助于车辆自身的重量使制动夹板产生对车轮的压力而进行制动。这种减速器类型很多,我国铁路采用比较普遍的一种叫双轨条油压重力式减速器。

重力式减速器与非重力式减速器比较,其优点主要在于制动力的大小可由被制动车辆的自重大小而自动调节,不需再设置测重设备,也不需要空压和储风设备,成本较低。

2. 减速顶

减速顶由吸能帽和壳体(外壳、活塞组合件、密封组合件和止冲装置)等部分组成。减速顶安装在钢轨一侧,吸能帽斜对轮缘部分,如图3-21所示。

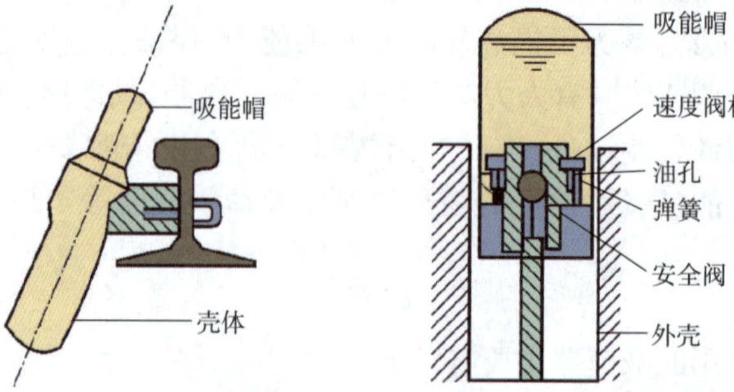

图3-21　减速顶

减速顶是一种不需要外部能源的、可以自动控制车辆溜放速度的调速工具。当车辆的走行速度低于减速顶的临界速度(事先设定的速度)时,减速顶不起减速作用;当车辆走行速度高于减速顶的临界速度时,则减速顶对车辆产生减速作用。

减速顶的优点在于灵敏度高、性能良好、维修简便,是一种较好的调速工具。目前我国铁路已在众多编组站上采用。

3. 铁鞋

铁鞋对溜放车辆的制动,是使溜放车辆的车轮压上铁鞋,迫使铁鞋在钢轨上滑行产生制动力。

七、编组站综合自动化

编组站在铁路运输过程中担负着大量货物列车的解编作业。随着国民经济的迅速发展,铁路网的不断扩大,编组站的任务也日趋复杂,在技术设备和作业组织上都迫切需要不断地提高和更新,实现编组站作业综合自动化就成了各国不断努力与完善的目标。

编组站综合自动化系统,包括从列车到达至列车出发的全部站内作业过程的自动化以及货车信息的收集、作业计划的编制和传递的自动化等。整个系统可分为两大部分:作业控制系统和信息处理系统。作业控制系统是利用计算机通过基础设备(如站场、信号、机车设备、测重、测长、测速、测阻及调速工具等)对列车到达、出发和调车作业的进路以及推峰解体的调机速度和车辆溜放速度等进行实时控制的系统。信息处理系统的任务就是利用计算机编制车站的各种计划，并将这些计划进行传递和下达。同时，要对站内货车进行实时跟踪记录，随时将站内各股道上的现在车信息及作业结果储存到计算机的相应文件内，以供随时取用。另外，还要通过电传设备与相邻技术站进行列车到达和出发的预确报资料交换以及填制货车的有关报表并进行整理和统计分析等。

从国内外铁路运营的实践来看，编组站作业的综合自动化，能使编组站的工作条件得到大大的改善，作业效率、作业安全和工作质量得以大幅度提高，这对于加强编组站的生产能力，全面提高编组站的运营管理水平均有显著效果。

第五节　铁路枢纽

一、铁路枢纽的意义

在铁路网上，几条铁路干线相互交叉或接轨的地点，需要修建一个联合车站，或修建几个专业车站以及连接这些车站的联络线、进站线路、跨线桥等设备，由这些车站和设备组成的整体称为铁路枢纽，如图 3-22 所示。枢纽各站既有分工又有联系，共同担负着枢纽地区的铁路运输任务。

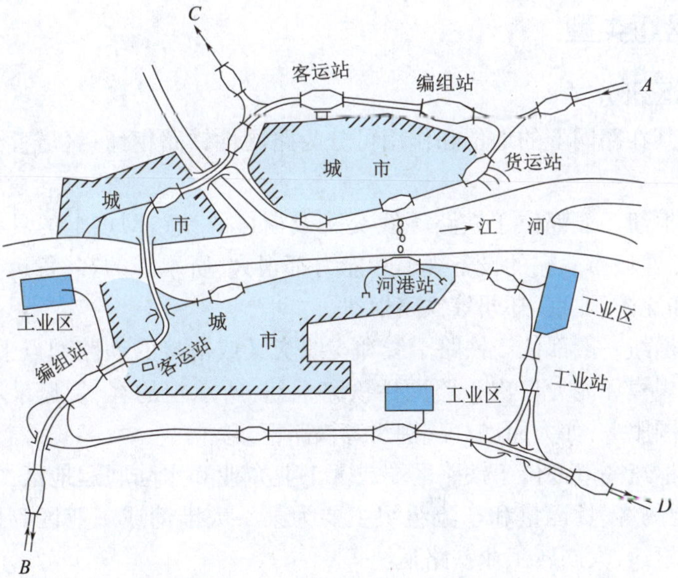

图 3-22　铁路枢纽示意图

铁路枢纽是铁路网的重要组成部分。它既是客货流从一条铁路转运到各接轨铁路的中转地区，又是城市、工业区客货到发和联运的地区。它除了办理枢纽内各种车站的有关作业外，在货运业务方面还办理货物的承运、装卸、发送和保管等业务，在客运业务方面办理直通、管内和市郊旅客列车作业,在货物运转方面办理无调中转和改编列车的转线作业和小运转列车作业。此外,它还是组织车流交换、进行机车车辆检修作业、调整列车运行和供应列车牵引动力的重要据点。

铁路枢纽是由于铁路网以及城市和工业的建设和发展等原因逐渐形成和发展起来的。它的形成和发展不但涉及的范围广泛,而且还各有其历史特点。一般来说,铁路枢纽选择在大、中工业城市所在的地区。这些铁路枢纽在铁路网上处于相当重要的位置,它们对提高铁路运输通过能力,加速机车车辆周转,促进工农业生产的发展和现代化建设等发挥了极其重要的作用。

二、铁路枢纽设备

铁路枢纽为了完成所担负的各种复杂而繁重的运输任务,一般应具有下列设备:

1. 铁路车站:包括编组站、货运站(综合性或专业性货运站)、客运站、工业站、港湾站等。

2. 铁路线路:包括引入正线、联络线、迂回线、环线、专用线等。

3. 疏解设备:包括线路所、铁路线路与铁路线路的平面和立体疏解设备、铁路线路与城市道路的交叉设备(如道口和立交桥)。

4. 其他设备:包括机务段、车辆段和客车整备所等。

上述部分或全部技术设备,应在分析枢纽内车流的基础上,结合既有铁路现状和地理、工程条件等因素,密切配合城市规划和工农业建设进行全面规划。

三、铁路枢纽类型

(一)铁路枢纽分类

铁路枢纽按其在路网上的地位和作用可分为路网性铁路枢纽、区域性铁路枢纽和地方性铁路枢纽。

路网性铁路枢纽一般都位于铁路干线交叉或衔接的铁路网点上的具有重要政治和经济地位的大、中工业城市。它的设备规模和能力都很大,所承担的客、货运量和车流组织涉及整个铁路网,如沈阳、北京、郑州等铁路枢纽。

区域性铁路枢纽一般都位于铁路干线和支线交叉或衔接的铁路网点上的中、小工业型城市。它的设备规模和能力仅次于路网性铁路枢纽,所承担的客、货运量和车流组织主要为一定的区域范围服务,如太原、蚌埠、柳州等铁路枢纽。

地方性铁路枢纽一般都位于铁路网端或大工业企业和水陆联运地区,它的设备规模和能力较小,所承担的客、货运量和车流组织主要为某一大港湾或工业区等地方服务。如秦皇岛属港湾铁路枢纽、大同属工业铁路枢纽等。

(二)铁路枢纽布置图形

根据枢纽范围内专业车站、联络线、进站线路等设备的相互位置不同,并结合一定的车流条件,可形成各种不同形式的铁路枢纽布置图形,如一站枢纽(图3-23)、十字形枢纽(图3-24)、三角形枢纽、顺列式枢纽、并列式枢纽、环形枢纽(图3-25)、混合式枢纽、尽端式枢纽等布置图。

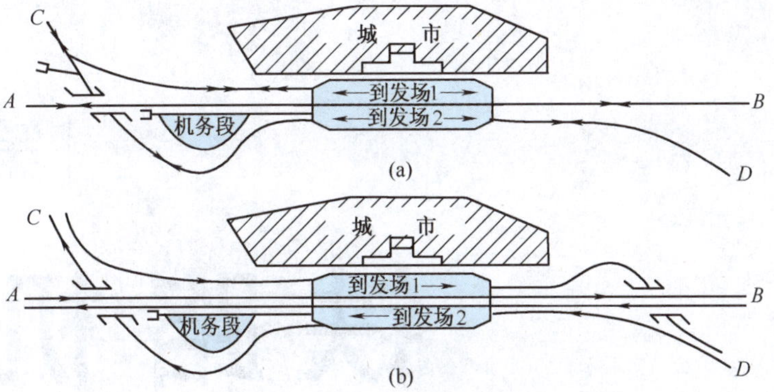

图 3-23　一站铁路枢纽布置图

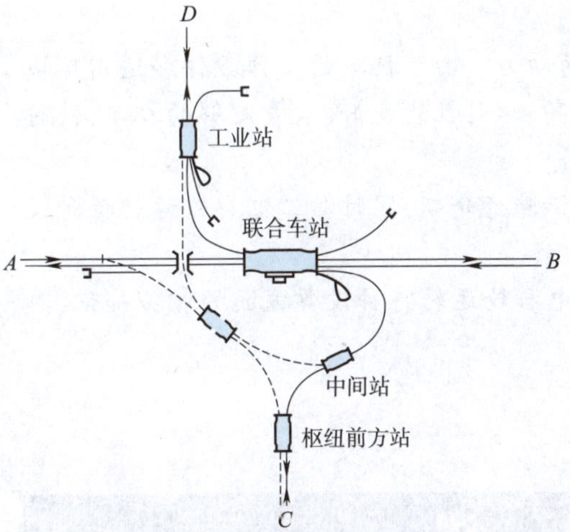

图 3-24　十字形铁路枢纽布置图

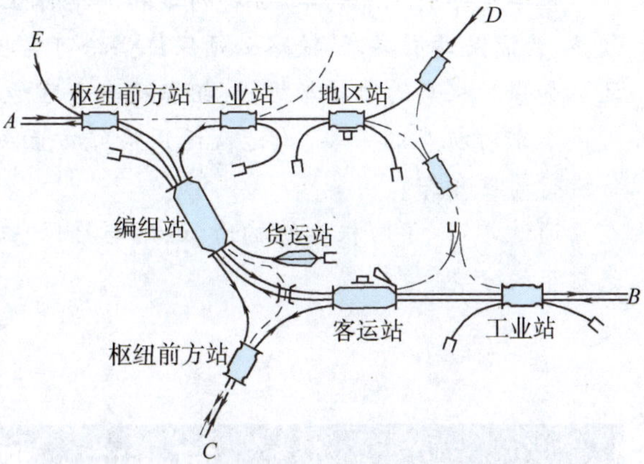

图 3-25　环形铁路枢纽布置图

复习思考题

1. 何谓铁路车站？铁路车站的作用是什么？车站如何分类？
2. 何谓区间？何谓区段？
3. 车站线路有哪些种类？何谓线间距？
4. 车站线路和道岔应如何进行编号？
5. 何谓线路有效长？确定有效长的主要因素有哪些？
6. 何谓中间站？它的主要任务是什么？
7. 何谓区段站？它的主要任务是什么？
8. 何谓编组站？编组站的主要作业有哪些？
9. 驼峰按设备条件不同，如何分类？
10. 何谓铁路枢纽？一般应具有哪些设备？

第四章

铁路机车

学习任务

机车是牵引旅客列车、货物列车和调车作业的动力。由于机车的工作条件和运用环境复杂，为满足牵引要求，铁路必须保证供给可靠性高、牵引性能良好、数量足够的机车，同时还应加强对机车的维护与维修，组织机车合理运用。

本章对机车的分类、构造及运用检修方面知识进行介绍，同时对工电自轮运转特种设备进行简要介绍。

通过学习，了解机车的构造、运用与检修、工电自轮运转特种设备方面的相关知识，熟悉机车的分类。

第一节　概　述

一、机车的作用

机车是牵引旅客列车、货物列车和调车作业的动力。由于铁路车辆大都不具备动力装置，需要把客车或货车连挂成车列，由机车牵引沿钢轨运行。在车站上，车辆的转线以及货车取送、调车作业，也需要机车来完成。

二、机车的分类

铁路运用的机车有很多类型，它有不同的分类。

(一)按所用动力分

铁路运用的机车按所用动力分为蒸汽机车、内燃机车和电力机车。蒸汽机车由于其热效率低，目前我国国家铁路已经淘汰。

1. 内燃机车

内燃机车是自带能源，由柴油机、燃气轮机通过传动装置驱动的机车。主型机车为和谐(内燃)(HXN)系列、东风(DF)系列。DF_{4D} 型内燃机车如图 4-1 所示。HXN_3 型内燃机车如图 4-2 所示。

图 4-1 DF_{4D} 型内燃机车

图 4-2 HXN_3 型内燃机车

2. 电力机车

电力机车是一种非自带能源，直接从接触网获得电能，通过机车上的牵引电动机和传动装置将电能转换为机械能驱动的机车。主型机车为和谐（电力）（HXD）系列、韶山（SS）系列。HXD_{1C} 型电力机车如图 4-3 所示。SS_8 型电力机车如图 4-4 所示。

图 4-3 HXD_{1C} 型电力机车

图 4-4　SS8 型电力机车

(二)按用途分

机车按用途分为货运机车、客运机车、调车机车、客货通用机车、工矿机车等。货运机车主要型号有 SS4 型、DF4 型、HX 系列等,客运机车主要型号有 SS8 型、DF11 型等,调车机车主要型号有 DF7 型、BJ 型等。

第二节　内燃机车

内燃机车是以内燃机作为原动力,通过传动装置驱动车轮的机车。按用于机车内燃机种类不同,内燃机车可分为柴油机车和燃气轮机车。在我国,内燃机车习惯指柴油机车。

内燃机车的运用热效率达 30% 左右,较已淘汰的蒸汽机车高 3 倍。其功率大,维修保养量小,适宜干线牵引,应用非常广泛。但其缺点是对大气和环境产生污染。

内燃机车有机械传动、液力传动、电传动三种传动方式,现代机车多采用电和液力传动。目前,我国内燃机车以电传动为主,代表车型有东风型直流电传动内燃机车和 HXN 系列交流电传动内燃机车,以下以 HXN5 型内燃机车为例进行介绍。HXN5 型内燃机车采用了“轴控”式交流传动控制、计算机控制、电空制动等先进技术,是国内单轴功率最大、黏着利用率最高的大功率重载货运内燃机车。

一、内燃机车的基本组成及各部作用

内燃机车类型很多,但其基本结构和工作原理基本相同。

(一)基本结构

内燃机车的基本结构由柴油机、传动装置、车体走行部、车钩缓冲装置、制动装置、辅助装置和控制设备等组成。

从外部看,HXN5 型内燃机车前端下部是车钩装置,用来连接机车车辆,传递机车牵引

力。另装有排障器，用来排除线路上的障碍物，保证机车运行安全。裸露在外的部分为车体走行部，包括车体、车架、转向架等基础部件。

车体是车架上部的外壳，起保护机车上的人员和机器设备不受风、沙、雨、雪的侵袭和防寒作用。

车架是机车的骨干，采用矩形钢结构，由中梁、侧梁、枕梁、横梁等主要部件组成，上面安装柴油机等设备，下面由两个转向架支撑并与车架相连，车架中梁前后两端的中下部装设车钩及缓冲装置。车架承受荷载大，并传递牵引力使列车车列运行，因此，车架必须有足够的强度和刚度。

转向架是机车的走行装置，主要实现牵引、支承和传递功能、直线和曲线导向功能、隔振和缓冲功能和制动功能。单司机室 HXN_5 型内燃机车转向架为单独驱动的三根动轴，主要由轮对电机驱动装置、轴箱、构架、一系悬挂装置、二系悬挂装置、牵引装置、基础制动装置、轮缘润滑装置、附件（排障器、清扫器、撒砂装置）等组成，如图 4-5 所示。

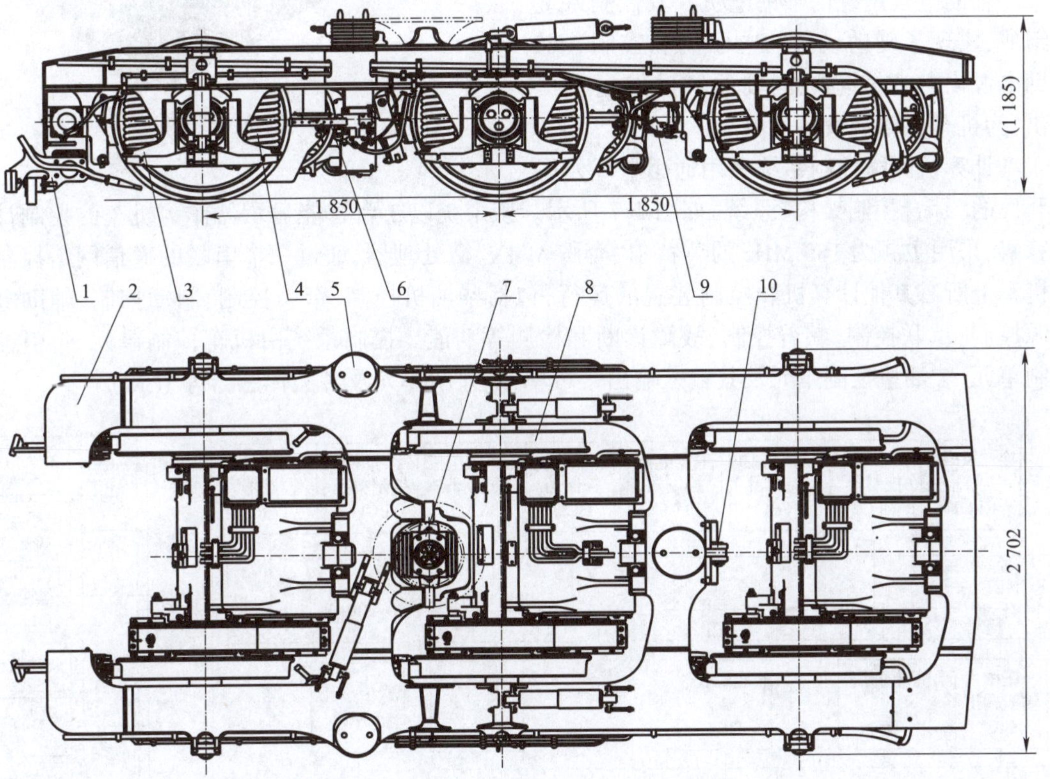

图 4-5 单司机室 HXN_5 型内燃机车转向架（单位：mm）

1—转向架附件；2—构架；3—轴箱；4——系悬挂装置；5—二系悬挂装置；6—轮缘润滑装置；7—牵引装置；8—轮对电机驱动装置；9—基础制动装置；10—整体起吊装置

（二）柴油机

柴油机是内燃机车的动力装置，它是利用柴油燃烧所产生的热能作动力的一种机械，如图 4-6所示。柴油机由固定部件、运动部件、配气机构，以及进排气、燃油、冷却、润滑等系统组成。HXN5 型内燃机车柴油机采用动力组结构，主要包括气缸盖、加强套、气缸套、活塞和连杆，拿出气门推杆后便可将动力组整体从柴油机中取出。此结构非常方便于柴油机的维护，有利于缩短检修周期，避免冷却水对润滑油的影响。

（三）交流电传动系统

HXN5 型内燃机车采用交流电传动系统，分为牵引电传动系统、辅助电气系统、计算机网络控制系统及行车安全系统。

牵引电传动系统先要产生交流电源，然后转换成直流电，再转换成交流电。转换后的交流电源的电压幅值及频率由计算机控制系统精确控制，以确保牵引电机输出需要的行车速度及牵引力。

辅助电气系统由辅助电机及其控制系统组成，实现了辅助设备的电驱动和控制。辅助电源由与主发电机同轴的辅助发电机提供，为机车各辅助设备供电。

图 4-6　HXN5 柴油机

计算机网络控制系统采用通用电气公司开发的“综合控制架构”系统，如图 4-7 所示。该系统以 3 台智能显示器作为机车的控制计算机，采用主频为 166 MHz 的英特尔“奔腾 MMX”微处理器，通过一个串联的通信网络控制机车上所有其他计算机和控制装置的运行，包括柴油机控制、牵引控制、制动控制、辅助电源控制、重联控制、黏着控制、故障诊断和检测等功能。控制系统由机车控制单元、牵引控制单元、柴油机控制单元及其输入输出接口单元、显示单元及各类传感器等组成。

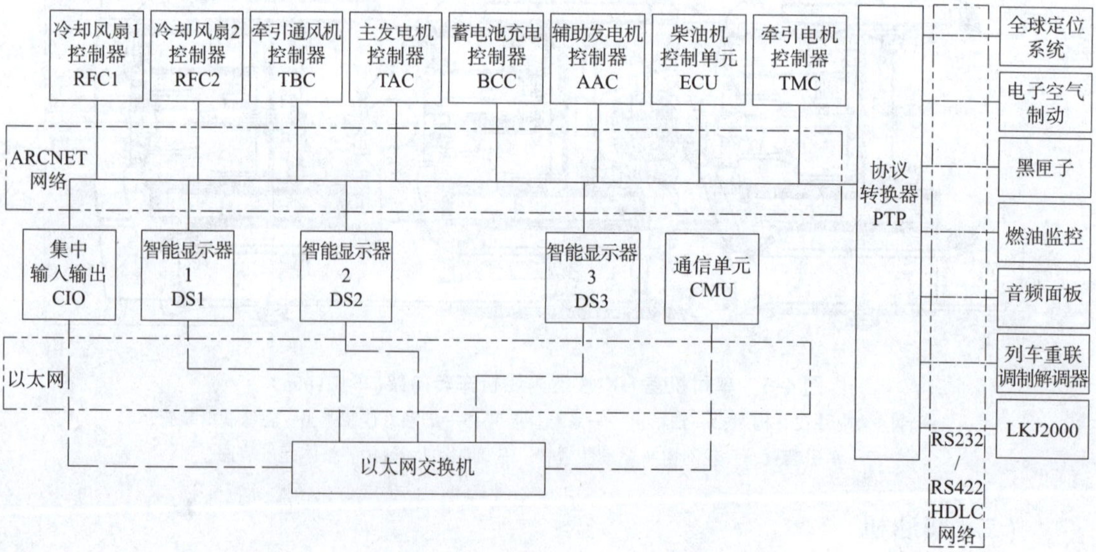

图 4-7　HXN5 型内燃机车计算机网络控制系统

二、交-直流电传动内燃机车的工作原理

交-直流电传动内燃机车的工作原理，如图 4-8 所示。柴油机曲轴输出端与发电机的转子连接在一起，组成发电机组，当柴油机工作时，燃料在汽缸内燃烧，所产生的高温高压气体在汽缸内膨胀，推动活塞往复运动，连杆带动曲轴旋转对外做功，燃料的热能转化为机械能。柴油机发出的动力传输给传动装置的主发电机，主发电机转子旋转，如果给主发励磁绕组输入电流，发电机便可发出三相交流电，机械能转化为交流电能，经整流柜将三相交流电变换为直流电，供给牵引电动机使用，牵引电动机电枢轴与车轴齿轮箱相连，至此把电能再转变成机械能，通过对柴油机、传动装置的控制和调节，将适应机车运行工况的输出转速和转矩送到每个车轴齿轮箱驱动动轮，动轮产生的轮周牵引力驱动列车前进。

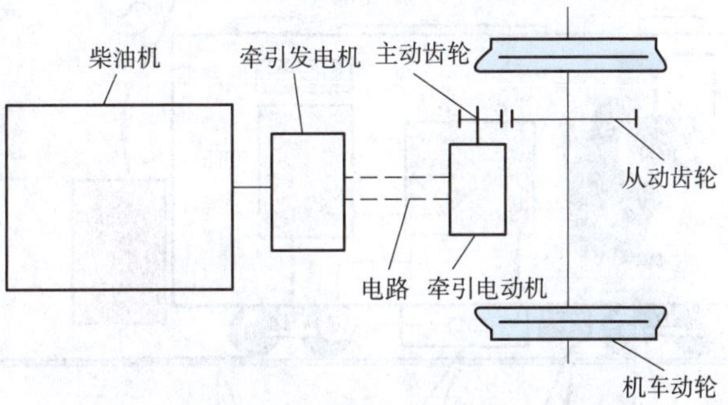

图 4-8　交-直流电传动内燃机车的工作原理

三、我国内燃机车的发展

我国内燃机车的发展始于 20 世纪 60 年代，历经四代，依靠科技进步，机车的技术含量不断提升，内燃机车已从液力传动、电力传动并举发展到全部采用电力传动，柴油机装车功率、热效率、传动装置效率等参数性能不断优化提高，机车功率、结构、可靠性和使用寿命显著提高。目前，内燃机车的机型多达十几种，形成了内燃机车的型谱和系列化产品。

进入 21 世纪，以车载计算机控制及故障诊断、交流传动、径向转向架、柴油机电子燃油喷射装置为标志的内燃机车技术得到了快速发展。目前，交流传动内燃机车也已形成 HXN_3、HXN_5 系列，以满足铁路客运高速和货运重载的需求。

第三节　电 力 机 车

电力机车是利用电能由电动机驱动运行的机车。电力机车平均热效率比内燃机车高，它在提高铁路运输能力、合理利用资源、保护生态环境等方面，是铁路最理想的牵引动力。

电力机车按照传动方式分为直流传动电力机车、交流传动电力机车。直流传动电力

机车又分为直流供电和交流供电两种。目前,采用交流供电直流传动的电力机车,典型机型是韶山系列电力机车;采用交流供电交流传动的电力机车,典型机型是和谐型系列电力机车。

一、电力机车的工作原理

(一)交-直型电力机车

交-直型电力机车是靠其顶部升起的受电弓,从接触网上取得单相工频交流电,经牵引变压器降压,再经变流装置将交流电转换为直流电,供给直流牵引电动机,经齿轮传动装置牵引列车运行,如图4-9所示。

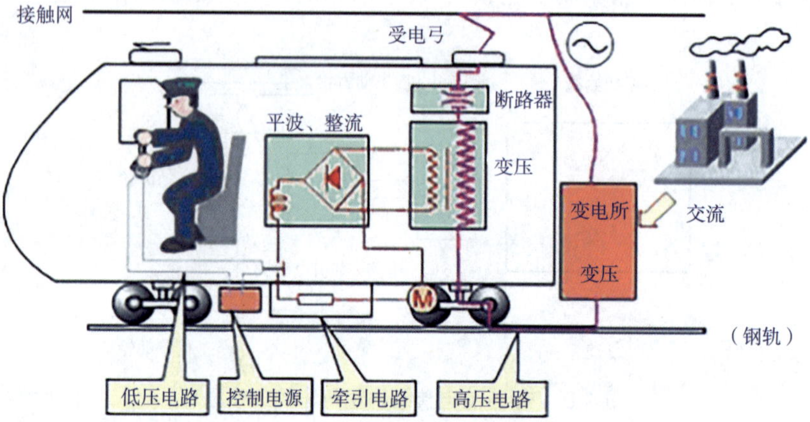

图4-9 电力机车工作原理

(二)交-直-交型电力机车

交-直-交型电力机车属于交流传动电力机车,由各种变流器供电,采用同步或异步电动机做牵引动力,有电压型、电流型两种基本结构。交直交变流器供电的异步电动机系统和交交变流器供电的同步电动机系统的工作原理和特点如下:

1. 具有异步牵引电动机电力机车的工作原理。机车在工作时,受电弓将网压引入机车变压器一次侧绕组,经变压器二次侧绕组降压后,经整流电路将交流电转换为脉动直流电,经滤波器平滑脉动,经逆变器将直流电逆变为电压和频率可调的三相交流电,经平波电抗器,供给三相异步牵引电动机,实现牵引运行。

2. 具有同步牵引电动机电力机车的工作原理。同步电动机电力机车是一种交交型电力机车,机车工作时,单相交流电由接触网经受电弓送入牵引变压器的高压绕组,经变压器降压后送入变频变流装置,变频变流装置将单相交流电转换为三相交流电,供给三相同步电动机,实现牵引运行。

与异步电动机电力机车相比,交流同步电机电力机车没有中间环节,直接由变频变流装置将单相交流电变为三相交流电,因此结构简单,并能获得在工频电流下较宽的调频范围。但是,由于同步电机仍有滑环和电刷装置,在结构、空间利用、维修等方面都不及异步电动机。

二、电力机车基本组成

电力机车的结构分为转向架、车体、司机室、机械间、车顶电器等部分,也可以说由机械部分、空气管路系统和电气部分组成。其总体布置如图 4-10 所示。

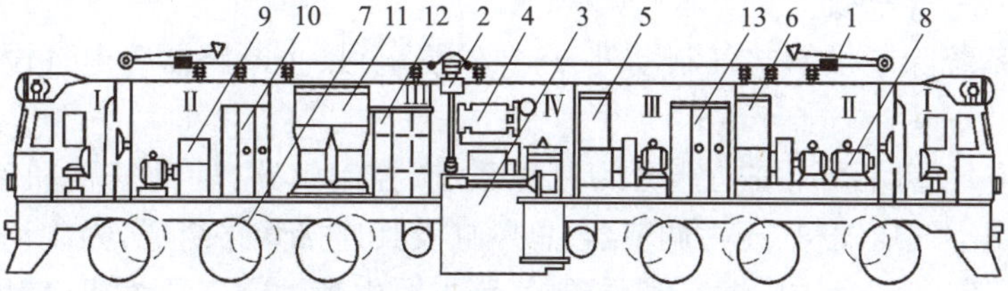

图 4-10 SS3 型电力机车总体布置

Ⅰ—司机室;Ⅱ—辅助室;Ⅲ—高压室;Ⅳ—变压器室;

1—受电弓;2—主断路器;3—主变压器;4—调压开关;5—硅整流装置;6—平波电抗器;7—牵引电动机;

8—劈相机;9—空气压缩机;10—低压电器柜;11—制动电阻柜;12—控制柜;13—高压电器柜

HXD3B 型电力机车设备布置如图 4-11 所示。

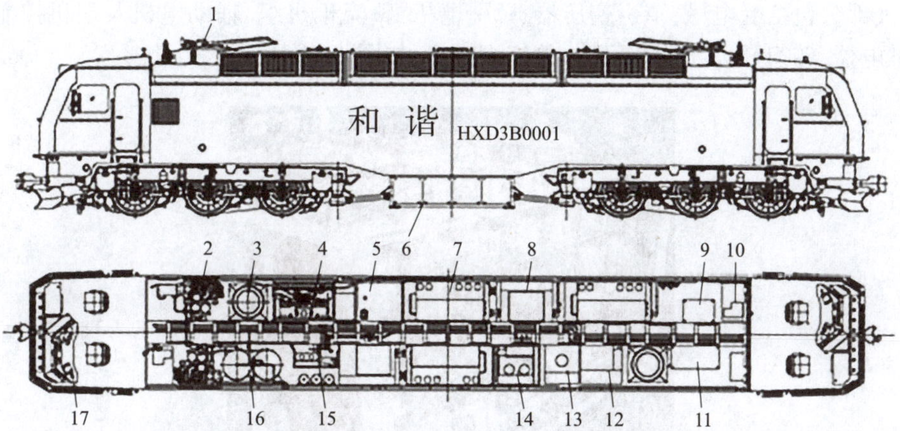

图 4-11 HXD3B 型机车设备布置

1—受电弓;2—空压机组;3—牵引电机通风机;4—高压电器柜;5—低压电源柜;

6—主变压器;7—变流器;8—冷却塔;9—TCMS 柜;10—空调机组;11—行车安全柜;12—控制电器柜;

13—卫生间;14—辅助滤波柜;15—制动柜;16—总风缸;17—操纵台

(一)机械部分

电力机车机械部分主要由车体、走行部、车底架、车钩缓冲装置、制动装置等组成。

电力机车走行部也称转向架。电力机车转向架的每个轮轴上都安装有动力装置,称为动轴。

通常用轴式来表示电力机车走行部分的特征。

1. C_0-C_0

“C”代表数字 3,表示转向架有 3 根轮轴,脚标“0”表示每根轮轴都有驱动装置,C_0-C_0 表示该机车有两台完全相同的互不相连的转向架,机车有 6 根动轴,单独传动方式。

2. B_0-B_0-B_0

“B”代表数字 2，表示该机车由 3 个二轴转向架组成，6 根动轴，单独传动。

3. 2(B_0-B_0)

2(B_0-B_0)表示由两节机车联挂、每节机车由 2 个二轴转向架组成的 8 轴电力机车。

(二)空气管路系统

空气管路系统除了供给空气制动外，还要给受电弓、主断路器等电气设备的操作供给压缩空气。

电力机车空气管路系统按功能分为风源系统、控制气路、辅助气路和制动机四部分。风源系统主要由空气压缩机、压力调节器、总风缸及其连接管路组成，为制动机系统及全车气动器械供给稳定和洁净的压缩空气；控制气路主要由辅助空气压缩机、辅助风缸、控制风缸、换向阀、联锁阀及其连接管路组成，是用以供给全车气动电器的压缩空气以及用作安全保护措施；辅助气路主要由撒砂器、风喇叭、刮雨器及其连接附件、管路等组成，用以确保机车安全运行及改善性能；制动机主要由制动机的整套装置及其连接管路、电路等组成，由司机操纵制动机对列车实施减速、停车。

(三)电气部分

电气部分包括受电弓、牵引变压器、牵引电机、整流柜机组、辅助电机及司机控制器、接触器、继电器、转换开关、电空阀等。整流柜机组，如图 4-12 所示。

图 4-12　整流柜机组

另外，电力机车上还装设有列车运行监控记录装置，客运机车上还加装轴温报警装置，以保证行车安全。

三、电力机车电气设备与电路

电力机车上的各种电气设备，分别装设在主电路、辅助电路和控制电路三大电路中。

(一)主 电 路

主电路将产生机车牵引力和制动力的各种电气设备连成一个系统，实现机车的功率传输。主电路中主要电气设备有受电弓、主断路器、主变压器、整流调压装置、电抗器、牵引电机和制动电阻等。

1. 受电弓

机车顶部一般装有两套单臂受电弓,受电弓紧压接触网导线滑行摩擦受流。机车运行时只需升起一套受电弓,另一受电弓作为备用。接触网上送来的 25 kV 工频单相交流电由此引入机车。

2. 主断路器

主断路器是机车的总电源开关和保护开关,用来接通或断开电力机车高压电路。当主电路发生短路、接地或整流调压电路、牵引电动机等设备发生故障时,它能自动切断机车电源,实现对机车上设备的保护。

3. 主变压器

主变压器又称牵引变压器。它把从接触网上取得的 25 kV 高压电降低为牵引电动机所适用的电压。变压器共有四个绕组:一个原边绕组接 25 kV 高压电;三个次边绕组,其中牵引绕组用来向牵引电动机供电,励磁绕组用在电阻制动时给电动机提供励磁电流,辅助绕组用来给机车的辅助电机供电。

4. 牵引电机

直流传动机车大多采用直流(脉流)串励电机作为牵引电机,交流传动机车均采用三相异步电动机做牵引电机。

三相异步电机的结构主要有定子和转子组成。定子铁芯中嵌有三相定子绕组,通入三相交流电,产生旋转磁场,旋转磁场切割笼型转子,在转子中产生电流,轴上输出电磁转矩,驱动电机旋转而实现牵引。

(二)辅助电路

辅助电路电源来自主变压器的辅助绕组,通过劈相机将单相交流电转变成三相交流电后,供给牵引通风机、油泵机组和空气压缩机等辅助电机使用。空气压缩机组,如图 4-13 所示。

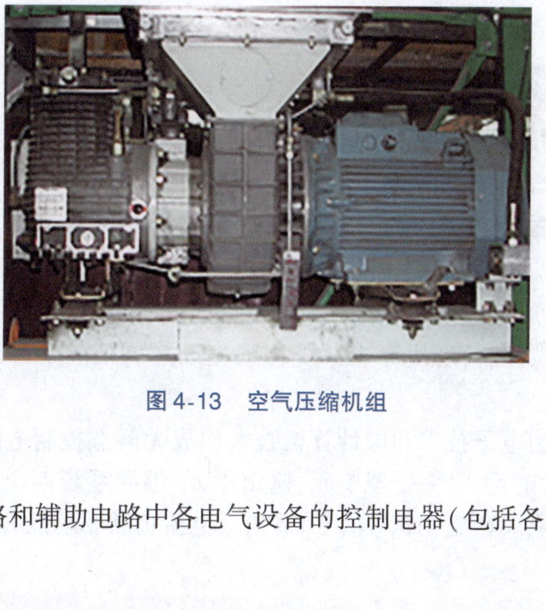

图 4-13　空气压缩机组

(三)控制电路

控制电路将主电路和辅助电路中各电气设备的控制电器(包括各种控制开关、接触器、电空间等)同电源、照明、信号等的控制装置连成一个电系统。

以上三个电路系统在电气方面一般是相互隔离的,但三者通过电磁、电空或机械传动等方式相互联系,配合动作,低压电控制高压电,保证司机操作安全,实现机车安全运行。

四、电力机车制动

制动就是"刹车",当列车需要减速或停车,以及停放车辆防溜时均需要实施制动。对制动系统的要求是刹车有力,制动距离短,不擦伤轮对。

电力机车配备有空气制动和电气制动两套制动系统。

空气制动是用压缩空气推动闸瓦摩擦车轮踏面进行的制动,单侧闸瓦制动装置如图4-14所示。

图4-14　单侧闸瓦制动装置

电力机车空气制动系统主要由电空制动控制器(俗称大闸)、空气制动阀(俗称小闸)、空气制动柜(各种阀及管路)、制动缸、基础制动装置、闸片等组成。司机操纵电空制动控制器可对全列车实施制动,操纵空气制动阀仅对机车实施制动。由于空气制动利用机械摩擦减速,因此,当列车高速实施空气制动时,机械摩擦产生的高温会使摩擦件变软,制动力下降而降低制动效果,所以空气制动一般作为辅助制动手段在低速时使用。

电气制动也叫动力制动,制动时将牵引电机变为发电机,使列车动能转化为电能,对这些电能的不同处理方式形成了不同方式的动力制动。司机通过操纵司机控制器,牵引电机由电动机转为发电机运行,车轴带动电动机的电枢旋转,产生一个与速度成比例的阻力阻止列车运行。电能被制动电阻变成热能逸散就称之为电阻制动,电能反馈回电网就称之为再生制动。电阻制动技术的优点是电路简单,主电路工作可靠、稳定,再生制动则经济性好。

五、电力机车的计算机控制

机车计算机控制技术,是随电力电子技术、半导体集成技术的发展和机车控制要求的提高应运而生,它标志着机车控制水平上升到新的阶段。

(一)逻辑控制单元(LCU)

逻辑控制单元(Logical Control Unit,简称LCU),是近年来用在新型电力、内燃机车上的一种可编程逻辑控制器件,取代传统机车上原有的时间继电器、中间继电器等低压电器,实现机车控制系统无触点控制,解决原有系统在强振动环境下的不可靠问题,提高机车电气控制线路的可靠性。

LCU利用现代电力电子技术和微计算机技术构成无触点控制电路,其本身就是一个计算机控制系统,由输入单元、中央处理单元、输出单元、电源系统四个组成,如图4-15所示。这种器件有可以直接输入直流110 V信号、输出大电流负载驱动能力,因而具有控制方式灵活、编程方便、布线直观、检修条理清晰等特点。

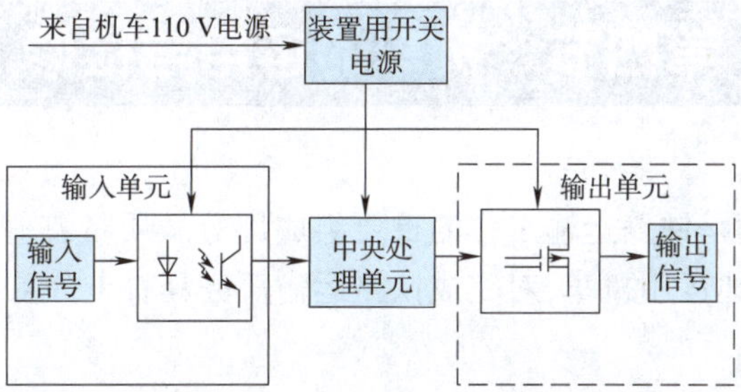

图 4-15 LCU 控制系统组成框图

(二)交流传动机车的计算机控制

交流传动电力机车或重联机车的控制是一个多计算机控制系统。现代列车的控制是由挂在列车通信网络(TCN)上的多计算机系统实现的,包括电力机车或电动车组动力车中的计算机系统和中间车辆上的计算机系统。它们各自耦合在机车或车辆的本地网络即机车车辆总线上,并通过列车总线相互交换信息和数据。交流传动控制装置也是以这种方式获得所需要的指令和状态反馈信息,并发送控制信号。

控制系统采用分级管理,分为列车级控制、机车级控制和传动级控制。

1. 列车级控制

列车级控制涉及与整个列车有关的给定值和控制变量。司机发出的控制指令,通过列车控制级处理后传送到其他各机车或动力车中,实现统一指挥。借助列车级控制的这些指令,司机将较为容易地严格保持列车的运行速度,避免加速或减速时出现冲击,并在目标制动时,能够迅速准确地停靠在站台上。

2. 机车级控制

机车级控制涉及机车或车辆正常、有效运行的所有功能。在设有列车级控制装置的机车上,机车控制级的主要任务是优化黏着控制、分配制动力,对牵引力和制动进行进一步处理后发送给传动级的控制装置。

3. 传动级控制

传动级控制实现对每个动力单元的控制,包括电动机控制和变流器控制,保证提供合适的牵引力和运行速度。

六、我国电力机车的发展

我国从 1958 年开始制造电力机车,经历了由仿制到自力更生,由引进到自主攻关研制出多机型配套客货运电力机车,再到坚持自主创新,研制出满足国内外市场需求的电力机车的过程。

近年来,和谐型大功率交流传动电力机车的诞生及批量投入运用,标志着我国铁路机车行业成功实现了由直流传动向交流传动的转变,机车技术平台达到世界先进水平,机车装备现代化和机车装备制造业现代化迈入了新的历史阶段。

第四节　机车的运用与检修

机车的检修和运用是铁路运输工作的重要组成部分。质量良好地检修机车，确保机车的完好状态，经济合理地运用机车，对完成铁路运输任务具有十分重要的意义。

一、机车的管理

我国铁路机车实行配属管理制度。国铁集团根据运输任务需要和运输设备条件等因素将铁路机车配属给各铁路局集团公司使用和保管。铁路局集团公司又按担当任务量的大小配属一定数量的机车给所属的机务段，以完成运输生产任务。

机务段是机车运用与检修的基层单位，其主要任务是：运用方面——负责计划、组织本段机车和乘务组完成邻接区段的列车牵引或固定在某个车站上担任调车工作，并对日常运用机车进行整备和日常保养；检修方面——负责段修范围内的机车定期检修和日常维修工作，保证运用机车的良好状态。

机务段设有管理部门和生产车间，其中生产车间包括运用车间、检修车间、设备车间、整备车间。运用车间主要负责机车的运用和保养；检修车间主要负责机车段修范围内的定期修理和机车的日常维修；整备车间负责机车燃料、水、砂等物资供应及机车的整备作业；设备车间负责机务段固定设备及水电动力设施的管理与维修。

机车出段牵引列车或担任调车作业前，需要供应机车必需的物资和做好各项准备工作，这些工作称为机车整备作业。车型不同，整备作业内容也不同。内燃、电力机车整备作业的项目，见表4-1。为完成机车整备作业，机务段还必须修建相应的整备设施及设备，如机车整备场、加油站、转向、化验、清洗等设备。

表4-1　内燃、电力机车的整备作业

需要供应的物资			需要做的准备工作		
项　目	内燃机车	电力机车	项　目	内燃机车	电力机车
燃　料	√	—	机转方向	一般单向	—
水	√	—	机转擦拭	√	√
砂	√	√	检　查	√	√
润滑油	√	√	给　油	√	√
擦拭材料	√	√	机车乘务组交接班	√	√

机车检修设备指机车在段修作业中所用的国家标准产品设备、铁路专用设备、工具备品及有关建筑物等。

二、机车运用

机车运用的一大特点是机车只要离开机务段，就要受到车站以及上级运用管理部门的调度和指挥。因此,机务部门和行车部门的关系尤为密切,两者必须联动协作才能安全、高效、优质地完成运输任务。

(一)机车交路与机车运转方式

机车交路是机车固定担当运输任务的周转区段。

按照所担当的牵引区段的长度,机车交路分为长交路和短交路。如果用一班或一班以上乘务组在规定的连续工作时间内,机车仅能够完成一个单程交路的牵引作业,称作长交路。如果用一班乘务组在规定的连续工作时间内,机车能够完成一个往返交路的牵引作业,称作短交路。

目前,我国铁路机车运转方式主要分为肩回运转制和循环运转制。

1. 肩回运转制

机车牵引列车在一个交路区段内往返一次后即进入机务段整备检查的,称肩回运转制,如图 4-16(a)所示。长短交路均可采用这种机车运转方式。

2. 循环运转制

机车牵引列车在相邻的两个交路区段内做往返连续运行不入段,直到需要进行定期检修或预防性检修才进入机务段的,称循环运转制,如图 4-16(b)所示。一般短交路均可采用这种机车运转方式。

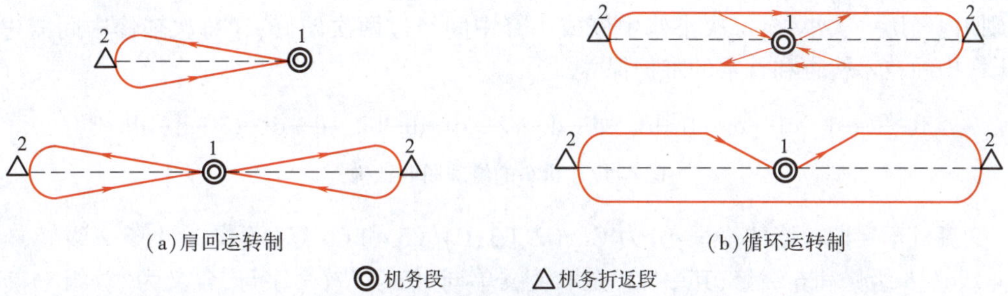

图 4-16　机车运转方式

(二)乘务制度与乘务方式

1. 乘务制度

我国现行的机车乘务制度有包乘制和轮乘制两种。

(1)包乘制

每台机车配备 2 ~ 3 个固定的乘务组值乘,称为包乘制。其优点是可以加强机车乘务员的责任心,便于乘务员熟悉所驾机车的性能,有利于机车操纵和维修保养;缺点是机车的运用效率较低。

(2)轮乘制

机车由各个乘务组轮流值乘,称为轮乘制。由于乘务组值乘的机车不固定,这样可以有效地使用机车,合理安排乘务员的作息时间,显著提高机车的运用效率。当然对乘务员的驾驶技术要求更高,对机车的质量和保养的要求也更高。

2. 乘务方式

乘务员的乘务方式主要有立即折返制、外段驻班制和随乘制三种。

随着铁路牵引动力的发展,列车运行速度提高、行车密度加大,我国铁路逐步实行了长交路轮乘制。一方面,长交路轮乘制运转方式可减少机车摘挂次数,减少中途停站时间,提高旅行速度,加快机车周转;另一方面,又可以减少机车出入段的次数和等待列车时间,节省机车和乘务人员,提高劳动生产率。但是,伴随着机车交路的延长,对机车状态的要求更高,对机车乘务员的技术水平要求更高,必须提高机车修造质量及日常维护保养水平。

三、机车检修

机车在运用中,其技术状态随着走行公里数的增加,各部件都会发生磨耗、变形或损坏,达不到预定的工作性能,导致机车出现故障,因此,就要对其进行维修。除了乘务员的日常检查和保养外,还必须进行各种定期检修。

直流机车定期检修的修程:内燃、电力机车分为大修、中修、小修和辅修。机车大修是一种全面的恢复性修理,修后机车需达到新车水平;中修主要修理走行部;小修主要是为了对有关设备进行测试和维修;辅修是临时性的维修和养护。

机车检修周期根据机车实际技术状态和走行公里或使用日期,由国铁集团各型号机车检修技术规程规定。

若用 R 来表示新造或大修机车,用 b 表示中修,用 e 表示小修,用 d 表示辅修,则机车的修理周期结构,如图 4-17 所示。其表示在一个大修修理周期内,经历两次中修;在一个中修周期内经历一次小修;每次小修中修或小修中间经过两次辅修;在每次辅修中间需进行若干次中间技术检查和日常的维护保养。

R—d—d—e1—d—d—b1—d—d—e2—d—d—b2—d—d—e3—d—d—R

图 4-17　机车的修理周期结构

交流机车定期检修的修程:分为 C1、C2、C3、C4、C5 和 C6 修(读作 1 级修、2 级修、3 级修、4 级修、5 级修和 6 级修,其中“C”是取英文单词“Class”首个字母,含义为“等级”)。C1 修:机车例行检查和保养,利用机车自检系统进行故障诊断,按状态修理。C2 修、C3 修:机车关键部件重点检查维修,有针对性地恢复机车运行可靠性。C4 修:机车主要部件检查,性能参数测试,修复不良状态部件,恢复机车可靠质量状态。C5 修:机车主要部件分解检修,性能参数测试,恢复机车可靠质量状态。C6 修:机车全面分解检修,性能参数测试,恢复基本性能,可同时进行机车或主要部件的技术提升。

我国目前的检修体制实行的是机车计划预防修。计划预防维修制度,是在掌握机器磨损和损伤规律的基础上,根据各种零件的磨损速度和使用极限,以防重于治为原则,对机械设备有计划地组织保养和修理,防止或减少故障,从而能较好地发挥设备的使用效能。计划预防修理制的具体实施可概括为“定期检查、按时保养、计划修理”。

主要零部件的专业化集中修和定期检测状态修,是为适应铁路快速发展,提高机车配件质量而进行的修制改革。专业化集中修是将机车中修及以上作业,集中在少数几个有相应检修能力的机务段进行,避免设备重复投入,提高检修效率和经济效益。对机车的主要零部件的检修按照专业化的生产原则,合理分工、定点协作,同时采用诊断技术,定期监测机车主要零部件参数变化、确定设备的状态,制定合理的检修周期,坚持“按工艺、按机统 28 机车状态、按规定的技术要求、按范围”“程序化、机械化、文明化”记名修车,确保检修质量。

第五节 工电自轮运转特种设备

工电自轮运转特种设备包括大型养路机械、轨道车、接触网作业车三大类,是铁路线路抢险、施工、路料运输、接触网维修、工机具及人员运输的重要装备。工电自轮运转特种设备的运用,有效地减轻了人员劳动强度,提高了作业效率和作业质量。

一、大型养路机械

大型养路机械是铁路线路大修、维修施工和工务检测的重要装备,主要有捣固车、稳定车、清筛机、配砟车、打磨车、探伤车等。下面以捣固车为例进行讲解。

(一)捣固车的用途

捣固车用于对有砟铁路轨道进行拨道、起道抄平、道砟捣固及道床肩部道砟的夯实作业,修正轨道方向、横向水平和前后高低,使之均达到线路设计标准或线路维修的要求,提高轨枕底部和道床肩部道砟的密实度。

捣固车作业时必须封锁线路,在运行状态下与其他机械连挂进入封锁区间,到达作业地点后,机组解体,由运行状态转换为作业状态后开始工作。

(二)捣固车的分类及表示

捣固车按同时捣固轨枕数分为单枕捣固车、双枕捣固车、三枕捣固车;按作业对象分为线路捣固车、道岔捣固车;按作业走行方式分为步进式捣固车、连续式捣固车。

捣固车的型号表示方法和轨道车类似,通常也采用基本型号 + 辅助型号来表示。如“DWL-48”表示具有 48 把捣镐的连续式捣固稳定车,其中“D”表示捣固,“W”表示稳定,“L”表示连续式,“48”表示具有 48 把捣镐,一次可捣三根枕。

(三)DC-32 型捣固车

DC-32 型捣固车采用步进式作业模式,主要由主车架、转向架、司机室、捣固装置、枕端夯实装置、起拨道装置、测量小车、动力传动系统、液压系统、电气系统、气动系统、制动系统、材料车、柴油发电机组等组成,如图 4-18 和图 4-19 所示。

图 4-18　DC-32 型捣固车

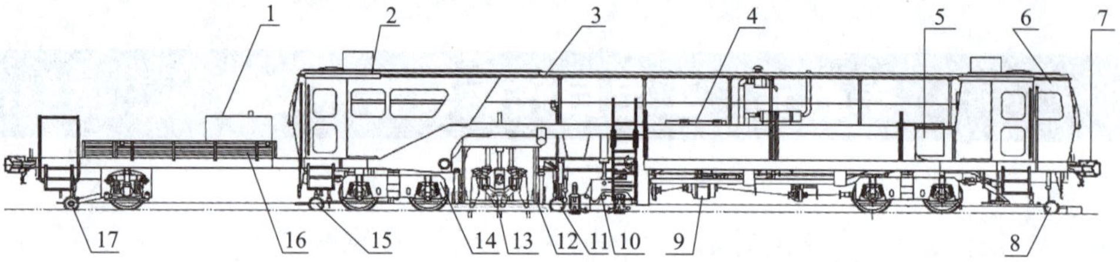

图 4-19　DC-32 型捣固车主要结构

1—柴油发电机组；2—后司机室；3—中间顶棚；4—液压油箱；5—柴油箱；6—前司机室；
7—钩缓装置；8—D 点测量小车；9—动力传动系统；10—起拨道装置；11—C 点测量小车；12—枕端夯实装置；
13—捣固装置；14—转向架；15—B 点测量小车；16—材料车；17—A 点测量小车

二、轨 道 车

随着机械化作业的发展，为解决铁路线路施工、交通运输和应急抢险需求，我国逐步自主研发了适应不同工况的重型轨道车及起重轨道车等各类轨道车辆。重型轨道车主要用于铁路工务部门在抢险、线路施工、维修中运输路料、工机具和人员。起重轨道车主要用于线路施工、维修时的起重、装卸、牵引作业等。

轨道车按传动方式可分为机械传动轨道车、液力传动轨道车和电传动轨道车。

轨道车的型号通常采用基本型号 + 辅助型号的表示方法。基本型号用名称中具有代表性汉字的拼音首字母表示，辅助型号选用设备主参数、设计序号或厂家代号表示，如“GC-270”表示发动机功率等级为 270 kW 的轨道车，“GCY-300 Ⅱ”表示发动机功率等级为 300 kW 的液力传动轨道车，其中“GC”表示轨道车，“Y”表示液力传动，“300”表示功率等级，“Ⅱ”表示设计序号，区别于既有型号 GCY-300 型。

（一）机械传动重型轨道车

机械传动重型轨道车牵引能力强、效率高，常用型号有 GC-220 型和 GC-270 型。以 GC-270 型重型轨道车为例，其结构、工作原理如下：

GC-270 型重型轨道车为可双向驾驶的四轴轨道车，是典型的机械传动轨道车，具有制造成本低、维修难度小的特点，如图 4-20 所示。根据需要可选配 75 kW 发电机组，为施工现场提供交流用电。

图 4-20　GC-270 型重型轨道车

该车由动力传动系统、走行部、车体、制动系统、电气系统、车钩缓冲装置及其他部件等组成，设双向操纵台，发动机布置于前操纵台主副司机之间，如图 4-21 所示。

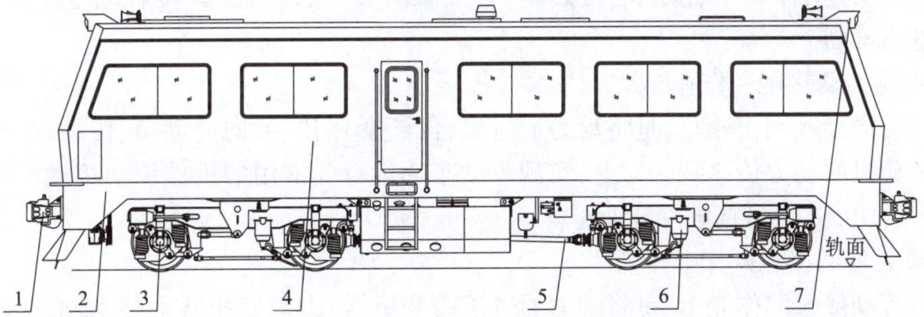

图 4-21　GC-270 型重型轨道车总体布置

1—车钩缓冲装置；2—主车架；3—走行部；4—车体；5—动力传动系统；6—制动系统；7—电气系统

(1) 主要功能

GC-270 型重型轨道车装配柴油发动机及机械变速箱，具有良好的牵引特性，可用作牵引其他无动力作业车辆运行或进行调车作业；最高自运行速度 100 km/h，上部空间大；选装发电机组时，整车可兼作移动电源使用。

(2) 工作原理

GC-270 型重型轨道车动力由柴油发动机提供；经过离合器、机械变速箱、换向分动箱和车轴齿轮箱等齿轮传动链将转速、扭矩等传递至轮对；再通过轴箱拉杆传递至转向架后经牵引拉杆传递至车体，从而驱动整车走行，通过操纵换向分动箱确定行驶方向。转向架与车轴、车体与转向架间安装减振装置以改善轨道车运行品质与乘坐舒适度。车体两端安装车钩及缓冲装置以传递牵引力。

(二) 液力传动重型轨道车

相比机械传动，液力传动重型轨道车装机功率更大，可实现无级调速。目前常用的型号有 GCY-300 型、GCY-300 Ⅱ 型、GCY450 型、GCY750 型、GCY-1000 型等。

三、接触网作业车

电气化铁路的发展，有效提升了铁路运输能力、降低了运输成本、减少了环境污染，为确保持续、稳定、安全地为牵引机车和动车组供电，需要定期对接触网设备进行检修维护。接触网检修属于高空作业，为确保作业安全，满足接触网检修作业要求，我国自主研发了各种类型的接触网作业车。

接触网作业车可以满足接触网恒张力放线、接触线及承力索检修、绝缘子清洗、接触网状态检测及接触网支柱立杆作业等多种作业需求，同时也可以用作牵引车。接触网作业车现已成为电气化铁路建设、运营维护、应急抢险工作中不可或缺的设备。

接触网作业车的种类、型号众多，可按照传动方式、动力源及功能的不同进行分类。

按传动方式的不同，接触网作业车可分为机械传动接触网作业车和液力传动接触网作业车；按动力源的不同，接触网作业车可分为内燃动力接触网作业车和混合动力接触网作业车;按功能的不同,接触网作业车可分为接触网架线作业车、接触网放线车、接触网检修车、接触网巡检车、接触网轨道起重车、接触网立杆作业车、接触网多功能检修作业车、接触网高空作业车、接触网检修车列、接触网多平台作业车、接触网专用平板车、绝缘子水冲洗车等。

1. 机械传动接触网作业车

机械传动接触网作业车,是将动力通过离合器、变速器、换向分动箱、传动轴、车轴齿轮箱等将发动机的动力传递到轮对上,实现驱动车辆运行。常用的机械传动接触网作业车型号有 JW-4 型、DA12 型接触网作业车。

2. 液力传动接触网作业车

液力传动接触网作业车,是将动力通过液力变矩器(也叫变扭器)、传动轴、车轴齿轮箱等将发动机的动力传递到轮对上,实现驱动车辆运行。常用的液力传动接触网作业车型号有JW-4G型、JW-4P 型接触网作业车。以 JW-4G 型接触网作业车为例,其结构及工作原理如下:

(1)基本结构

JW-4G 型接触网作业车是采用液力传动方式的四轴、可双向驾驶的接触网作业车。该车设计速度为 120 km/h,主要由车体、车架、转向架、动力传动装置、制动系统、液压系统、电气系统、自动调平的升降回转作业平台、车钩及缓冲装置、空调、随车起重机等组成,如图 4-22 所示。走行部采用两台两轴转向架,动力传动装置下悬,车辆前端设置司机室,后部设置升降回转作业平台及随车起重机。

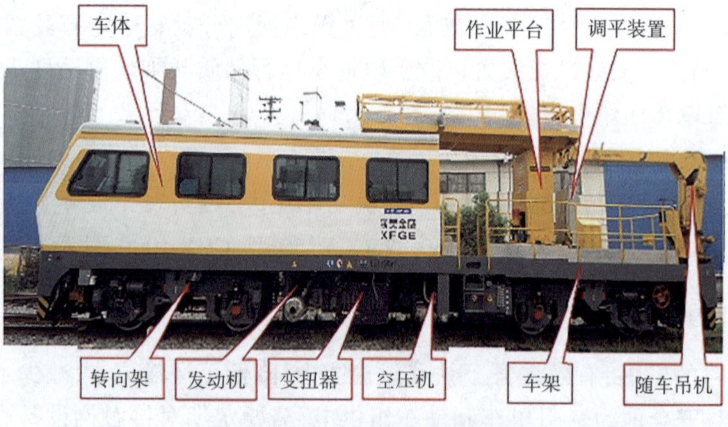

图 4-22 JW-4G 型接触网作业车

JW-4G 型接触网作业车液力传动系统由液力传动箱、传动轴、车轴齿轮箱、发动机等组成,如图 4-23 所示。

(2)工作原理

JW-4G 型接触网作业车由柴油发动机提供动力,经过液力传动箱、传动轴、车轴齿轮箱将发动机产生的动力传递至轮对,从而驱动整车走行。分动箱通过传动轴与发动机连接,为空压机和液压油泵提供动力,进而为整车油水散热器、作业平台、调平装置、液压支腿及随车吊机提供动力。

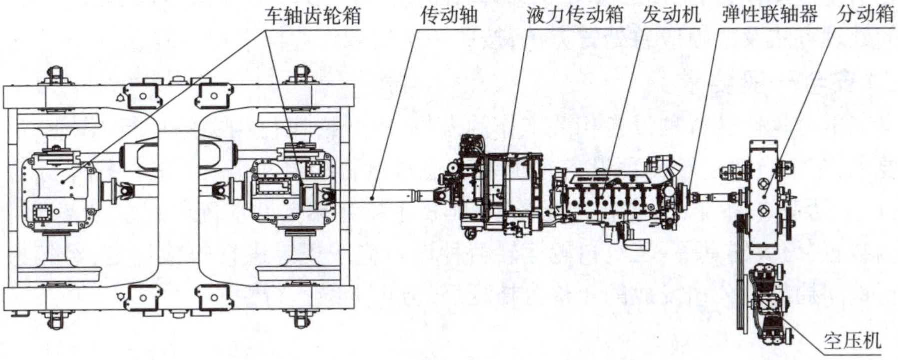

图 4-23 JW-4G 型接触网作业车液力传动系统

液力传动接触网作业车的结构与机械传动接触网作业车基本相同，主要区别在于液力传动接触网作业车用液力传动箱取代了变速器与离合器，实现了自动换挡调速，提高了运行的平稳性和舒适性。

四、运用安全

工电自轮运转特种设备驾驶人员，必须经过专业培训、考试或鉴定合格，取得铁路岗位培训合格证书及相应资格方可上岗。

(一)岗位准入要求

依据《铁路机车车辆驾驶人员资格许可实施细则》的规定，大型养路机械、轨道车、接触网作业车驾驶人员，应当通过国家铁路局组织的考试，并取得相应类别的铁路机车车辆驾驶证。其中，驾驶大型养路机械需取得 L1 或 L2 类铁路机车车辆驾驶证；驾驶轨道车、接触网作业车需取得 L1 或 L3 类铁路机车车辆驾驶证。

持有国家铁路局颁发的理论考试合格证明的工电自轮运转特种设备驾驶证申请人，在司机指导下方能驾驶相应申请考试机型进行实际操作训练。

司机每年应参加年度鉴定，鉴定不合格者，不准驾驶工电自轮运转特种设备。

在高速铁路驾驶轨道车、接触网作业车的司机，还应进行高速铁路专项培训并取得 CRH 资格证书。

轨道车上安装的起重装置等设备的使用应严格执行国家和国铁集团有关规定，起重设备操作人员应按规定取得相应操作资质。

(二)职业能力要求

安全知识：司机应熟悉和掌握《铁路技术管理规程》《普速铁路行车组织规则》《铁路车机联控作业》《普速铁路工务安全规则》《高速铁路工务安全规则(试行)》《大型养路机械使用管理规则》《电气化铁路有关人员电气安全规则》《普速铁路接触网安全工作规则》《轨道作业车管理规则》等与工电自轮运转特种设备行车和安全相关的规章，正确理解规章各项要求，能够正确识别铁路行车信号、行车标志、线路标志等各种标志符号并严格执行，确保行车安全和作业安全。

专业知识：司机应熟悉行车安全设备的基本工作原理、结构和技术性能，按操作手册、作业指导书规范操作;熟悉所驾车型的基本结构、工作原理、检修保养内容及方法,掌握常见故障的处理方法及故障应急处置方法,按照一次出乘作业标准规范驾驶。

(三)安全一般要求

从事工电自轮运转特种设备相关工作的人员,应严格执行相关的运行、作业、消防等安全管理要求;工电自轮运转特种设备须配备轨道车运行控制设备(GYK)、机车综合无线通信设备(CIR)及防护备品(根据需要配备GSM-R手持终端),并应配备起复设备、防溜器具、轴温监测装置、灭火器具等;工电自轮运转特种设备应按规定进行年检鉴定,经年检鉴定合格并取得铁路局集团公司发放的年检合格证后,方可上线运行。

复习思考题

1. 简述机车的分类。
2. 简述内燃机车的基本结构。
3. 简述电传动内燃机车的工作原理。
4. 简述电力机车的基本结构。
5. 简述交-直型电力机车的工作原理。
6. 机车计算机控制系统的功能有哪些?
7. 机车长交路轮乘制有哪些特点?
8. 简述机车专业化集中检修制度及特点。
9. 工电自轮运转特种设备包括哪三大类?
10. 工电自轮运转特种设备运用安全有哪些要求?

第五章

铁路车辆

学习任务

铁路车辆是指铁路运输的运载工具。它一般没有动力装置,需附挂于机车等动力设备运行。

本章对车辆的种类、标记、构造及检修方面知识进行介绍,同时对车辆检测系统的应用进行介绍。

通过学习,了解车辆的检修、检测方面知识,熟悉车辆的种类、标记及车辆的构造方面的基础知识。

第一节 概 述

一、车辆种类

铁路车辆按用途分为客车、货车及特种用途车三类。

(一)客 车

客车可分为运送旅客、为旅客服务和特殊用途的车辆三种。

1. 运送旅客的车辆

(1)硬座车

硬座车是设有硬席座椅设备的座车。

(2)软座车

软座车是设有软席座椅设备的座车。

(3)硬卧车

硬卧车是设有硬席卧铺设备的卧车。硬卧车一般分隔成若干开敞式或半开敞式包间,每个包间分上、中、下三层共设六个卧铺。25T 型硬卧车如图 5-1 所示。

(4)软卧车

软卧车是设有软席卧铺设备的卧车。软卧车一般分隔成若干封闭式包间,每个包间分

图 5-1　25T 型硬卧车

上、下二层共设四个卧铺。

(5)双层客车

双层客车是设有上、下两层客室的座车或卧车。

(6)简易客车

简易客车是设有简易设备的客车。

(7)代用客车

代用客车是用货车改装的、代替客车使用的车辆,如代用座车、代用行李车等。

2. 为旅客服务的车辆

(1)餐车

餐车是供旅客在旅行中饮食就餐使用的车辆。车内设有厨房、餐室及储藏室(或有小卖部和炊事等设备)。

(2)行李车

行李车是供运输旅客行李及物品的车辆。车内设有行李间及办公室等设备。

3. 特种用途的车辆

(1)邮政车

邮政车是供运输邮件使用的车辆,设有邮政间及邮政员办公室等设备。常固定编挂于旅客列车中。

(2)空调发电车

空调发电车是专给集中供电的空调车供电的车辆,车内设有柴油发电机组。

(3)公务车

公务车是供国家机关人员办公专用的车辆。

(4)医疗车

医疗车是到铁路沿线为铁路职工及家属进行巡回医疗使用的车辆,车内设有医疗设备。

(5)卫生车

卫生车是专供运送伤病员使用的车辆,车内设有简单的医疗设备。

(6)文教车

文教车是为沿线铁路职工进行文艺演出、文化教育和技术教育使用的车辆。车内设有必要的文娱和教育用器具及设备。

此外还有一辆车上同时设有两种或两种以上用途车内设备的合造车辆，如软硬座合造车、行李邮政合造车等。

客车的发展方向是发展自重轻、性能好的客车系列产品。

(二)货　车

货车是供运输货物和为此服务的车辆，一般编组在货物列车中使用。货车类型很多，按用途可分为通用货车、专用货车。

1. 通用货车

通用货车是适用于运输多种货物的车辆，如通用敞车、通用棚车、共用平车等。

(1)敞车

敞车是设有底架、侧墙和端墙，底架为平底或浴盆(单浴盆或双浴盆)结构，不设车顶的铁路货车。通用敞车设有一定数量的侧开门和下侧门。敞车主要用以装运散粒货物，如煤、焦炭等；可装运木材、集装箱等无须严格防止湿损的货物；也可加盖篷布，运输怕湿损的货物；还可装运重量不大的机械设备。因此敞车具有很大的通用性。C70 型敞车如图 5-2 所示。

图 5-2　C70 型敞车

(2)棚车

棚车是设有底架、侧墙、端墙及车顶和门、窗(或通风口)，可防止雨水进入，供运输各种需防止湿损、日晒或散失的货物(如布匹、粮食等)的铁路货车。棚车按结构不同可分为通用棚车、活顶棚车、活墙棚车等。P64AK 型棚车如图 5-3 所示。

图 5-3　P64AK 型棚车

(3)平车

平车是设有底架,通常两侧设有柱插,不设侧墙、端墙和车顶的铁路货车。部分车辆设有可活动向下翻倒的端门和侧门,大部分车辆的底架承载面为平形结构,也有少部分车辆的底架为凹形结构。用来装运钢材、机器、设备、集装箱、汽车、拖拉机等。设有可向下翻倒的活动矮侧墙和端墙的平车,可用来装运矿石、砂土等块粒状货物。N_{17G} 型平车如图 5-4 所示。

图 5-4　N_{17G} 型平车

2. 专用货车

专用货车是专门运输某一种类货物的车辆,如集装箱车、漏斗车、罐车等。

(1)集装箱车

集装箱车是设有底架和集装箱固定装置,供运输集装箱的铁路货车。

(2)漏斗车

漏斗车是设有底架、侧墙、端墙、漏斗、底门及开闭机构,车辆底架上设有一个或数个周边带一定斜度的漏斗,每个漏斗口上设有底门及开闭机构的铁路货车。通常借助货物自身的重力从漏斗口卸货。根据运输货物特性要求,部分车辆设有车顶、顶盖及开闭机构。漏斗车按装运货物品种可分为煤炭、矿石、石砟、粮食、盐、石灰石、水泥漏斗车等;按结构形式不同可分为有盖漏斗车和无盖漏斗车。

(3)冷藏车

冷藏车是设有底架、侧墙、端墙、车顶和侧门,车体设有隔热层,并设制冷和(或)加温设备的铁路货车。冷藏车按制冷方式主要分为隔热车、加冰冷藏车、冷冻板冷藏车、机械冷藏车,用以装运易腐货物,如鱼、肉、水果等;也可装运对温度有特殊要求的货物。

(4)罐车

罐车是设有圆筒形或圆锥形罐体和底架或牵枕装置,供运输液体、液化气体和粉状货物等介质的铁路货车。罐体采用钢、玻璃钢、铝、铝合金等不同的材质制造。罐车按用途不同可分为轻油罐车、黏油罐车、机油罐车、沥青罐车、食油罐车、水泥罐车、化工品罐车、粉状货物罐车、液化气罐车、特种罐车等;按结构不同分为有中梁罐车、无中梁罐车、上卸式罐车、下卸式罐车等。

(5)毒品车

毒品车是设有底架、侧墙、端墙、车顶和侧门,供运输有毒物品(如农药等)的铁路货车。

(6)小汽车运输专用车

小汽车运输车是设有上下两层底架、端门、端渡板和止轮装置,专供运输小汽车的铁路货车。

(7)长大货物车

长大货物车是车体长度在 19 m 以上、无墙板、载重 70 t 以上,用以装运重量特大或长度特长的货物的铁路货车。有的车体中部凹下或设有落下孔,便于装载高大货物;有的将车辆分为两节,运货时将货物夹持和悬挂在两节之间或通过专门支架跨装于两节车上,称为钳夹车或双联平车,用以装运体积特别庞大的货物。

(三)特种用途车

特种用途车是具有特殊用途的车辆。

1. 试验车

试验车是供科学技术试验研究使用的车辆,车内设有试验仪器设备。

2. 发电车

发电车是设有动力机械驱动的发电设备的车辆。有单节的,也有由发电车、机修车及发电人员生活用车等合编成的电站式车列,可称为电站车组,能作为铁路线上流动的发电站,供缺电处所用电。

3. 检衡车

检衡车是用于鉴定轨道平衡性能的车辆,设有砝码或同时设有操作机器。

4. 除雪车

除雪车供扫除铁路上积雪之用。车上装有专门的扫雪装置,一般由机车推动前进。

5. 救援车

救援车是供列车发生颠覆或脱轨事故时,排除线路障碍物及修复线路故障使用的车辆。一般编成救援列车,包括起重吊车、修复线路工具车、材料车、救援人员的食宿车等。

6. 维修车

维修车是供检查和维修铁路线路设备的车辆。车内设有必要的维修检查装备。

7. 轨道检查车

轨道检查车是用于检测轨道的几何状态和平顺状况,以便评价轨道几何状态的特种车辆。

另外,货车还有按装载质量(50 t、60 t、75 t、90 t、350 t 等多种)、车辆轴数(四轴车、六轴车、多轴车)、制作材料(全钢车、耐候钢、不锈钢、铝合金等新型材料的车辆)等分类方法。

二、车辆标记

为便于对客、货车辆的运用和管理,在车辆指定部位涂打的用于标明车辆配属、车种、车型、用途、编号、主要参数、方向、位置等的文(数)字和代号称为车辆标记。车辆标记分为共同标记和特殊标记,也可分为运用标记、产权标记和检修标记三类。

(一)共同标记

1. 路徽

凡是国铁集团所属车辆,均应涂打路徽标记(路徽的含义是“人民铁路”)。在货车上还应按规定安装带路徽的产权标牌。

2. 制造厂名及日期标牌

制造商铭牌是铸铝标牌,产权牌为铸铁标牌,安装于侧梁的一端。

3. 车型车号

车型车号涂打于车辆两侧,为实现全路车辆计算机动态管理,国铁集团对每一车辆进行了统一编码。

车型车号指车辆型号及号码。型号又分为基本型号和辅助型号。基本型号代表车辆种类，用汉语拼音字母表示，如 YZ、RW、C、P、N 等，见表 5-1、表 5-2。

表 5-1　客车基本型号

序　号	车　种	基本型号	序　号	车　种	基本型号
1	软座车	RZ	9	公务车	GW
2	硬座车	YZ	10	医疗车	YL
3	软卧车	RW	11	卫生车	WS
4	硬卧车	YW	12	试验车	SY
5	行李车	XL	13	维修车	WX
6	邮政车	UZ	14	特种车	TZ
7	餐　车	CA	15	救援车	JY
8	空调发电车	KD			

注：双层客车各车种的基本型号在相应车种前加“S”。

表 5-2　货车基本型号

序　号	车　种	基本型号	序　号	车　种	基本型号
1	敞　车	C	8	矿石车	K
2	棚　车	P	9	长大货物车	D
3	平　车	N	10	毒品车	W
4	罐　车	G	11	水泥车	U
5	冷藏车	B	12	粮食车	L
6	集装箱车	X	13	特种车	T
7	平车-集装箱共用车	NX	14	汽车运输车	JSQ

辅助型号代表车辆的构造形式，用阿拉伯数字表示，附加在基本型号的右下方。如 YW_{25} 中的“25”、C_{70} 中的“70”，即表示该车为 25 型硬卧车和 70 型敞车的结构。

号码为车辆的顺序号码，每一车辆应有唯一的车号。客车、货车的车号编码采用数字码，客车以六位阿拉伯数字表示，见表 5-3，货车以七位阿拉伯数字表示，见表 5-4。车号 C_{80B}4375210、YZ_{25G}357802 表示含义，如图 5-5 所示。

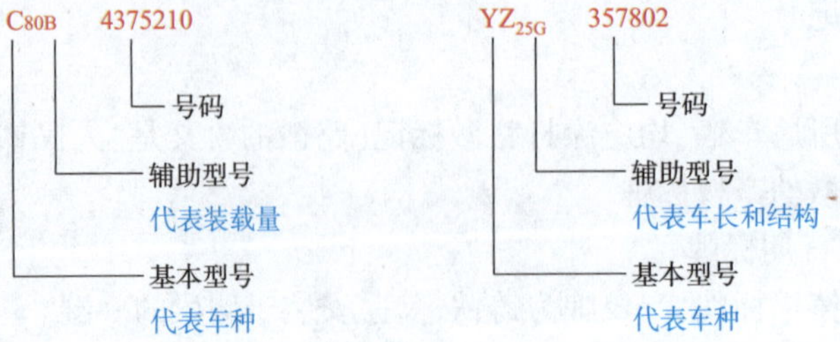

图 5-5　车号 C_{80B}4375210、YZ_{25G}357802 表示含义

表 5-3 常见客车号码编排

序 号	车 种	车号范围
1	合造车	100000～109999
2	行李车	200000～299999
3	邮政车	7000～9999
4	软座车	110000～199999
5	硬座车	300000～499999
6	软卧车	500000～599999
7	硬卧车	600000～799999
8	餐 车	800000～899999
9	其他（包括公务车等）	900000～999999

表 5-4 常见货车号码编排

基本车种	主要车型	车号范围
棚车	P62T、P62K、P62NT、P62N、P63K	3100000～3399999
	P64T、P64K、P64AT、P64AK、P64GH、P64GT、P64GK、P65	3400000～3649999
	P66H、P66K	3720000～3759999
	P70	3800000～3899999
	P70H	3760000～3769999
	P80	3000000～3029999
	PT	3700000～3719999
	PB	7700000～7799999
敞车	C16K、C16AK	4170000～4173999
	C62A、C62AT、C62AK	4400000～4599999
	C62BT、C62BK	4600400～4799999
	C63、C63A	4325000～4349999
	C64T、C64K、C64AT	4800000～4999999
	C64H	4200000～4299999
	C70、C70H、C70B、C70BH、C70C、C70E、C70EF、C70EH	1550000～1899999
	C76、C76A、C76B、C76C、C76H	4350000～4354999
	C80B、C80BH、C80BF	4140000～4159999 4360000～4369999
	C80、C80H、C80A、C80AH、C80C、C80CA	4370000～4399999
	C80E、C80EF、C80EH	2000000～2004999
	CFK	4174000～4175999
平车	N16、N17T、N17K、N17A、N17AT、N17AK、N17G、N17GT、N17GK	5020000～5099999
	NX17T、NX17K、NX17AT、NX17AK、NX17BT、NX17BK	5264000～5299999
	NX17BH	5350000～5369999
	NX70H	5370000～5399999
	NX70、NX70A	5450000～5499999
	NX70A（N70）	5720000～5739999

续上表

基本车种	主要车型	车号范围
集装箱车	X1K	5300000～5309999
	X2H、X2K、X3K	5400000～5440999
	X4K	5700000～5719999
	X6BT、X6BK、X6CT、X6CTK	5250000～5263999
	X6K	5220000～5224999
	X70	5225000～5249999 5310000～5319999
罐车	G17、G17T、G17K、G17DT、G17DK、G17BT、G17BK	6080000～6169999
	G60、G60T、G60K	6220000～6259999
	G70T、G70K、G70AK	6270000～6299999
	G70B	6400000～6400499
	G70H、G75K、G75H	6450000～6529999
	GF1MK	6350000～6354999
	GL70	6355000～6359999
	GQ70、GQ70H、GN70、GN70H	6600000～6699999
矿石车	K13、K13T、K13K、K13N、K13NT、K13NK、K13AK	5500000～5519999
	KZ70、KZ70H、KM70、KM70H	5540000～5579999
冷藏车	B10A、B10B、B10BT、B22、B22-1、B22-2、B23、B23-1、B23-2、BX1K	7000000～7999999
毒品车	W5SK、W6S	8000000～8009999
汽车运输车	JSQ5、JSQ6、JSQ7	7300000～7549999
水泥车	U61WZK、U61W、U61WT、U61WK	8030000～8039999
	U15、U60	8040000～8049999
	U60WKB、U60W、U60WK	8050000～8059999
粮食车	L17K	8060000～8064999
	L18	8100000～8104999
	L70	8105000～8109999

4. 自重(t)

自重是车辆的自身质量。

5. 载重(t)

载重是车辆允许的最大载重量，客车还要标明载客定员。

6. 容积(m^3)

容积是车辆内部的空间容积。有的车辆标注“长×宽×高”，平车标注“长×宽”，罐车要标明容量计算表号码。

7. 换长

换长是车辆全长(m)除以11 m所得之值，取小数点后一位。

8. 车辆定位标记

车辆的方向定位称呼是以制动缸活塞杆推出的方向为第一位，相反的方向为第二位。在第一位车端还装有人力制动机。

9. 配属标记

对固定配属的车辆，涂打所属铁路局集团公司和车辆段的简称。如“京局京段”，表示中国铁路北京局集团有限公司北京车辆段的配属车。

10. 检修标记

检修标记指厂修、段修、辅修及临修的标记。

厂修、段修标记如图 5-6 所示。

客	03.1	01.7	广州
车	06.1	00.1	长客
货	03.9	02.3	广株
车	06.1	00.1	齐厂

图 5-6　客车、货车厂段修标记

标记右端为近期段修、厂修年月及施修单位，左端为下次段修、厂修施修年月。横线上部为段修标记，下部为厂修标记。由厂修、段修标记可反映出厂修和段修的周期。客车的厂修、段修标记涂打在两外端墙板右下角；货车的厂修、段修标记涂打在车体两侧墙左下角。

最高运行速度大于 120 km/h 的客车按走行公里检修其标记，如图 5-7 所示。

A4	06. 4. 10	长客
A3	01. 11	广广
A2	99. 12	广广
A1	97. 8	广广

图 5-7　快速客车定检标记

（二）特殊标记

1. (人)

具有车窗和车顶烟囱的棚车及 P64 型、P65 型系列棚车，在车体两侧性能标记的下方涂打“(人)”字标记，说明此棚车可以代用客车运输旅客。

2. (关)

货车活动墙板及其他活动部分翻下超过车辆限界者，必须关闭完好后才准运行，应在每扇门内侧及侧梁中部涂打“(关)”字标记。

3. (特)

可以装运坦克及特殊货物的车辆应涂打“(特)”字标记，涂打在车体两侧性能标记的下方。

4.

禁止通过机械化驼峰的车辆应涂打禁止上驼峰标记 ,涂打在车体两侧性能标记的下方,如长大货物车、压缩气体或液化气体的罐车、自翻车、底开门式车、无自动制动机的车辆。

5. (MC)

符合参加国际联运技术条件的货车应涂打联运标记(MC)。

6. (卷)

凡装有牵引钩的货车,必须在1、4位牵引钩上方涂打“(卷)”字标记。

7. 白色横线

在车体两侧墙中央涂以宽200 mm的白色横线,表示救援列车的车辆。

8. 环形色带

装运危险货物的罐车,在罐体两侧纵向中部应涂刷一条宽300 mm表示货物主要特性的水平环形色带,红色表示易燃性,绿色表示氧化性,黄色表示毒性,黑色表示腐蚀性。

车辆标记是加强铁路管理,保证运输安全,提高运输效率的重要措施,必须认真执行。

三、车辆方位

(一)车辆方位和轴距

铁路车辆在前后、左右方向是一个接近对称的结构,在对称轴上或在对称的部位上有许多结构相同或相近的零、部件。设置车辆方位就像数学上给定坐标系一样,便于在设计、制造、检修、运用中确定同类型零、部件在车辆中的位置。

1. 车辆方向的确定

车辆的方位一般以制动缸活塞杆推出的方向为第一位,相反的方向为第二位,并在车上规定的部位涂刷方位标志。对有多个制动缸的情况则以人力制动安装的位置为第一位,如按上述方法确定方位仍有困难则以出厂时涂打的标记为准。如客车转向架使用盘形制动装置时制动缸数较多,则以人力制动端为第一位。一些长大货车使用转向架群,人力制动装置也可能有数个,则可以出厂时涂打的标记为准。

2. 零部件位置的确定

车辆的车轴、车轮、轴箱、车钩、转向架、车底架上的各梁和其他部件的位置确定,如果是纵向排列的,是由一位端起顺次数到二位端止。如果位置是左右对称的,则人站立在一位车端,面向二位端,从一位端起,从左至右顺次数到二位端止,如图5-8所示。

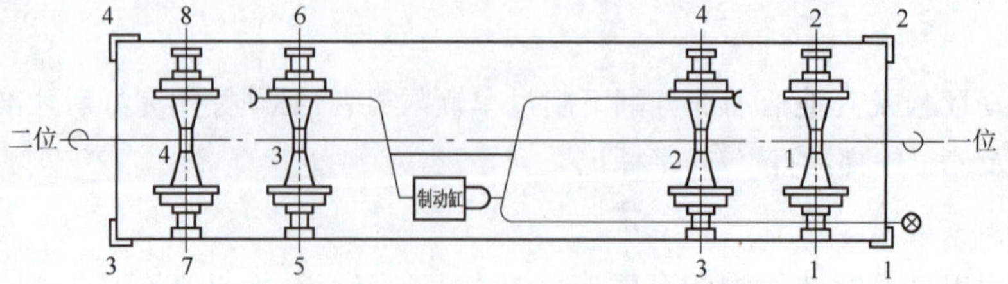

图5-8 车辆方位

3. 列车中车辆前、后、左、右的确定

编挂在列车中的车辆，其前、后、左、右的确定方法是按照列车运行方向来规定的。其前进的一端称为前部，相反的那一端称为后部，面向前部站立而定出其左右。其连挂的车辆，由机车后的第一辆车、第二辆车等分别称为机车后部1位、2位车辆等。

(二)车辆的轴距与定距

车辆运行在曲线上时，因车体或转向架的中心线与线路中心线不一致，这种不一致的程度越大，轮缘与钢轨之间的磨损就越大。为了克服这种缺点，除在线路铺设上应限制曲线半径不得过小，外轨应适当加高和轨距加宽外，在车辆的制造上，对轮轴距离也加以规定和限制。

1. 全轴距

一辆车上，最前位车轴和最后位车轴中心线间的水平距离称为全轴距。如图5-9中的*B*所示。全轴距过小时，会增加车辆的点头振动，不适合高速运行；易引起脱线或脱钩事故；易使货物损坏或倒塌。

2. 固定轴距

同一转向架(除组合转向架外)中最前位车轴和最后位车轴中心线间的水平距离称固定轴距，如图5-9中的*D*所示。

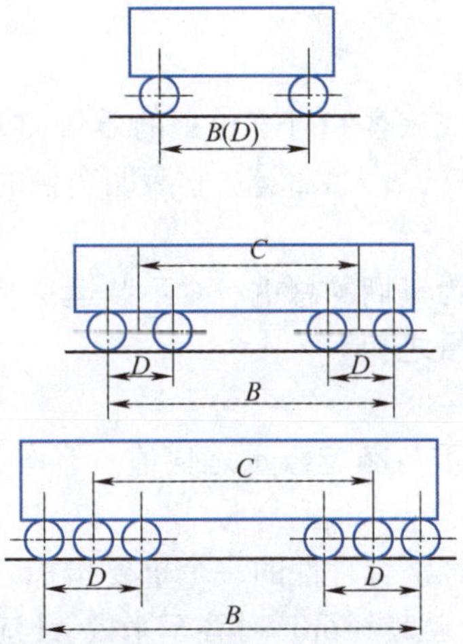

图5-9　车辆的轴距和定距

B—全轴距；*D*—固定轴距；*C*—车辆定距

固定轴距的大小对车辆的运行有很大影响。固定轴距过大时，车辆在曲线半径小的线路上运行时，外侧车轮轮缘压迫钢轨内侧面，不但易加剧轮缘与钢轨间的磨耗，而且容易扩大轨距造成脱轨事故。固定轴距过小时，会增大车辆的振动，使旅客感到不舒服，而且使车辆上的螺栓等紧固件容易松弛，各零件及货物易损坏。

因此，一般铁路客车转向架的固定轴距，二轴转向架为2 400～2 700 mm，三轴转向架为3 400 mm，货车二轴转向架为1 650～1 800 mm，三轴转向架为2 400～2 600 mm。

3. 车辆定距

有转向架的车辆，底架两心盘中心销(或牵引销)中心线之间的水平距离称为车辆定距,见图5-9中的C。

车辆定距是车辆计算中不可缺少的技术参数。一般在制造车辆时,取车辆全长与定距之比为1.4∶1,比例过大时易引起牵引梁下垂,但也不可过小,否则会造成通过曲线线路时,车体中部偏移量过大。

货车车辆定距P_{64}型为11 700 mm,P_{61}型、P_{62}型为11 500 mm,C_{61}型为7 200 mm,C_{62}型、C_{62A}型、C_{62B}型及C_{64}型为8 700 mm,C_{70}型为9 210 mm,C_{80}型为8 200 mm,P_{70}型为12 100 mm,N_{17}型为9 000 mm,NX_{70}型为10 920 mm,G_{60}型、G_{17}型为7 300 mm。客车车辆定距一般为18 000 mm,双层客车车辆定距一般为18 500 mm。

四、车辆技术参数

车辆的技术参数是指车辆技术规格的某些指标,是从总体上表征车辆性能及结构的一些数字。车辆的主要技术参数,一般包括性能参数和主要尺寸。

(一)性能参数

1. 自重

空车时,车辆自身具备的质量称为车辆的自重,即车体和转向架本身结构以及附于其上的所有固定设备和附件质量之和。在保证车辆具有足够的强度、刚度情况下,车辆的自重越小越经济。

2. 载重

车辆标记中所注明的货物或旅客和行李包裹的质量(包括整备品和乘务人员的质量)称为车辆的载重,即车辆所允许的最大装载量,它表明车辆的装载能力。

3. 总重

车辆的自重与载重之和称为车辆的总重。对不装运货物、旅客和行李物品的车辆是指自重与整备品和乘务人员的质量之和。

4. 自重系数

货车的自重系数为货车自重与额定载重之比值。客车的自重系数为客车自重与定员数之比值。

自重系数是表明车辆技术经济合理性的一个重要指标。在保证车辆的强度、刚度和使用寿命的条件下,自重系数越小就越经济。对客车来说,还应在考虑旅客的安全、舒适和车内卫生条件的同时,力求降低自重系数。

例如:C_{64}型敞车载重61 t,自重22.5 t,则自重系数$=\dfrac{22.5}{61}=0.369$。

C_{70}型敞车载重70 t,自重23.8 t,则自重系数$=\dfrac{23.8}{70}=0.34$。

5. 容积

车辆内部可容纳货物的体积称为车辆的容积。一般以车辆内部的长×宽×高(长度单位用m)表示。罐车以m^3(空气包容积除外)表示。

6. 比容

货车容积与额定载重的比值称为比容,亦即货车每吨载重量所占有的货车容积。计算公式为:

$$比容=\frac{容积}{载重}(m^3/t)$$

当车体容积过大时，在装载比重大的货物时，车体容积不能得到充分利用。反之，若车体容积过小，在装载比重小的货物时，载重量又得不到充分利用。因此，要适应装载不同的货物，合理地设计车辆比容是十分重要的。

例如：P61 型棚车载重 60 t，容积为 120 m^3，则其比容 $=\frac{120}{60}=2(m^3/t)$。

P70 型棚车载重 70 t，容积为 145 m^3，则其比容 $=\frac{145}{70}=2.07(m^3/t)$。

7. 最高试验速度

最高试验速度是指车辆设计时，按安全及结构强度等条件所允许的车辆最高行驶速度。

8. 最高运行速度

除满足上述安全及结构条件外，还必须满足连续以该速度运行时车辆有足够良好的运行性能。以往常用“构造速度”作为参数，因其概念不够明确，现多以“最高试验速度”和“最高运行速度”来替代它。

9. 轴重

车轴所允许担负的最大质量与轮对自重之总和称为轴重。计算公式为：

$$轴重=车轴允许担负的最大质量+轮对自重(t)$$

四轴车辆轴重计算公式为：

$$轴重=\frac{自重+载重}{4}(t)$$

轴重值一般不允许超过铁路线路及桥梁所容许的数值。线路容许轴重则与钢轨型号、每公里线路上铺设的枕木数量、线路上部结构的状态以及列车的运行速度有关。我国目前线路上使用的车辆轴重有 21 t、23 t、25 t、27 t、30 t 等。

10. 每延米重

车辆总重（自重+载重）与车辆长度之比值称为每延米重（即每延米线路载荷）。计算公式为：

$$每延米重=\frac{车辆总重}{车辆长度}(t/m)$$

每延米重是表示车辆通过桥梁的可能性，是根据设计桥梁载荷图来确定的。我国规定通用线路每延米重为 8 t/m。

（二）车辆主要尺寸

1. 车辆长度

车辆两端两个车钩均处在闭锁位置时，两钩舌内侧面之间的距离（m）称为车辆长度。车辆长度随着生产技术水平的提高日益加长，但受到车辆在曲线上的偏移量和生产运用条件的限制，所以一般车辆长度都在 26 m 以下。

2. 车辆宽度与最大宽度

车辆宽度指车辆两侧的最外凸出部位之间的水平距离。车辆最大宽度指车辆侧面的最外凸出部位与车体纵向中心线间的水平距离的两倍。

3. 车辆高度与最大高度

空车时,车体或罐体上部外表面至轨面的垂直距离为车辆高度。车辆最大高度指空车时车辆上部最高部位至轨面的垂直距离。

4. 车体、底架长度

车体长度为车体两外端墙板(非压筋处)外表面间的水平距离。底架长度为底架两端梁外表面间的水平距离。

罐体长度指罐体两端板(不包括加温套)最外表面间的水平距离。

5. 车体内部主要尺寸

(1)车体内长:车体两端墙板内表面间的水平距离。

(2)车体内宽:车体两侧墙板内表面间的水平距离。

(3)车体内高:由地板上平面至侧墙上侧梁或车顶中央内表面等车内最高处的垂直距离。

6. 地板面高度

地板面高度指空车时,底架地板(或木地板)上表面至轨面的垂直距离(不包括木地板覆盖物,例如地板布、地毯等的厚度)。

7. 车钩中心线高度

车钩中心线高度指车钩中心线至轨面的垂直距离。这是保证各车辆之间和车辆与机车之间能够正常连挂运用的最重要尺寸。我国客货车辆车钩高度标准为880 mm加减10 mm。

第二节　车辆构造

铁路车辆种类繁多,但其构造基本相同,一般由车体、车内设备、走行装置、车钩缓冲装置、制动装置五个基本部分组成。

一、车　　体

车体是供旅客乘坐或装载货物的部分。车体结构形式因各种车辆用途不同,差别较大,一般由车底架、侧墙、端墙、地板、车顶等部分组成。

车底架是车体的基础,承受各种垂直与纵向力的作用,由中梁、枕梁、端梁、横梁、侧梁及辅助梁组成,如图5-10所示。

中梁是车底架主要受力部分,两端安装车钩缓冲装置。枕梁位于两端梁内侧,车体和货物的重力是通过枕梁底部中央的上心盘传给走行装置的下心盘。上心盘两边的上旁承与走行装置的下旁承相对应并留有间隙,可检查货物是否偏载,运行中也可限制车体的倾斜。

客车车底架与货车相似,不同的是客车车底架两端有通过台。双层客车与凹形平车的车底架中部制成下凹形,这样双层客车上下层都有2 m高,凹形平车也能装载大型货物。

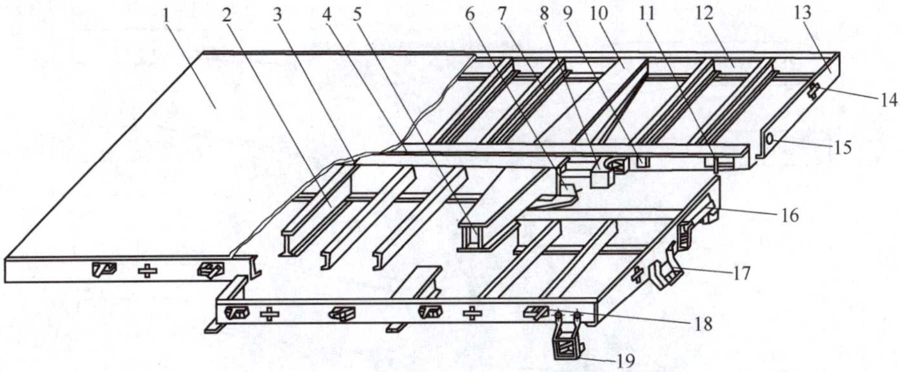

图 5-10　C62B 型敞车底架

1—地板;2—大横梁;3—中梁隔板;4—中梁;5—枕梁隔板;6—心盘座角钢;7—小横梁;8—后从板座;9—磨耗板;10—枕梁;11—前从板座;12—侧梁;13—端梁;14—绳栓;15—制动主管孔;16—冲击座;17—手制动轴托;18—下侧门搭扣;19—脚蹬

车底架与各墙板、车顶连接成一个整体,承受垂直载荷和纵向拉、压、冲击力,要从材料与结构上保证它有足够的强度。

二、车内设备

客车车内设备是为了旅客旅行的舒适、方便所提供的必要设备,如给水设备、空调取暖设备、车电设备、坐卧设备等。

货车车内设备是为了货物装卸方便、运载安全和特殊要求安装的设备。一般货车车内设备要比客车少得多。如冷藏车有升、降温设备,罐车有装、卸油设备和安全装置,自卸车有手动、液压或风动卸车设备等。

三、走行装置

走行装置是支承车体并担负走行任务使车辆顺利通过曲线的部分。我国车辆的走行装置多数由两台相同并独立的二轴转向架组成。

我国货车转向架主要有交叉支撑式转 K1、转 K2、转 K6 和摆动式转 K4、转 K5 型转向架,广泛应用的为转 K2、转 K6 型转向架,如图 5-11 所示。

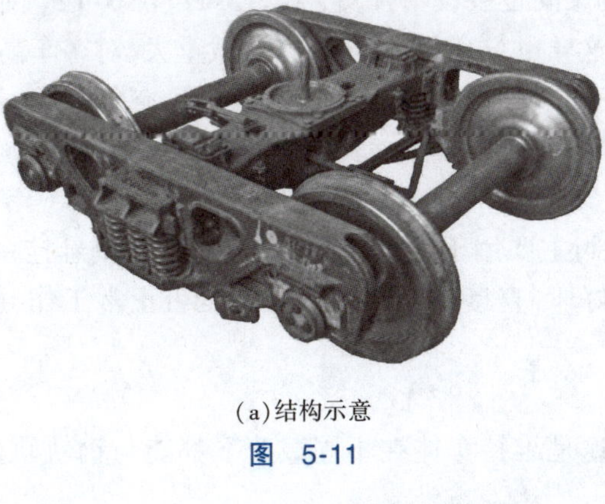

(a)结构示意

图　5-11

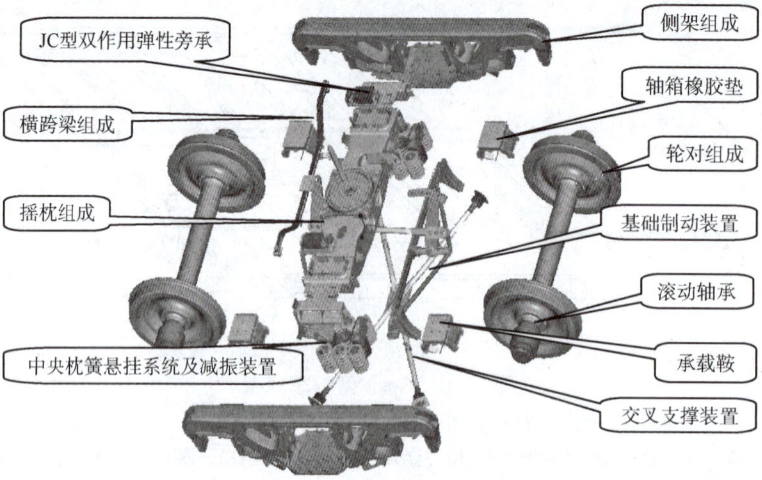

(b)爆炸图

图 5-11　转 K6 型转向架结构

转向架由摇枕、侧架、弹簧减振装置、高度调整阀和差压阀、轴箱装置及轮对组成。

1. 摇枕

摇枕像一个横梁装于两边侧架内并压在摇枕弹簧上，与侧架连成一个整体，如图 5-11 所示。摇枕中央装有下心盘。两侧有下旁承。车体重力通过心盘传递到支承摇枕的摇枕弹簧。

车体的上心盘与摇枕的下心盘之间可以自由转动，使车辆能顺利地通过曲线。

2. 侧架

它是转向架中将摇枕、轴箱组成一体的两个框架，是传递分配车体重力的重要部件，侧架中部立柱之间安装摇枕，下部有安装摇枕弹簧的弹簧承台，侧架两端压在轴箱上。

3. 弹簧减振装置

它的作用是缓和并减轻车辆在运行中垂直方向的振动和冲击力，提高运行平稳性；延长车辆自身和线路的使用寿命。

货车转向架只在摇枕与侧架间装设弹簧，客车转向架不但在摇枕与构架间装设弹簧和减振器，而且在轴箱与构架间也装设了弹簧，见图 5-11、图 5-12。显然，客车转向架的受力性能优于货车转向架。这样也符合对货车自重轻、载重大，对客车高速、平稳的基本要求。

车辆上的弹簧种类有叠板弹簧、螺旋弹簧、环弹簧、空气弹簧、橡胶弹簧等。减振器的类型有摩擦减振器和油压减振器两种。

4. 高度调整阀和差压阀

高度调整阀和差压阀主要用于客车转向架，是空气弹簧悬挂系统中的重要部件，高度调整阀与差压阀的状态好坏，直接影响到空气弹簧是否正常工作，所以也影响到空气制动系统的正常作用。

(1)高度调整阀

高度调整阀主要用途是维持车体在不同载荷下都能与钢轨轨面保持一定的高度。当

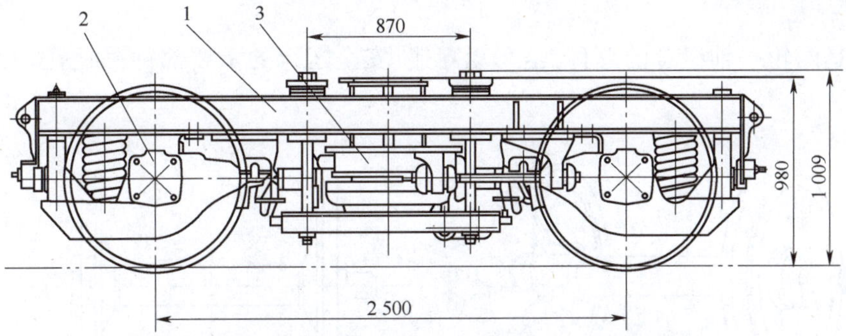

图 5-12 CW-2 型转向架结构(单位:mm)

1—构架;2—轮对轴箱弹簧装置;3—摇枕弹簧装置

车辆载荷发生变化时,高度调整阀可以根据车辆载荷的增减情况,自动增减空气弹簧中的空气量,从而使空气弹簧的高度保持最佳状态,保证前后车辆之间的可靠连挂。

(2)差压阀

差压阀结构主要用途是保证一个转向架两侧空气弹簧的内部空气压力之差不能超过保证行车安全规定的某一定值的装置。左右两个空气弹簧内压之差超过定值时,差压阀自动沟通左右空气弹簧,使压差维持在规定值范围之内,确保车辆运行安全。

5. 轴箱装置

轴箱的作用是把车辆的上部重力传给轮对的轴颈,并使轴颈或轴承在运行中不断得到润滑油,以减少摩擦阻力,防止热轴事故。

铁路车辆上有两种类型的轴箱装置,即滚动轴承轴箱和滑动轴承轴箱。现在大量采用滚动轴承轴箱。滑动轴承因燃轴事故多、维修量大、阻力大,已淘汰。

滚动轴承轴箱主要由轴箱、向心滚子轴承(内圈、外圈、滚子及保持架)等组成,如图 5-13 所示。目前货车多采用无轴箱滚动轴承,因为它两端都带有密封装置,故可以不用轴箱,简化了结构。滚动轴承用润滑脂进行密封润滑。

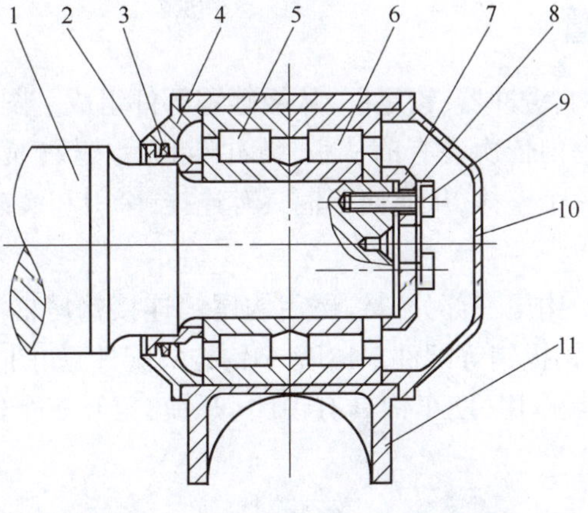

图 5-13 橡胶油封密封式轴箱装置

1—车轴;2—防尘挡圈;3—油封;4—后盖;5—42726T(NP3226X1)轴承;6—152726T(NJP3226X1)轴承;7—压板;8—防松片;9—螺栓;10—前盖;11—轴箱体

6. 轮对

轮对是两轮一轴组合的总称,是车辆高速、安全运行的重要部件,如图 5-14、图 5-15 所示。

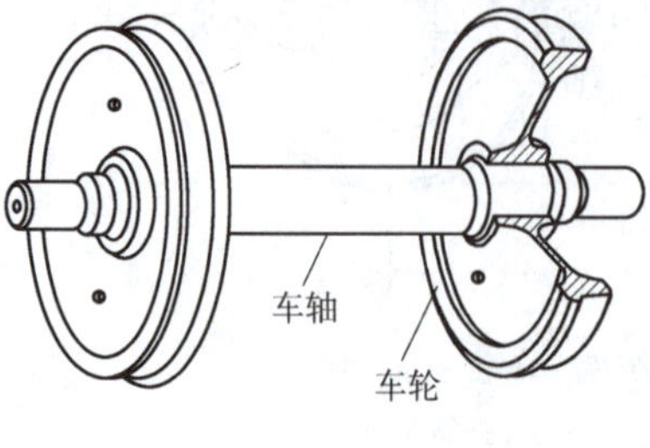

(a)轮对立体图

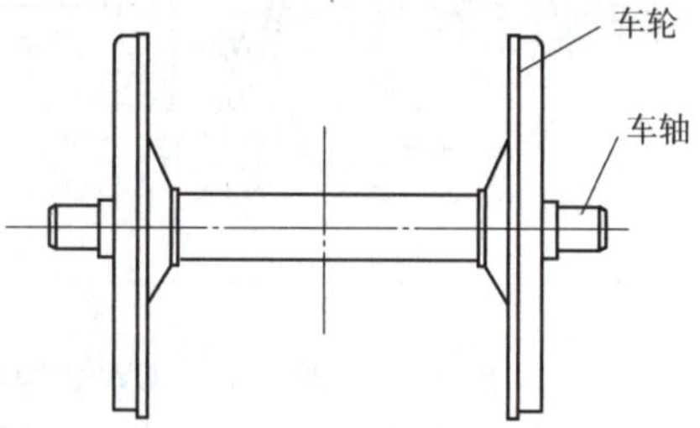

(b)滚动轴承轮对

图 5-14 轮对

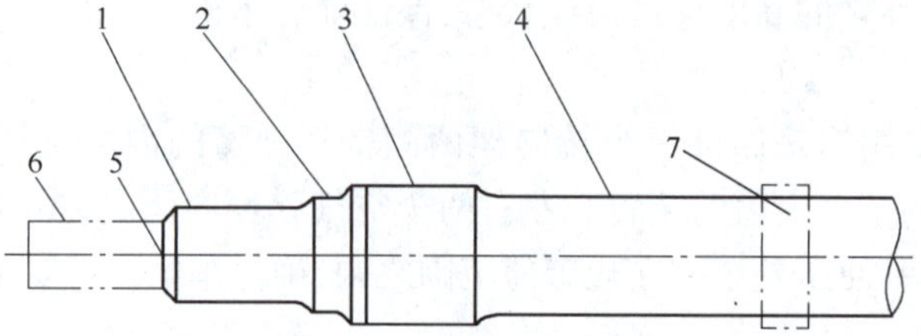

图 5-15 滚动轴承车轴(单位:mm)

1—轴颈;2—防尘板座;3—轮座;4—轴身;5—轴端螺栓孔;

6—两点划线部分为电机传动车轴加长的部分;7—制动盘安装座

我国客车车轮的标准直径为 915 mm,货车为 840 mm。车辆车轮均采用辗钢整体车轮和铸钢整体车轮。车轮压装在车轴轮座上,不得松动。车轮与钢轨面的接触面叫踏面,为了使车轮在直线线路上居中运行和顺利通过曲线,踏面上设有 1∶20 的斜度。车轮踏面内侧突起的部分叫轮缘,可防止脱轨并起导向作用。车轴两端安装轴箱的部分叫轴颈。

四、车钩缓冲装置

车钩缓冲装置由车钩、缓冲器、钩尾框、从板等零部件组成。图 5-16 为车钩缓冲装置的一般结构形式。在钩尾框内依次装有前从板、缓冲器和后从板(货车无后从板),借助钩尾销把车钩和钩尾框连成一个整体,从而使车辆具有连挂、牵引和缓冲三种功能。

(一)车 钩

车钩分为钩头、钩身、钩尾三部分。钩尾用钩尾销连接钩尾框。钩头部分装有钩舌、钩舌销、钩锁铁、钩舌推铁、钩提销等配件。17 型车钩钩头配件,如图 5-17 所示。

通过这些配件的相互作用,使车钩具有锁闭、开锁、全开三个作用位置,以完成车辆连挂、分离的作用。

(1)锁闭位置

锁闭位置是两车钩互相连挂在一起时的位置。此时钩舌的尾部被落下的钩锁铁挡住,钩舌不能绕钩舌销向外转动。

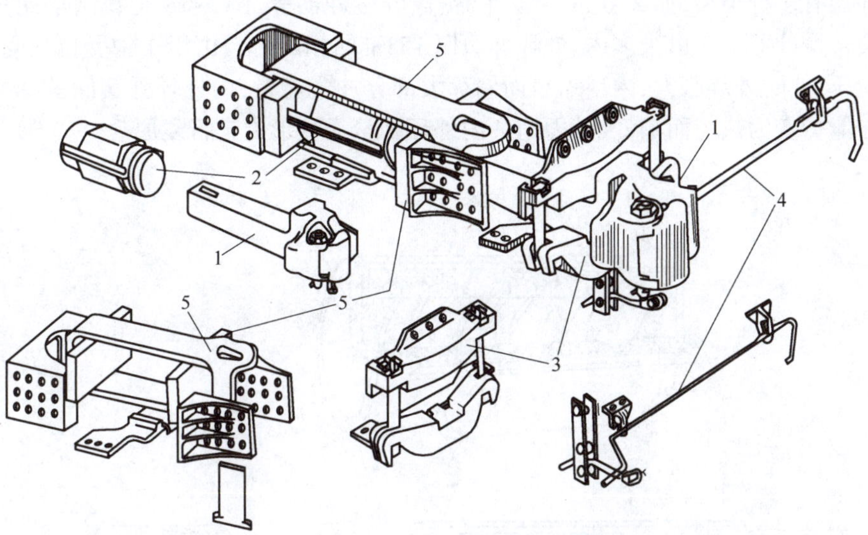

图5-16 车钩缓冲装置

1—车钩;2—缓冲器;3—车钩复原装置;4—解钩装置;5—钩尾框及从板

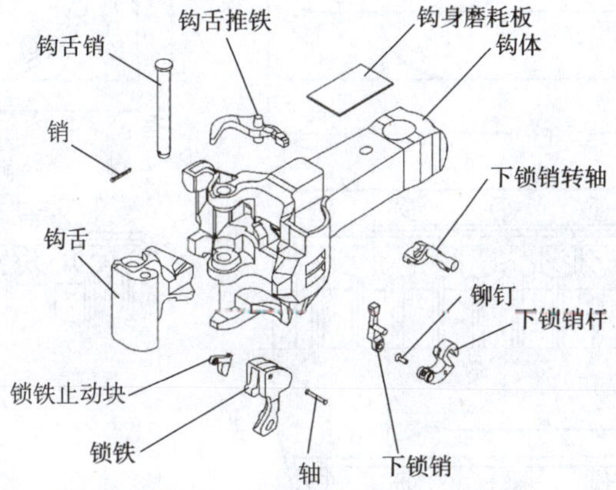

图5-17 17型车钩钩头配件

(2)开锁位置

开锁位置是车辆准备相互分离的位置。此时钩锁铁被提起,尾部支承在钩舌推铁上,只要有一个车钩处在开锁位置,拉动车辆,这个车钩的钩舌就能绕钩舌销向外转动,使车辆分离。

(3)全开位置

全开位置是准备车辆间连挂的位置。此时钩舌已全部向外张开,要连挂的两车钩只要其中一个在全开位置,与另一车钩碰撞后,钩舌即被推入,钩锁铁落下形成锁闭位置。

(二)缓 冲 器

缓冲器的作用是缓冲列车纵向冲动、吸收冲击能量、传递纵向载荷,提高列车运行的平稳性和安全性。

缓冲器有多种类型，如2号、3号缓冲器、橡胶缓冲器等，图5-18是我国早期货车上采用的环簧式缓冲器。它由很多内、外环弹簧以15°锥面相配合。由于车钩受拉或受压时，缓冲器均受压，此时外环胀大，内环缩小而储存大部分冲击能量，内外环弹簧间的摩擦也吸收部分冲击能量变为热能而消散，外力消失内外环弹簧靠变形力自行复原。

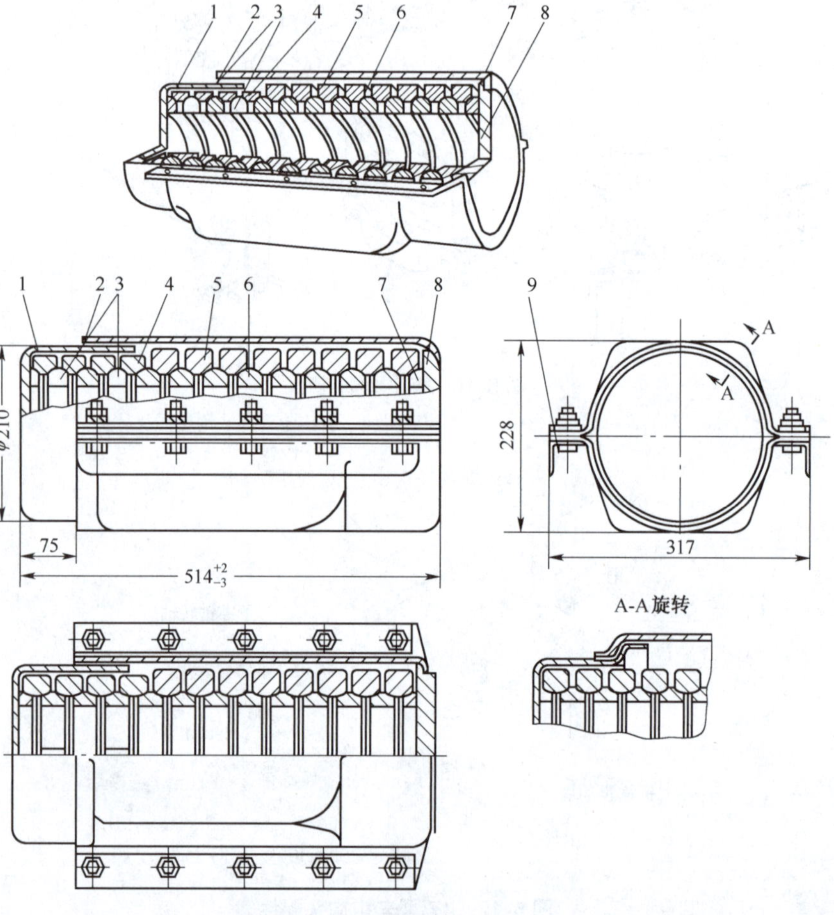

图5-18　2号缓冲器(单位:mm)

1—盒盖;2—弹簧盒;3—开口内环弹簧;4—小外弹簧;5—大外环弹簧;
6—内环弹簧;7—半环弹簧;8—底板;9—角铁、螺栓

为适应大秦线要开行6 000 ~20 000 t以上重载单元列车，以及发展25 t轴重的大型货车，我国研制了MT-2、MT-3型缓冲器，这是一种弹簧摩擦式缓冲器。

MT-2型缓冲器容量为54 ~65 kJ，如图5-19所示。

MT-3型缓冲器与MT-2型缓冲器结构和外形尺寸完全相同。用于载重70 t、80 t级货车MT-3型缓冲器容量为45 kJ。

缓冲器还有双层客车和新造客车使用的G1型、适应于货物重载列车的HM-1型、ST型、25T型空调客车使用的弹性胶泥缓冲器等。

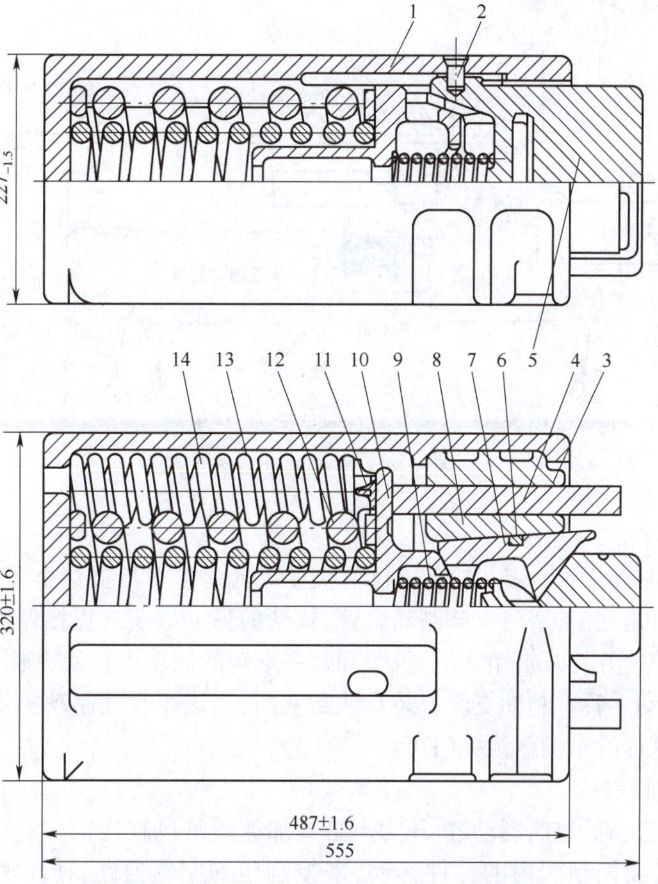

图 5-19　MT-2 型缓冲器(单位:mm)

1—箱体;2—外固定板;3—动板;4—中心楔块;5—铜条;6—缩短销;7—楔块;
8—固定斜板;9—复原弹簧;10—弹簧座;11—角弹簧座;12—外圆弹簧;13—内圆弹簧;14—角弹簧

五、制动装置

车辆上能够产生制动力实现制动作用的装置称为车辆制动装置。列车上各车辆制动装置与机车制动装置能根据需要使列车减速或迅速停车,确保行车安全。同时制动装置是列车安全正点运行的重要保证,也是高速、重载列车开行的先决条件。

我国车辆上的制动装置一般由空气制动机或快速列车配装电空制动机、基础制动装置、人力制动机三部分组成。

(一)空气制动机

空气制动机又叫作自动制动机,是利用压缩空气来产生并控制制动力的设备。车辆空气制动机所需压缩空气是由机车总风缸供给的。列车中每个车辆的制动、缓解作用,由机车司机操纵制动阀来实现。

每一车辆的空气制动机主要包括制动管、分配阀或控制阀、副风缸、制动缸、折角塞门、截断塞门等,如图 5-20 所示。

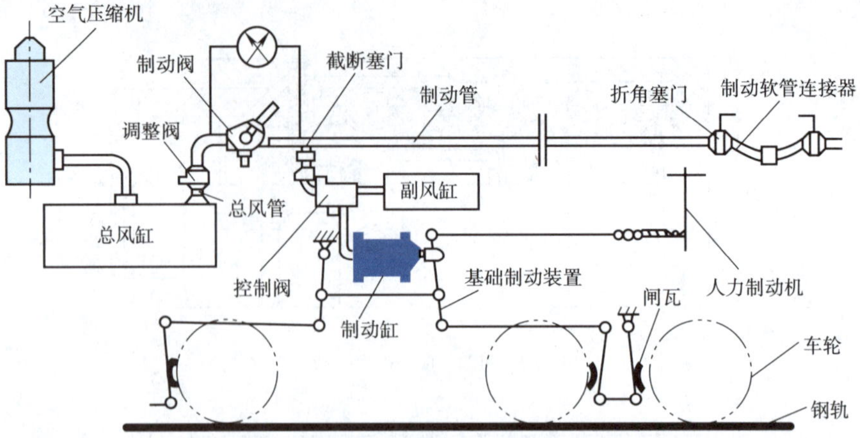

图 5-20 空气制动机组成

1. 制动管

制动管包括制动主管、制动支管和制动软管。制动主管是贯穿全车的钢管,位于车底架下,两端装有折角塞门,塞门上装制动软管,软管的另一端装有连接器。如果全列车的制动软管都连结起来,并打开折角塞门,机车和每一车辆的制动主管就贯通了。制动支管用 T 型接头连接于制动主管。制动支管上装有截断塞门,当该车空气制动机不能使用或装有特殊货物时关闭,这样的车辆称为关门车。

2. 分配阀或控制阀

它与制动支管、副风缸、制动缸、压力风缸或加速缓解风缸连通。制动主管的空气压力变化能使分配阀或控制阀内的部件移动,来控制压缩空气通路,使车辆产生制动或缓解作用。

3. 副风缸

它是车辆上储存压缩空气的容器。在分配阀或控制阀控制下,缓解时能从制动主管补充压缩空气;制动时则向制动缸供给压缩空气。

4. 制动缸

它由缸体、活塞及活塞杆、缓解弹簧等组成。

在分配阀或控制阀控制下,压缩空气进入制动缸推动活塞带动基础制动装置,使闸瓦压或闸片紧车轮踏面或制动盘,从而产生制动作用;当分配阀或控制阀排出制动缸内压缩空气,制动缸在缓解弹簧的作用下,恢复缓解位,基础制动装置在制动梁和闸瓦托吊(盘型制动的夹钳结构)的自重作用下,使闸瓦离开车轮而实现缓解作用。

空气制动除以上主要部件外,还有装于制动支管上的集尘器,安装在每辆客车和特种车车内安装的紧急制动阀和压力表。

(二)电空制动机

我国目前使用在快速旅客列车上的电空制动机为 F8 型电空制动机和 104 型电空制动机。

F8 型电空制动机 1992 年通过铁道部组织的专家技术审查,1994 年起在广深线快速列车上投入运用，现大量应用在25K型以上的客车上。F8型电空制动机的作用性能比空气制动机有明显的改进和提高，特别是在减少列车冲动和缩短制动距离方面效果显著。F8型电空制动机除F8型空气制动系统外，还增设了电空阀箱和截断塞门。电空箱用四个M16的安装螺栓吊装在车下，箱背面有一个穿电线的口，以便连接车下的电空制动电路。电线穿入后须包扎好以防止受潮。电空阀箱内有RS电空阀、紧急电空阀、过渡板及连接电路。电线引入线必须牢固地固定在接线排柱上。F8型电空阀外形如图5-21所示。

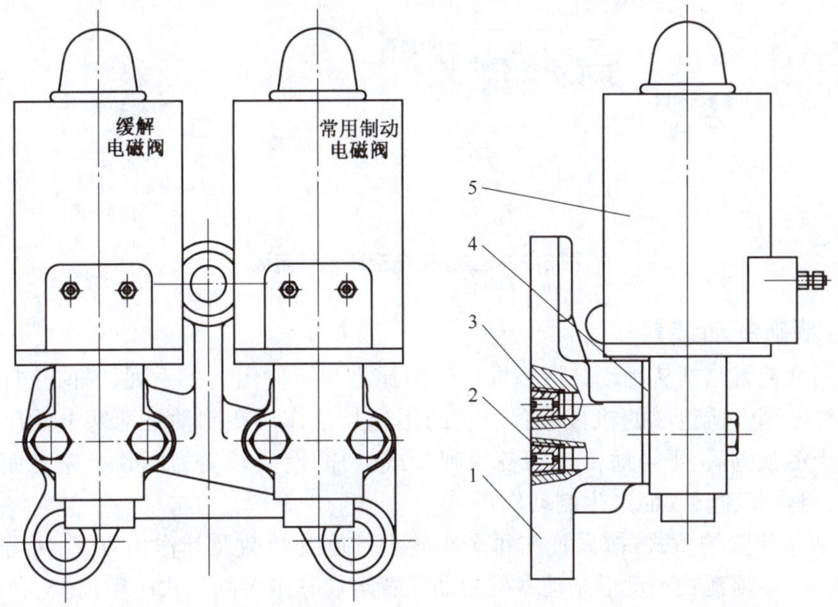

图5-21　F8型电空阀外形

1—RS电空阀体；2—常用制动限制堵；3—缓解限制堵；4—胶垫；5—电磁阀

104型电空制动机是在104型客车制动机的基础上增设电磁阀安装座（包括三个电磁阀）、一个40 L的缓解风缸和车端导线连接装置等。其主要由制动管、制动支管、截断塞门及集尘器联合体、104型电空分配阀、副风缸、压力风缸（工作风缸）、制动缸和缓解风缸、五芯电缆、电缆连接器（连接电缆、插头、插座）等组成，如图5-22所示。

电空制动机是以压力空气作为原动力，利用电控系统电信号通过电磁阀来操纵的制动机。机车上有电控制动系统设备，每一辆车的空气制动装置配套有电控电磁阀箱。机车上的司乘人员分别操纵电控制动系统设备的制动或缓解等作用的按钮，电信号同时控制每一辆车电控电磁阀箱的相应的电磁阀动作，实现其制动装置产生相应的作用。为防止电控系统发生故障，列车失去制动控制，现今的电空制动机仍保留着压力空气操纵装置，以备在电控系统发生故障时，能自动地转为压力空气操纵。这种制动机的主要优点是全列车能迅速发生制动和缓解作用，列车前后部制动机动作一致性较好，列车纵向冲动小，制动距离短，适用于高速、重载列车。目前，我国将其主要使用在快速旅客列车上，如用于长大货物列车上，优点将更为显著，大秦铁路运煤专线的C_{80}铝合金运煤专用敞车、C_{80B}不锈钢运煤专用敞车均已预留电空制动装置安装位置，C_{96}型运煤专用敞车上已安装国产电空制动装置，随着货运列车编组重量的提高，我国货车也将逐步推广应用电空制动技术。

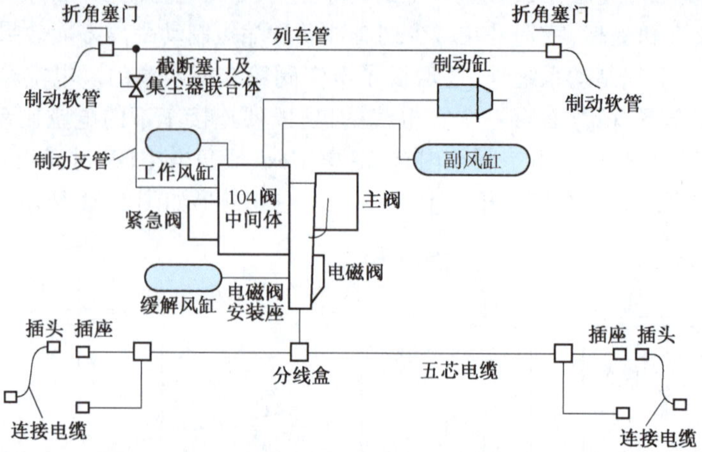

图 5-22　104 型电空制动机组成

(三)基础制动装置

基础制动装置是指从制动缸活塞推杆到闸瓦之间所使用的一系列杠杆、拉杆、制动梁、吊杆等各种零部件所组成的机械装置。它的用途是把作用在制动缸活塞上的压力空气推力增大适当倍数以后,平均地传递给各块闸瓦或闸片,使其转变为压紧车轮踏面或制动盘的机械力,阻止车轮转动而产生制动作用。

基础制动装置的型式,按设置在每个车轮上的闸瓦块数及其作用方式,可分为单闸瓦式、双闸瓦式、多闸瓦式和盘形制动基础制动装置等。其中多闸瓦式应用较少。

1. 单闸瓦式

单闸瓦式基础制动装置,简称单闸瓦式,也称为单侧制动,即只在车轮一侧设有一块闸瓦的制动方式。我国目前绝大多数货车都采用这种形式。

单闸瓦式基础制动装置的构造简单,节约材料,便于检查和修理。制动力受到闸瓦面积和闸瓦承受的压力的限制,制动力的提高也受到限制。若闸瓦单位面积承受的压力过大,容易造成闸瓦熔化,这不仅会加速闸瓦的磨耗,而且还会磨耗闸瓦托,使制动力衰减,影响行车安全,有时甚至引起火灾,这种情况在长大坡道地区特别严重。

2. 双闸瓦式

双闸瓦式基础制动装置,简称双闸瓦式,也称为双侧制动,即在车轮两侧各设一块闸瓦的制动方式,如图 5-23 所示。

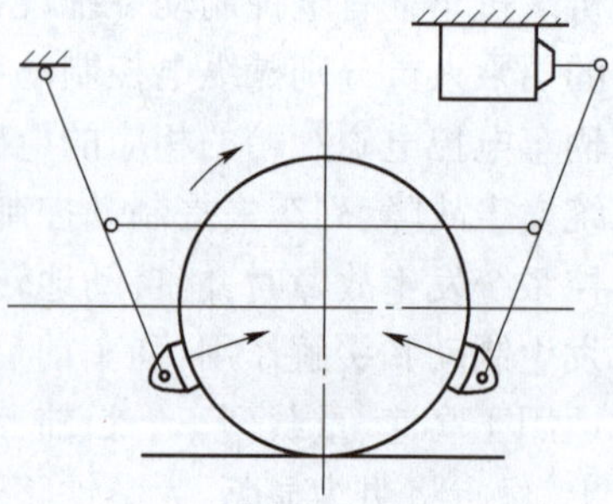

图 5-23　双侧闸瓦式基础制动装置作用示意图

双侧制动装置,在车轮的两侧都安装有闸瓦,所以闸瓦的摩擦面积比单闸瓦式增加一倍,闸瓦单位面积承受的压力较小,这不但能提高闸瓦的摩擦系数,而且散热面积大,可降低闸瓦与车轮踏面的温度,延长车轮的使用寿命,减少闸瓦的磨耗量,并可得到较大的制动力(指同一尺寸的制动缸与同一闸瓦压力的情况下)。同时,由于每轴的车轮两侧都有闸瓦,制动时两侧的闸瓦同时压紧车轮,可以克服单闸瓦式车轮一侧受力而引起的各种弊病。故目前大多数特种货车(机械冷藏车、长大货物车等)和部分客车采用这种型式的基础制动装置。但其结构比较复杂,一般侧架式货车转向架不宜安装双闸瓦式基础制动装置。

3. 盘形制动

盘形制动装置是指制动时用闸片压紧制动盘而产生制动作用的制动方式。盘形制动的基础制动装置有两种类型:制动盘安装在车轴上的叫轴盘式,制动盘安装在车轮上的叫轮盘式。盘形制动基础制动装置的基本结构如图 5-24 所示。

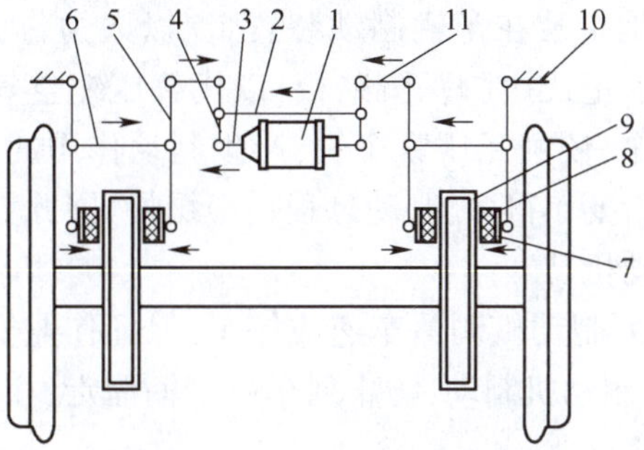

图 5-24　盘形制动(轴盘式)基础制动装置示意图

1—制动缸;2—连接拉杆;3—制动缸活塞杆;4—制动缸杠杆;5—钳形杠杆;6—钳形杠杆拉杆;7—闸片;8—闸片托;9—制动盘;10—固定支点;11—拉杆

盘形制动基础制动装置的结构比较简单,可以缩小副风缸和制动缸的容积,节省压力空气;各种拉杆杠杆可以小型化,直接安装在转向架上,能减轻车辆自重;不用闸瓦直接磨耗车轮踏面,可延长车轮使用寿命;制动性能比较稳定,可减少车辆纵向冲动;同时制动缸安装在转向架上,制动时动作迅速,可提高制动效率;采用高摩擦系数的合成闸片,摩擦面积大、散热面积大,制动效率高、制动力大,有效缩短制动距离,并可延长闸片的使用寿命。目前我国的客车大多采用这种制动装置。但由于不用闸瓦直接摩擦车轮踏面,踏面上的油污不能及时清扫,可能降低轮轨间的黏着系数。同时当车轮踏面有轻微擦伤时,不能像闸瓦式制动装置那样利用闸瓦的摩擦来消除这种擦伤,为克服这些缺点,尚须增设踏面清扫装置。

4. ST 型双向闸瓦间隙自动调整器(简称 ST 型闸调器)

ST 型闸调器是我国自行设计生产的,适用于客货车辆。ST 型闸调器是双向调整闸调器,分为 ST1-600 型双向闸调器和 ST2-250 型双向闸调器两种。两种闸调器的构造作用原理都一样,其区别是安装的位置不同和螺杆的工作长度不同,ST1-600 型双向闸调器的螺杆工作长度为 600 mm,ST2-250 型双向闸调器螺杆工作长度为 250 mm。

ST 型闸调器在构造上由本体部分、控制部分和连接部分三部分组成。本体部分由闸调器体、拉杆、护管和螺杆等组成,如图 5-25 所示。

ST 型闸调器具有双向调整作用。车辆运行中,无论闸瓦与车轮的间隙偏大或偏小,它都能自动地调整制动缸活塞行程达到正常间隙,使制动缸活塞行程保持在规定的范围内,保证足够的制动力。

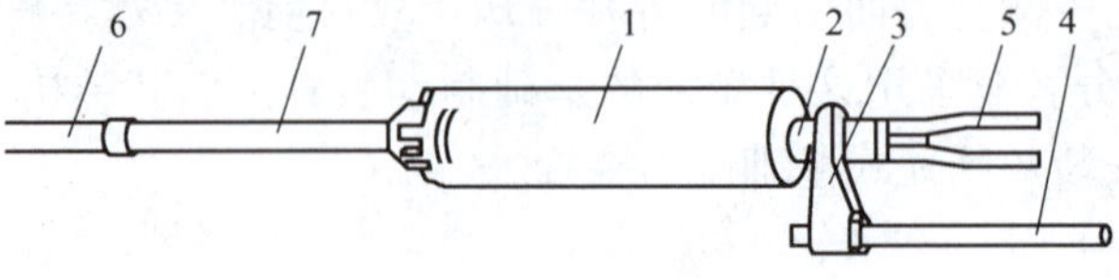

图 5-25　ST 型闸调器的组成

1—调整器体；2—拉杆；3—控制杆头；4—控制杆；5—拉杆叉头；6—螺杆；7—护管

(四)人力制动机

铁路货车人力制动机是指装在车辆制动装置上，以人力作为产生制动力原动力的部分，它是用手转动的手轮、手把或用脚踩脚踏板，以代替压缩空气作用于制动缸活塞，形成推力带动基础制动装置动作，使闸瓦压紧车轮，产生制动作用的一种装置。但其产生的制动力比空气制动时的制动力要小得多，制动过程也很缓慢，因此，只有在不能使用空气制动机的情况下才使用人力制动机。

在调车作业时使用人力制动机调整车速或停车，保证作业安全；当列车或车辆停放在有坡度的线路上时，用人力制动机制动，防止列车或车辆溜走；在车站和专用线上施行人力制动作用可防止车辆意外移动。

图 5-26 所示为固定轴链条式人力制动机，图 5-27 为 NSW(NSW-Ⅰ)型人力制动机。

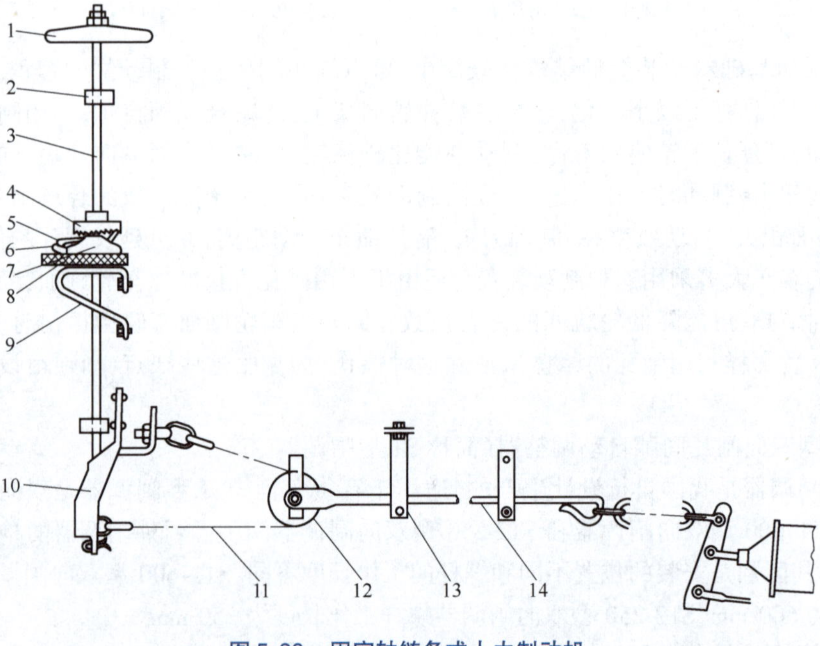

图 5-26　固定轴链条式人力制动机

1—制动手轮；2—人力制动轴导架；3—人力制动轴；4—棘轮；5—棘子锤；6—棘子；7—棘子托；8—踏板；9—人力制动踏板托；10—人力制动轴托；11—人力制动轴链；12—链条滑轮；13—人力制动拉杆托；14—人力制动拉杆

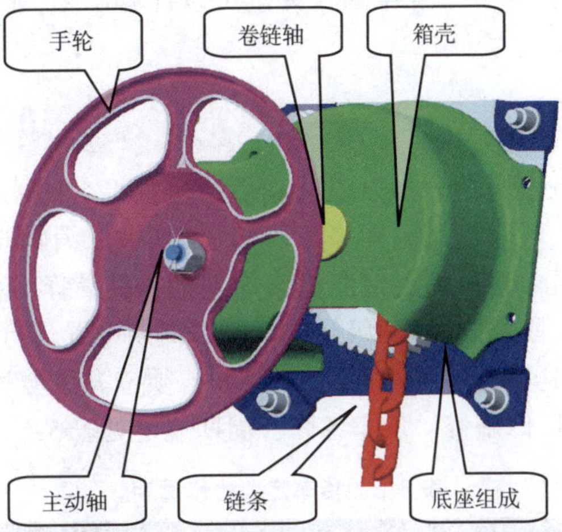

图 5-27　NSW（NSW-Ⅰ）型人力制动机

我国人力制动机种类繁多。货车旧型人力制动机主要有固定轴链条式、折叠轴链条式、棘轮式、螺旋式、脚踏式人力制动机；性能优越的新型人力制动机主要有 NSW（NSW-Ⅰ）型人力制动机。客车人力制动机主要有螺旋拉杆式、蜗轮蜗杆式人力制动机。

第三节　车 辆 检 修

车辆是一种数量很多的运输工具，运用条件十分复杂，在运行中不可避免地会发生磨耗、裂纹、折损、变形、松弛及腐蚀等损伤。因损伤的发生和发展，降低了车辆的运用性能，直至不能继续使用。车辆检修工作的中心任务，是及时发现和消除车辆零部件在运用中产生的不良状态，以恢复其正常的运用性能，保证铁路客、货运输工作不间断地、安全地进行。

货车由于货物装卸地点、所运的货物及运行方向一般都不固定，所以不能固定其使用区间，需全国运行。因此，货车一般不固定配属，其维修和保养由途经的沿线各车辆检修部门负责。但对于有固定装卸地点循环使用的专列罐车、矿石车、煤车、标记载重 90 t 以上的长大货车、冷藏车和少数专用车以及客车实行固定配属，其检修由配属单位负责。

一、车辆检修制度

目前我国铁路车辆的检修制度是以计划预防为主，状态修为辅的检修制度，即在预防性计划修的基础上，开展换件修和主要零部件的专业化集中修，逐步实施预见性修理。预防性计划修的检修制度分为定期检修和日常维修两大类。

（一）定期检修

定期检修是车辆每运用一定时间（或里程）对车辆的全部和部分零件进行一定程度的检修。在车辆尚未发生故障之前就对车辆进行修理，消除车辆零部件的缺陷和隐患，预防故障的发生。由于检修是定期的，全年的任务量可以计算出来，能提前准备车辆检修需要的材料、配件、检修设备及人力。

1. 定期检修的修程

(1)货车定期检修的修程

我国铁路货车定期检修周期分为以时间和运行里程结合时间两种。以时间确定定期检修周期的铁路货车分为厂修、段修、辅修三级修程，其中取消辅修的铁路货车分为厂修、段修两级修程。以里程结合时间确定定期检修周期的铁路货车分为大修(A级，与厂修同级)、全面检查修(B级，与段修同级)两级修程。段修周期设置运行里程和时间两项的铁路货车，满足二者之一视为到期。各级修程同时到期时，须按高级修程施修，段修过期至距厂修到期不足4个月时，按厂修施修。货车各修程周期规定见表5-5。

表5-5　货车定期检修周期

车种	车　型	厂修 (A级修)	段修 (B级修)	备　注
棚车	P80	第一次10年， 第二次8年	2年	
	P70、P70H	8年	2年	
		9年	2年3个月	实施修程修制改革的国铁货车
	P70A、P70B	8年	2年	
	P65	6年	1年	
	P64AK、P64AT、P64GH、P64GK、P64GT、P64K、P64T	9年	1年6个月	
		10年	1年8个月	实施修程修制改革的国铁货车(2000年及以后新造出厂)
	P62NK、P62NT、P63K、PT	9年	1年6个月	
	P62N、P64	9年	1年6个月	
	P62K、P62T、P66K、P66H	6年	1年6个月	
	P62	6年	1年6个月	
	P61	5年	1年	
	PB	5年或80万km	1年	
敞车	C70、C70H、C70E、C70EH、C70E-A、C70EH-A	8年	2年	
		9年	2年3个月	实施修程修制改革的国铁货车
	C70F、C70A、C70AH、C70C、C70EF、C100A、C100AH	8年	2年	
	C70B、C70BH	12年	2年	
	C80B、C80BH	8年或160万km	2年或40万km	
		9年	2年3个月	实施修程修制改革的国铁货车(非配属)
	C76、C76H、C76A、C76B、C76C、C80、C80H、C80A、C80AH、C80BF、C80C、C80CA	8年或160万km	2年或40万km	

续上表

车种	车　型	厂修（A 级修）	段修（B 级修）	备　注
敞车	C80E、C80EH、C80EF	第一次 10 年，第二次 8 年	2 年	
	C64K、C64H、C64T、C64AT	9 年	1 年 6 个月	
		10 年	1 年 8 个月	实施修程修制改革的国铁货车（2000 年及以后新造出厂）
	C62BK、C62BT、IC6GK	9 年	1 年 6 个月	
	C63、C63A	6 年	1 年	
	C62B	9 年	1 年 6 个月	
	C62AK、C62AT（车号为 45 字头开始）	6 年	1 年 6 个月	
	C62A（车号为 45 字头开始）	6 年	1 年 6 个月	
	C62AK、C62AT（车号为 14、44 字头），C16K、C16AK	5 年	1 年	
	C62A（车号为 14、44 字头）、C62、C62M	5 年	1 年	
	CFK	6 年	1 年	
	CF	6 年	1 年	
罐车	GF70、GF70H	8 年	2 年	
	酸碱类罐车、液化石油气罐车、液氯罐车、黄磷罐车等	4 年	1 年	
	其他型罐车	5 年	1 年	
	GH65K	5 年	1 年	
矿石车	KF70、KM70、KM70H、KM70A、KZ70、KZ70H、KZ70A、KF60H、KF60AK、KF60Q（耐候钢）	8 年	2 年	
	KM70B	12 年	2 年	
	K13AK、K13AT、K13NAK、K13NK、K13NT、K13BK、K14T、K18AK、K18AT、K18BK、K18DFK、K18DK、K18DT 等型提速耐候钢矿石车	8 年	1 年	
	K13N、K13NA、K13B、K13D、K14E、K16、K16A、K18AE、K18D、K18DA、K18DF、K18DG、K18DJ、KF-60N、KF5、KG-2、KG2、KH 等型非提速耐候钢矿石车	8 年	1 年	
	K13K、K13T、KF60QK（普碳钢）、K18DK（普碳钢）	5 年	1 年	
	K13、K18、K18F、KF60 等型普碳钢车	5 年	1 年	

续上表

车种	车　型	厂修（A 级修）	段修（B 级修）	备　注
水泥车	U70	8 年	2 年	
	U61WK、U61WT、U61WZK	9 年	1 年 6 个月	
	U61W、U61WE、U61WZ	9 年	1 年 6 个月	
	U60WK	5 年	1 年	
	U60、U60W、U15	5 年	1 年	
集装箱平车	X70、X2H、X2K、X4K	8 年	2 年	
		9 年	2 年 3 个月	实施修程修制改革的国铁货车
	X6K	8 年	2 年	
	X3K	9 年	1 年 6 个月	
	X6AE	6 年	1 年	
	BX1K、X6BK、X6BT、X6CK、X6CT	6 年	1 年 6 个月	
平车、平车—集装箱共用车	N30、NP70	8 年	2 年	
	其他型平车、平车—集装箱共用车	5 年	1 年	
小汽车运输专用车	JSQ3K	9 年	1 年 6 个月	
	JSQ4K、JSQ5	6 年	1 年 6 个月	
	JSQ6	6 年	2 年	
	JSQ7 运输汽车—普货两用车	8 年	2 年	
粮食车	L70、L18	8 年	2 年	
	L17	5 年	1 年	
	L17K	5 年	1 年	
毒品车	W70S	8 年	2 年	
	W5SK、W6S	5 年	1 年	
	W5	5 年	1 年	
长大货物车	D12、D22G	9 年或 90 万 km	3 年或 30 万 km	
	D10A	8 年或 80 万 km	2 年或 20 万 km	
	D15B、D28	9 年或 90 万 km	3 年或 30 万 km	
	D11、D2A、D22、D23G、D25、D26、D26B、D30A	8 年或 80 万 km	2 年或 20 万 km	
	D5	5 年	1 年	
	D15A、D32、D5A、DK29、DK36、DL1、DNX17K	8 年或 80 万 km	2 年或 20 万 km	
	D9A、D22A、D32A、D45、DA21、DA25、DA26、DA37、DK17A、DK23、DK36A、DQ35、DQ45	10 年或 100 万 km	2 年或 20 万 km	
	D15、D17A、D26A、D26AK、D30G、D38	8 年或 80 万 km	2 年或 20 万 km	

续上表

车种	车　型	厂修 (A级修)	段修 (B级修)	备　注
长大货物车	D_2、D_{2G}、D_{18A}、D_{25A}	8年或80万km	2年或20万km	
	D_{70}	9年或90万km	3年或30万km	
	D_{12K}	9年或90万km	3年或30万km	
	D_{10}	9年或90万km	3年或30万km	
特种车	T_6、T_{6D}	6年	1年6个月	
	T_{6DK}	6年	1年6个月	
	T_{6FK}、T_7、TP_{11}、T_8、T_{8P}、T_{8D}	8年	2年	
	TP_{10}	8年	1年	
	NJ_1、NJ_2、NJ_3、NJ_4、NJ_5、NJ_6、NJ_7、NJ_8、NJ_9、NJ_{10}型铺轨(架桥)机组车辆	8年	2年	
	其他型铺轨(架桥)机组车辆	5年	1年	
	长钢轨车、60 t的凹型车	5年	1年	
	其他特种车、专用车	8年	2年	

注:1. 专用车指救援车、机械车、线桥工程车、宿营车、发电车、磅秤修理车、生活供应车、战备车等按照车辆型号合格证和制造许可证生产的车辆(不含未经国铁集团车辆主管部门批准的改造部分)。

2. 按走行公里检修的铁路货车检修周期以走行公里为主、兼顾运用时间,实行"先到为准"原则。

(2)普通客车定期检修的修程

我国客车的定期检修修程实行以走行公里为主、时间周期为辅的计划预防修制度,在客车检修工厂和车辆段实施。客车检修周期见表5-6。

表5-6　客车检修周期

大厂修	A4修周期 (小厂修)	A3修周期 (大段修)	A2修周期 (小段修)	A1修周期 (辅修)
运行(480±24)万km或距上次A4修:常用客车8年,不常用客车可延长到10年	运行(240±24)万km或距新造或大厂修:常用客车8年,不常用客车可延长到10年	运行(120±12)万km或距上次A2修2年,不常用客车为2.5年	运行(60±6)万km或距上次A2修以上修程2年,不常用客车为2.5年。新造后首次A2修走行周期允许为(60±10)万km	运行(30±3)万km或距上次A1修以上修程1年

2. 定期检修的主要任务

(1)厂修

厂修一般在车辆工厂施行。按规定应对车辆的各部装置进行全面的分解检查、彻底修理,并进行必要的技术改造工作。对底架、车体钢结构各梁、柱、板的腐蚀及变形按厂修限度进行修理,将各主要配件恢复原有性能,保持其应有的强度,以保证车辆在长期运用中技术状态良好。经过厂修,车辆各部装置得到全面恢复,使之与新造车基本上接近。修竣后涂打厂修标记。

(2)段修

段修在车辆段施行。段修的主要任务是分解检查车辆的转向架、车钩缓冲装置及制动装置等部件,检查并修理车辆(包括车体及其附属装置)的故障,保证各装置作用良好,防止行车事故发生,以提高车辆的使用效率,修竣后涂打段修标记。

(3)辅修

辅修主要是对制动装置和轴箱油润部分施行检修,并对其他部分做辅助性修理。做到螺栓紧固、配件齐全、作用良好。货车辅修是在修车库或专用修车线(站修线)施行,客车辅修应利用库停时间不摘车修理,但无风管路及不入库的列车可摘车施修。修竣后涂打辅修标记。

(二)日常维修

日常维修又称运用维修(日常保养),其基本任务是保证在运用中的车辆具有良好的技术状态,及时发现和处理车辆中发生的一切故障,保证行车安全。

1. 货车的日常维修

货车的日常维修在铁路沿线的列检所作业场进行,列检作业场一般设在货车编组站、区段站和中间站的车场,主要负责货物列车中铁路货车的技术检修作业。列检作业场发现影响行车安全且在列车队中无法施修或处理故障超过列车技检时间影响车站解体作业或正点发车时,应摘车送站修作业场临修。施修时必须做到全面检查,施修部位质量应保证到下次定检到期,非修理部位质量保证到首次运行期。修竣后应按规定涂打临修标记。

2. 客车的日常维修

客车的日常维修主要基地是库列检,要充分运用客车在库内停留的时间,认真检查,彻底修理,消除故障,维护质量,以保证列车往返运行区间不因车辆故障发生晚点和事故。

在旅客列车途经的旅客列车检修所(简称客列检)对客车进行重点检查修理,消除危及行车安全的故障,保证旅客列车的运行安全。在旅客列车上还实行固定人员、固定车组的包乘负责制度,随时随地检修车辆,消除故障。

为了完成运输任务,铁路必须拥有相应数量的、性能良好的车辆。因此,一方面铁路工业部门要不断地新造足够数量的车辆;另一方面车辆部门还要做好车辆在日常运用中的维修保养工作,使已有车辆经常处于质量良好的技术状态,才能确保安全、高速、平稳地运送旅客和货物,并延长车辆的使用寿命。

二、车辆检修场所

车辆定期检修场所主要为车辆修理工厂和车辆段。车辆日常维修保养场所主要为列检作业场、站修作业场和客车技术整备所。

(一)车辆修理工厂

车辆修理工厂主要任务是对车辆的各部装置进行全面的分解检查、彻底修理,并进行必要的技术改造工作。对底架、车体钢结构各梁、柱、板的腐蚀及变形按厂修限度进行修理,将各主要配件恢复原有性能,保持其应有的强度,以保证车辆在长期运用中技术状态良好。经过厂修,车辆各部装置得到全面恢复,使之与新造车基本上接近。修竣后涂打厂修标记。

(二)车辆段

我国铁路车辆段,大多设置在大量货车集散的编组站或旅客列车到发数量较多的车站。根据配属车辆种类和修车种类的不同,车辆段分为客车车辆段、货车车辆段、客货混合车辆段、机械冷藏车车辆段等。

车辆段主要任务是段修,有的车辆段还承担部分车型厂修任务。段修主要任务是分解检查车辆的转向架、车钩缓冲装置及制动装置等部件,检查并修理车辆(包括车体及其附属装置)的故障,保证各装置作用良好,防止行车事故发生,以提高车辆的使用效率,修竣后涂打检修标记。车辆段对车辆要精心检修和保养,提高车辆质量,不断采用新技术、新工艺、新材料、新设备,不断提高修车水平和质量,保证车辆良好的技术状态。

车辆段的生产、管理组织严密。管理机构有办公室、人劳科、技术科、调度科、财务科及材料科等;生产车间有修车车间、修配车间和设备车间;还有直接与行车有关的库检车间、站修车间和运用车间。

(三)货物列车列检作业场、站修作业场

货车日常维修工作由列检作业场、站修作业场承担。列检作业场对经本站到达解体、编组始发、中转的货物列车进行技术检查作业和修理,同时还负责扣修定检到期的车辆。

站修作业场的任务是进行货车的摘车临修和辅修工作。为了车辆的良好运用和加速车辆周转,在日常维修中应尽量采取不摘车修理方式。

1. 站修基本任务

(1)施行货车辅修和临修;

(2)修复破损程度较轻的事故车;

(3)整备配属货车。

2. 列检作业场主要任务

列检作业场是货车车辆运用维修的基地,它的主要任务是:

(1)负责所在车站列车的检查和维修,发现并处理车辆故障;

(2)扣留定检到期和过期车以及需要摘车修理的技术状态不良车;

(3)维护运用货车的质量符合规定的技术标准,保证列车安全正点运行。

3. 列检作业场技术作业时间

列检作业场人机分工检查和人工检查的列车技检时间,以列车技术作业脱轨器装置上轨时分为开始时分,下轨时分为结束时分,采取锁闭道岔方式防护的列车以插设停车信号时间为开始时间,以撤除停车信号时间为结束时间,计算技检时间不包括摘、挂机车时间。

(1)到达作业与始发作业技检时间原则上合计为60 min,始发作业为25 min,到达作业为35 min。

(2)无调中转作业技检时间为35 min,有调中转作业技检时间为40 min。

(3)经整备作业的快速货物班列无调中转作业技检时间为25 min,有调中转作业技检时间为35 min。其他快速货物班列无调中转作业技检时间为35 min,有调中转作业技检时

间为 40 min。

(4)关口列检作业场对进入高原铁路的列车始发作业,技检时间为 60 min;高原铁路列检作业场(如拉萨西列检作业场)的到达作业、始发作业,技检时间均为 60 min。

(5)列检作业场对故障车辆或定检到期车辆的处理凡因技术状态不良或定检到期须从列车中摘下或送往附近车辆检修基地进行施修的车辆,应填写相应单据送修。

(四)旅客列车列检作业场、客车技术整备所

客车和货车不同,它有固定的配属单位、固定的运行区间和固定的编组。所以客车的日常维修工作主要是利用旅客列车终到后、始发前在客车技术整备所进行,又称为库列检。在运行途中利用站停时间由旅客列检作业场进行列车的技术检查。此外,在旅客列车上还派有车辆乘务员,负责检查运行中车辆技术状态,防止因车辆技术状态不良而发生摘车或晚点,对某些检车乘务员无力处理的故障,要及早联系前方旅客列检作业场协助处理。

1. 旅客列检作业场

旅客列检作业场负责列车技术检查和不摘车修理,并协助车辆乘务员应急处理车辆故障,保证由该车站发出的列车技术状态良好。

2. 客车技术整备所

客车技术整备所负责本属客车的定期维修和防寒、防暑整修;厂、段修客车的接送、技术状态的检查和备品的交接工作;对本属客车检修后应达到客车出库质量标准,保证运行往返不发生责任事故;负责本属客车的摘车临修;负责车辆、机具的维修和蓄电池的补充电;对施行库列检作业的旅客列车进行列车制动机全部试验,对外属列车要认真处理乘务员交修的故障。

3. 车辆乘务员主要任务

车辆乘务员在列车运行途中继续保持列车技术状态良好,保证旅客列车运行到终点站,途中不因车辆技术状态不良而发生晚点、甩车等行车事故,保持车内固定设备及照明、电扇、通风、采暖、给水等装置作用良好。

第四节　车辆检测系统

一、车辆轴温智能探测系统(THDS)

(一)在铁路货车安全管理中的作用

THDS 是对运行列车的铁路货车轴承温度进行非接触式探测,实现轴承温度监控、跟踪、预报。THDS 运用红外线辐射探测、计算机和网络通信等技术,具备实时监测运行铁路货车轴温、智能跟踪和热轴自动报警等基本功能。

(二)主要构成

THDS 由探测站、复示终端及通信网络等组成,设备全路联网运行,探测信息全路共享。THDS 探测站轨旁设备如图 5-28 所示。

图 5-28 THDS 探测站轨旁设备

(三)探测站设置

THDS 探测站沿铁路线路平均距离 30 km 设置,特殊情况不超过 35 km。列检作业场所在车站进站信号机外均须安装,且须具备内、外探功能。

二、货车故障轨旁图像检测系统(TFDS)

(一)在铁路货车安全管理中的作用

TFDS 是运用高速数字图像采集、计算机和网络通信等技术,实现在列车运行状态下采集显示铁路货车图像,并经过数字化处理,传送到室内信息终端计算机,对货车的隐蔽故障和常见故障进行动态检查。TFDS 实现了室外向室内的转变、静态检查向动态检查的转变,改善了作业环境,压缩了列车技术检查时间,提高了列检劳动生产率。

(二)主要构成

TFDS 由探测站、列检或动态检查作业场复示终端、通信网络等组成。TFDS 探测站轨旁设备如图 5-29 所示。

图 5-29 TFDS 探测站轨旁设备

（三）探测站设置

TFDS 探测站根据动态检查作业的需要设置，布点平均距离为 300 km，距列检作业场不小于 10 km。

三、铁道车辆运行品质轨边动态监测系统（TPDS）

（一）在铁路货车安全管理中的作用

TPDS 是运用轮轨垂向力和横向力检测分析、计算机和网络通信等技术，具备实时监测运行铁路货车的车轮踏面、运行品质、超偏载状态和自动报警等基本功能。TPDS 可对铁路货车运行品质、超偏载、轮对踏面故障等进行全面监测，按照分散检测、集中报警、联网运行、信息共享的原则进行组网运行，有效监测铁路货车运行状态，发现状态不良车，保证运输安全。

（二）主要构成

TPDS 由探测站、复示终端及通信网络组成，设备全路联网运行，探测信息全路共享。TPDS 探测站轨旁设备如图 5-30 所示。

图 5-30　TPDS 探测站轨旁设备

（三）探测站设置

TPDS 探测站在进入列检作业场的前方铁路线路设置，布点平均距离为 400 km。

四、铁道车辆滚动轴承故障轨旁声学诊断系统（TADS）

（一）在铁路货车安全管理中的作用

TADS 是运用声学诊断、计算机和网络通信等技术，具备实时监测铁路货车滚动轴承早期故障、联网综合评判和自动报警等基本功能。TADS 利用轨边声学诊断装置对通过铁路货车运行噪声进行采集分析，从而发现滚动轴承滚子、内圈、外圈、保持架等零部件的早期故障。

（二）主要构成

TADS 由探测站、复示终端及通信网络组成，系统采用远程检测、数据集中、联网运行、信息共享的运行模式。TADS 探测站轨旁设备如图 5-31 所示。

图 5-31　TADS 探测站轨旁设备

(三)探测站设置

TADS 探测站在进入列检作业场的前方铁路线路设置，布点平均距离为 500 km。

五、货车轮对尺寸动态检测系统(TWDS)

(一)在铁路货车安全管理中的作用

TWDS 是采用基于 CCD 的激光断面探测技术和高精度二维激光位置检测技术，具备在列车运行状态下测量铁路货车轮缘厚度、轮缘高度、车轮直径、轮对内侧距、轮辋厚度、踏面圆周磨耗、轮缘垂直磨耗功能。

(二)主要构成

TWDS 由探测站、复示终端及通信网络组成。TWDS 探测站轨旁设备如图 5-32 所示。

图 5-32　TWDS 探测站轨旁设备

(三)探测站设置

TWDS 探测站在进入列检作业场的前方铁路线路设置，布点平均距离为 400 km。

复习思考题

1. 铁路车辆按用途分为哪几类？每类常用车种有哪些？
2. 铁路车辆的标记一般分为哪三种？举例说明车号各部分含义。
3. 铁路车辆一般由哪几部分组成？
4. 车辆走行装置的基本作用是什么？
5. 高度调整阀和差压阀作用各是什么？
6. 车钩缓冲装置的作用是什么？
7. 车辆制动装置的作用是什么？何谓自动制动机？
8. 电空制动机有何特点？目前我国车辆电空制动机主要有哪几种？
9. 基础制动装置的作用是什么？
10. 简述车辆轴温智能探测系统(THDS)系统的组成和基本作用。

第六章

铁路动车组

学习任务

动车组是新型铁路运载工具，它是由动力车和拖车或全部由若干节动力车固定地连挂在一起组成的车组，现已成为铁路旅客运输的主要运输设备。除高速铁路、城际客运、市郊客运运用的动车组外，城市中的地铁列车和轻轨电车也属于动车组范畴。

本章对动车组的分类、构造、检修与运用进行介绍。

通过学习，了解动车组的构造、检修与运用方面的相关知识，熟悉动车组的分类。

第一节　概　　述

一、动车组的分类

动车组中带有动力的车辆称为动力车，不带动力的车辆称为拖车，动车组两端都带有司机室，可在线路上往复运行。

动车组按牵引动力方式分为内燃动车组和电力动车组；按动力配置方式分为动力集中动车组和动力分散动车组；按各车辆之间的连接方式的不同则可分为独立（转向架）式动车组和铰接（转向架）式动车组。

动力集中动车组是指两端为动力车，或一端为动力车，另一端为控制车，中间为拖车的动车组，动车组两端均设有司机室。复兴号 CR200J 动车组是其代表。动力分散动车组是指一定数量的动力车和拖车组成单元，若干单元再编组成车组，型号有“和谐号”CRH1 型、CRH2 型、CRH3 型、CRH5 型、CRH380A 型、CRH380B 型，“复兴号”CR400AF 型、CR400BF 型等。

动车组动力分散配置有两种模式：一种是完全分散模式，即列车编组中的车辆全部为动力车；另一种是相对分散模式，即列车编组中大部分是动力车，小部分为无动力的拖车。

动力分散动车组具有牵引功率大、最大轴重小、起动加速性能好、可靠性高、列车利用率高、编组灵活、运用成本低等诸多优点。

二、动车组的特点

动车组集成了交流传动技术、复合制动技术、高速转向架技术、高强轻型材料与结构、减阻降噪技术、密封技术、高速受电弓技术、现代控制与诊断技术等一系列当代高新技术，具有高速、高效、经济、灵活等特点。相对于传统的机车车辆牵引模式，动车组在旅客运输方面有着很突出的优点。

动车组列车在运行中是固定编组，在车站需要折返或换向运行时无须摘挂机车，可以节约停站时间，提高列车使用效率，减少车站咽喉作业能力的压力；动车组采用轻量化设计，轴重低，加速度设置大，在显著提高列车的运行速度，提高运输效率的同时却不过分增加工务部门对线路维修养护工作的负担；密接式、半永久式车钩的使用也减少了动车运行的纵向冲动，同时也降低了噪声和振动的影响，从而提高了旅行舒适度。动车组多采用电空联合制动，制动空走时间短，制动减速度大，制动距离短，制动方式灵活可以在短时间内反复缓解制动，也可以阶段制动阶段缓解，在保证安全的前提下，可明显提高行车密度，提高整个铁路网的运输能力。

第二节　动车组的基本构造

为了使动车组跑得快、舒适程度高、对线路的破坏作用小、维修工作量小，因此要求其运行阻力小、重量轻、气密性和防噪声性能好、防火性能高，此外，车辆间连接装置传递与缓冲纵向力的性能亦要好。为满足这些性能要求，动车组车体采用了大量新技术、新材料和新工艺。

动车组一般由车体、转向架、牵引传动系统和制动系统等组成，如图6-1所示。

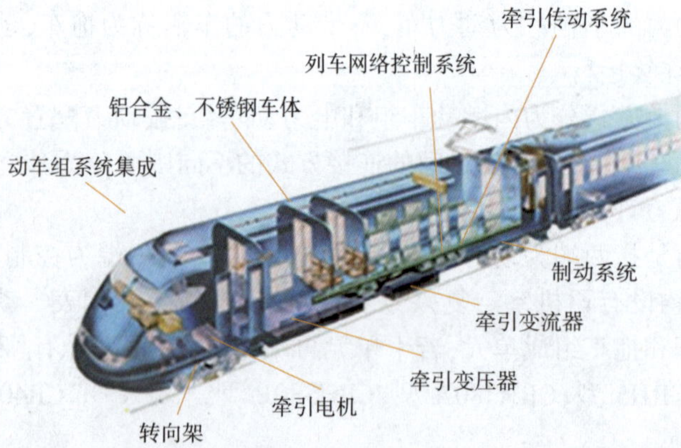

图6-1　动车组组成

一、动车组车体及车内设施

动车组车体分为带司机室车体和不带司机室车体两种。它是容纳乘客和司机驾驶的地方，同时又是安装与连接其他设备和部件的基础。其构造及功能与客车车体相仿。

(一)动车组车体

1. 动车组车体流线型设计

随着列车运行速度的提高，列车与周围空气的作用加剧。除空气阻力外，在线路附近会产生空气运动，这就是“列车风”，并且当列车在隧道内运行或交会时，这些动力作用更强烈。根据测量，当列车以200 km/h速度行驶时，在轨面以上0.814 m、距列车1.75 m处的空气运动速度将达到17 m/s，这是人站立不动能够承受的风速，当列车以这样或更高的速度通过车站时，列车风将给铁路工作人员和旅客带来危害。

因此，动车组车体设计采用流线型结构，可有效地减少运行空气阻力、列车交会压力波和解决好运行稳定性等问题。动车组车身横断面形状设计有以下特点：

(1)整个车身断面呈鼓形，即车顶为圆弧形，侧墙下部向内倾斜(5°左右)并以圆弧过渡到底架，侧墙上部向内倾斜(3°左右)并以圆弧过渡到车顶。图6-2所示为动车组车身断面形状。这种车身不仅能减少空气阻力，还具有缓解列车交会压力波等作用。

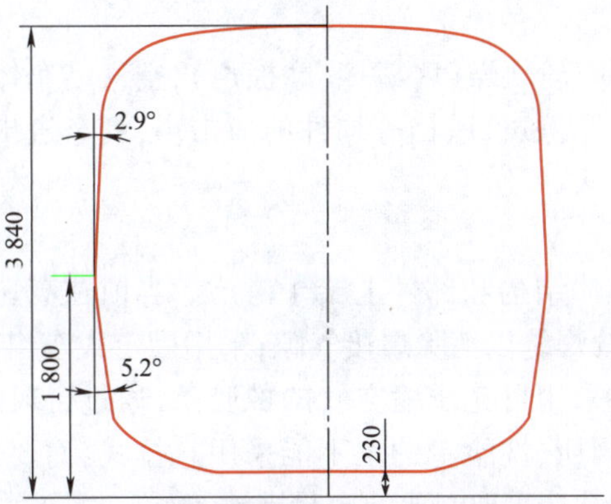

图6-2　动车组车身断面形状(单位:mm)

(2)车辆底部采用与车身横断面形状相吻合的裙板遮住车下设备，以减少空气阻力，也可防止高速运行带来的沙石击打车下设备。

(3)车体表面光滑平整，尽量减少突出物。如侧门采用塞拉门，扶手为内置式，脚蹬做成翻板式，使侧门关闭时可以包住它。

(4)两车辆连接处采用橡胶大风挡，与车身保持平齐，避免形成空气涡流。

2. 动车组车体结构轻量化

为了节省牵引功率，降低高速所引起的动力作用对线路结构、机车车辆结构产生的损伤，以及提高旅客乘坐舒适度，需要最大限度地降低高速动车组的轴重和簧下质量，必须实施车体结构的轻量化技术。其主要途径有：

(1)车体轻量化材料

目前,高速车辆的车体材料主要有不锈钢、高强度耐候钢、铝合金等。由于铝合金车体具有制造工艺简单,节省加工费用,减重效果好,良好的运行品质,耐腐蚀,可降低维修费,外表平滑美观等优点,使铝合金成为了生产高速列车的主导材料。

(2)车体结构的优化设计

国内外经验证明,通过优化计算,车体结构重量可显著降低。如日本100系动车组,采用耐候钢,车体钢结构自重仅为10.3 t。

(3)车内设备的轻量化技术

车内设备约占客车总重量的20%,除应满足功能要求和防火阻燃要求外,轻量化具有重要意义。如门、窗、行李架、座椅、供水设备、卫生设备等车内设备选用轻合金或高分子工程材料和复合材料,车内装饰板材采用薄膜铝合金墙板、工程塑料顶板等。

3. 动车组车体密封隔声技术

动车组列车在高速运行时,头、尾车外面的气流压力是不同的。有交会列车时,特别在隧道内会车时,车外气流压力会大幅度变化。车外压力的波动会反映到车厢内,使旅客感到不舒服,轻者压迫耳膜,重则头晕恶心,甚至造成耳膜破裂。同时,造成铁路沿线的环境污染(扰民)。因此,削弱噪声源、提高车体的隔声性能也是发展高速铁路中必须要解决的关键技术。

(1)高速列车的声源

高速列车的声源主要有轮轨噪声(碰撞、摩擦声),空气沿车体表面流动产生的摩擦声和受电弓与接触网导线的摩擦声,风挡等构件的撞击声,列车进出隧道产生的压缩波和反射波所产生的噪声等。

(2)车体的密封技术

车体的密封需要从车体结构和部件上给予考虑。当前在高速列车上采用的密封技术主要有:车体结构采用连续焊缝以消除焊接气隙;采用固定式车窗;侧门采用密封性能良好的塞拉门;头、尾的端门要采用可充压缩空气的橡胶条,通过台风挡采用橡胶大风挡;空调环控设备设立压力控制;厕所、洗脸室的水不能采用直排式,而要通过密封装置排到车外,对直通车下的管路和电缆孔应采取必要的密封措施,等等。

动车组出厂前都要通过整车气密性、水密性试验。

(二)动车组车内设施

车辆内部设备是指服务于乘客的车内固定附属装置。如车内电气、供水、通风、取暖、空调、座席、车窗、车门、行李架、旅客信息服务系统等。

1. 防火安全设计

高速列车运行中一旦发生火灾其后果不堪设想,因此,防火安全设计十分重要。高速列车遵循“系统集成、预防为主、应急对策、以人为本”的防火系统设计原则,其主要内容包括:

(1)选用耐火材料

车辆必须使用阻燃、低烟、低毒高分子材料和耐火涂料;根据车型和部位不同选择不同等级的防火、防烟毒材料;卧车包间的隔墙全部采用防火板包上,隔墙里添加阻燃材料,采用阻燃风挡；两头端门关闭时保证 10 min 内不致火灾蔓延至邻车。

(2) 车门、车窗都应有应急装置

车门有自动和手动开关功能，失火时能安全疏散旅客；车窗上设有应急手柄或备有应急手锤，平时手锤封在盒内，火警时操纵应急手柄打开车窗或用手锤把窗玻璃击碎。

(3) 火灾预测和灭火装置设计

设置烟雾探测及失火报警装置。烟雾报警器在明火火灾发生前作出预警，并与地面防火系统联防；在每个拖车乘务室内设一个具有明显标志的失火警报按钮；在每个拖车、动车的明显处各设一个 6 L 便携式喷雾灭火器和一个 6 kg 干粉灭火器。

2. 动车组车内环境控制

高速动车组车内环境参数包括空气压力、温度、湿度、空气流速、噪声和空气清洁度等。高速列车的卫生排污系统与普通列车有着非常大的区别，也是全新的技术。

3. 集便装置

以前我国旅客列车厕所均采用直接排放的方式，显然不能满足客车卫生和环保要求，并且还会锈蚀轨道，阻塞道床、污染环境。因此，采用密闭式厕所装置，实行污物集中处理势在必行。随着旅客列车速度的提高，客车气压密封性问题非常突出，也要求采用密闭式厕所。所以高速列车必须具备密封性能良好的给排水系统，密封的便池冲洗、污物汇集及排放设备。

我国动车组列车的厕所分蹲式和坐式两种，均为集便器厕所，设在靠近侧门处。各个卫生间内设有感应式洗手水龙头，洗手液存放器。无障碍卫生间内还有紧急报警按钮，婴儿护理桌等设备。

二、动车组转向架

转向架是动车组的关键部件。可以说，提高旅客列车速度的过程也是高速转向架技术发展的过程。

(一) 高速转向架的性能

在设计制造高速转向架时，必须解决其高速运行时的稳定性、平稳性和良好的曲线通过性能等关键技术问题，以保证高速列车安全行驶、乘坐舒适、减少维修。

1. 高速运行的稳定性

车辆沿轨道运行、轮对中心与轨道中心线之间存在横向偏移时，就会引起轮对蛇行运动，车辆停止运动，蛇行运动也就自然停止。当车辆在某一速度以下，蛇行运动影响有限，车辆运动是稳定的；当车辆在某一速度以上运行时，由于车辆蛇行运动产生的振幅越来越大，直至车轮轮缘碰撞钢轨，损伤车辆及线路，甚至造成车辆脱轨、倾覆等行车安全事故，这时车辆运动是不稳定的，这一速度称为蛇行稳定性临界速度，简称临界速度。国外高速转向架的试验研究证明，当车辆的运行速度超过 200 km/h 时，有可能出现这种不稳定的蛇行运动。高速列车必须保证在其临界速度以下运行，以使其运行稳定、安全。

当转向架运动不稳定时，不仅车辆运行性能恶化，使旅客舒适度也下降，而且直接影响行车安全。因此，通过改变转向架结构、优化参数使其具有较高的临界速度，是研制高速转向架需要解决的关键技术问题，也是高速转向架有别于一般转向架的主要特点。

2. 高速运行的平稳性

振动是车辆整个运行中始终存在的、一直起作用的主要因素,振动过大会影响旅客的舒适度。理论分析和实践经验表明,车辆的垂向和横向运行平稳性随速度提高而下降。在一般速度下平稳性满足要求的车辆,在高速运行时就不能满足要求。为此,除对线路构造、养护标准等有严格要求外,也应合理设计转向架的悬挂装置(弹簧减振系统)和选择其参数。

3. 高速运行的良好曲线通过性能

高速列车通过曲线时,产生过大的侧压力会造成轮、轨的剧烈磨损,还易引起脱轨、倾覆等安全事故。一般来说,改善车辆的曲线通过性能与抗蛇行运动稳定性往往是矛盾的。因此在选择高速转向架的有关设计参数时,要合理地兼顾两方面的性能要求。

(二)高速转向架技术

1. 动车组转向架的分类

动车组转向架分为动力转向架和非动力转向架两类,动力转向架又有单动力轴转向架和双动力轴转向架之分。

2. 动力转向架与非动力转向架的结构特点

动力转向架和非动力转向架,其主要部分采用基本一致的结构型式,如均为无摇枕转向架;轮对为空心车轴,整体轧制车轮、磨耗型车轮踏面;一系悬挂采用钢弹簧+液压式减振器+轴箱定位装置;二系悬挂主要采用空气弹簧;牵引装置主要采用拉杆方式。

动力转向架还要有牵引电机,安装方式采用架悬或体悬式或半架半体。其中体悬式可降低簧下质量;驱动装置(齿轮减速装置和联轴节),齿轮减速装置通过轴承安装在车轴上,牵引电机与齿轮减速装置通过联轴节传递驱动力。

三、动车组牵引传动系统

(一)动车组牵引传动系统的组成和作用

动车组牵引传动系统主要采用交-直-交传动,用异步电机驱动。交-直-交牵引传动系统主要由受电弓(包括高压电器设备)、主变压器、变流器、中间直流环节、逆变器、牵引电机、齿轮传动系统等组成,如图6-3所示。

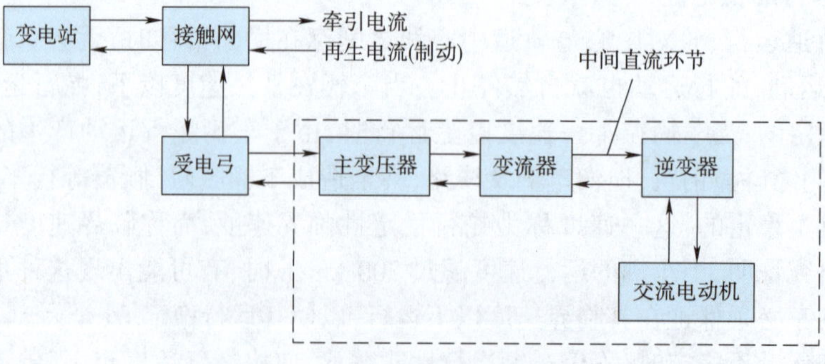

图6-3 交-直-交牵引传动系统构成

受电弓将接触网的AC 25 kV单相工频交流电输送给车载牵引变压器,经变压器降压后的单相交流电供给脉冲整流器(或称变流器),脉冲整流器将单相交流电变换成直流电经中间直流电路将直流电输出给牵引逆变器,牵引逆变器输出电压、电流、频率可控的三相交流电供给三相异步牵引电动机,牵引电机轴端输出的转矩与转速通过齿轮传动传递给轮对,转换成轮缘牵引力和线速度。

(二)动车组的传动装置

传动装置的功能是将电能转换成机械能牵引列车运行,同时,在列车制动时将机械能转变成电能回馈电网。其传动装置原理及能量转换如图6-4黑色箭头所示,再生制动能量变换与传递在图中用白色箭头表示。

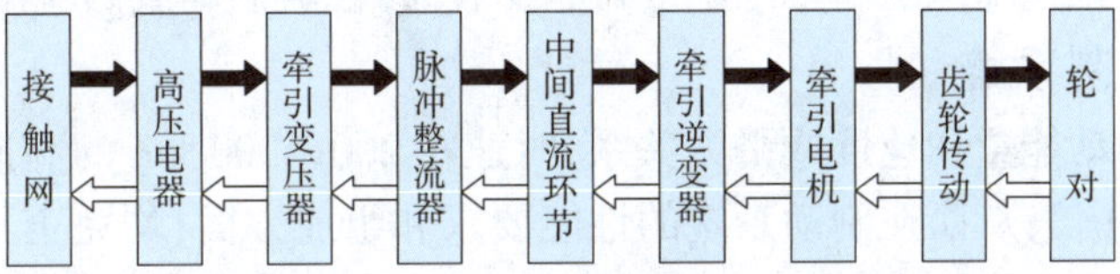

图6-4 传动装置原理及能量转换

高压电器设备主要包括:受电弓、主断路器、避雷器、电流互感器、接地保护开关等,完成供电系统的接入与断开控制、网侧电流检测、保护等功能。其中受电弓最为关键,它负责完成列车运行过程中的高速受流并确保受流质量。

牵引变压器把接触网上取得的25 kV高压电变换为供给牵引变流器及电机、电器工作所适合的电压,其工作原理与普通电力变压器相同。脉冲整流器是牵引传动装置的电源侧变流器,列车牵引时作为整流器,再生制动时作为逆变器,可以实现牵引与再生工况间快速平滑地转换。

牵引逆变器是牵引传动装置的电机驱动侧变流器,列车牵引时作为逆变器,再生制动时作为整流器,可以实现牵引与再生工况间快速平滑地转换。

牵引电机是实现电能和机械能转换的最核心的部件。列车牵引时作电动机运行将电能转化成机械能,制动时作为发电机运行将机械能转化为电能。

四、动车组制动系统

(一)制动方式的分类

1. 按列车动能消耗方式分类

根据列车动能消耗的方式不同,制动方式可分为摩擦制动和动力制动。

摩擦制动是指通过机械摩擦来消耗列车动能的制动方式,是列车最基本的制动方式。摩擦制动包括闸瓦制动、盘形制动和磁轨制动等。

动力制动是指利用某种能量转换装置,将运行中列车的动能转换为其他形式的能量。并予以消耗的制动方式。动力制动包括电阻制动、再生制动、电磁涡流轨道制动,以及电磁涡流转子制动等。

2. 按制动力产生方式分类

根据制动力产生的方式不同,制动方式又可分为黏着制动和非黏着制动。

黏着制动是指依靠黏着滚动的车轮与钢轨黏着点之间的黏着力来实现列车制动的方式,包括闸瓦制动、盘形制动等。非黏着制动是指不通过黏着产生制动力的制动方式,其不受轮轨制动黏着系数的限制,主要用于高速紧急制动时附加一个比较稳定的非黏着动力,从而可实现较短的制动距离。非黏着制动主要包括磁轨制动和轨道涡流制动等。

(二)复合制动

由于列车的制动能量和速度的平方成正比,因此传统的纯空气制动能力已不能满足高速列车的需要。因此高速列车必须采用能提供强大制动力并更好利用黏着的复合制动系统。复合制动系统通常由制动控制系统、动力制动、摩擦制动(如盘形制动和踏面制动等)系统、计算机控制的防滑器和非黏着制动装置等组成。复合制动力的产生分别来自电气(动力制动)、机械(盘形制动或踏面制动)和非黏着力(磁轨制动或涡流制动)。

(三)制动控制系统

由于列车的制动能量和速度成平方关系,时速在 200 ~ 300 km 的高速列车的制动能量是普速列车的 4 ~ 9 倍,从而在制动系统的性能要求和组成方面,均完全不同于目前的普速列车。

1. 高速列车制动系统基本要求

高速列车制动系统首先要满足制动能力的要求。高速列车的制动包括调速制动和停车制动,要求制动能力强、响应速度快。其次,要满足舒适性的要求。要求采用计算机控制,在提高平均减速度的同时尽量减少减速度的变化率,制动冲力小,减小动车组的纵向冲动,提高旅客乘坐的舒适性。第三,要满足安全可靠性的要求。优化制动控制方式设计,实现多级制动控制,确保在正常条件下复合制动系统的各种制动方式应合理分级分担制动能量。同时,设计制动能力的冗余量,确保一旦其中的某种制动方式发生故障时,其他制动方式应能提供补充。

2. 制动控制系统组成

制动控制系统由电气部分和气路阀类部分组成。电气部分又包括制动控制器、计算机控制系统和安全联锁装置。气路阀类部分包括制动电磁阀和缓解阀、紧急制动电磁阀、强迫缓解电磁阀和切换阀、荷重传感器和 EP 传感器、重空车压力平衡阀、紧急限压阀、制动缸压力中继阀、总风缸及电空制动压力开关、空电转换电磁阀等。

该系统由列车管减压方式变为电气指令式的控制装置,不仅缩短列车制动空走时间,还包括有复合制动控制、空重车调整、制动模式控制、监控信息处理和显示等功能。

3. 制动控制系统的作用方式

正常情况下使用的是采用计算机控制的直通式电空制动装置,这是一种以动力制动为优先的动力制动、空气制动、磁轨制动的复合制动方式。

同时,在电空制动失效的情况下使用的处于热备用状态下的自动空气制动装置。整个制动系统分成三级控制:网络制动控制、电空制动控制和空气制动控制。其中网络制动控制以网络来传输控制指令、实现 ATP 列车控制;电空制动控制是以贯穿全列车的电空制动电缆为介质来传输控制指令及电制动力的模拟指令;空气制动是以贯穿全列车的列车管压力为介质来传输控制指令。上述三种控制的安全级别以空气制动最高,其余依次为电空制动和网络制动。而其指挥级别以网络制动控制最高,电空制动控制次之,空气制动控制最低。

五、动车组控制、监测与诊断系统

(一)组　　成

对高速列车实施车上监测和诊断的目的是提高其运营安全性和车辆运用率,优化运行管理,并便于运用和维修作业。

高速动车组的控制、监测与诊断系统是车载分布式的计算机网络系统。在每节车辆(动车或拖车)内通过车厢总线将分布在同一车厢内的各计算机控制装置联网;通过列车总线把分布在不同车厢中的主控单元(节点)联网,直至安装在列车前、后端动车上的列车控制、诊断中心,再通过动车司机操纵台上的显示屏,可选择显示列车中各受控设备的工作状态,从而实现对动车的重联控制和对全列车的综合监控作用。我国高速列车监控与诊断系统的组成如图6-5所示(以标准方式的动车组编成为例)。

该系统组成在结构上可以分为三个层次:列车级、车辆级和子系统级。由两个网络即列车网络和车厢网络的各计算机联结构成为一个树状网络系统。系统组成按其作用功能又可分为三部分:一个包括牵引控制、制动控制、车辆部件控制、辅助系统控制和超速防护在内的控制系统;在控制系统的各部分均应作冗余设计,保证在工作层失效时冗余层能顶替工作;在上述各控制中具有各种故障诊断、储存及显示功能。

上述各层诊断系统应设有故障自诊断、故障信息保存、必要的故障自排除以及将重要故障信息向上一级传送的功能。各诊断装置还应配备有人机接口,以便维修人员从故障部件读取故障信息和对故障进行定位分析,并查知本车的诊断结果,列车诊断级的人机接口应包括彩色液晶显示屏、功能按键及蜂鸣警报器。

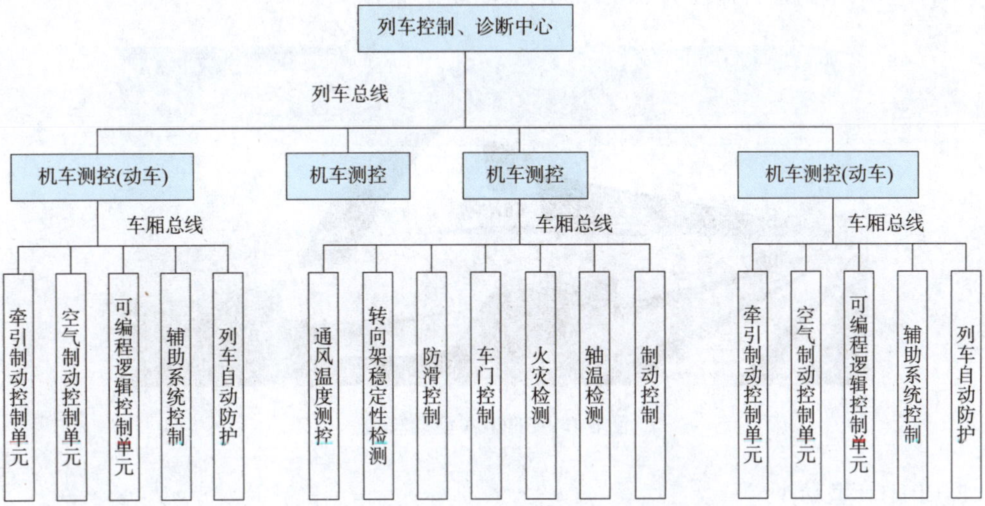

图6-5　高速列车控制、监测与诊断系统框图

(二)高速列车控制与监测诊断的关系

车辆及列车诊断装置作为诊断系统的专用设备,与控制系统不直接相关,但部件诊断这一层一般与控制系统结合在一起,有的是增加插件,插在控制箱中,有的是在控制系统中

增加诊断的功能,诊断与控制共享输入和输出数据,不必另外增设传感器。保护性监测不仅是诊断需要,也是控制所必不可少的,诊断主要起故障监测、故障数据的保存、故障性质的评估以及故障数据的编码传送等方面的作用。尽管在部件诊断这一层,诊断离不开控制,但必须明确,诊断系统不附属于控制系统,它不是控制系统的一部分。没有诊断系统,车辆亦能正常运行。诊断功能与控制功能是不同的,是相对独立的。但作为一个完善的计算机系统,在力所能及时应增加诊断功能;可使系统性能更完善。

在车载诊断之外,还有地面诊断装置和控制系统的关系,主要是在动力车主控单元上应附加有对地面的发送设备,以便在列车到达前,将故障情况及时发送至地面车辆基地做好地面维修的准备。

第三节　我国主型动车组

目前,我国生产的动车组有 CRH 系列(和谐号)、CR 系列(复兴号)动车组。

一、我国主型动车组简介

(一)CRH1 系列动车组

1. CRH1A 型动车组

CRH1A 型动车组采用 8 辆编组,5 动 3 拖,设 2 辆一等座车,5 辆二等座车,1 辆餐车/二等座车合造车,最高运行速度为 250 km/h,如图 6-6 所示。

图 6-6　CRH1A 型动车组

2. CRH1B 型动车组

CRH1B 型动车组是在 CRH1A 基础上扩编成的大编组动车组,采用 16 辆编组,10 动 6 拖,设 3 辆一等座车,12 辆二等座车,1 辆餐车,最高运行速度为 250 km/h,如图 6-7 所示。

图 6-7　CRH1B 型动车组

3. CRH1E 型动车组

CRH1E 型动车组是长编组卧铺动车组，采用 16 辆编组，10 动 6 拖，设 2 辆二等座车，12 辆硬卧车，1 辆软卧车和 1 辆餐车，卧车均采用双层卧铺，最高运行速度为 250 km/h，如图 6-8 所示。

图 6-8　CRH1E 型动车组

(二) CRH2 系列动车组

1. CRH2A 型动车组

CRH2A 型动车组采用 8 辆编组，4 动 4 拖，设 1 辆一等座车，6 辆二等座车，1 辆餐车/二等座车合造车，最高运行速度为 250 km/h，如图 6-9 所示。

图 6-9　CRH2A 型动车组

2. CRH2B 型动车组

CRH2B 型动车组是 16 辆长大编组动车组,8 动 8 拖,设 3 辆一等座车,12 辆二等座车,1 辆餐车,最高运行速度为 250 km/h,如图 6-10 所示。

图 6-10　CRH2B 型动车组

3. CRH2C 型动车组

CRH2C 型动车组是在 CRH2A 型动车组基础上,采用 8 辆编组,6 动 2 拖,设 1 辆一等座车,6 辆二等座车,1 辆餐车/二等座车合造车,最高运行速度为 300 km/h,如图 6-11 所示。

图 6-11　CRH2C 型动车组

4. CRH2E 型动车组

CRH2E 型动车组是 16 辆长大编组卧铺动车组,8 动 8 拖,设 2 辆二等座车,13 辆软卧车,1 辆餐车,最高运行速度为 250 km/h,如图 6-12 所示。

图 6-12　CRH2E 型动车组

(三) CRH3C 型动车组

CRH3C 型动车组采用 8 辆编组,4 动 4 拖,设 1 辆一等座车,6 辆二等座车,1 辆二等座车/餐车合造车,最高运行速度 350 km/h,如图 6-13 所示。

图 6-13　CRH3C 型动车组

(四) CRH5A 型动车组

CRH5A 型动车组采用 8 辆编组,5 动 3 拖,设 1 辆一等座车,6 辆二等座车,1 辆二等座车/餐车合造车,最高运行速度为 250 km/h,如图 6-14 所示。

图 6-14　CRH5A 型动车组

(五) CRH6A 型动车组

CRH6A 型动车组主要用于中短途城际、市域运输,以公交化的运营模式为主,采用 8 辆编组,4 动 4 拖,最大载客量约为 2 000 人,最高运行速度为 200 km/h,如图 6-15 所示。

图 6-15　CRH6A 型动车组

（六）CRH380 系列动车组

1. CRH380A 型动车组

CRH380A 型动车组是在 CRH2C 型动车组基础上研发的高速动车组，最高运行速度 350 km/h。CRH380A 型动车组采用 6 动 2 拖的编组方式，如图 6-16 所示。

图 6-16 CRH380A 型动车组

2. CRH380B 型动车组

CRH380B 型动车组（或称 CRH3-380 型），是在 CRH3C 型动车组基础上研发的高速动车组，最高运行速度 350 km/h。CRH380B 型动车组采用 4 动 4 拖的编组方式，如图 6-17 所示。

图 6-17 CRH380B 型动车组

3. CRH380CL 型动车组

CRH380CL 型动车组采用 16 辆编组，8 动 8 拖，最高运行速度 350 km/h，如图 6-18 所示。

图 6-18 CRH380CL 型动车组

4. CRH380D 型动车组

CRH380D 型动车组采用 8 辆编组,4 动 4 拖,最高运行速度为 350 km/h,如图 6-19 所示。

图 6-19 CRH380D 型动车组

(七) CR 系列动车组

CR 系列动车组又称复兴号动车组,为中国标准动车组。

中国标准动车组采用 CR200/300/400 命名,分别对应 160 km/h、250 km/h 和 350 km/h 三种速度等级。目前已有 CR400AF、CR400BF、CR300AF、CR300BF、CR200J 等型号。

1. CR400 系列动车组

(1) CR400AF 型动车组为动力分散动车组,采用 8 辆编组,4 动 4 拖,最高运行速度 350 km/h。该系列长编组型号为 CR400AF-A,采用 16 辆编组,8 动 8 拖;超长编组型号为 CR400AF-B,采用 17 辆编组,8 动 9 拖,如图 6-20 所示。

图 6-20 CR400AF 型动车组

(2) CR400BF 型动车组为动力分散动车组，采用 8 辆编组，4 动 4 拖，最高运行速度 350 km/h。该系列长编组型号为 CR400BF-A，采用 16 辆编组，8 动 8 拖；超长编组型号为 CR400BF-B，采用 17 辆编组，8 动 9 拖，如图 6-21 所示。

图 6-21 CR400BF 型动车组

2. CR300 系列动车组

(1) CR300AF 型动车组为动力分散动车组，采用 8 辆编组，4 动 4 拖，最高运行速度 250 km/h，如图 6-22 所示。

图 6-22 CR300AF 型动车组

(2)CR300BF 型动车组为动力分散动车组,采用 8 辆编组,4 动 4 拖,最高运行速度 250 km/h,如图 6-23 所示。

图 6-23　CR300BF 型动车组

3. CR200 系列动车组

(1)CR200J 型动车组是中国铁路首款动力集中动车组,最高运行速度为 160 km/h。短编组的 CR200J 为单端推拉式的动力集中动车组,最大编组为 1 动 8 拖;长编组的 CR200J 型动力集中电动车组为双端牵引的电力动车组,最大编组为 2 动 18 拖,如图 6-24 所示。

图 6-24　CR200J 型动车组

(2)CR200JS-G 型动车组是针对高原铁路运营条件,专门研制生产的复兴号高原双源动力集中动车组。该型动车组采用整列一体化设计,动车组两端分别编挂电力动力车和内燃动力车,中间编挂拖车,编组为 12 辆,最高运营时速 160 km,最高运行海拔 5 100 m,能适应高海拔、连续长大隧道环境,可跨电气化和非电气化线路贯通运用,如图 6-25 所示。

图 6-25 CR200JS-G 型动车组

(八)高速综合检测列车

高速综合检测列车主要承担全路既有高速铁路基础设施周期性检测、新竣工高速铁路联调联试动态检测试验和重大科学综合试验工作,可对线路的工务专业(轨道几何、车辆响应、轮轨动力学)、接触网专业(弓网)、电务专业(通信、信号)等基础设施状态项目进行检测。现役高速综合检测列车共 14 列,可适应 250 km/h、300 km/h、350 km/h 速度级线路检测,如图 6-26 所示。

图 6-26 CRH380AJ 型高速综合检测列车

二、复兴号动车组系统简介

(一)车　　体

1. 头型

头型简洁明朗,有效降低气动阻力,流畅的棱线和锐利的车灯充分体现高速铁路的速度感和力量感。

2. 车体结构

车体为超薄大型中空铝合金型材焊接组成的薄壁筒体整体承载结构。被动安全设计采用 EN 15227 标准,能量吸收系统由头车端部吸能结构和中间车钩缓冲装置组成。

(二)转 向 架

转向架采用两轴无摇枕结构,H 形焊接构架,LMA 型踏面,转臂式定位,电机刚性架悬。车轮直径 920 mm,动车 2 轮盘,拖车 3 轴盘制动,设安全冗余轴温监测、失稳监测。

临界速度 550 km/h 以上、关键部件强度按最大轴重 17 t 设计,满足动力学指标要求。

(三)高压系统

3、6 车各设置 1 个基本高压单元。采用单滑板受电弓,弓头结构简单,结构强度高。

采用车下集成式高压设备箱,解决污闪问题,箱内设备水平安装。设备满足工频对地耐压 100 kV、雷电冲击电压 185 kV。高压箱满足工频耐压 75 kV,雷电冲击电压 150 kV。

(四)牵引系统

牵引系统采用 4 动 4 拖,2 个动力单元,每个动力单元由 1 台牵引变压器向 2 台牵引变流器供电,每台牵引变流器有 2 个逆变器,架控驱动 4 台牵引电机。

轮周牵引总功率 9 750 kW,轮周最大再生制动总功率 13 360 kW。

牵引系统采用主辅一体化结构,每台牵引变流器含 1 个辅助逆变单元,输出容量 260 kVA。

(五)辅助系统

辅助系统主要由辅助逆变器、充电机、蓄电池构成,采用并网供电和冗余设计,保证在各种工况下可靠供电。

辅助逆变器设在 2、4、5、7 车;充电机设置在 1、8 车各 2 台;蓄电池设在 1、8 车各 2 台。

(六)网络控制系统

网络控制系统采用符合 GB/T 28029(IEC 61375)标准 TCN 网络,分为两个网络单元,每四辆车为一个网络单元。单元内采用车辆总线,实现单元内设备信息交流及控制;单元间采用列车总线,实现全列设备信息交流及控制。各设备通过以太网交换机组成以太网络,实现在线监测和数据下载。

(七)制动系统

制动系统采用计算机控制电空直通式制动控制系统,电制动优先,不足时空气制动补充。

制动管理采用列车级管理模式、主从控制,头车设冗余主控 EBCU。防滑控制采用符合 UIC 541-05,每车均设冗余轴抱死检测装置(DNRA)。制动功能具有常用制动、紧急制动 EB、紧急制动 UB、停放制动、坡起制动、清洁制动、防滑控制、撒砂控制、空压机控制、故障监测诊断等功能。

(八)空调通风系统

空调通风系统采用车顶单元式空调机组、外形与车体轮廓相同、整车平顺化;车下设废排装置、侧墙以及车体下部设废排风道。

客室顶部设送、回风风道,采用隐形送风、分散回风。司机室设独立空调系统,为司机提供舒适环境。

(九)给水卫生系统

给水系统采用车下水箱、水泵压力供水方式,设集控排空功能。卫生系统采用中转式真空集便系统,设废水收集功能。便器、扶手、水阀等卫生设施的部件统型设计、残疾人设施满足 UIC 565-3 要求。

(十)旅客信息系统

旅客信息系统设置以太网总线和 UIC 568 音频总线,实现旅客信息系统、娱乐系统、视频监控系统集成设计,实现公共广播、公共视频、内部通信、信息显示、音频服务、Wi-Fi 接入、监控乘客区域、监控弓网状态等功能。

(十一)车外设备

1. 车窗

客室车窗外表面与车体平齐,表面平顺。前窗采用整体框架式安装结构,方便维护更换。

2. 塞拉门

优化材料、结构,采用铝合金替代铸钢件,轻量化设计塞拉门。控制指令用硬线传输,开门控制两步操作,防误操作;锁闭装置采用多点压紧、锁闭,安全可靠。

3. 风挡

外风挡全包橡胶结构,表面平顺度好。内风挡可两侧快速解编,外风挡底部可快速拆卸,方便检修车端部件。

(十二)车内设施

1. 人机界面

结合用户、司乘、检修等需求,优化人机界面;梳理统型车旅客界面改进项、用户使用反馈项、检修操作问题等进行改进。

2. 车内设施

根据统型要求提高车内部件的互换性、可靠性。客室座椅、VIP 座椅、司机室座椅、内端门、厨房设备、门锁、卷帘等设备进行统型,实现整体互换或部分互换。

(十三)司 机 室

司机室设计为单人驾驶模式,司机操纵台在中央。司机室的设计遵行 UIC 651 标准,符合现代的人机工程学设计原则。为便于司机操作,将司机室功能分区、操纵台布置深度统型。

复习思考题

1. 何谓动车组?
2. 动车组是如何分类的?
3. 动车组有哪些特点?
4. 动车组由哪几部分组成?
5. 简述动车组的制动方式。
6. 我国主型动车组有哪些?
7. 简述 CR400AF 动车组的组成及特点。
8. 我国高速综合检测列车主要承担哪些工作?

第七章

铁路供电

学习任务

铁路线路上运行的电力机车、动车组的动力来源离不开供电,铁路运输车站、枢纽、站段等处所的信号、通信、道岔、调度等用电设备也离不开供电,所以供电可靠性将直接影响铁路的运输秩序和安全。

本章从牵引变电所的供电方式、作用及组成,接触网的分类及组成方面对铁路供电知识进行介绍,同时对铁路接触网作业车和铁路供电远动系统进行介绍。

通过学习,了解铁路接触网作业车和铁路供电远动系统方面的相关知识,熟悉牵引变电所和接触网相关知识。

第一节　概　　述

铁路供电系统按功能划分为牵引供电系统、电力供电系统两部分。

牵引供电系统向电力机车(含动车组,下同)提供电源。地方电力系统区域变电所或发电厂通过高压输电线路送电至设在铁路沿线的牵引变电所,经牵引变电所变换为电力机车所需电压等级的单相电后送到铁路轨道上方的接触网上,电力机车通过车顶的受电弓从接触网获得电能,牵引列车运行。电力机车负荷称为牵引负荷,其供电可靠性直接影响行车,是重要的一级负荷。牵引供电系统由牵引变电所和接触网组成,牵引网是由馈电线(供电线)、接触网、轨道和大地等构成的供电网的总称。

铁路电力供电系统向牵引负荷以外的其他铁路用电负荷提供电源,包括铁路信号、通信、信息、生产、车站、供水等系统的用电负荷。铁路电力供电系统供电可靠性根据负荷的性质有不同的要求,如与行车密切相关的通信、信号、运营调度系统以及车站供电等负荷是特别重要的一级负荷。

随着铁路行车向着高速、大密度发展和铁路各专业信息化、智能化管理程度的提高,对铁路供电系统可靠性的要求越来越高。传统上是依靠人员值班、沿线布置值班检修工区等方法监视控制供电网络运行,如人工调度电话调度等方式,已经不能满足行车安全的要求。采用先进的调度自动化技术,实施远程监控和调度管理,是铁路供电系统必然的发展趋势。

第二节　牵引变电所

一、铁路供电方式

铁路牵引网供电方式主要有直接供电(TR)、带回流线直接供电(DN)、吸流变压器供电(BT)、自耦变压器供电(AT)等供电方式。

(一)直接供电方式

直接供电方式是在牵引网中不采取电磁干扰防护措施的一种供电方式。直接供电方式牵引网结构简单,投资少,施工维护工作量相对较少。但直接供电方式的钢轨电位相对较高,对电气化铁路沿线通信等设施影响大,只适用于对防电磁干扰影响要求不高的地区,目前一般很少采用。直接供电方式如图 7-1 所示。

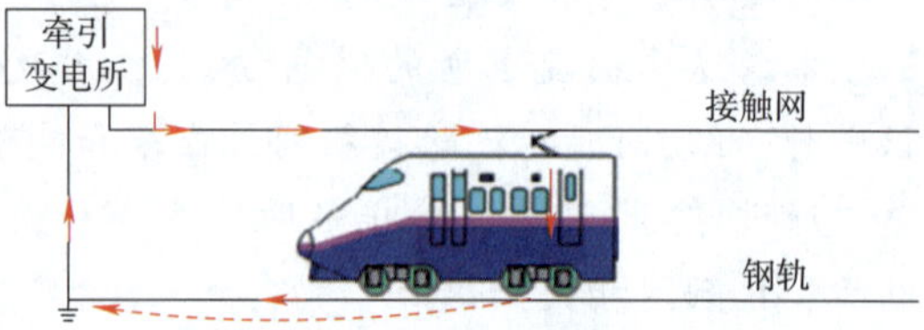

图 7-1　直接供电方式

(二)带回流线直接供电方式

带回流线的直接供电方式是在接触网支柱上架设一条与钢轨并联的回流线,回流线每隔一定距离通过吸上线与钢轨相连。带回流线的直接供电方式相对直接供电方式,钢轨电位一定程度上有所降低;电磁干扰一定程度上有所减小。该供电方式接触网结构简单可靠,在我国新建和改建普速电气化铁路得到广泛应用。带回流线直接供电方式如图 7-2 所示。

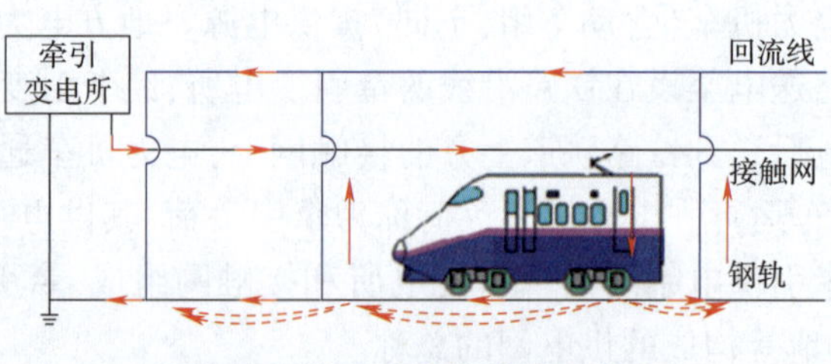

图 7-2　带回流线直接供电方式

(三)吸流变压器供电方式

吸流变压器供电方式,是在接触网中每隔一定距离串联接入吸流变压器的供电方式。这种安装方式增大了牵引网的阻抗,且影响电力机车取流质量。目前在我国电气化铁路中已淘汰该供电方式。吸流变压器供电方式如图 7-3 所示。

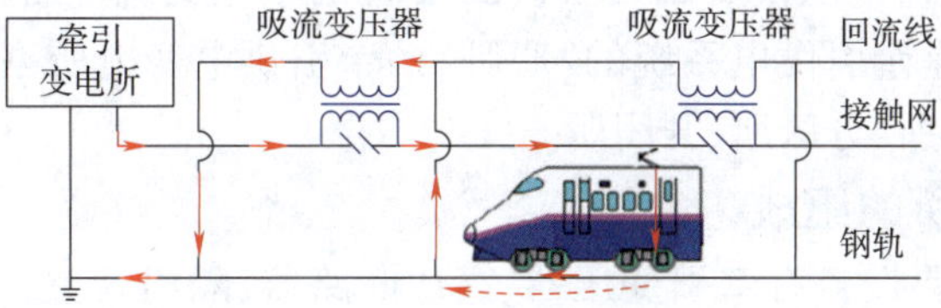

图 7-3 吸流变压器供电方式

(四)自耦变压器供电方式

自耦变压器供电方式,是在牵引网中并联接入自耦变压器的供电方式。牵引变电所输出电压为 55 kV,经沿线 AT 变压器(自耦变压器,变比 2∶1)降压后向接触网供电。自耦变压器一端接接触网,另一端接正馈线(简称 AF 线,架设在接触网支柱田野侧,与接触悬挂近似等高),其自耦变压器中点抽头则与钢轨相连。自耦变压器供电方式如图 7-4 所示。

自耦变压器供电方式接触网结构较其他供电方式复杂。田野侧架设有 AF 线,AF 线电压与接触网电压相等,方向相反,起到防干扰效果。由于牵引变电所馈出电压高,所间距可增加一倍,接触网负荷电流均衡,目前已成为我国高速铁路和重载铁路首选供电方式。

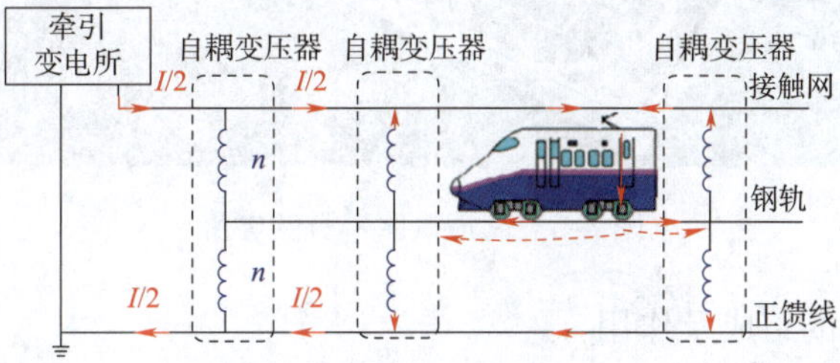

图 7-4 自耦变压器供电方式

二、接触网额定电压

接触网和电力机车受电弓之间的电压是波动的,其波动范围与电力机车所处位置和牵引变电所的距离、牵引变电所的负荷有关。

《技规》对电气化铁路接触网额定电压的规定:接触网标称电压值为 25 kV,最高工作电压为 27.5 kV,短时(5 min)最高工作电压为 29 kV,最低工作电压普速铁路为 19 kV,高速铁路、城际铁路为 20 kV。

高速铁路上运行的动车组对接触网电压要求高。根据《轨道交通 牵引供电系统电压》(GB/T 1402—2010),工作电压高于最低电压时,可保证动车组运行,但不能完全发挥功率。工作电压高于 22.5 kV 及以上时,动车组才能发挥最佳性能。

接触网具有高工作电压的特点。为保证人身安全,非专业人员及携带的工具材料必须保证与接触网带电设备保持 2 m 以上的安全距离。

三、牵引变电所的作用及组成

牵引变电所的主要作用是将公用电力系统的高压输电线输送来的 110 kV(220 kV、

330 kV)的三相工频交流电变换成27.5 kV(55 kV)的单相交流电后,通过接触网给电力机车供电。牵引变电所是牵引供电系统的“心脏”。牵引供电变电所亭按功能分类主要有牵引变电所、自耦变压器所、分区所、开闭所。

(一)牵引变电所的组成

牵引变电所内主要设备有牵引变压器、高压断路器、隔离开关、电流互感器、电压互感器以及避雷器等电气设备。为保证电气设备正常运行,确保系统安全可靠供电,牵引变电所内还装有各种控制、监视、保护、信号显示和计量装置等。高速铁路牵引变电所如图7-5所示。

图7-5　高速铁路牵引变电所

1. 高压电气设备的组成及作用

高压电气设备主要包括牵引变压器、GIS组合电器与开关柜、高压互感器、高压断路器、高压隔离开关等。为减少用地,进线电源侧和27.5 kV侧开关设备可采用GIS组合电器。高速铁路牵引变电所高压侧设备(室外)现场如图7-6所示。高速铁路牵引变电所27.5 kV侧GIS柜(室内)如图7-7所示。

图7-6　高速铁路牵引变电所高压侧设备

图 7-7　高速铁路牵引变电所 27.5 kV 侧 GIS 柜

(1)牵引变压器

牵引变压器主要功能是变换电压和传输电能。牵引变电所主变压器接线形式有纯单相接线、单相 V/V 接线、V/6 接线;三相 V/V 接线、三相 YNd11 接线、斯科特(Scott)接线、阻抗匹配平衡变压器接线等方式。变压器原边绕组接入三相电力系统的 A、B、C 相,副边绕组出线端子分别接到上、下行牵引母线上,通过馈电线向变电所两侧供电臂的接触网供电。牵引变压器应尽量减轻牵引负荷引起的电力系统三相电压不平衡影响。牵引变压器如图 7-8 所示。

图 7-8　牵引变压器

(2)GIS 组合电器与开关柜

GIS 组合电器与开关柜是成套电器装置,是将断路器、三位置开关(隔离开关、接地开关)、电流互感器、电压互感器、避雷器、母线、进出线套管、电缆终端等主要电气元件,按照一次主接线的要求,依次组成一个整体,高压带电部分均封闭于接地的金属体内,并充以一定压力的 SF_6 气体作为绝缘介质。110 kV 及以上称为 GIS 组合电器,封装了两路断路器及其他设备;27.5 kV 及 10 kV 称为 GIS 开关柜,一般由单个断路器(单极或多极)及其他设备组柜而成,如图 7-9 所示。因采用绝缘性能优良的 SF6 气体作为绝缘和灭弧介质,能实现设备小型化；由于带电部分全部密封于惰性SF_6气体中，可靠性高、安全性好，安装周期短、易于维护、检修周期长。

(3)高压互感器

高压互感器将线路中的高电压变换成低电压，或将大电流变换成小电流以供继电保护和电气测量使用。根据测量对象的不同互感器分为电压互感器和电流互感器两大类，电压互感器将交流高电压变换为标准的低电压(100 V或$100/\sqrt{3}$ V)；电流互感器将交流大电流变换为标准的小电流(5 A或1 A)。电压互感器和电流互感器分别如图7-10、图7-11所示。

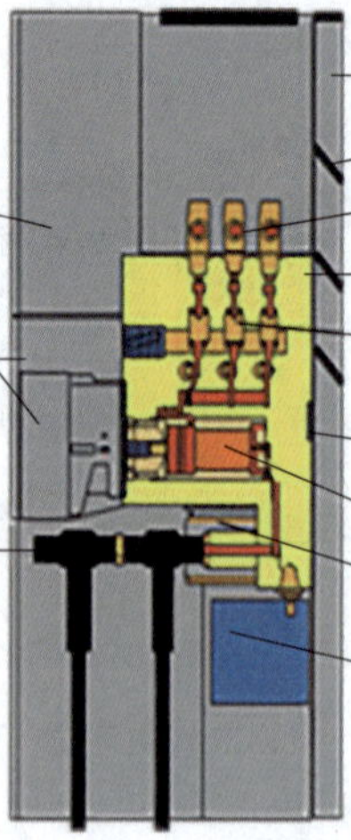

图7-9　GIS开关柜内部结构

图7-10　电压互感器

图7-11　电流互感器

(4)高压断路器

高压断路器(或称高压开关)是牵引变电所的重要开关电器之一，具有灭弧特性。当系统正常运行时，它能切断和接通线路及各种电气设备的空载和负载电流；当系统发生故障时，它和继电保护装置配合，能迅速切断故障电流，防止扩大事故。高压断路器如图7-12所示。

(5)高压隔离开关

隔离开关是一种结构比较简单的开关电器。它由操作机构驱动本体刀闸进行分、合，分闸后形成明显的电路断开点。由于没有专门的灭弧装置，不能用来开断负荷电流和短路电流，隔离开关通常与断路器配合使用。一般隔离开关只能在电路断开的情况下进行分合闸操作，或接通及断开符合规定的小电流电路。高压隔离开关如图7-13所示。

图 7-12　高压断路器

图 7-13　高压隔离开关

2. 二次设备的组成及作用

二次设备是指对一次设备进行监察、控制、保护和测量的电气设备，包括测量表计、控制、信号、继电保护等装置。继电保护装置是变电所最重要的二次设备，高速铁路变电所均采用综合自动化技术，用计算机实现继电保护功能。二次设备是变电所必不可少的组成部分，是变配电所安全、经济、稳定运行的重要保证。

（二）AT 所（自耦变压器所）

自耦变压器供电方式下，每隔一定距离设置 AT 所，AT 所的自耦变压器跨接在牵引网的接触网、正馈线和钢轨间，组成 AT 牵引网的供电网络。AT 所的自耦变压器按 1∶1设置。高速铁路 AT 所如图 7-14 所示。

图 7-14　高速铁路 AT 所

(三)分 区 所

电气化铁路上下行接触网在供电臂末端通过分区所并联起来,以提高供电臂末端接触网的电压水平,均衡了上下行供电臂的电流,降低电能损失,在重载和线路有较大坡道的情况下效果更为明显;在牵引变电所故障退出情况下,通过分区所可由相邻牵引变电所实行越区供电。分区所如图 7-15 所示。

图 7-15 分区所

自耦变压器供电方式下,分区所一般设置自耦变压器,分区所同时兼有 AT 所功能。

(四)开 闭 所

开闭所一般设置在枢纽客运站、枢纽编组站、电力机务段、动车所等需要实现分束、分段供电的场所。开闭所不设置牵引变电器,不能进行电压变换,仅通过开关设备增加馈电线数量。如果开闭所在供电臂末端,通常将其与分区所合建。开闭所的作用原理如图 7-16 所示。

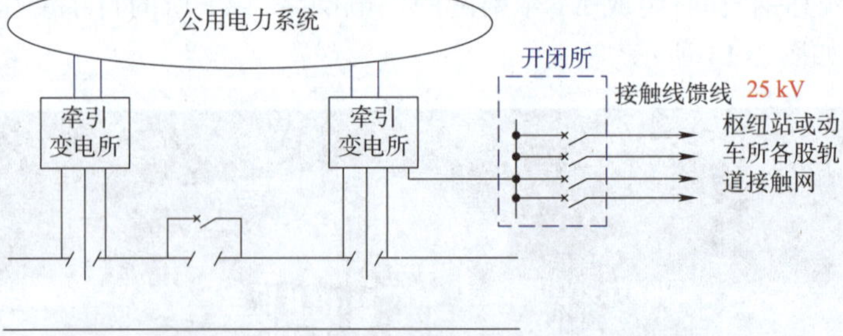

图 7-16 开闭所的作用原理

四、牵引变电所外部电源

牵引变电所的外部电源来自公用电力系统的三相工频交流电力网,由于牵引负荷是重要的一级负荷,为保证牵引供电系统具有供电可靠性和足够大的容量,牵引变电所的进线电源应为 110 kV 以上电压等级可互为热备用的独立双回路电源。高速铁路由于牵引功率更大,供电可靠性要求更高,为降低输电线路损耗,提高供电可靠性,我国高速铁路牵引变电所进线电源采用220 kV及以上电压等级。牵引变电所外部电源如图7-17所示。

图7-17 牵引变电所外部电源

第三节 接 触 网

接触网是沿轨道线路上空露天架设,向电力机车或者动车组提供电能的特殊形式高压输电线路。接触网无备用,一旦出现故障就会直接影响整个铁路系统的运营。

一、接触网的分类和组成

电气化铁路接触网包括架空柔性悬挂和刚性悬挂接触网两类。我国电气化铁路普遍采用架空柔性接触网。架空柔性接触网的主要结构设施有:支柱与基础、支持装置、定位装置、接触悬挂、附加悬挂。架空柔性接触网组成如图7-18所示。

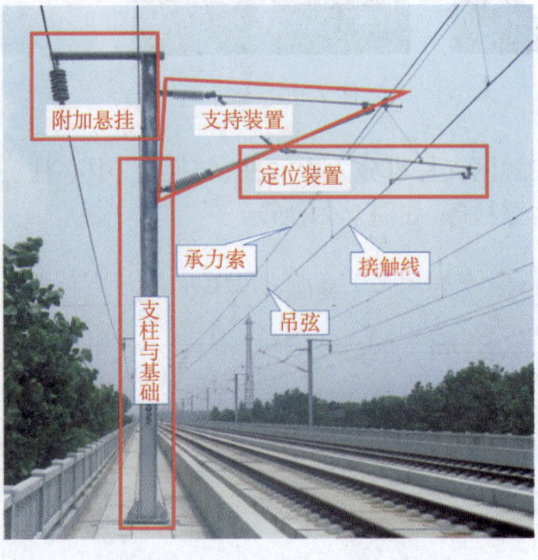

图7-18 架空柔性接触网组成

1. 支柱与基础

支柱用以承受接触悬挂、支持和定位装置的全部负荷,并将接触悬挂固定在规定的位置和高度上。支柱按材质分为预应力钢筋混凝土支柱和钢支柱两大类。预应力钢筋混凝土支柱有矩形横腹杆式和环形圆柱,如图 7-19 所示;钢支柱有格构式、圆钢管式、方钢管式、H 型钢式,如图 7-20 所示。

图 7-19　预应力钢筋混凝土支柱

图 7-20　钢支柱

根据功能的不同,接触网支柱可分为中间柱、转换柱、中心柱、下锚柱、定位柱、道岔柱、软横跨柱、硬横跨柱及桥梁柱等,如图 7-21 所示。

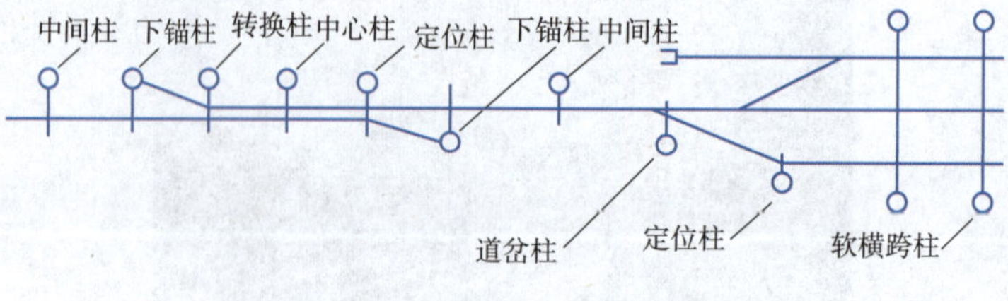

图 7-21　支柱分布位置示意图

支柱基础的作用是承载接触网支柱的负荷和力矩，必须有足够的强度和稳定性。基础根据其承载的支柱类型和安装位置的不同而采用不同的安装形式，如图7-22所示。

（a）H型钢柱基础　（b）格构式钢柱基础　（c）预应力钢筋混凝土支柱基础

图7-22　接触网支柱基础

2. 支持装置

支持装置是将接触悬挂的负载传递给支柱的固定装置。支持装置安装方式主要有水平拉杆加斜腕臂结构、平腕臂加斜腕臂结构、整体腕臂结构，如图7-23所示。

（a）水平拉杆加斜腕臂　（b）平腕臂加斜腕臂　（c）整体腕臂

图7-23　支持装置

3. 定位装置

定位装置将接触线定位在要求的空间范围内。根据现场设备的定位方式要求不同具体有正定位（图7-24）、反定位（图7-25）、软定位（图7-26）、组合定位形式（图7-27）等。

图7-24　正定位

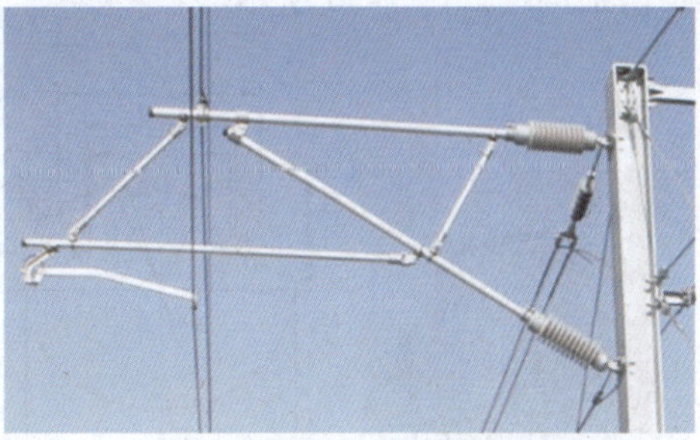

图7-25　反定位

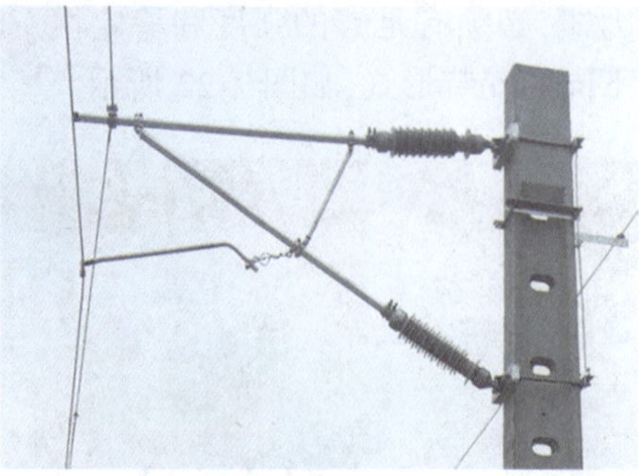

图 7-26　软定位

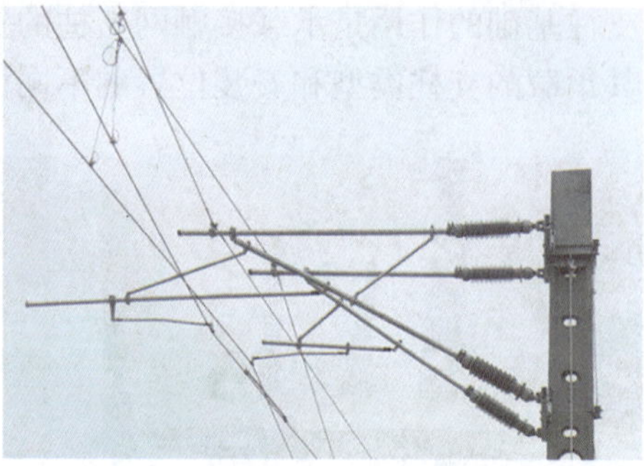

图 7-27　组合定位

4. 接触悬挂

接触悬挂由接触线、承力索和吊弦及连接零部件组成。我国电气化铁路接触悬挂主要采用简单链型悬挂和弹性链型悬挂。简单链型悬挂装配形式主要在普速铁路接触网中运用，弹性链型悬挂装配形式主要在高速铁路接触网中运用。简单链型悬挂如图 7-28 所示，弹性链型悬挂如图 7-29 所示。

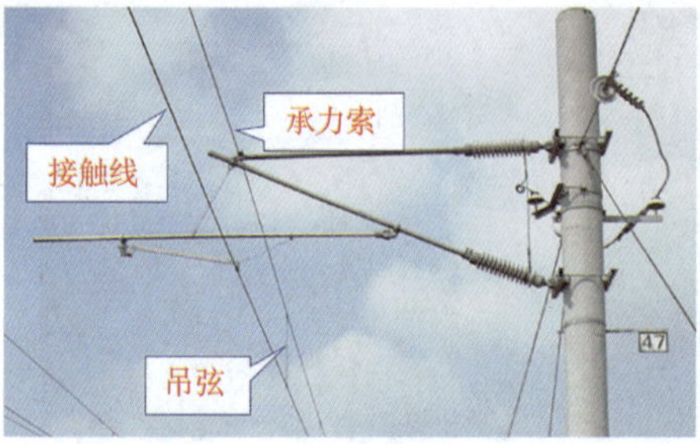

图 7-28　简单链型悬挂

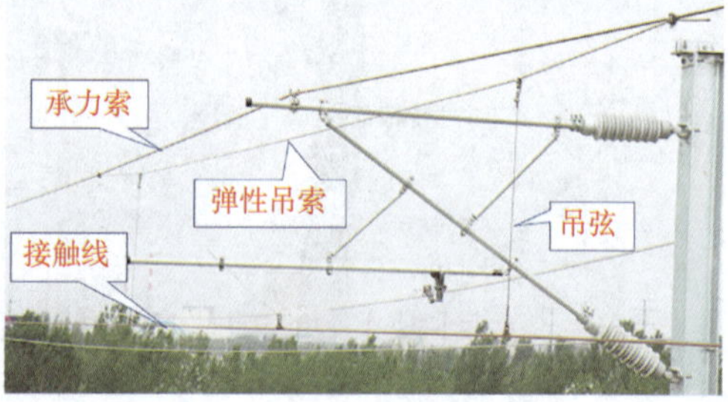

图 7-29　弹性链型悬挂

(1) 接触线

接触线是受电弓与接触网滑动摩擦接触的唯一介质，要承载接触网电流，向电力机车输送电能。接触线按材质分主要有钢铝接触线、纯铜接触线和铜合金接触线三种。钢铝接触线、纯铜接触线均已被淘汰，我国主要使用银铜、镁铜、锡铜等合金接触线。接触线截面形状及识别沟槽如图 7-30 所示。

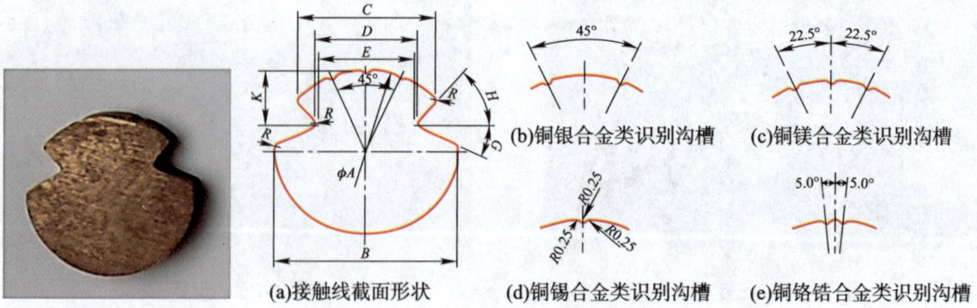

图 7-30　接触线截面形状及识别沟槽

(2)承力索

承力索的作用是通过吊弦将接触线悬挂起来。要求承力索能够承受较大的张力和具有抗腐蚀能力,并且在温度变化时弛度变化较小。承力索按照材质一般可分为铜合金承力索、钢承力索、铝包钢承力索三类多种规格。钢承力索、铝包钢承力索在前期电气化铁路建设中应用较多,现在一般采用铜合金绞线,如图 7-31、图 7-32 所示。

图 7-31　承力索外形结构

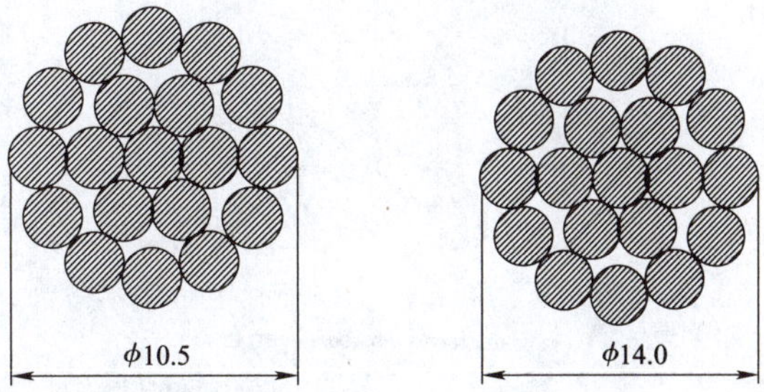

(a)JTM-70 铜镁合金绞线(19 股)　(b)JTM-120 铜镁合金绞线(19 股)

图 7-32　19 股铜承力索横断面(单位:mm)

(3)吊弦

吊弦是接触悬挂的重要部件,由承力索吊弦线夹、吊弦线、接触线吊弦线夹等部件组成。链型悬挂中,吊弦将接触线吊挂在承力索上,以保证接触悬挂的结构高度和接触线距轨面的工作高度,调节接触线的弛度和高度,改善接触悬挂弹性。吊弦按照结构主要分为环节吊弦、整体吊弦等类型。

①环节吊弦

环节吊弦在早期建设的接触网使用。由 $\phi 4.0$ mm 镀锌铁线制成,一般由二节或三节连在一起,结构长度及安装位置如图 7-33(a)所示。

②整体吊弦

整体吊弦按照吊弦的材质不同分为柔性整体吊弦和刚性整体吊弦[图 7-33(b)],按是否可调节分为不可调节整体吊弦[图 7-33(c)]、可调节整体吊弦[图 7-33(d)]两种,按是否载流分为载流式整体吊弦和非载流式整体吊弦两种。整体吊弦具有强度高、导流式结构、载流能力强、耐腐蚀、寿命长等特点。我国新建电气化铁路接触网主要采用整体吊弦。

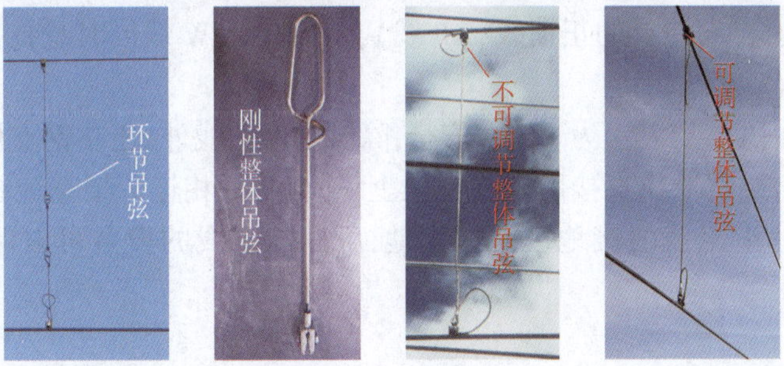

(a)　(b)　(c)　(d)

图 7-33　吊弦

5. 附加悬挂(线索)

接触网的附加线索包括供电线、保护线、加强线、正馈线、架空地线、回流线等。附加线索现场安装如图 7-34 所示。

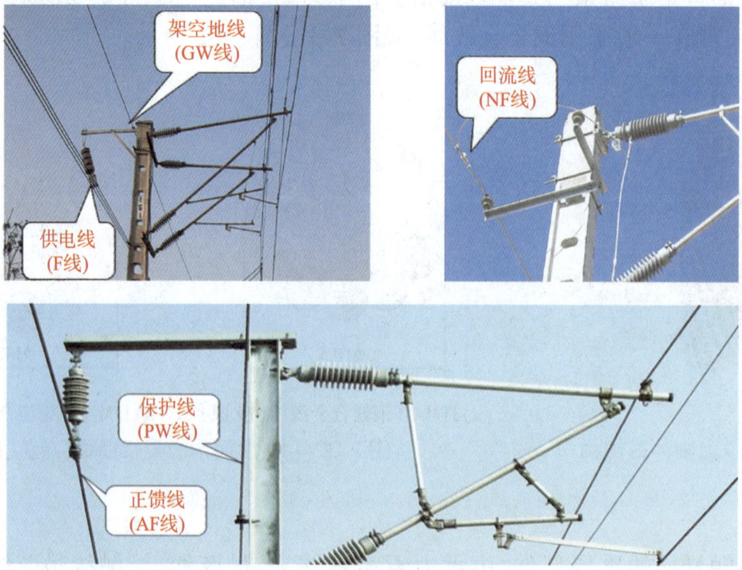

图 7-34　附加线索现场安装

(1)供电线(F 线)

供电线又称馈电线(F 线),它是牵引变电所、分区亭、开闭所与接触网连接的线路。其作用是将牵引变电所的电能输送到接触网上。

(2)保护线(PW 线)

保护线用于自耦变压器供电区段。保护线经保护跳线与接触网各绝缘子接地端相连,在各个 AT 自耦变压器的中点处和钢轨通过扼流变压器连在一起。因此当绝缘子发生闪络或击穿时,保护线会给短路电流提供一个良好的电气通路,使变电所继电保护装置迅速动作,达到及时反映和排除故障的目的。

(3)正馈线(AF 线)

正馈线用于自耦变压器供电区段。自耦变压器供电方式的一个特点是有一根与接触网电压大小相同,但方向相反的正馈线(AF 线),AF 线与 PW 线同时悬挂在支柱田野侧。

(4)架空地线(GW 线)

在基本站台或中间站台上,为了人身安全,除设了保护线外,还在钢支柱顶部架设了一段架空地线(GW 线),架空地线直接固定在支架上,并与钢柱相连。架空地线在站台的两侧下锚,并通过具有较小电阻值的接地极连入大地,所以 GW 线的设置可以保证站台上的人身安全。

(5)回流线

在带回流线的直接供电方式和 BT 供电方式中,与接触网同杆异侧架设的一条起回流作用的金属导线称作回流线。回流线每隔一定距离通过扼流变压器与轨道相连。回流线与接触网同杆平行架设，通过固定肩架、绝缘子将其固定在接触网支柱的田野侧。

二、接触网关键设备

（一）电 分 段

为增加接触网供电的灵活性和安全性，方便供电和检修的需要，根据车站或站场的分布情况以及变电所（亭）馈出线的供电情况，将接触网分成不同的供电片区，这种分片区供电的形式叫接触网的分束供电，将接触网从电气上分开的区段就叫电分段。不同的供电片区之间通过绝缘子、分段绝缘器（绝缘锚段关节）、隔离开关等设备和结构连接。分段绝缘器如图 7-35 所示。

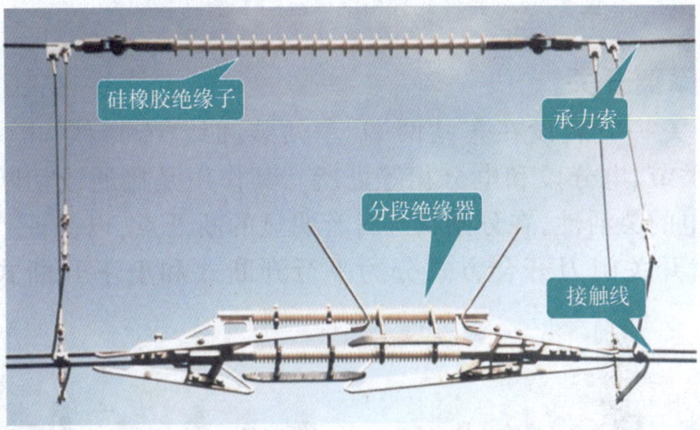

图 7-35　分段绝缘器

（二）电 分 相

在牵引变电所和分区亭所在地的不同相接触网处设置的分相绝缘装置称为电分相；电分相分为锚段关节式电分相和器件式电分相两类。

锚段关节式电分相由 2～3 组绝缘锚段关节组合而成，按照跨距数分为六跨、七跨、八跨、九跨、十二跨、十三跨、十六跨关节式电分相。电力机车和动车组运用多台受电弓时的受电弓间距应与锚段关节式电分相的无电区和中性区长度相匹配，避免通过受电弓短接锚段关节式电分相的断口，造成分相短路事故。我国高速铁路常用的六跨关节式电分相如图 7-36 所示。

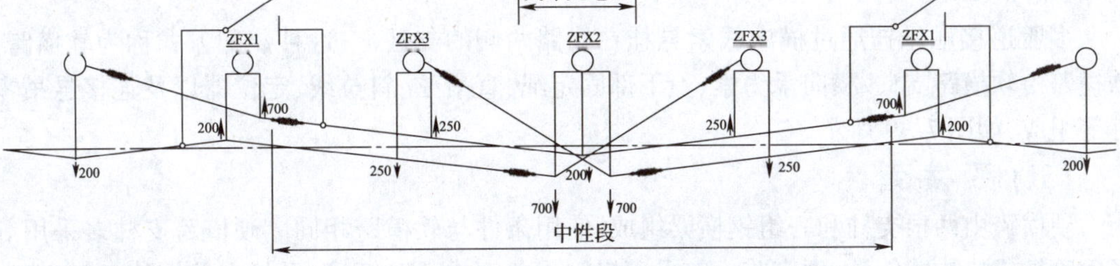

图 7-36　六跨关节式电分相平面布置（单位：mm）

器件式分相绝缘器由 2～3 套绝缘部件组成为一组。器件式分相绝缘器的 1 套绝缘部件如图 7-37 所示。

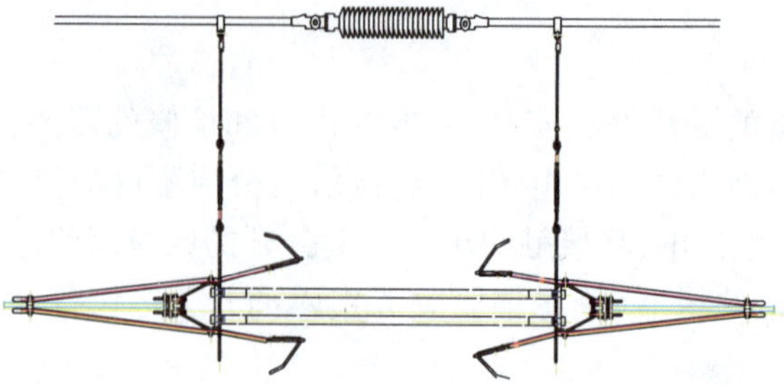

图 7-37　器件式分相绝缘器的 1 套绝缘部件

(三)接触网隔离开关

接触网隔离开关一般装设在车站两端、车站装卸线、专用线、电力机车库线、机车整备线、绝缘锚段关节、电分段和电分相等处所。其作用是接通或切断接触网供电分段间的电路，增加供电的灵活性，在分闸状态时有明显的断开点，以保证其他电气设备的安全检修。根据隔离开关闸刀开合方式分为平行开断式和上下开断式两种，如图 7-38 所示。

(a)平行开断式隔离开关

(b)上下开断式隔离开关

图 7-38　隔离开关

(四)软 横 跨

多股道接触悬挂通过横向线索悬挂在线路两侧的支柱上，这种装配方式称为软横跨。软横跨由软横跨支柱、横向承力索、上下部固定绳、直吊弦、斜拉线、定位器以及连接悬吊零件等组成，如图 7-39 所示。

(五)硬 横 跨

硬横跨由两根支柱和一组钢横梁组成，使用条件与软横跨相同。硬横跨支柱多采用等径钢管柱或格构式钢柱；硬横跨一般采用格构式角钢或无缝钢管，形状有单钢管、双钢管和三钢管三种。为方便运输和安装，常将其分成若干段，每段之间通过法兰螺栓连接。硬横跨支撑定位方式有水平定位绳和悬吊柱两种结构形式。常用的悬吊柱硬横跨如图 7-40 所示。

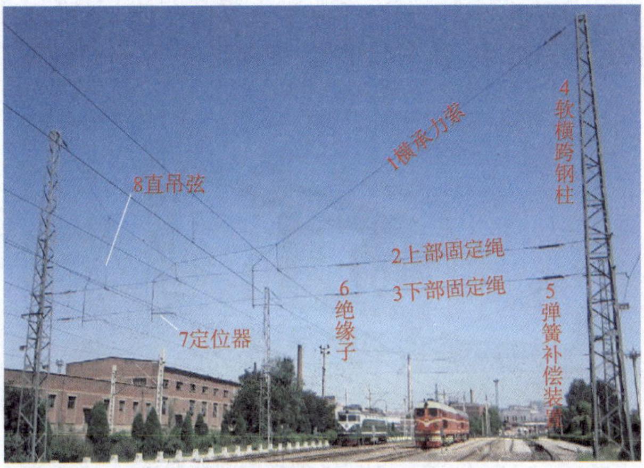

图 7-39　软横跨结构现场安装

图 7-40　悬吊柱硬横跨结构

（六）补偿装置

图 7-41　棘轮补偿装置现场安装

补偿装置用于调节因温度变化引起的接触网线索长度变化，保持张力和弛度稳定。当温度变化时，线索热胀冷缩，由于锚段两端安装补偿器，能自动调整线索的张力，保持线索弛度满足技术要求。补偿装置主要有滑轮补偿装置、棘轮补偿装置和弹簧补偿装置。高速铁路常见的棘轮补偿装置如图 7-41 所示。

三、接触网作业车

铁路接触网作业车是电气化铁路施工建设、检测维修、事故救险以及物资运输的重要机械动力设备，主要包括接触网检修作业车、接触网检测车、接触网放线车、接触网专用平车、接触网立杆作业车、绝缘子水冲洗车以及轨道起重车等。

(一)接触网检修作业车

现场广泛使用的铁路接触网作业车为JW-4G型接触网作业车,设计时速不超过120 km,如图7-42所示。JW-4G型接触网作业车主要由车体、车架、走行系统、动力传动系统、制动系统、液压系统、电气系统、随车起重机、平台立柱、平台自动调平装置等组成。

图7-42 JW-4G型接触网作业车

(二)接触网多功能检修作业车

时速160 km接触网多功能综合作业车有升降旋转作业平台、高空作业斗、导线拨线装置、接触网检测装置等,功能齐全、用途广泛,如图7-43所示。

图7-43 接触网多功能检修作业车

(三)接触网综合检修作业车

接触网综合检修作业车由2台接触网动力作业车和10辆接触网作业平台车混合编组而成,集机车牵引、料具储备、职工餐饮、作业控制、会议办公等多项功能于一体,整车可满足50余人宿营,如图7-44所示。

(四)多平台接触网检修作业车

多平台接触网检修作业车为液力传动四轴作业车,最高运行速度120 km/h。该车配置有三平台作业装置、抬拨线装置和调平装置,如图7-45所示。

该作业车三平台作业装置由三个相互独立操作、独立工作的平台组成。平台1可向上移动,主要用于接触导线的检修作业;平台2可向上方、向左侧移动,用于承力索和吊弦的检修作业;平台3可向上方、向右侧移动,主要用于支柱、支持装置的检修作业。

图 7-44　接触网综合检修作业车

图 7-45　多平台接触网检修作业车

第四节　铁路电力供电

一、铁路电力供电的组成

铁路电力的作用是从公用电力系统取得电能，通过输电、变电、配电等技术措施，供给铁路运输车站、枢纽、站段等处所的信号、通信、道岔、调度等用电设备使用。铁路电力供电系统主要由公用电力系统、变配电所、沿线两回高压电力贯通线路及箱式变电站、10/0.4 kV 变电所、站场电力线路等构成。

(一) 铁路电力变配电所

变配电所是用以变换电压、交换功率和汇集、分配电能的设施。它主要由主变压器 、配电装置及测量、控制系统等构成，是铁路电力的重要组成部分和电能传输的重要环节。铁路变配电所可分为变电所和配电所。变电所主要是将地方 35 kV、110 kV 公用电力系统电源经变压器降压为 10 kV 电源再分配给铁路沿线的站房、箱式变电站等。配电所是引入公用电力系统 10 kV 电源不经变压将 10 kV 电源分配给铁路沿线的站房、箱式变电站，经变压器降压后通过配电柜供给铁路用电设备使用。

1. 铁路电力变配电所运行方式

根据铁路用电负荷性质和长距离输送电能的特点，每间隔 40 ~ 60 km 设置铁路 110/10 kV、35/10 kV、10 kV 变配电所 1 座，铁路电力配电系统一般采用两路电源供电，分别引自不同的公用电力系统变电所。变配电所多采用单母线分段的运行方式。其高压室如图 7-46 所示。

图 7-46　变配电所高压室

铁路枢纽、站区、动车段、调度所等关键地区，单独设置中高压变配电所，通过环网形式为这些处所提供可靠电源。铁路电力变配电所设有载调压器及专用母线段向区间一级贯通（自闭）和综合贯通（贯通）线路供电，相邻所对贯通线路形成互供条件，需要时还可跨所供电。相邻变配电所的一级贯通和综合贯通线路禁止并列运行。综合负荷贯通线、一级负荷贯通线分别经调压器调压后供电。

2. 铁路电力变配电所主要设备

铁路电力变配电所主要由电源进线、变压器、主母线、母联、电抗器、调压器、馈出线高压开关柜等组成。高压开关柜采用免维护、少维修 SF_6 气体绝缘全封闭组合电器（GIS）、断路器采用真空断路器；高压无功补偿采用先进的补偿技术，进行动态跟踪补偿；高速铁路电力变压器采用智能化、低损耗的干式变压器；调压器采用干式；直流电源设备采用智能高频开关铅酸免维护电池直流电源柜。高压开关设备及调压器分别布置在独立的房间内。

变配电所主要设备如图 7-47 所示。

（a）变压器

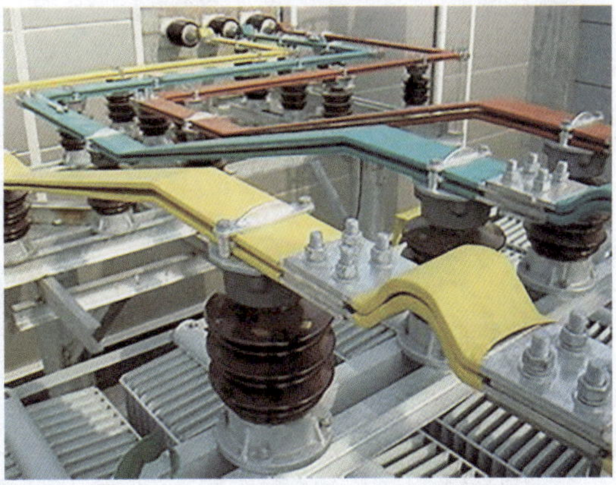

（b）母线

（c）调压器

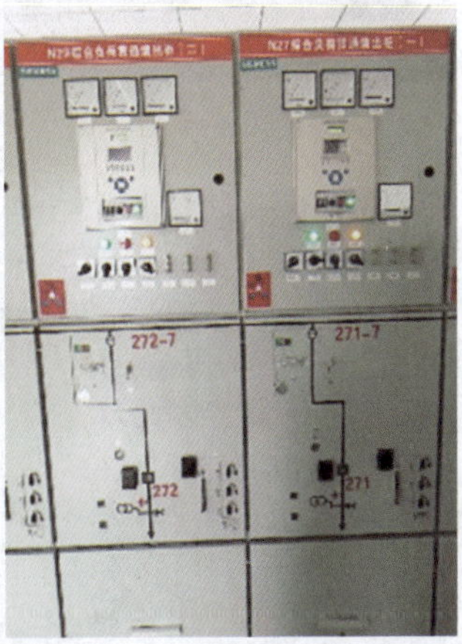

（d）馈出线高压柜

图 7-47　变配电所主要设备

3. 铁路电力变配电所综合自动化保护装置

变配电所采用综合自动化系统，利用先进的计算机技术、现代电子技术、通信技术和信号处理技术，对变配电所的二次设备（包括测量、信号、保护、控制、自动和远动装置等）进行功能的组合和优化设计，从而实现对变配电所的主要设备（变压器、电容补偿装置和输、配电线路等）进行自动监视、测量、控制和保护，以及与调度通信等综合性的自动化功能。它由保护测控单元、当地监控单元、现场总线、视频监控单元和通信单元等组成。

综合自动化保护屏如图 7-48 所示。

（二）铁路电力箱式变电站

箱式变电站是一种将高压开关设备、变压器、低压配电设备按照一定接线方案组合成一体的成套配电设备，安装在一个钢结构箱体内，机电一体化，全封闭运行。它与常规的土建变电站相比，具有占地面积小、现场安装工作量少、安装周期短、可以自由移动、减少线路损耗、投资少等优点。

箱式变电站如图 7-49 所示。

图 7-48 综合自动化保护屏

图 7-49 箱式变电站

(三)铁路电力线路

铁路电力线路的作用为输送和分配电能,按结构主要分为:架空线路、电缆线路。普速铁路电力线路大多采用架空线路,高速铁路电力线路大多采用电缆线路。铁路电力线路一般使用的电压等级有 380 V/220 V、10 kV、35 kV、110 kV。

1. 架空线路

架空线路的作用为输送和分配电能,优点是:工程造价低,施工方便,容易发现故障,便于维修,可多回路同杆架设。架空绝缘导线与普通架空裸导线相比,具有许多优点,可解决常规裸导线在运行过程中遇到的一些难题,价格又比地埋电缆便宜得多,因此,在普速铁路供电自闭、贯通线路中也得到广泛的应用。架空线路的缺点:易受外力破坏及遭受自然灾害，有碍城市美观，断线时，会危及人身安全，近距离时对架空通信等弱电线路有干扰。

架空电力线路主要由杆塔、导线、绝缘子、金具、横担、拉线、基础、避雷线、接地装置等部件组成。

架空电力线路基本组成如图 7-50 所示。

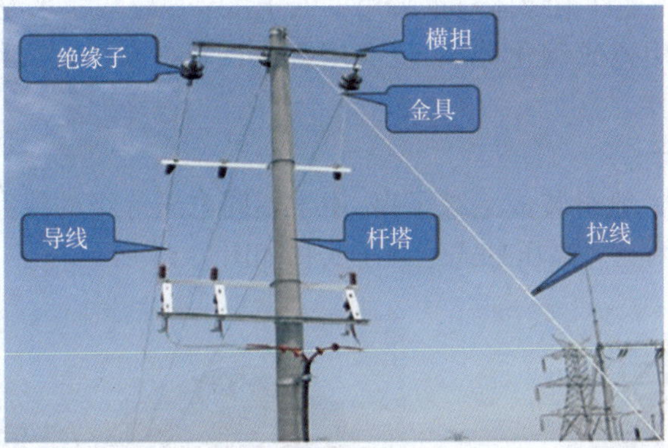

图 7-50　架空电力线路的基本组成

（1）杆塔

杆塔是架空线路中重要的组成部分，它的作用是支持和固定导线、绝缘子及其他附件，并使带电部分与其他物体保持有足够的安全距离。根据杆塔所用的材料不同，可分为木杆、金属杆（铁杆、铁塔）和钢筋混凝土杆（或称水泥杆）三种，如图 7-51 所示。

（a）木（电）杆　（b）金属杆　（c）水泥杆

图 7-51　电力杆塔

杆塔按其在线路上的用途不同，分为直线杆塔（又称中间杆塔）、耐张杆塔、转角杆塔、终端杆塔、跨越杆塔、设备杆塔（配电线路用）、分歧杆塔和换位杆塔等。

（2）导线

导线是用来传导电流、输送电能的载体。常用的导线有三种：绝缘铝绞线、钢芯铝绞线

(LGJ)、绝缘钢芯铝绞线。

(3)绝缘子

绝缘子有两个作用,一是将带电导线与杆塔可靠地绝缘起来;二是将导线牢固地固定在杆塔上。现铁路架空线路常用的绝缘子有:

①高压针式绝缘子

高压针式绝缘子由瓷件绝缘体与钢脚用不低于425号硅酸盐水泥石英砂胶合剂胶合而成。绝缘材料一般采用瓷或钢化玻璃,也有用合成材料。高压针式绝缘子实物如图7-52所示。

②高压悬式绝缘子

高压悬式绝缘子一般组装成绝缘子串,用于不同电压等级的线路上,其按使用环境也分为普通型和耐污型两类。高压悬式绝缘子实物如图7-53所示。

图7-52　高压针式绝缘子

图7-53　高压悬式绝缘子

2. 电缆线路

铁路电力线路为沿线行车设备和生产生活设施传输和分配电能,电缆线路是电力线路的重要组成部分,并且所占比例呈逐年上升。电力电缆与架空线路相比,优点是受气候的影响小、安全可靠、隐蔽耐用。电缆线路缺点是建设投资较高,电缆敷设多为隐蔽工程,发生故障后修复时间较长,不易发现故障,维修困难。以电缆为主的电力贯通线,发生瞬间接地故障的概率较低,多为永久性故障,由调度指挥备用电源投入,有利于故障处理和恢复正常运行状态,防止扩大故障范围,因此备自投一般运行在退出状态。高速铁路全电缆贯通线,基本采用单芯电缆敷设,与三芯电缆相比,具有单条电缆距离长(电缆接头数量少)、拐弯半径小(易敷设、易抢修)、电缆接头制作工艺简单等特点。

常见电力电缆如图7-54所示。

(a)铜芯电缆　(b)铝芯电缆

图7-54　电力电缆

电缆与其他电气设备的连接由终端头或可分离终端完成,如图7-55所示。

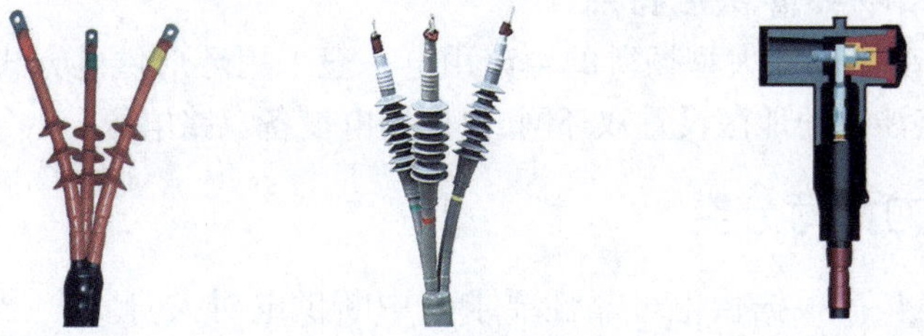

（a）热缩电缆终端头　（b）冷缩电缆终端头　（c）预制肘型电缆终端头

图 7-55　电缆终端头

二、铁路电力的特点

铁路电力具有特殊性，由于铁路运输是连续的，哪怕一个车站（信号）的停电，也可能打乱整条铁路线运输秩序，造成列车晚点，甚至引发设备故障。为此，铁路建立了独立的、庞大的输、变、配电网络，以保证铁路沿线车站、枢纽、信号、通信、动车段、调度所等关键处所供电可靠性。

1. 输电：长距离输送电能。电压越高，输送距离越长。铁路电力一般采用 35 kV 或 10 kV。

2. 变电：在用电处所，通过降压变压器将中高电压逐级变为用户使用的 380 V/220 V 电压。

3. 配电：通过配电柜将电能分配给各个用户使用，标志是“一电源多馈出”。

（一）电力贯通线特点

1. 电力贯通线具备分别从两个方向送电，主备运行，因此即便一座变配电所外电源停电也不影响送电，如图 7-56 所示。

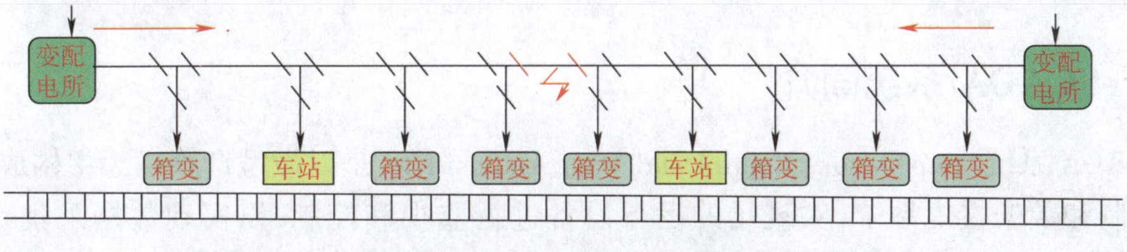

图 7-56　电力贯通线路示意图

2. 当某个区段发生故障时，将导致变配电所保护跳闸，整个供电臂无电，故障抢修首先切断故障点两侧开关，隔离故障区段，即可恢复无故障区段供电，保证所有用电设备的供电。

3. 铁路车站、信号、通信等重要负荷需要双电源，为此修建了双回贯通线。

4. 高速铁路采取了“线路入地、设备进屋、全程监控”措施，具有“不会因为外电源停电而导致用电负荷停电、不会因为输电线路故障而导致用电负荷停电、不会因为一台设备故障而导致用电负荷停电、故障情况下通过电调远程操作能够快速恢复非故障设备供电”的明显特点。

(二)枢纽、站场环形供电特点

铁路编组站、动车段等大型场所的生产用电一般采用环形供电方式,线路中间设置高压开关。高速铁路涉及的地区设置双环网,保证用电设备双路电源。

三、铁路电力负荷分类

铁路电力用电负荷根据供电可靠性要求及中断供电对人身安全、经济损失或影响程度,分为一级负荷、二级负荷及三级负荷。

(一)一级负荷

中断供电将造成人身伤害,在经济上造成重大损失,影响重要的用电单位正常工作、造成铁路运输秩序严重混乱。

一级负荷的供电原则:两路可靠电源供电,确保在一路电源故障情况下也能够不间断供电。

(二)二级负荷

中断供电将在经济上造成较大损失,影响较重要的用电单位正常工作、影响铁路正常运输。

二级负荷的供电原则:两路电源或一路可靠电源供电,确保除电力设备检修及故障情况外的不间断供电。

(三)三级负荷

三级负荷不属于一、二级负荷的用电设备。

第五节　铁路供电远动(SCADA)系统

一、SCADA 系统简介

SCADA 系统(Supervisory Control and Data Acquisition)是以微型计算机为主构成的远方监视控制和数据收集系统,对现场的运行设备进行监视和控制,以实现数据采集、设备控制、测量、参数调节以及各类信号报警等各项功能。

SCADA 系统实现调度自动化的过程主要有:

1. 执行端采集被控对象信息并将其传送到调度端

执行端负责采集现场的状态和数据,并将其进行变换后通过远动信道传到调度端,调度端经过一定的变换显示到人机界面上(显示器等)。此过程主要由执行端、现场信息转换机构来实现,实现的是遥信、遥测这两个功能。

2. 调度端对远动装置传来的信息进行实时处理

调度端对传来的遥信、遥测数据进行存储、显示、打印,分析传输的数据是否正确,并加以抛弃或纠正后使用。此过程主要由调度端实现。

3. 调度端做出调度决策

调度计算机根据接收的信息，对被控对象的运行进行自动或人工分析，然后做出适当的调节和控制（调整挡位、分合开关、投撤电容等）。此过程主要由调度端实现。

4. 将调度决策送执行端去执行

调度决策包括对被控对象的控制和调节。调度端发出遥控、遥调命令，经过信道传到执行端，执行端接收到之后具体进行执行。此过程主要由执行端和现场执行机构实施，实现的是遥控、遥调功能。

二、高速铁路供电 SCADA 系统的构成

高速铁路供电 SCADA 系统包括铁路牵引供电 SCADA 系统和铁路电力供电 SCADA 系统，如图 7-57 所示。

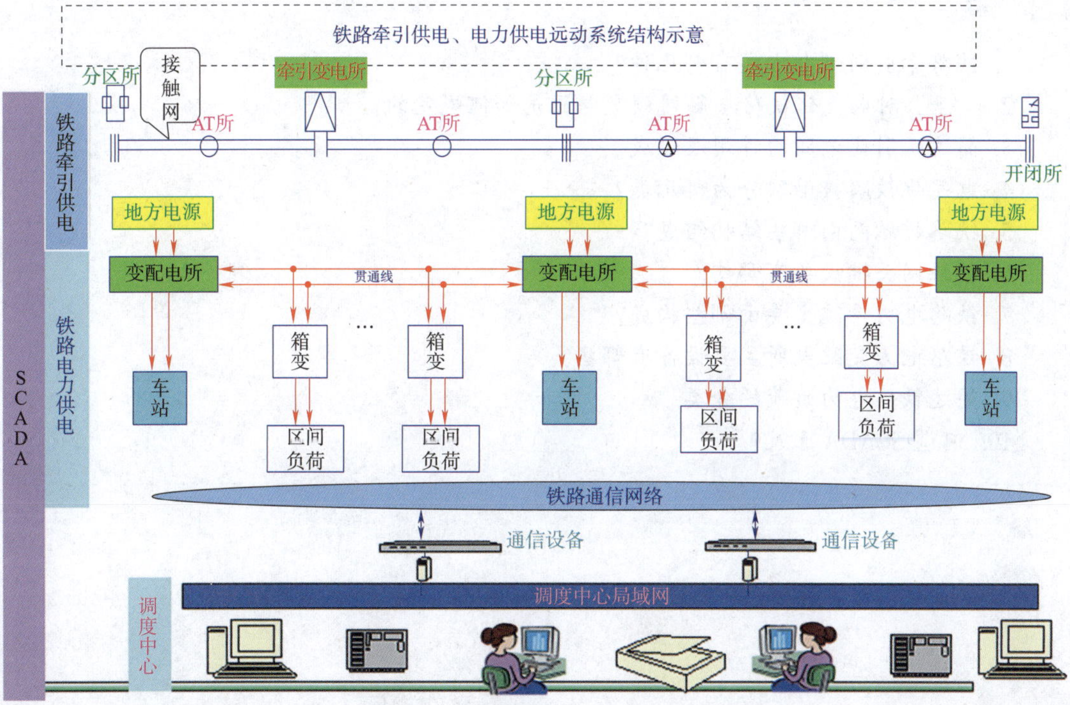

图 7-57　高速铁路供电 SCADA 系统结构

1. 调度端

调度端，亦称调度中心。调度端的 SCADA 机房有 SCADA 专用通道接口 4 个、办公及通用复视通道接口 1 个、专用复视通道若干。调度端通过 SCADA 专用通道接口和内部局域网，接收和发送信息，完成遥信、遥测、遥控功能，即完成断路器、隔离开关等状态信息的收集与处理；完成电流、电压、功率等数据信息的收集与处理；根据运行需要发送遥控命令。另外，调度端将通道送来的信号进行数据处理后，送至后台服务器中，显示各种图形，制作各种报表、曲线。

2. 执行端

执行端,由牵引变电所、分区所、开闭所、AT 所、专用网隔屏、变配电所、箱式变电站等组成。执行端对需要进行监测的各物理量及状态量进行采集,并将采集后的信息进行抗干扰加工(称抗干扰编码),然后再变换成适合通道传送的信号形式,并按一定方式送入通道。执行端的另一作用是接收由通道送来的遥控命令,并执行。

3. 信道

信道,亦称通道,是连接调度端与执行端的通信网络,传输二者交换的命令与数据。高速铁路供电 SCADA 系统有四种通道,即 SCADA 专用通道、综合维护通道、专用复视通道和办公 OA 通道。

复习思考题

1. 铁路牵引网供电方式有哪几种?
2.《技规》对电气化铁路接触网额定电压是如何规定的?
3. 简述牵引变电所的作用及组成。
4. 电气化铁路接触网分为哪几类?
5. 铁路接触网由哪些结构组成?
6. 接触网关键设备有哪些?
7. 铁路电力系统主要由哪些构成?
8. 铁路电力变配电所主要设备有哪些?
9. 简述铁路电力负荷的分类。
10. 何谓 SCADA 系统?

第八章

铁路信号设备

学习任务

铁路信号是保证行车安全、提高区间和车站通过能力以及解编能力的手动控制、自动控制和远程控制技术的总称。

本章从铁路信号基础设备和铁路信号系统方面对铁路信号知识进行介绍。

通过学习,了解铁路信号基础设备和铁路信号系统方面的相关知识。

第一节 概 述

铁路信号历经一百多年的发展,形成了今天的现代化铁路信号系统。它是计算机技术、现代通信技术和自动控制技术在铁路运输生产过程中的具体应用,是铁路运输的"中枢神经",是铁路现代化的重要标志之一。

信号是在行车工作中,对乘务人员与行车有关人员指示运行条件而规定的物理特征符号,即指示列车运行及调车作业的命令。铁路信号设备是保证行车安全,提高运输效率,改善行车组织方式,提升运营管理水平的关键设施。

铁路信号系统从功能实现角度分,通常由车站联锁设备、列车运行安全防护设备、远程调度设备、信号检测及监测设备、数据传输网络、信号电源及信号基础设备等组成,如图 8-1 所示。

第二节 铁路信号基础设备

铁路信号基础设备是铁路信号系统的重要组成部分,主要包括信号装置,转辙设备,开关、按钮及继电器,轨道状态检查装置,应答器等。

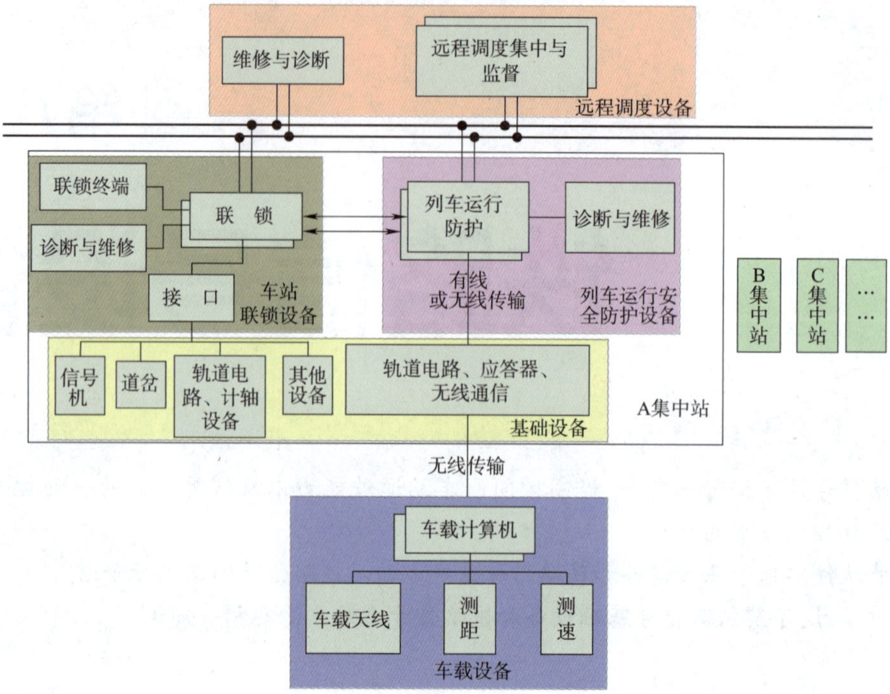

图 8-1 铁路信号系统组成框图

一、信号装置

信号装置一般分为信号机和信号表示器两类。

(一)信 号 机

信号机是表达固定信号显示所用的器具,按类型分为臂板信号机、色灯信号机和机车信号机三种,按用途分为进站、出站、通过、进路、预告、接近、遮断、驼峰、驼峰辅助、复示、调车信号机。

1. 臂板信号机

臂板信号机是固定信号机的一种,其白天用臂板的不同位置,夜间用不同颜色的灯光显示信号。按每一信号机上装设臂板的数目来划分,臂板信号机分为单臂板信号机、双臂板信号机和三臂板信号机。

三臂板进站信号机(图 8-2)有三块臂板,上面的叫主臂板,中间的叫通过臂板,下面的叫辅助臂板。

臂板信号机操纵烦琐,效率低,可靠性差,也不利于实现自动化。目前主要采用色灯信号机。

2. 色灯信号机

色灯信号机现多采用透镜式色灯信号机。为提高显示距离,透镜式色灯信号机后又发展为组合式色灯信号机。现以透镜式色灯信号机为例说明色灯信号机的结构和机构。

(1)透镜式色灯信号机的类型和结构

透镜式色灯信号机有高柱和矮型两种类型,高柱信号机的机构安装在钢筋混凝土信号机柱上,矮型信号机的机构安装在信号机基础上。

图 8-2　三臂板信号机

高柱透镜式色灯信号机由机柱、机构、托架、梯子等部分组成,如图 8-3 所示。机柱用于安装机构和梯子。机构的每个灯位配备有相应的透镜组和单独点亮的灯泡,给出信号显示。托架用来将机构固定在机柱上,每一机构需上、下托架各一个。梯子用于信号维修人员攀登及作业。

矮型透镜式色灯信号机用螺栓固定在信号机基础上,没有托架,更不需要梯子,如图 8-4 所示。

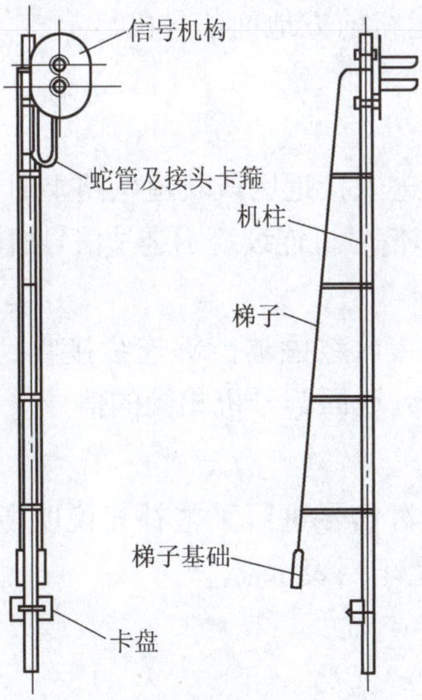

图 8-3　高柱透镜式色灯信号机

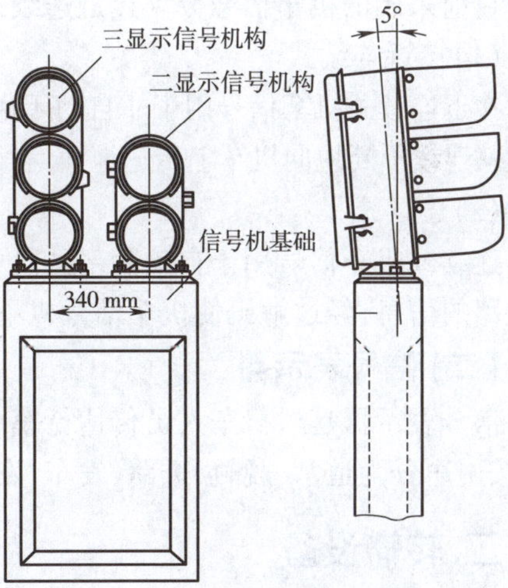

图 8-4　矮型透镜式色灯信号机

高柱和矮型透镜式色灯信号机又各有单机构和双机构之分。单机构只有一个机构，色灯信号机可构成二显示、三单示和单显示信号机。单机构二显示信号机见图 8-3。双机构色灯信号机可构成四显示、五显示。双机构五显示信号机见图 8-4。各种信号机根据需要还可以分别带引导信号机构、容许信号机构或进路表示器。

(2)透镜式色灯信号机机构

透镜式色灯信号机的每个灯位由灯泡、灯座、透镜组、遮檐和背板等组成，如图 8-5 所示。

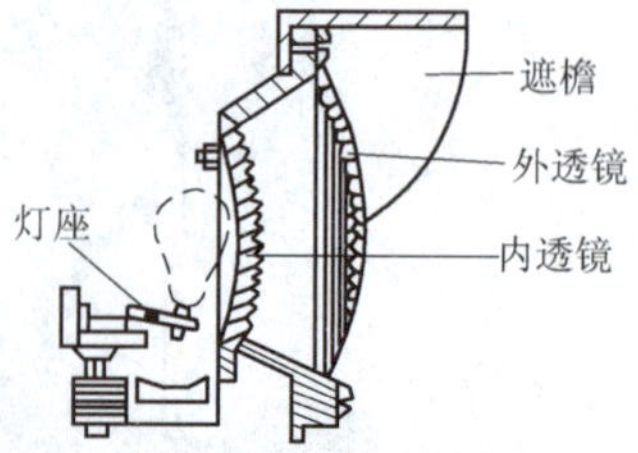

图 8-5　透镜式色灯信号机

灯泡是色灯信号机的光源，采用直双丝铁路信号灯泡；灯座用来安放灯泡，采用定焦盘式灯座，在调整好透镜组焦点后固定灯座，更换灯泡时无须再调整；透镜组装在镜架框上，由两块带棱的凸透镜组成，里面是有色带棱外凸透镜（可有红、黄、绿、蓝、月白、无色六种颜色），外面是无色带棱内凸透镜；两块透镜组成光学系统，利用光的折射和反射原理，将光源发出的光线集中射向所需要的方向，以增强该方向上的光强。这样，就能满足信号显示距离远而且具有很好的方向性的要求。信号机灯光显示的颜色取决于有色透镜，可根据需要选用；遮檐用来防止阳光等光线直射时产生错误的幻影显示；背板是黑色的，构成较暗的背景，可衬托信号灯光的亮度，改善瞭望条件。只有高柱信号机才有背板。一般信号机采用圆形背板。各种复示信号机、遮断信号机及其预告信号机、容许信号则采用方形背板，以示区别。

3. 机车信号机

机车信号机装在司机室内，显示与线路上列车接近的地面信号机的显示含义相符，保证了行车安全，提高了运行效率，也改善了司机的工作条件。机车信号主机是处理机车从地面上接收到的信号处理的主要部件，通过主机板解码由接收线圈从钢轨上接收到的移频信号，对应显示在机车信号机相应灯位上，向司机提供运行前方地面信号机显示。

目前采用的机车信号分为接近连续式和连续式两种。

(1)接近连续式

接近连续式机车信号用于非自动闭塞区段。自列车进入接近区段轨道电路上时起，发送装置就连续不断地向机车上传送地面信号的信息，使机车信号机连续复示进站信号机的显示。

(2)连续式

连续式机车信号用于自动闭塞区段，装在机车上的接收线圈器能够连续接收到地面轨道电路的信息，经过解码使机车信号机不断地显示与前方地面信号机相同的信号。

(二)信号表示器

信号表示器是对行车人员传达行车或调车意图，或对信号进行某些补充说明所用的器具，按用途分为道岔、脱轨、进路、发车、发车线路、调车及车挡表示器。

二、转辙设备

转辙设备用于完成道岔的转换和锁闭，其设备运用质量直接影响行车安全，由转辙机及附属杆件组成。

(一)转辙机的作用

1. 转换道岔的位置,根据需要转换至定位或反位。

2. 道岔转至所需位置而且密贴后,实现锁闭,防止外力转换道岔。

3. 正确地反映道岔的实际位置,道岔的尖轨密贴于基本轨后,给出相应的表示。

4. 道岔被挤或因故处于“四开”(两侧尖轨与基本轨均不密贴)位置时,及时给出报警及表示。

(二)转辙机的分类

按动作能源和传动方式分类,转辙机可分为电动转辙机、电动液压转辙机和电空转辙机。

电动转辙机由电动机提供动力,采用机械传动的方式,我国铁路大多采用的是ZD6系列转辙机和S700K型电动转辙机。电动液压转辙机简称电液转辙机,由电动机提供动力,采用液力传动的方式,我国铁路大多采用的是ZYJ7型电液转辙机。电空转辙机由压缩空气作为动力,由电磁换向阀控制。在驼峰分路道岔上大量采用的是ZK系列电空转辙机。

(三)转辙机的设置

转辙机安装在道岔一侧,控制道岔的转换和锁闭,是直接关系行车安全的关键设备。其中普通单开道岔及转辙机位置示意图,如图8-6所示。

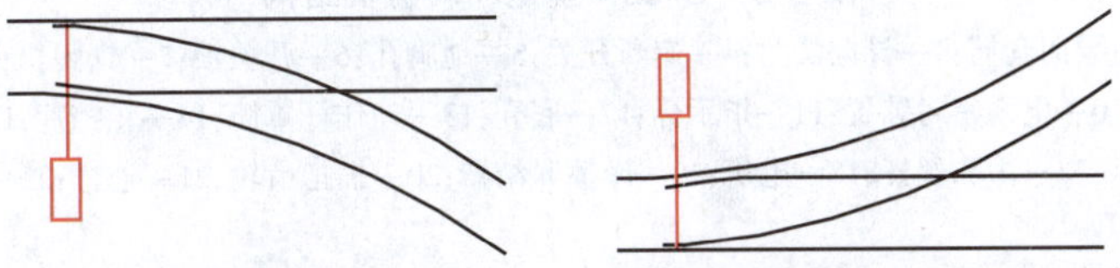

(a)右开道岔　　(b)左开道岔

图8-6　单开道岔及转辙机位置示意图

(四)基本结构及其工作原理

转辙机的种类较多,以下介绍常见的ZD6系列电动转辙机、S700K型电动转辙机、ZYJ7型电液转辙机等转辙机的结构及其基本原理。

1. ZD6系列电动转辙机

(1)结构

ZD6系列电动转辙机主要由电动机、减速器、摩擦联结器、主轴、动作杆、表示杆、移位接触器、外壳等组成。ZD6系列电动转辙机结构如图8-7所示。

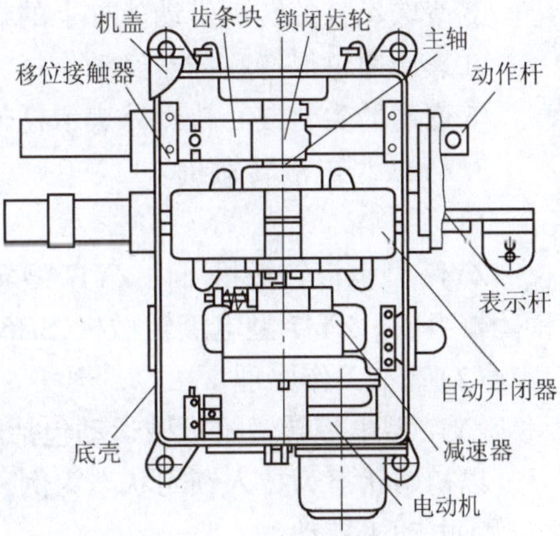

图8-7　ZD6系列电动转辙机结构

(2)基本工作原理

当道岔需要转换时,电动机通入规定方向的道岔控制电流,电动机轴旋转,通过齿轮带动减速器的输入轴、输出轴旋转,输出轴通过启动片带动主轴、锁闭齿轮旋转,锁闭齿轮在旋转中完成解锁、转换、锁闭三个过程，拨动齿条块，使动作杆带动道岔尖轨移动，直到另一位置并锁闭；同时通过启动片、速动片、速动爪带动自动开闭器的动接点动作，与表示杆配合，断开道岔定位表示，接通反位表示；完成电动转辙机转换、锁闭及给出道岔表示的任务。

2. S700K 型电动转辙机

(1)结构

S700K 型电动转辙机主要由外壳、动力传动机构、检测和锁闭机构、安全装置、配线接口等五大部分组成。S700K 型电动转辙机结构示意图，如图 8-8 所示。

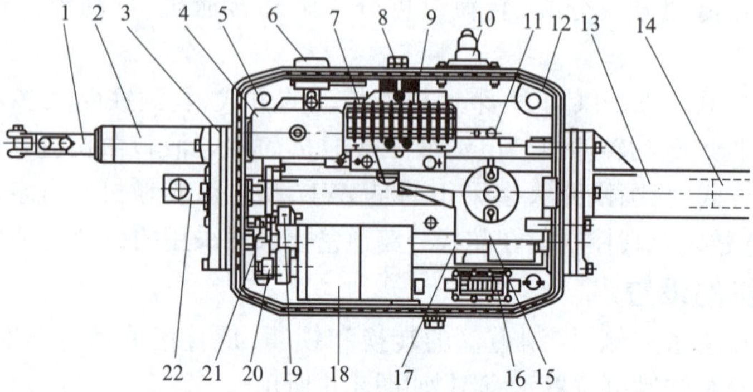

图 8-8　S700K 型电动转辙机结构

1—检测杆；2—导向套筒；3—导向法兰；4—遮断开关；5—地脚孔；6—开关锁；7—锁闭块；8—接地螺栓；9—速动开关组；10—电缆密封装置；11—指示标；12—底壳；13—动作杆罩筒；14—止挡片；15—保持联结器；16—插座；17—滚珠丝杆；18—电机；19—摩擦联结器；20—摇把齿轮；21—连杆；22—动作杆

(2)基本工作原理

S700K 型电动转辙机的动作可分为三个过程：第一为解锁过程，同时也是断开表示接点的过程；第二为转换过程；第三为锁闭过程，也是接通表示接点的过程。

具体的机械传动机构按如下过程工作：

①电动机的转动通过减速齿轮组，传递给摩擦联结器；

②摩擦联结器带动滚珠丝杠转动；

③滚珠丝杠的转动带动丝杠上的螺母水平移动；

④螺母通过保持联结器经动作杆，锁闭杆带动道岔转换；

⑤道岔的尖轨或心轨经外表示杆带动检测杆移动。

3. ZYJ7 型电液转辙机

(1)结构

ZYJ7 型电液转辙机可由 ZYJ7 型转辙机单独组成，或由 ZYJ7 型转辙机和 SH6 型转换锁闭器组成。ZYJ7 型电液转辙机、SH6 型转换锁闭器结构，如图 8-9、图 8-10 所示。

(2)基本工作原理

ZYJ7 型电液转辙机机械运动包括解锁、转换、锁闭三个过程。

以初始状态为拉入锁闭状态为例，具体工作过程包括：

①电动机启动；

②油泵泵出高压油推动油缸向伸出方向移动；

③转辙机解锁；

④动作杆、锁闭杆移动；

⑤尖轨移动，直到伸出位锁闭、给出表示。

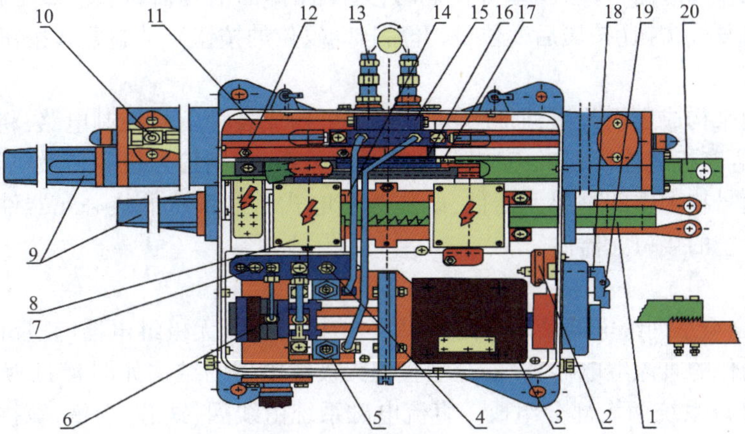

图 8-9 ZYJ7 型电液转辙机主机结构

1—表示杆；2—安全接点；3—电机；4—注油孔；5—溢流阀；6—油泵；7—油标；8—接点组；9—保护管；10—一动调节阀；11—油缸；12—油杯；13—二动调节阀；14—锁闭柱；15—空动油缸；16—动作板；17—滚轮；18—开关；19—锁栓；20—动作杆

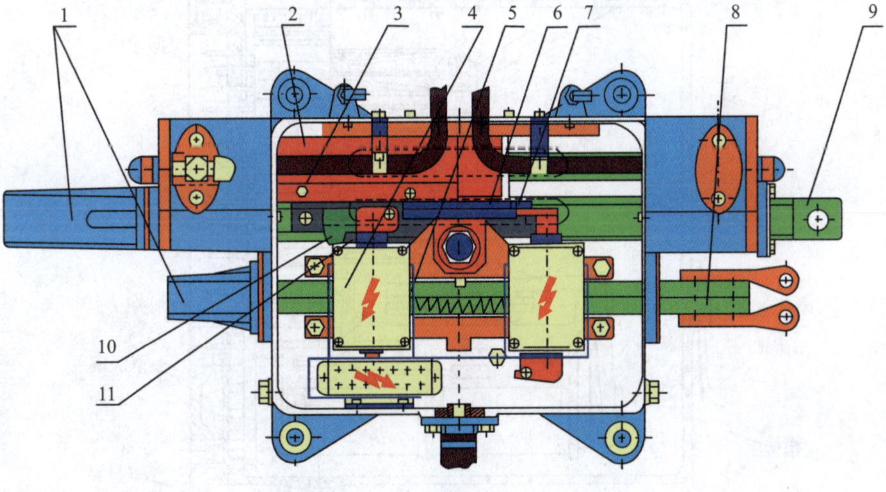

图 8-10 SH6 型转换锁闭器结构

1—保护管；2—油缸；3—油杯；4—挤脱接点组；5—检查柱；6—动作板；7—滚轮；8—表示杆；9—动作杆；10—锁块；11—锁闭铁

三、开关、按钮及继电器

1. 开关

开关主要是用来控制设备通电与断电，防止漏电和短路时带来的危险。常见的开关有高压隔离开关、高压断路器、高压熔断器、高压负荷开关、低压熔断器、低压负荷开关、低压自动空气开关、闸刀开关等。

2. 按钮

按钮是在排列进路、办理闭塞等作业时,人工操作的信号器材。按照是否能自动复原按钮可分为自复式按钮(按压后变位,松开后自动复位的按钮)、非自复式按钮。

3. 继电器

继电器用来构成逻辑关系,通过继电器接点可构成各种信号控制电路,将信号机、转辙机、轨道电路等有机地连接起来,完成严密的联锁关系,控制信号机和转辙机等的动作。继电器是铁路信号技术中的重要元器件,既作为继电式信号系统的核心元器件,还作为计算机联锁信号系统的接口元器件。

(1)组成

目前,安全型系列继电器使用广泛,其基本结构是直流无极继电器(正反向电流通入线圈均能正常动作的直流继电器)。安全型直流无极继电器的结构如图 8-11 所示,它由直流电磁系统和接点系统两大部分组成。直流电磁系统由线圈、铁芯、衔铁、轭铁等组成;接点用来反映继电器的状态,它包括动接点片和静止的上接点片和下接点片。动接点片和上接点片组成前接点(继电器衔铁吸起时,与动接点闭合的接点),动接点片和下接点片组成后接点。接点托片用来使接点间保持一定的间隙。接点拉杆和重锤片用来动作动接点。

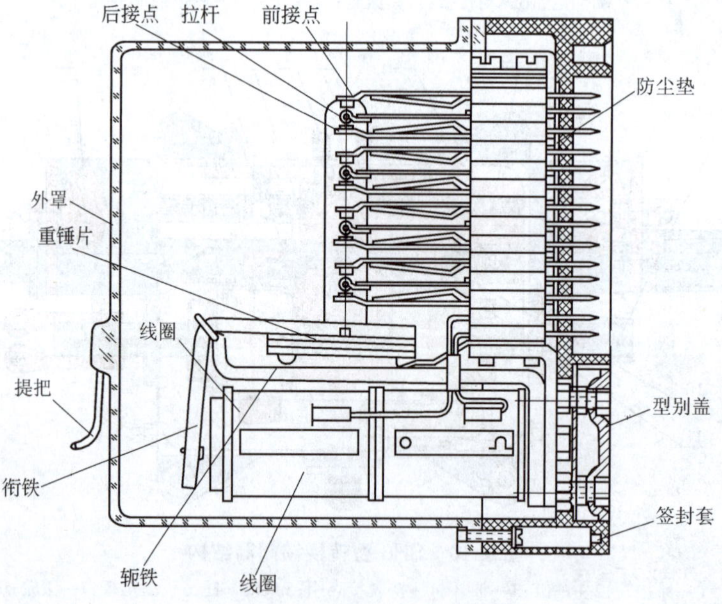

图 8-11 直流无极继电器

(2)基本原理

当向继电器通以一定的直流电后,即产生磁通,对衔铁产生吸引力。当吸引力达到克服重锤片、拉杆等的反作用力时,就将衔铁吸向铁芯,衔铁通过拉杆推动动接点片,使之向上运动,从而使后接点断开,前接点接通。

而当线圈中电流减小到一定数值时,铁芯对衔铁的吸引力不足以克服重锤片和拉杆的重力时,衔铁即离开铁芯(称为释放衔铁),通过拉杆推动,使前接点断开,后接点接通。

四、轨道状态检查装置

轨道状态检查装置主要用来检测线路是否空闲或是否有车占用,分为轨道电路和计轴轨道检查装置。轨道电路是以钢轨作导体,用以检查有无列车,传递列车占用信息以及实现地面与列车间传递信息的设备。计轴轨道检查装置是利用传感器和计算机完成车辆进出区段轮轴数的计算,分析区段是否有车占用的一种技术设备。

(一)轨道电路基本构成

1. 组成

轨道电路通常由发送端、钢轨和接收端三个部分组成,如图 8-12 所示。

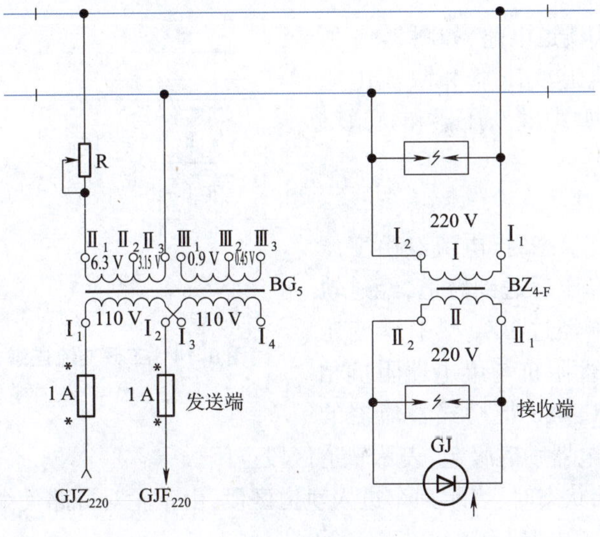

图 8-12　交流连续式轨道电路组成

2. 状态

轨道电路工作状态分为调整状态(无车占用)、分路状态(有车占用)。轨道电路两种工作状态的原理,如图 8-13 所示。

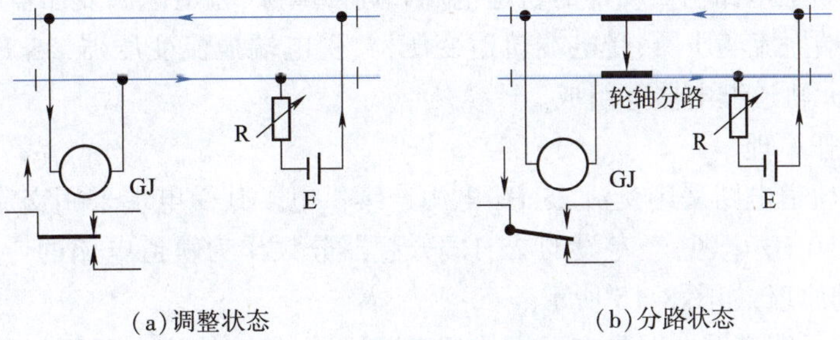

图 8-13　轨道电路工作状态原理

(1)调整状态

轨道电路的调整状态,就是轨道电路完整和空闲,接收设备(如轨道继电器)正常工作时的状态。在调整状态,两根钢轨完好、又无列车占用,电源电流通过两根钢轨和轨道继电器GJ,产生电磁感应,GJ保持吸起状态,见图8-13(a)。

(2)分路状态

轨道电路的分路状态,就是当有列车占用轨道区段时的状态。在分路状态,电源电流被列车轮轴分路,使GJ由于得不到足够的电流而失磁落下,见图8-13(b)。

(二)常用轨道电路

轨道电路种类很多,常用的有工频交流连续式轨道电路、25 Hz相敏轨道电路、移频轨道电路等。

1. 工频交流连续式轨道电路

(1)组成

工频交流连续式轨道电路,如图8-14所示,在送电端接有轨道变压器和限流电阻R_x,在受电端接BZ_4型中继变压器和轨道继电器GJ。

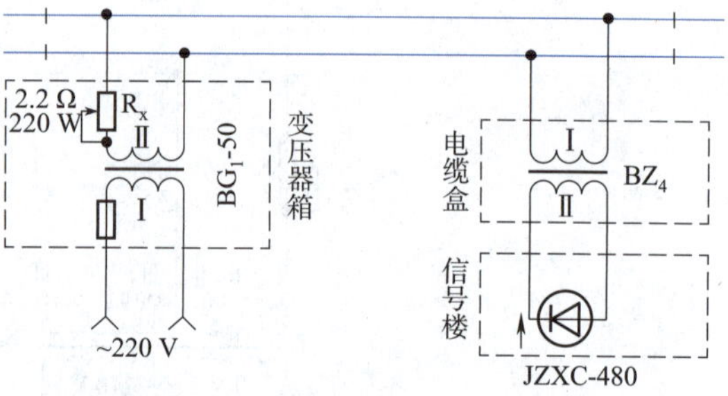

图8-14　工频交流连续式轨道电路原理

(2)基本工作原理

轨道电路在调整状态时,电流经由变压器将220 V交流电降压后送到轨道,经过轨道的传输,在受电端经过BZ_4型中继变压器,使钢轨线路的特性阻抗与继电器阻抗相匹配,然后经过JZXC-480带桥式整流器的安全型继电器,使继电器励磁吸起,表示轨道区段空闲。

轨道电路在分路状态时,表示列车进入轨道区段,由于轮对分路使继电器失磁落下。

2. 25 Hz相敏轨道电路

在电气化铁路区段,由于轨道中有强大的牵引电流,轨道电路就不可能运用与牵引电流频率相同的50 Hz交流制式。为了防止干扰,我国铁路车站内广泛采用25 Hz相敏轨道电路。

(1)组成

25 Hz相敏轨道电路由25 Hz的轨道电源和局部电源、轨道电源变压器(BG_{25})、送电端限流电阻、送电端扼流变压器、受电端轨道变压器、受电端扼流变压器、25 Hz防护盒、防雷补偿器、交流二元轨道继电器等组成。

(2)基本工作原理

25 Hz相敏轨道电路采用交流25 Hz电源连续供电。其受电端采用交流二元轨道继电器,从电网送入50 Hz电源,经专设的25 Hz分频器分频作为轨道电路的专用电源。25 Hz相敏轨道电路的原理,如图8-15所示。

由于交流二元轨道继电器具有可靠的频率选择性,故该轨道电路不仅可用于交流电气化区段,而且可用于非电气化区段。

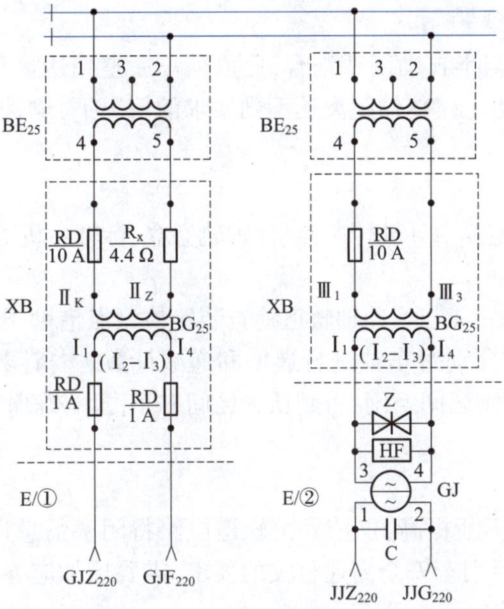

图 8-15 25 Hz 相敏轨道电路原理

3. 移频轨道电路

由于交流闭路式轨道电路、25 Hz 相敏轨道电路等都是采用单一频率的电流来驱动轨道继电器,电路简单,只能检查列车的占用/出清情况,无法传递列车运行的信息。随着客运专线和高速铁路的建设,列车运行速度的不断提高,密度也不断增加,轨道电路仅仅检查列车的占用/出清情况已经不能满足列车运行控制的要求。因此,需要采用抗干扰能力强、传输距离远的移频轨道电路,它主要应用在区间线路或车站—区间一体化区段。

移频轨道电路采用频率调制的方法,把调制信号[即低频信号 F_c,图 8-16(a)]搬移到较高的频率[即载频 F_o,如图 8-16(c)]上。在通道中,移频信号传输的振幅不变,频率随低频信号的幅度作周期性变化。它是一种由 f_1 和 f_2 交替变换的移频波,其交替变换的速率即是低频信息。将移频信号用钢轨作为传输通道来控制通过信号机、机车信号或列控车载设备的显示,达到自动指挥列车运行的目的。

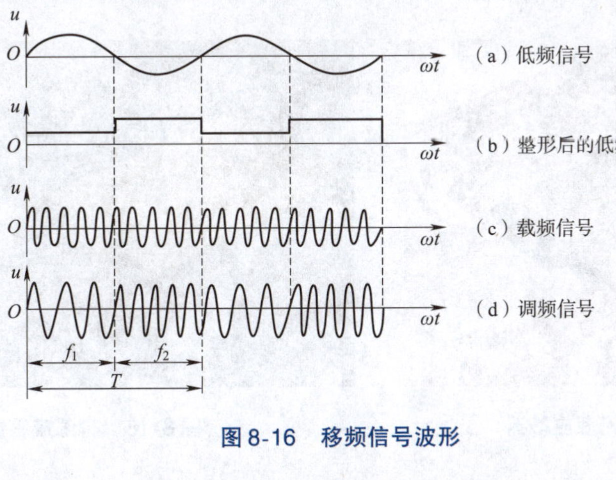

图 8-16 移频信号波形

(三)计轴轨道检查装置

计轴轨道检查装置与半自动闭塞结合,完成列车完整到达接车站的自动检查,构成计轴自动站间闭塞。在轨道电路传输距离达不到要求的情况下,也常使用计轴轨道检查装置完成轨道状态的检查。

1. 组成

计轴轨道检查装置主要由计轴传感器、计轴轨旁盒、计轴主机等组成。

2. 基本工作原理

当列车进入某一计轴区间时,计轴轨道检查装置检测点借助于每个传感器被经过的次序能检测列车运行方向,分别对车轴进行递增和递减计数。若计数为零,说明进入区间和离开区间的轮轴数相等,则区间空闲;否则认为区间有车占用,确保行车安全。

五、应 答 器

随着列车运行速度不断提高,仅依靠由轨道电路将闭塞信息送至车载设备的方式,在信息量方面已经不能满足列车安全高速行驶的要求,需要增加应答器设备向车载设备提供大量固定信息和可变信息。

应答器是利用射频原理,用于在特定地点实现地面与车载设备间高速点式数据传输的设备,分为无源(固定)应答器、有源(可变)应答器。

1. 无源应答器

无源应答器用于发送固定不变的数据,用于提供线路固定参数,如线路坡度、线路允许速度、轨道电路参数、链接信息、列控等级切换等。

无源应答器与外界没有物理连接,如图 8-17 所示。当列车经过无源应答器上方时,无源应答器接收到车载天线发射的电磁能量后,将其转换成工作电源,启动电子电路工作,把存储在地面应答器中的数据循环发送出去。随着列车离去(即车载天线离去),电能减弱直至电能消失,应答器停止工作。

2. 有源应答器

有源应答器通过电缆与地面电子单元(LEU)连接,如图 8-18 所示。其用于发送来自 LEU 的车站联锁排列进路、临时限速服务器或调度中心下达的临时限速命令等实时变化的信息。

图 8-17 无源应答器

图 8-18 有源应答器

当列车经过有源应答器上方时，有源应答器接收到车载天线发射的电磁能量后，将其转换成工作电源，使地面应答器中发射电路工作，将LEU传输给有源应答器的数据循环实时发送出去。随着列车离去（即车载天线离去），电能减弱直至电能消失，应答器停止工作。

当有源应答器与LEU通信故障时，有源应答器切换至无源应答器工作方式，发送存储的固定信息。

六、车载设备

1. 列车运行监控装置

列车运行监控装置（LKJ）具有监控列车运行、状态显示及记录等功能。

列车运行监控装置（LKJ）根据不同列车运行状态分为通常工作状态、出入段工作状态、调车工作状态、非本务工作状态、20 km/h限速工作状态、降级工作状态和与其他ATP结合工作状态等多种控制状态。

LKJ产生的列车运行记录数据是行车安全分析的重要依据，任何单位和人员不得更改。电务维修机构应妥善保存LKJ列车运行记录数据。

2. 轨道车运行控制设备

轨道车运行控制设备（GYK）具有轨道电路信息接收、运行监控、警醒、数据记录、语音记录及人机交互等功能。

轨道车运行控制设备（GYK）具有正常监控模式、目视行车模式、调车模式、区间作业模式和非正常行车模式等控制模式。

3. 列车超速防护系统

列车超速防护系统（ATP）具有行车许可计算、速度监控、显示、设备状态记录等功能。

列车超速防护系统（ATP）的控车模式有完全监控、部分监控、引导、目视行车、调车、隔离和待机等模式。

4. 列车自动驾驶系统

列车自动驾驶系统（ATO）在行车安全防护曲线下，实现列车自动发车、自动过分相、区间自动运行、自动停车等控制功能，实现列车安全、准点、平稳、节能的自动驾驶。

列车自动驾驶系统（ATO）有人工控车模式和自动控车模式。

第三节　铁路信号系统

铁路信号系统由车站联锁、闭塞、列车运行控制系统、列车调度指挥系统与调度集中系统等子系统构成。

一、车站联锁

车站联锁是保证站内运输作业安全、提高作业效率的铁路信号子系统，其控制对象是道岔、进路和信号，实现道岔、进路和信号集中控制与监督。

(一)联锁的基本概念

1. 联锁与进路

通过技术方法,使信号、道岔和进路必须按照一定程序并满足一定条件,才能动作或建立起来的相互关系称为联锁关系,简称联锁。

进路是列车、机车(自轮运转特种设备)或车列由一个地点运行(移动)到另一个地点,所经由(或为此准备)的一段线路。进路包括列车进路和调车进路。在车站,为列车进站、出站所准备的进路,称为列车进路;为调车作业准备的进路称为调车进路。列车、调车进路的始端都应设有一架信号机进行防护,以保证作业时的安全。信号机外方即信号机前方,是信号机机构正面所对的方向。信号机内方即信号机后方,是信号机机构背面所对的方向。信号机的内方则为所其防护的进路。

2. 联锁设备的分类

实现联锁所用的设备称为联锁设备。联锁设备分为集中联锁(计算机联锁和继电联锁)和非集中联锁(色灯电锁器联锁和臂板电锁器联锁)。

3. 联锁设备(驼峰除外)应满足的条件

(1)当进路上的有关道岔开通位置不对或敌对信号机未关闭时,防护该进路的信号机不能开放;信号机开放后,该进路上的有关道岔不能扳动,其敌对信号机不能开放。

(2)半自动闭塞、自动站间闭塞及三显示自动闭塞区段,正线上的出站信号机未开放时,进站信号机不能开放通过信号;主体信号机未开放时,预告信号机不能开放。

(3)装有转换锁闭器,电动、电液转辙机的道岔,当第一连接杆处(分动外锁闭道岔为锁闭杆处)的尖轨与基本轨间、心轨与翼轨间有 4 mm 及以上水平间隙时,不能锁闭或开放信号机。

(4)区间辅助所内正线上的道岔,未开通正线时,两端站不能开放有关信号机。设在辅助所的闭塞设备与有关站闭塞设备应联锁。

(5)集中联锁设备应保证:当进路建立后,该进路上的道岔不能转换;当道岔区段有车占用时,该区段的道岔不能转换;列车进路向占用线路上开通时,有关信号机不能开放(引导信号除外);能监督是否挤岔,并于挤岔的同时,使防护该进路的信号机自动关闭,被挤道岔未恢复前,有关信号机不能开放。集中联锁设备,在控制台(或操纵、表示分列式的表示盘及监视器)上应能监督线路与道岔区段是否占用、进路开通及锁闭,复示有关信号机的显示。

(二)联锁系统

车站联锁系统经历了机械联锁、继电联锁、计算机联锁等发展过程。机械联锁已不再使用,随着微电子技术、计算机技术、信息技术、通信技术、容错技术的不断发展,计算机联锁技术不断走向成熟。

1. 继电联锁

(1)工作原理

继电联锁是用电磁继电器作为主要元器件组成的电路。通过信号楼内的控制台控制信号机和转辙机开放或关闭,通过电缆传送到机械室的继电器组合上。继电器组合上的继电器接收到指令后,使继电器动作,继电器动作的信号再由电缆传送到相应的信号机和控制相应道岔动作的转辙机,使信号机处于开放或关闭状态,使道岔处于定位或反位状态,从而使进路上的信号机、道岔与相应的进路实现联锁。

(2)设备组成

继电联锁设备由室内设备和室外设备两部分组成。6502 继电联锁如图 8-19 所示。

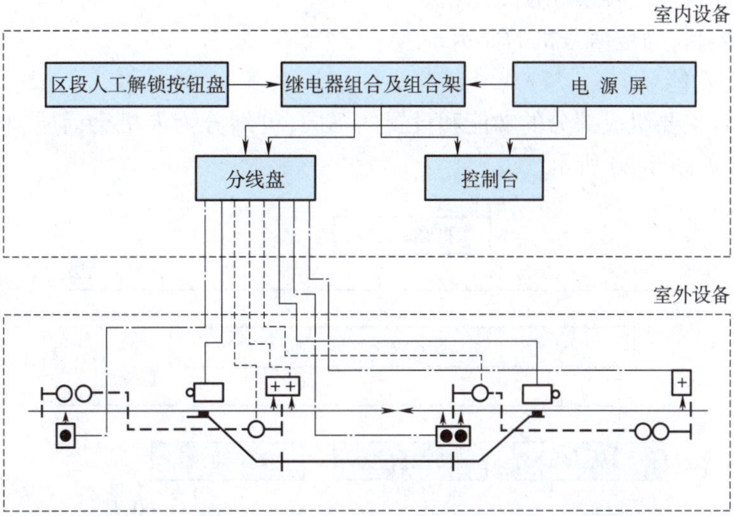

图 8-19 6502 继电联锁组成

①室内设备

室内设备主要有控制台、继电器组合及组合架、分线盘和电源屏等。控制台设置在信号楼车站值班员室内,用来控制全站的道岔转换、信号开放,并对进路、道岔、信号进行监督;继电器组合及组合架在信号楼继电器室内,用继电器构成逻辑电路,完成进路、信号、道岔之间的联锁关系;电源屏为继电联锁提供所需要的各种电源。

②室外设备

室外设备主要有色灯信号机、转辙机、轨道电路、电缆线路及箱盒等。信号机用以指挥列车或调车车列的运行,防护进路;转辙机用以转换道岔位置,并反映道岔状态;轨道电路检查轨道区段是否空闲,及监督轨道电路的工作状态;电缆线路及箱盒是连接电缆设备与室外设备。

分线盘(防雷分线柜)位于室内,用于连接室内、室外设备。

2. 计算机联锁

计算机联锁是用计算机取代继电器构成联锁机构来完成车站信号的联锁任务,是从继电联锁系统发展起来,具有继电联锁系统的所有功能。以信号机、转辙机、轨道电路、区间闭塞的状态为联锁条件,以信号机、转辙机为驱动对象,运用计算机强大的逻辑运算能力完成对车站信号设备的控制,保证车列行进过程的安全,实现车站信号设备控制自动化。

(1)系统功能

①联锁逻辑运算:接收调度或车站值班员的进路命令,进行联锁逻辑运算,实现对道岔

和信号机的控制。

②轨道电路信息处理:处理列车检测功能的输出信息,以提高列车监测信息的完整性。

③进路控制:设定、锁闭和解锁进路。

④道岔控制:解锁、转换和锁闭道岔。

⑤信号机控制:确定信号机的显示。

(2)组成与功能

根据系统各主要组成部分的功能和设置的不同,可划分为人机会话层、联锁层、执行层和室外设备层,如图 8-20 所示。

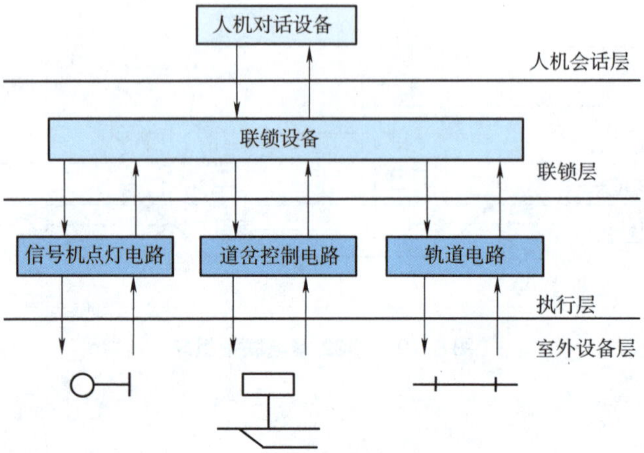

图 8-20　联锁系统层次结构

①人机会话层

人机会话层是通过车站值班员或维修人员的操作,向联锁层输入操作信息,接收联锁层输出的反映设备工作状态和行车作业情况的表示信息。

②联锁层

联锁层是车站联锁系统的核心,实现联锁逻辑运算。其主要功能接收来自人机会话层的操作信息;接收来自执行层的反映转辙机、信号机和轨道电路状态的信息;根据联锁条件,对输入的操作信息和状态信息,以及联锁机构的当前内部信息进行处理,产生相应的输出信息,即信号控制命令,并交付执行层的控制电路予以执行,最终实现动作室外设备的目的。

③执行层

执行层是指联锁层与各个监控对象之间的控制电路层。其主要功能是接受来自联锁层的道岔控制命令,动作转辙机,驱动道岔转换;接收来自联锁层的控制命令,改变信号显示;向联锁层传输信号状态信息、道岔状态信息,以及轨道电路状态信息。

④室外设备层

室外设备层与继电联锁的室外设备相同。

二、闭　　塞

(一)闭塞的概念

通过设备或人为控制,按照一定的方法组织列车在区间运行,使列车通过站间、所间、闭塞分区时,保证同一时间内只有一个列车占用,并使列车与列车之间保持一定距离的技术方法,一般称为行车闭塞法,或叫闭塞。

(二)闭塞设备

闭塞设备是用来保证列车在区间内运行安全,并提高区间通过能力的信号设备。闭塞设备可分为半自动闭塞、自动站间闭塞、自动闭塞设备。目前,我国铁路单线多采用半自动闭塞、自动站间闭塞,双线多采用自动闭塞。

1. 半自动闭塞设备

半自动闭塞是以出站信号机或线路所的通过信号机显示的允许运行的信号作为列车占用区间凭证,发车站的出站信号机(或线路所的通过信号机)必须经两站同意、办理闭塞手续后才能开放,列车进入区间后自动关闭,而且在列车未到达接车站以前,向该区间发出列车的信号不能开放,这就保证了两站间的区间内同时只有一列列车运行。半自动闭塞设备由半自动闭塞机、半自动闭塞用的轨道检查装置、操纵和表示设备、闭塞电源、闭塞机外线等部分组成。半自动闭塞机是闭塞设备的核心,由电源、继电器、电阻器、电容器等组成。

2. 自动站间闭塞设备

自动站间闭塞是采用轨道检查装置自动检查区间空闲,随着办理发车进路自动构成站间闭塞,列车凭出站信号显示进入发车进路后,出站信号机自动关闭,待列车出清区间后自动解除闭塞的行车闭塞方法。通常与集中联锁设备结合使用。

自动站间闭塞有两种:当采用计轴轨道检查装置检查区间空闲时,称为计轴自动站间闭塞;当采用轨道电路检查区间空闲时,称为轨道电路自动站间闭塞。

现以计轴自动站间闭塞为例,简单说明其构成。计轴器作为区间空闲与占用状态的检查设备,每个区间安装两套,分别设在两站进站信号机内方 2 ~3 m 处。其构成如图 8-21 所示。

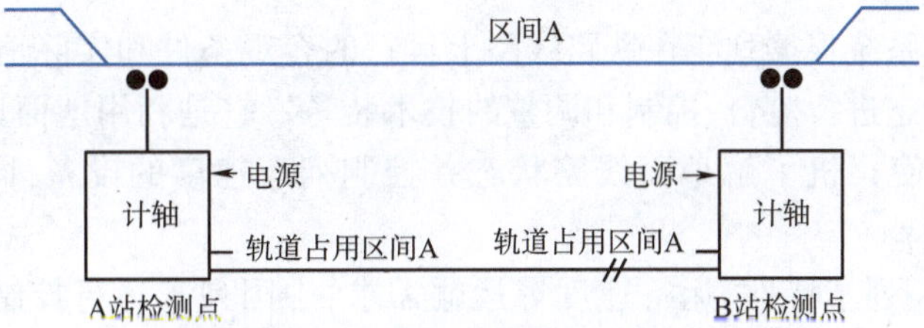

图 8-21　计轴自动站间闭塞系统构成

计轴设备基于列车(车辆)驶入和驶出计轴点所监视的区间时所记录轴数的比较结果,以此确定该区段的占用或空闲状态。经比较不一致后,发出区间占用信息;经计算机比较结果一致,输出区间空闲信息。室内配套有轴数显示器、检测盒等。计轴器到信号楼采用计轴专用电缆连接。信号机械室到通信机械室采用屏蔽双绞线连接,并在通信机械室接入。

计轴自动站间闭塞取消人工办理闭塞的方式。当计轴设备正常时,采用自动站间闭塞方式。当计轴设备故障时,可人工转为半自动闭塞方式。自动站间闭塞与半自动闭塞可互相切换。

3. 自动闭塞设备

自动闭塞是指根据列车运行及有关闭塞分区状态,自动变换通过信号机显示而司机凭信号行车的闭塞方法。

(1)固定自动闭塞

固定自动闭塞是根据列车运行及有关闭塞分区状态,自动变换通过信号机显示,而司机凭信号行车的闭塞方法。固定自动闭塞是在列车运行过程中自动完成闭塞工作的。

固定自动闭塞将两个相邻车站之间的区间正线划分成若干个小段——闭塞分区,每个分区的起点设置一架通过色灯信号机进行防护,如图 8-22 所示。由于闭塞分区内钢轨上装设轨道电路,因而能够正确反映列车的运行占用情况,并及时传给通过信号机显示出来,向接近它的列车指示运行条件,行车安全有了进一步的保证。

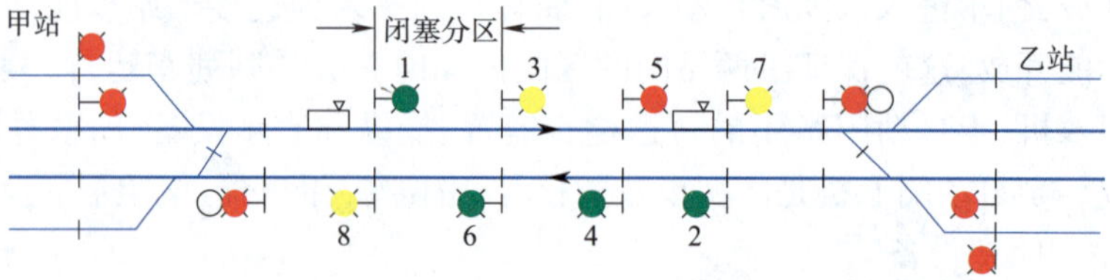

图 8-22 自动闭塞示意图

(2)移动闭塞

移动闭塞不需要将区间划分成固定的若干闭塞分区,而是在两个列车之间自动地调整运行间隔,使之经常保持一定的距离。这种闭塞方式是由列车自动地调整间隔,使两列车之间的间隔最小,从而提高区间内的行车密度,大大提高区段的通过能力。

三、列车运行控制系统

列车运行控制系统根据列车在铁路线路上运行的客观条件和实际情况,对列车运行速度及制动方式等状态进行监督、控制和调整的技术装备。它是利用地面设备向运动中的列车传送各种信息,使司机了解地面线路状态并控制列车速度的设备,同时也要保证行车效率。

根据线路条件、列车特性、运行速度等运输需求,中国列车运行控制系统分为 CTCS-0 级、CTCS-1 级、CTCS-2 级、CTCS-3 级、CTCS-4 级五个等级。

(一)CTCS-0 级/CTCS-1 级

CTCS-0 级主要面向 120 km/h 以下的区段,由通用机车信号(JT-A/B)和列车运行监控装置(LKJ)构成。

CTCS-1 级面向 160 km/h 以下的区段,由主体机车信号(JT-C)和安全型列车运行监控装置组成,在既有设备基础上强化改造,达到机车信号主体化要求,增加点式设备,实现列车运行安全监控功能。

1. 通用机车信号

通用机车信号(JT-A/B)设备组成框图,如图 8-23 所示。通用机车信号由地面发送设备和通道、信息接收、机车信号主机箱及接线盒、机车电源、显示器等构成。

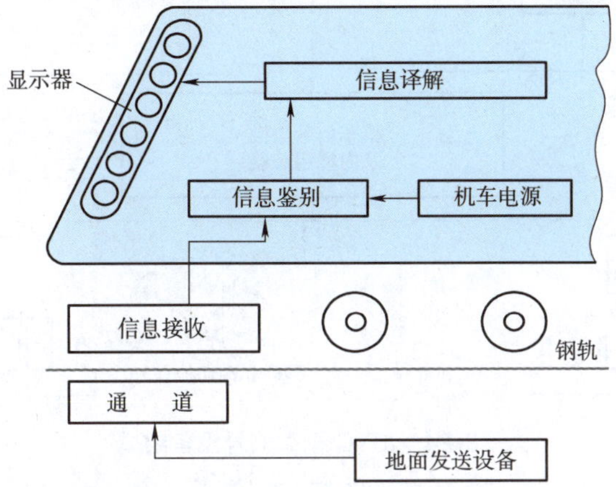

图 8-23　JT-A/JT-B 机车信号设备组成

(1)地面发送设备和通道

地面发送设备和通道是将线路状态情况或地面信号机的显示情况变换为可以进行传递的电信号,发送到通道(轨道电路),然后由通道向机车上发送信息。

(2)信息接收

信息接收是由机车传感设备(接收线圈)完成的,它是机车信号控制系统中的重要部分,通过它直接接收地面的信息,因此要求接收线圈具有稳定、准确、可靠的性能。

(3)机车信号主机箱及接线盒

机车信号主机箱及接线盒是通用式机车信号系统的核心,它采用数字信号处理(DSP)技术对信息进行鉴别和译解等运算处理,最后得到所需要的输出信号。

(4)机车电源

机车电源是采用机车发电机和机车蓄电池浮充供给的直流电源。机车电源直接引到接线盒,由接线盒进行电源变换供主机使用。

(5)显示器

显示器(机车色灯信号机)分为双面六显示机车信号机和双面八显示机车信号机两种,其作用是复示前方地面信号机显示。

2. JT-C 机车信号

JT-C 设备组成框图,如图 8-24 所示。其由机车信号主机、机车信号机、接收线圈、机车信号主机内置的记录器、无线远程监测数据终端等组成。

(1)机车信号主机

机车信号主机用来实现对接收线圈接收到的信息进行处理,把译码结果送到机车信号机显示输出,并将输出结果提供给列车运行监控记录装置作为控制基础信息。

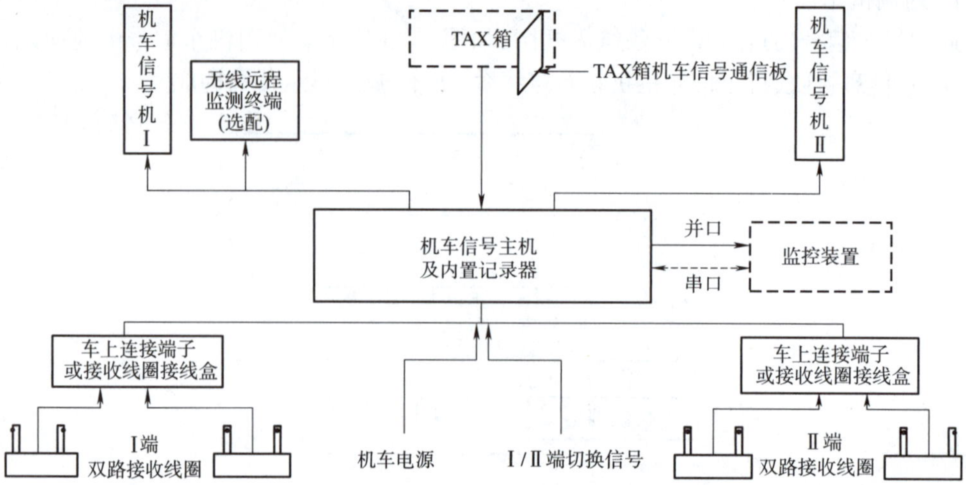

图 8-24　JT-C 机车信号设备组成

(2)机车信号机

机车信号机以双面八显示信号灯方式机车信号主机译码后的点灯输出,向司机提供地面信号显示信息。机车信号机下端设有载频切换(上下行)开关和载频组指示灯。指示灯可显示机车信号主机正在接收的载频组(上下行)状态。

(3)接收线圈

接收线圈通过电磁感应接收钢轨中以电流形式传输的信息,并转换成电压信号供机车信号主机接收。

(4)机车信号主机内置的记录器

机车信号主机内置的记录器可以记录机车信号运行状态信息、环境信息,接收线圈接收的原始波形信息,并辅助以时间及机务 TAX 箱辅助信息。通过地面分析软件,为机车信号的使用、维护、管理提供便捷的手段。

(5)无线远程监测数据终端

无线远程监测数据终端是机车信号系统的一个可选配件。车载终端采集机车信号记录器的输出信息,并将这些数据以无线方式发送到地面设备,通过服务端与客户端的数据处理和显示,实时提供机车信号的运用状态,为机车信号的实时维护、管理提供了方便的手段。

3. 列车运行监控装置

列车运行监控装置(LKJ)俗称"黑匣子",对机车牵引的列车进行监督运行控制和记录。它是控制列车运行的执行部分,通过它可以控制报警,司机要采取措施,否则,就使机车进行紧急制动。在部分动车组列车上作为后备模式下控制列车运行。

列车运行监控装置由监控主机、屏幕显示器、其他车载设备、无线远程数据监测(LMD)、地面软件等组成。

(1)监控主机

监控主机通过接收的轨道电路信息、应答器信息、人机交互指令信息及列车状态信息,结合车载预存线路基础数据或应答器数据，依据列车制动属性，完成速度和目标距离模式曲线计算功能，监控列车安全运行，同时记录列车运行相关信息。

(2)屏幕显示器

屏幕显示器显示机车、动车组实际速度、限制速度、时间、公里标等信息，具备语言提示、人员操作等人机交互功能。

(3)其他车载设备

其他车载设备包括速度传感器、压力传感器、LMD 车载主机、GPS 信息接收装置、TAX 主机、调车灯显接口盒、专用连接线缆等。

(4)无线远程数据监测(LMD)

无线远程数据监测(LMD)，是电务安全监控技术体系的重要组成部分。LMD 车载主机采集机车运行数据，并通过无线云数据中心的定向数据接收、分发、处理，将机车数据传输至地面设备，以客户端终端页面的方式展示，实现 LKJ 设备运行状态和数据版本、列车位置等运用状态的实时监测、管理，为铁路运输及相关作业提供管理信息支持，确保 LKJ 设备的稳定运行和安全风险的有效管控。

(5)地面软件

LKJ 地面软件主要包括基础数据文件编制软件、临时数据文件编制软件、运行记录格式处理软件。

(二)CTCS-2 级

CTCS-2 级是面向提速干线和客运专线，适用于各种限速区段，是基于轨道传输信息的列车运行控制系统。CTCS-2 级采用车—地一体化设计，地面可不设通过信号机，机车乘务员凭车载信号行车。CTCS-2 级列控系统结构如图 8-25 所示。

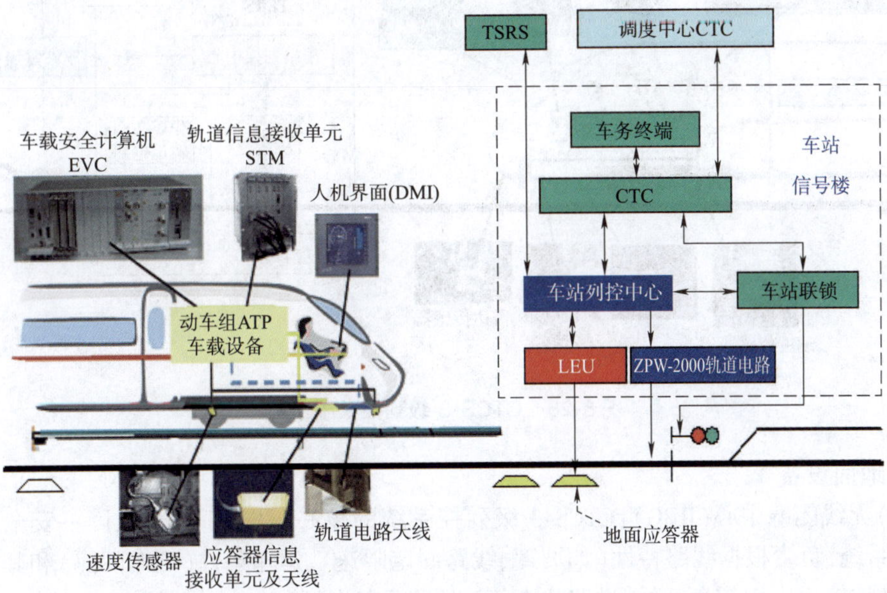

图 8-25　CTCS-2 级列控系统结构

CTCS-2 级列控系统分车载设备和地面设备两部分，地面设备又分轨旁和室内设备两部分。

地面设备：由车站列控中心，地面电子单元、点式应答器、ZPW-2000A 系列轨道电路、调度中心 CTC 等组成。

车载设备：由车载安全计算机、轨道信息接收单元、应答器信息接收单元（BTM）、人机界面、速度传感器、制动接口单元、BTM 天线等组成。

CTCS-2 级各模块的功能：

（1）轨道电路功能：实现列车占用检查、提供列车运行前方空闲闭塞分区数量。

（2）有源应答器：提供临时限速和进路信息。

（3）无源应答器：提供线路允许速度和闭塞分区长度等。

（4）车载设备功能：综合轨道电路、应答器信息和动车组参数，自动生成连续速度控制模式曲线，实时监控列车安全运行。

（三）CTCS-3 级

CTCS-3 级适用于 250 km/h 及以上线路，是基于无线传输信息并采用轨道电路等方式检查列车占用的列车运行控制系统。CTCS-3 级地面不设通过信号机，机车乘务员凭车载信号行车。

CTCS-3 级列控系统包括地面设备和车载设备，如图 8-26 所示。

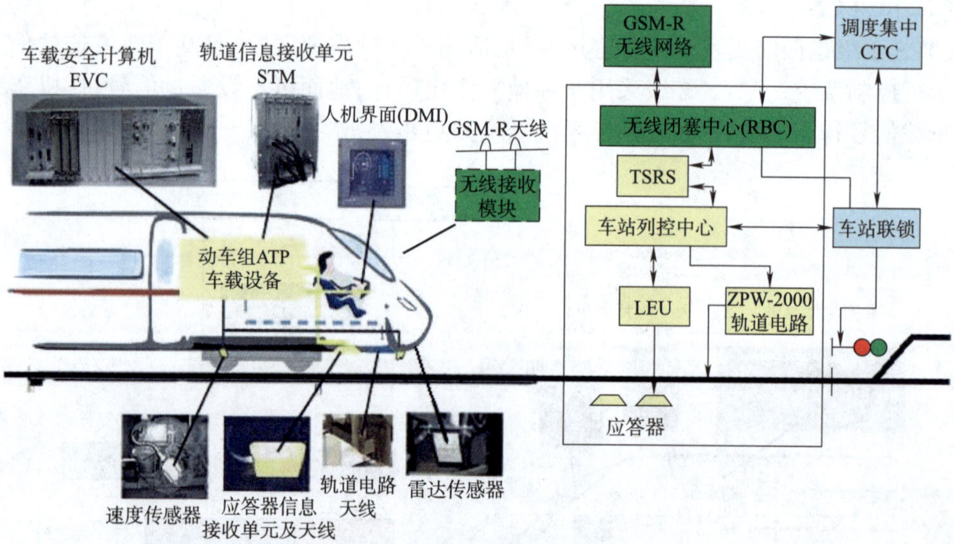

图 8-26 CTCS-3 级列控系统结构

1. 地面设备

（1）无线闭塞中心（RBC）：CTCS-3 级列控系统的核心，是基于信号故障—安全计算机的控制系统，负责根据线路特性（如坡度、线路固定限速）、运输条件（列车间隔）和其他系统的情况（如轨道占用信息、联锁进路状态等）生成行车许可（MA），并通过 GSM-R 无线通信系统将线路参数、临时限速传输给 CTCS-3 级车载设备；同时通过 GSM-R 无线通信系统接收车载设备发送的位置和列车数据等信息，保证其管辖范围内列车的运行安全。

(2)临时限速服务器(TSRS):集中管理临时限速命令,分别向列控中心(TCC)、无线闭塞中心(RBC)传递临时限速命令,TCC将临时限速信息经LEU传输至有源应答器,RBC将临时限速信息经GSM-R传输至车载设备。

(3)车站列控中心(TCC):TCC接收轨道电路的信息,并通过联锁系统传送给无线闭塞中心(RBC);同时,TCC具有轨道电路编码、应答器报文实时编码、站间安全信息传输、临时限速功能,满足后备系统需要。

(4)无线网络(GSM-R):GSM-R采用单网交织的冗余覆盖方案,完成车—地之间的信息双向传输。

(5)地面应答器:发送线路参数、临时限速、等级转换、无线闭塞中心(RBC)切换等信息,用于识别列车运行方向、发车进路始端等。

(6)轨道电路:实现列车占用及完整性检查,在CTCS-2级运用时连续向具有CTCS-2级功能的列车传送空闲闭塞分区数量等信息。

2. 车载设备

车载设备根据地面设备提供的信号动态信息、线路静态参数、临时限速信息及有关动车组数据,生成控制速度和目标距离的一次模式曲线控制列车运行,为司机提供机车信号与行车监督服务。同时,记录单元对ATP有关数据及操作状态信息实时动态记录。

车载设备由人机界面(DMI)、车载安全计算机(EVC)、轨道信息接收单元、司法记录单元(JRU)、无线接收模块、速度传感器、应答器天线、轨道电路天线等组成。

车载设备的功能为:作为系统信息传输平台完成车—地间大容量的信息交换;完成点式信息的接收与处理;实时检测列车运行速度并计算列车走行距离;对接收信息、系统状态和控制动作进行记录;对列车运行控制信息进行综合处理,生成目标距离模式曲线,控制列车按命令运行等。

(四)CTCS-4级

CTCS-4级面向高速新线或特殊线路,是基于无线传输信息的列车运行控制系统。CTCS-4级基于无线通信传输平台,可实现虚拟闭塞或移动闭塞。CTCS-4级由无线闭塞中心(RBC)和车载验证系统共同完成列车定位和列车完整性检查。CTCS-4级地面不设通过信号机,机车乘务员凭车载信号行车。CTCS-4级是面向未来的列车运行控制系统。

四、列车调度指挥系统、调度集中系统

(一)列车调度指挥系统

列车调度指挥系统(Train Dispatching Command System,简称TDCS)是对列车进行实时监督、跟踪、集中调度指挥的现代化运输设备,具备列车到发自动报点、车次号自动跟踪、行车日志自动生成、列车运行自动生成实绩运行图、列车运行方案自动调整、通过网络下达运行计划及调度命令等功能,是铁路调度指挥向新型的数字化、网络化、综合化、智能化发展的重要标志。

1. 网络体系结构

列车调度指挥系统(TDCS)由国铁集团调度指挥中心、铁路局集团公司调度指挥中心

及基层网组成。

(1)国铁集团调度指挥中心

国铁集团调度指挥中心(TDCS)处于最高层,是核心部分,是现代化铁路运输调度指挥的心脏。国铁集团调度指挥中心(TDCS)通过专线通道、数据网链路、路由器与各铁路局集团公司调度指挥中心远程连接,进行信息交换,并建立全路有关专业技术资料库。国铁集团调度指挥中心能获得各铁路局集团公司分界口、重要铁路枢纽、主要干线等的运输状况和TDCS基层网等实时信息。

(2)铁路局集团公司调度指挥中心

铁路局集团公司调度指挥中心(TDCS)处于第二层,在各铁路局集团公司所在地建有铁路局集团公司调度指挥中心局域网。铁路局集团公司调度指挥中心通过专线通道、数据网链路、路由器与国铁集团、相邻铁路局集团公司调度指挥中心远程连接,进行信息交换。铁路局集团公司调度指挥中心(TDCS)具有列车调度指挥功能,其功能不仅是指挥和管理中心,同时也是行车控制中心,对于部分区段和车站,铁路局集团公司控制中心还可在TDCS的基础上发展调度集中,实现对列车进路的自动控制。

(3)基层网

最下层是TDCS基层网,主要包括车站行车调度指挥系统等。

为适应三层网络体系结构,TDCS构造了一个覆盖全国铁路的大型网络。各局域网间通过专线方式或者采用专线为主用通道,数据网链路为备份通道方式连接,进行远程信息交换。

2. 组成与功能

(1)国铁集团调度指挥中心(TDCS)

国铁集团调度指挥中心(TDCS)主要由路由器、服务器、工作站、大屏幕投影系统以及网络安全设备、绘图仪和电源系统等组成,具备调度实时信息宏观显示、调度实时监视功能、技术资料查询、显示功能、报表统计功能、系统维护及管理功能、用户培训、与相关信息系统信息共享、在分界口列车调度指挥管理和跨局调度指挥管理力面提供预警和报警等功能,列车调度指挥从"被动式管理"向"主动式管理"过渡。

(2)铁路局集团公司调度指挥中心(TDCS)

铁路局集团公司调度指挥中心由中心机房设备、调度所设备和远程工作站设备三大部分组成,网络结构如图8-27所示。

中心机房设备包括数据库服务器、应用服务器、通信服务器、网络交换机、网络管理工作站、系统维护工作站、电源屏设备、防雷设备和远程通信设备;调度所设备包括行车调度台工作站、基本图维护工作站、调度主任工作站、主任助理工作站、值班主任工作站、分析室工作站,以及机调、货调、局长等工作站和大屏幕系统;远程工作站设备包括机务段(折返段)、车务段调度命令工作站和电务段调度工作站。

(3)基层站段调度(TDCS)

基层站段调度TDCS主要由车站计算机网络设备、车站分机采集及控制设备、车站值班员终端三部分组成。TDCS基层网系统构成,如图8-28所示。

车站计算机网络设备主要由网络集线器、路由器、协议转换器构成。车站由网络集线

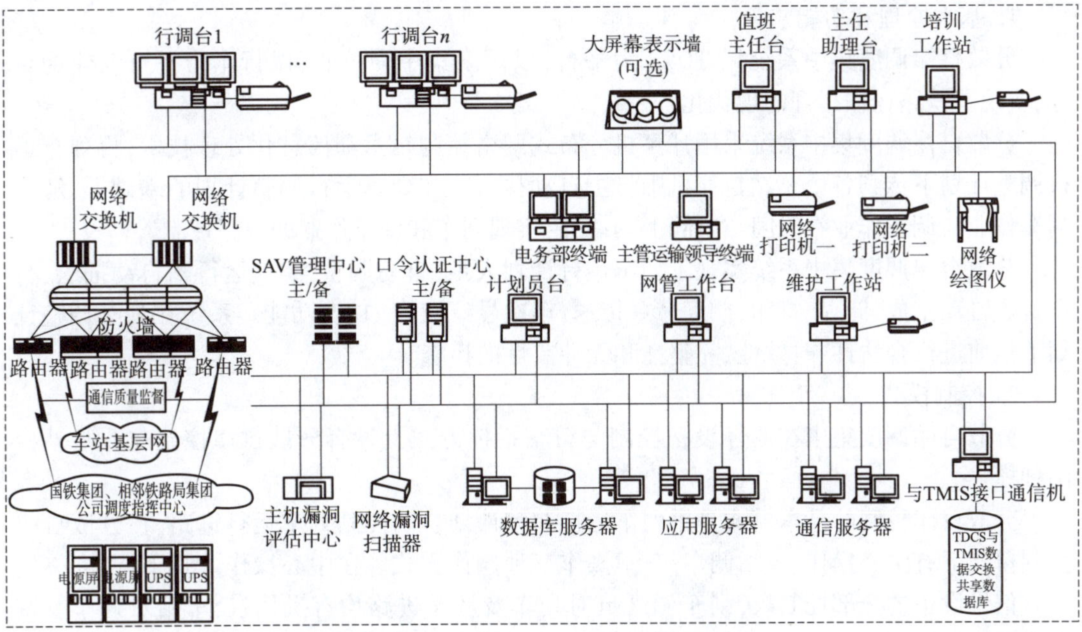

图 8-27 铁路局集团公司 TDCS 网络结构

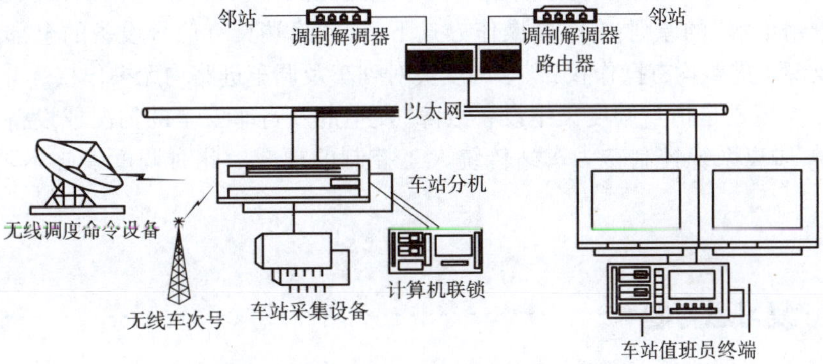

图 8-28 TDCS 基层网系统构成

器构成了车站局域网。车站同 TDCS 中心的连接一般通过调制解调器接入 2M 的数字通道,并采用环形、星形或星环形相结合的结构,构成广域网;车站分机采集及控制设备由中央采集控制单元、开关量采集设备及相应的机柜和机笼组成;车站值班员终端一般考虑双机热备的双屏终端,双机热备保证了系统的可用性,双屏分别用于站场显示和运统 2、运统 3 的显示。车站 TDCS 终端具有车站及邻站显示、车次号管理、到发点人工报点、行车日志管理、调度命令接收和打印、现在车和甩挂车编组管理、用户登录管理和其他辅助功能。

(二)调度集中系统

调度集中系统(CTC)是调度中心(调度员)对某一区段内的信号设备进行集中控制、对列车运行直接指挥、管理的技术装备。分散自律调度集中系统是综合了计算机技术、网络通信技术和现代控制技术,采用智能化分散自律设计原则,以列车运行调整计划控制为中心,兼顾列车与调车作业的高度自动化的调度指挥系统。

1. 基本原理及功能

分散自律调度集中系统以 TDCS 为平台,以调度集中为核心,以行车指挥自动化为目标,实现了铁路运输指挥的现代化。

分散自律调度集中系统采用计算机分布式网络控制技术和信息化处理技术,将列车运行调整计划下传到各个车站自律机中自主自动执行。在列车运行调整计划的基础上,解决列车作业与调车作业在时间与空间上的冲突,实现列车和调车作业的统一控制。

分散自律调度集中系统实现了列车运行计划人工、自动调整,实绩运行图自动描绘,行车日志自动生成、储存、打印,调度命令传送,车次号校核等 TDCS 功能。系统在列车调整计划下达前进行合法性、时效性、完整性和无冲突性的检查。

2. 控制模式

分散自律调度集中在信号设备控制与行车指挥方式上设有分散自律控制与非常站控两种模式。

分散自律控制的基本模式是用列车运行调整计划自动控制列车运行进路,在分散自律控制模式下有中心操作、车站调车、车站操作三种操作方式。在中心操作方式下,调度终端具有信号设备的全部控制权,列车调度员对列车及调车进路均有操作权,车站对列车及调车进路均无操作权;在车站调车操作方式下,列车调度员对列车进路有操作权,对调车进路无操作权;而车站对调车进路有操作权,对列车进路无操作权,对于道岔单锁和设备封锁操作,遵循“谁封谁解”的原则;在车站操作方式下,车务终端具有信号设备的全部控制权,车站对列车及调车进路均有操作权,列车调度员对列车及调车进路均无操作权。

非常站控模式是指当调度集中设备故障、发生危及行车安全的情况或设备天窗维修、施工需要时,脱离系统控制转为车站传统人工控制的模式。此时调度中心不具备直接控制权。

复习思考题

1. 铁路信号系统主要子系统有哪些？各有什么作用？
2. 简述轨道电路的作用、结构和工作原理。
3. 转辙机主要类型有哪些？如何设置？
4. 何谓联锁？联锁设备如何分类？
5. 联锁设备应满足哪些条件？
6. 计算机联锁具有哪些技术特征？它与继电联锁相比有哪些优点？
7. 何谓闭塞？闭塞设备分哪几类？各有什么特点？
8. 轨道电路通常由哪几部分组成？
9. 简述机车信号分类及适用范围。
10. 中国列车运行控制系统(CTCS)分成哪几级？
11. 列车调度指挥系统(TDCS)有哪些功能？
12. 何谓调度集中系统(CTC)？有哪些功能？

第九章 铁路通信

学习任务

铁路通信是指根据满足铁路运输生产和经营管理需要,为准确、及时、可靠传送相关信息而建设运用的通信系统的总称。铁路通信网是铁路的重要基础设施,在保障铁路运输安全、提高生产管理效率、提升经济效益和社会效益、服务铁路改革和推动铁路高质量发展等方面发挥着重要作用。

本章从承载网、业务网和支撑网三方面对铁路通信网知识进行介绍,同时对铁路通信的特点和业务分类进行介绍。

通过学习,了解铁路通信的特点、通信业务分类及铁路通信基础设施方面知识,了解铁路通信网的组成及作用方面相关知识。

第一节 概 述

铁路通信是传送相关信息而建设运用的通信系统的总称,准确、及时、可靠地传输相关信息,满足铁路运输生产和经营管理需要。铁路通信网主要包括承载网、业务网和支撑网。

通常在铁路枢纽设通信站,在铁路沿线车站设通信机房,在沿线区间设置相关通信设施。以上设备设施作为通信节点,通过接入网(光纤、电缆等)实现延伸覆盖,接入用户(包括终端和系统)并为其提供所需的通信业务。

通信线路和通信机房作为铁路通信的基础设施,在本章第二节中讲述。后续各节分别讲述承载网、业务网和支撑网。

一、铁路通信的特点

(一)高可靠

与公众通信相比,铁路通信具有更高的可靠性。铁路通信最主要的任务之一是实现列车与调度员(或车站值班员)之间的通信,及时交互行车信息以保证列车运行安全和效率。

此外，列车运行控制系统、列车调度指挥系统、电子客票、货票系统等生产系统以及铁路自然灾害及异物侵限监测系统、地震预警系统等与铁路行车安全有关的监测系统对可靠性和及时性有很高的要求，通信网络作为上述系统重要组成部分，其可靠性必须与其所承载业务系统的可靠性要求相匹配。

铁路通信可靠性要求还体现在业务开通时限和故障修复时限两方面，一是铁路通信业务需求较为急迫，往往要求在短时间内提供；二是铁路通信业务发生阻断时，要求在尽可能短的时间内恢复业务。铁路通信业务开通时限和故障修复时限的要求远远高于公众通信服务标准。

（二）广覆盖

铁路点多线长，调度车务、机务车辆、工电供房等专业生产岗点分布在沿线车站、区间，铁路各级经营管理机构分布在市、区、县、乡镇。为满足上述各生产岗点、经营管理场所等对铁路通信业务的需要，相关处所均设有铁路通信设施。日常使用的桌面办公电话、手持电台、视讯会议终端、GSM-R 手持终端，以及动车组、机车和自轮运转车辆上普遍装备的机车综合无线通信设备（CIR），都属于铁路通信设备；各类联网的办公电脑、监测终端和控制终端，都离不开通信网络的有力支撑。可以说，除了面对面的直接交流沟通（语音听觉、肢体视觉等）以外，远程实时的信息交流都离不开通信网络。

（三）多业务

为适应铁路运输生产和经营管理需要，铁路通信提供了多种多样的通信业务。按照使用对象分为直接面向用户（人）的业务以及面向系统的铁路通信业务。直接面向用户（人）的铁路通信业务，主要包括语音通信（办公电话、调度电话）、视频会议、图像监控等；面向系统的铁路通信业务，主要是专线电路、网络接入等承载型业务。按照业务接入所用的信道类型划分，既有有线（固定）通信业务，也有无线（移动）通信业务。

（四）技术快速迭代

铁路改革发展对通信的需求牵引、信息通信技术进步带来的推动，使得铁路通信快速发展。从 20 世纪 90 年代初到 2005 年左右，铁路通信基本实现了光纤传输、程控交换。从 2005 年至现在，铁路数据通信网和专用移动通信得到推广应用，高速铁路已全面部署运用铁路数字移动通信系统（GSM-R），覆盖全路的骨干光传送网（OTN）、骨干数据网以及铁路局集团公司管内通信网络陆续建成投产，以通信光缆为主的接入网已基本覆盖各个作业岗点、生产管理岗位。铁路视频监控从无到有发展迅猛，视讯会议已走进车间班组提供普遍服务，一批铁路通信新业务新技术新装备得到推广应用。

需要指出的是，当前铁路数字移动通信系统（GSM-R）属于第二代（2G）移动通信，与公众电信 2014 年 4G 商用、2019 年 5G 商用相比，技术代差明显。由此导致两个问题，一是 2G 难以满足铁路对移动数据传送的需求，二是 2G 产业链维系困难、技术支撑能力日渐薄弱。对此问题国铁集团高度重视，正在加紧开展铁路下一代移动通信的研究工作。

二、铁路通信业务分类

铁路通信业务是指铁路运输生产和经营管理等活动中所使用的通信业务，主要包括语音通信业务、图像通信业务、数据通信业务、铁路电报业务和其他通信业务。

(一) 语音通信业务

语音通信业务包括普通电话业务、专用电话业务、会议电话业务和广播业务。

1. 普通电话业务是指在铁路运输生产、指挥中所使用的公众电话业务。普通电话具有公众性，普通电话用户分固定用户和移动用户两类。普通电话业务包括固定电话业务、移动电话业务和电话查号/接转业务。

2. 专用电话业务是指专门用于铁路运输生产和经营管理的电话业务。专用电话系统具有相对独立性，专用电话用户分固定用户和移动用户两类。专用电话业务包括调度电话业务、车站（场）电话业务、站间行车电话业务和其他专用电话业务。

调度电话业务是指调度员与其所管辖区内有关运输生产作业人员之间业务联系使用的专用电话业务，可通过有线调度通信系统、铁路移动通信系统实现。按照业务使用者的不同，调度通信分为列车调度、牵引供电调度、货运调度、客运调度、机车调度、车辆调度、动车调度、综合维修调度、工务调度、电务调度以及其他调度电话业务。

车站（场）电话业务是指铁路车站（场）内进行作业指挥和业务联系的专用电话业务，包括固定电话和移动电话。根据使用者的不同，车站（场）电话分为车站值班员电话、站场调度电话、扳道（清扫）电话、调车电话、货运电话、列检电话、车号电话、货检电话和其他车站（场）电话。

站间行车电话业务是指相邻车站（场）值班员之间办理行车等事宜而使用的专用直通电话业务。

其他专用电话业务包括桥隧守护电话、区间电话、隧道应急电话、道口电话、列车乘务电话等。

3. 会议电话业务是指通过会议汇接设备或者电话网把铁路内部两点以上的多点会议电话终端连接起来，实现多点间实时双向语音通信的业务。

4. 广播业务分为车站客运广播和旅客列车广播，为单向通信业务。

车站客运广播是指客运站为客运部门指挥工作人员进行客运作业和对旅客通告乘车有关事项而使用的广播通信业务。

旅客列车广播是指在旅客列车上，对旅客通告乘车有关事项及播送时事、文艺节目等使用的广播通信业务。

(二) 图像通信业务

图像通信业务包括视频监控业务和视频会议业务。

1. 视频监控业务

铁路视频监控系统是铁路运输指挥、生产作业和治安防范的重要设施，分为综合视频监控系统和专业视频监控系统。铁路综合视频监控系统为调度（车务）、客货运、机务、车辆、工务、电务、供电和公安等专业用户提供服务。

2. 视频会议业务

视频会议业务是采用图像、语音压缩技术，利用视频会议通信设备和通信网络，在两点或多点间实时传送活动图像、语音、应用数据（电子白板、图形）等信息的通信业务。

(三) 数据通信业务

数据通信业务包括数据传送业务和数据终端业务两类。

1. 数据传送业务

通过铁路传输网(含光纤)、数据网为各类应用系统组网提供电路、VPN 等传送通道。各类应用系统包括:列车运行控制、CTC/TDCS、信号集中监测、列车安全监控、电力远动、防灾安全监控、环境监测、安全管理信息、客票、旅客服务信息、货物运输管理、货运服务、计划调度管理、人力资源管理、车辆管理、办公自动化、其他运输生产、经营管理信息系统。

2. 数据终端业务

数据终端业务是通过通信网络及其终端设备,向用户提供应用层功能的数据通信业务。数据终端业务包括列车调度命令无线传送、列车进路预告信息传送、车次号校核信息无线传送、列车尾部风压信息传送、列车防护报警、道口报警和其他数据终端业务。

(四)铁路电报业务

铁路电报业务是为处理铁路公务而使用的一种公文传递业务。

(五)其他通信业务

其他通信业务包括应急通信业务、战备通信业务和时间同步业务三类。

1. 应急通信业务是指在发生行车事故及自然灾害等突发情况下,为确保实时救援指挥,在事件现场与应急中心之间、各相关应急中心之间以及现场内部进行的语音、数据和图像传输业务。

2. 战备通信业务是指在战时和突发事件时,通过各种通信设施,采用有线通信、无线通信等多种手段,确保各部门通信畅通的业务。

3. 时间同步业务是指通过接受源自地面时间输入信号或卫星定位系统的时间同步信号,采用自守时和时间跟踪的方式,实现时间的同步,并为各种通信设备或其他应用系统设备提供不同精度的时间同步信号的业务。

第二节　通信线路和通信机房

通信线路和通信机房是铁路通信的基础设施。通信线路为信息传送提供传输媒介,通信机房用于安装通信设备,并为其提供良好的工作环境。

一、通信线路

通信线路是为信息传送提供最底层的传输媒介,是通信网络的基础,通信线路质量决定着铁路通信网络的性能。通信线路包括架空明线、通信电缆和通信光缆。通信光缆具有传输衰耗小、传输频带宽、抗干扰能力强、重量轻、外径小、成本低等特点,在铁路得到了广泛应用。目前铁路通信线路以光缆为主,通信电缆日趋萎缩,架空明线逐步淘汰。

(一)架空明线

架空明线是架设于电杆上用于通信的裸导线,简称明线。明线是对称式双线传输回路,构成回路的两条导线具有相同的材料和直径,可以传输直流信号、频率几百千赫兹以下的交流信号。目前仅有个别单线半自动闭塞区段保留明线用于半自动闭塞、站间行车电话业务,使用频带在 0 ~4 kHz 以内。架空明线杆路如图 9-1 所示。

图 9-1 架空明线杆路

(二)通信电缆

通信电缆是传输电话、电报、电视、广播、传真、数据和其他信息的电缆,一般由多根互相绝缘的导线或导体构成缆芯,外部具有密封护套。铁路在用的通信电缆有市内通信电缆、长途通信电缆、无线通信用射频同轴电缆等。

1. 市内通信电缆

市内通信电缆多用于铁路办公电话和调度电话的电话线路。

市话通信电缆主要由导体、绝缘、护套和外护层组成。导体采用软圆铜线,其标称直径有 0.32 mm、0.4 mm、0.5 mm、0.6 mm 和 0.8 mm 等;绝缘材料采用低密度、中密度或高密度聚乙烯或聚丙烯,绝缘结构应为实心聚烯烃绝缘、泡沫聚烯烃绝缘或带皮泡沫聚烯烃绝缘的一种,绝缘线芯应采用规范的颜色标识标志,芯线采用对绞方式;护套通常采用铝-聚乙烯粘接护套(挡潮层聚乙烯护套);电缆外护层由铠装层和外护套组成,包覆于铝-聚乙烯黏结护套上,外护层的钢带或金属铠装层保持电气导通。

铜芯实心聚烯烃绝缘挡潮层聚乙烯护套市内通信电缆(HYA 型市内通信电缆)如图 9-2 所示。

2. 长途通信电缆

长途通信电缆分小同轴电缆和对称电缆两类,其中小同轴电缆是在对称电缆内增加了若干 1.2/4.4 mm(内导体直径 1.2 mm,外导体直径 4.4 mm)的小同轴对。之所以称作对称电缆,是因为其芯线采用星型扭绞方式组成 4 芯组,而不像市内通信电缆采用 2 芯对绞。对称电缆的导电线芯标称直径通常为 0.6 mm、0.7 mm、0.9 mm 和 1.2 mm。

目前仍有少量的长途通信电缆还在使用,利用其对称电缆线对,承载半自动闭塞、区间电话等业务。新建铁路为了实现隧道应急电话的接入,也新设了 4 ×4 ×0.9 长途对称电缆,主要用于远程供电和低速数据传输。4 ×4 长途对称电缆的截面如图 9-3 所示。

图 9-2　HYA 型市内通信电缆

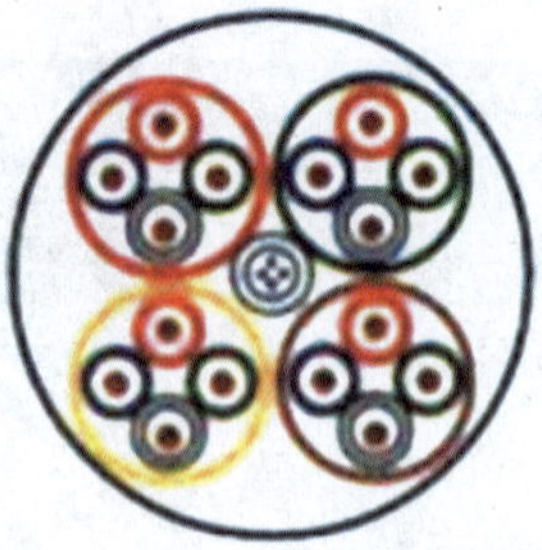

图 9-3　4 ×4 长途通信电缆

3. 无线通信用射频同轴电缆

同轴电缆由内导体、绝缘、外导体、护套组成，内、外导体相互共轴布置，其中传输的信号完全限制在外导体内，具有传输损耗低、屏蔽及抗干扰性能好、使用频带宽（主要工作频率范围可达 80 ~5 800 MHz）等一系列优点。无线通信常用 50 Ω 泡沫聚烯烃绝缘环形皱纹铜管外导体射频同轴电缆结构如图 9-4 所示。

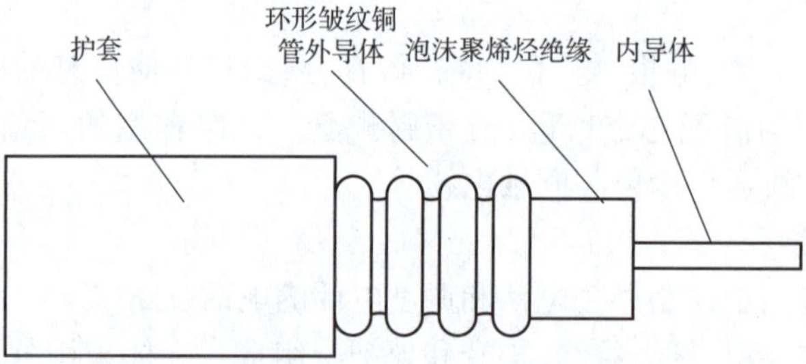

图 9-4　无线通信常用 50 Ω 泡沫聚烯烃绝缘环形皱纹铜管外导体射频同轴电缆结构

漏泄同轴电缆是外导体不完全封闭的射频同轴电缆，沿电缆内部传输的信号中一部分可通过外导体上的孔隙耦合到周围环境，或按相反的方向进行耦合。漏泄同轴电缆兼具信号传输和天线的双重功能，其结构如图 9-5 所示。

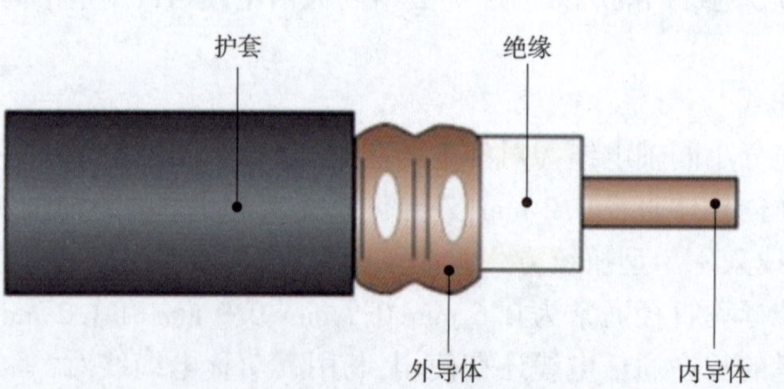

图 9-5　漏泄同轴电缆结构

射频同轴电缆广泛应用于铁路无线列调系统和铁路数字移动通信系统，用于无线收发信机和天线间的连接等场合。在铁路隧道、深路堑等无线电磁波传播效果不佳的区段,多采用漏泄同轴电缆来替代天线实现无线信号的覆盖,隧道内的漏泄同轴电缆通常吊挂在隧道壁上,非隧道区段的通常利用水泥杆路架设。隧道内外漏缆实物如图9-6所示。

图9-6 隧道内外漏缆

(三)通信光缆

通信光缆主要由缆芯、加强构件和护层等部分组成,如图9-7所示。

1. 缆芯

缆芯是光缆的主体,其结构包括光纤、纤膏和护套,有涂覆层的单根或多根光纤放置在热塑性材料构成的松护套管中,松护套管内的间隙连续填充阻水纤膏。每一个松护套结构称为一个束管,每个束管内光纤的数量通常在12芯及以下;一条光缆可以有多个束管,每个束管内纤芯的数量也可以不同。

光纤的结构一般分为纤芯、包层、涂覆层。纤芯位于光纤的中心部位,用于传输光信号。包层位于纤芯周围,折射率比纤芯折射率略高。涂覆层主要保护光纤不受水汽的侵蚀和机械的擦伤,同时又增加了光纤的柔韧性,起着延长光纤寿命的作用。涂覆层通常按照标准色谱着不同的颜色,以区分光纤。光纤的典型结构如图9-8所示。

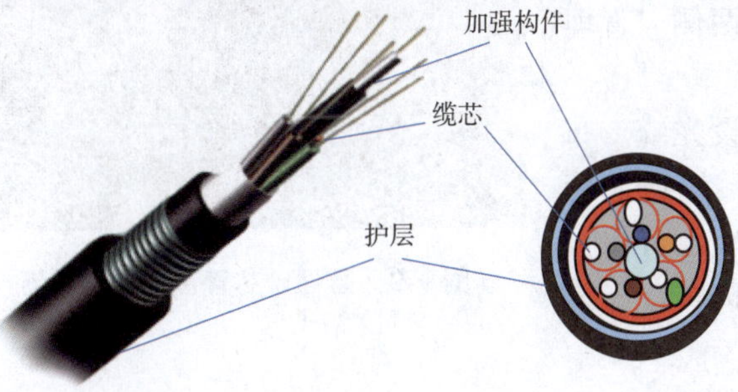

图9-7 光缆结构

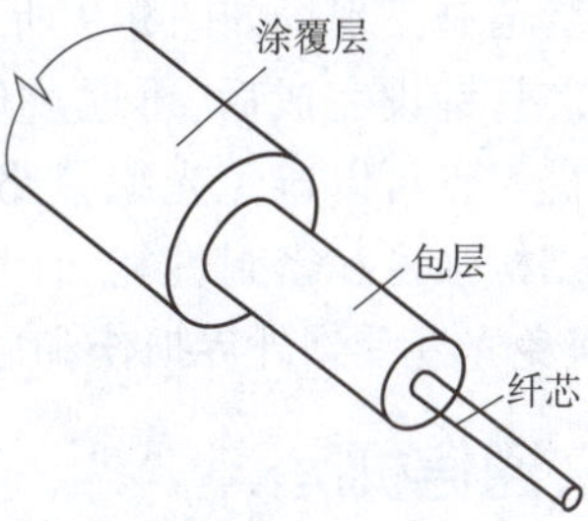

图9-8 光纤的典型结构

光纤分为不同的种类。国际电信联盟(ITU-T)将光纤分为G.652光纤、G.653光纤、G.654光纤和G.655光纤,随着传输和数据通信技术的发展,G.652光纤已得到广泛应用。

G.652光纤即非色散位移单模光纤,常用的G.652光纤包括G.652.B(非色散位移单模光纤,特性见GB/T 9771.1,对应B1.1类单模光纤)和G.652.D(波长段扩展的非色散位移单模光纤,特性见GB/T 9771.3,对应B1.3类单模光纤)两类。新建铁路通信光缆均采用G.652D光纤(B1.3类单模光纤)。

G.654光纤为截止波长位移单模光纤,其在1 550 nm区域衰减系数较小,原来多用于海底光缆以减少中继数量。随着成本的下降,G.654光纤也逐步用于陆地传输系统以增加传输中继段距离,主流使用G.654.E光纤(特性见GB/T 9771.2,对应B1.2e类单模光纤),其在1 550 nm区域衰减系数可以控制在0.15 dB/km到0.19 dB/km之间(G.652.D为0.24 dB/km)。

2. 加强构件

加强构件主要是承受光缆敷设时的负荷和张力。加强构件一般采用钢线等金属加强构件或玻璃纤维增强塑料等非金属加强构件。

3. 护层

护层主要是对缆芯起保护作用,使缆芯免受外界机械作用和环境条件带来的影响,具有阻燃、防潮、耐压、耐腐蚀等特性。光缆护层包括护套和可能有的外护层,护套主要用于保护缆芯,常用护套结构有铝-塑料粘接护套、钢-塑料粘接护套和聚乙烯护套;外护层在护套外,由铠装层和外被层组成,用于进一步提高光缆的抗拉和抗压性能,保护光缆以延长光缆的使用寿命。

通信电缆和通信光缆的敷设方式有直埋、管道、槽道、架空等敷设方式。高速铁路和新建普速铁路多采用槽道敷设方式,光电缆敷设在铁路线路两侧预制的电缆槽内,引下或引入通信机房、信号中继站等业务站点时多采用钢槽或水泥槽防护,也有部分利用管道敷设。既有铁路通信光电缆大多采用直埋方式,管道(硅芯管、双壁波纹管、梅花管、格栅管等)敷设方式也逐步得到了应用。为了控制通信光电缆因外界施工导致中断的风险,两条及以上光缆通常不能同沟直埋敷设,宜敷设在线路两侧。直埋硅芯管管道施工现场如图9-9所示。

图9-9 直埋硅芯管管道施工现场

硅芯管铺设完成后,再通过气吹敷设光缆。布放多根硅芯管可以避免光缆径路重复开挖,硅芯管良好的结构强度和密封性能,在很大程度上可保护光缆,避免光缆受到外界损伤和冻胀挤压。

二、通信机房

通信机房用于安装各类设备,为其提供稳定的电源、适宜的温度、湿度等环境,以使各类通信设备稳定可靠运行。此外，通信机房还起到阻止无关人员进入、防止损坏设备的作用。

铁路通信机房的规模、结构随着铁路通信技术装备的发展也在不断变化，光纤及数字通信设备对运行环境提出了更高的要求。无人值守通信机房大量增加，对远程自动监控的需求更加迫切，因此逐步部署了通信电源及机房环境监控系统，对通信机房温度、湿度、门禁、水浸、空调和交直流供电等状况进行监控。

(一) 通信机房分类

按照是否设置值守人员通信机房可分为有人值守机房和无人值守机房。有人值守机房一般为枢纽通信机房，通常设专人 7×24 h 值班；无人值守机房一般为铁路沿线车站或区间通信机房，平时无人值守。

按照建筑结构通信机房分为砖混机房、框架机房和箱式机房。由于框架机房具有结构强度大、抗震性好、耐久性好等特点，目前使用较多。混凝土框架基站机房如图 9-10 所示。

按照机房内的通信设备在网络中所处的地位、设备的重要性，以及所服务用户的不同，目前铁路通信机房分为以下三类：一类机房包括国铁集团、铁路局集团公司通信枢纽设备机房，网管中心等机房；调度所调度交换机、GSM-R 网络核心节点、数据网骨干网络及区域网络核心节点等设备所在机房。二类机房包括传输网骨干层节点、数据网汇聚节点、GSM-R 网 BSC 节点等设备所在的机房。三类机房为一、二类以外的其他机房。二类机房布局如图 9-11 所示。

图 9-10 混凝土框架基站机房

图 9-11 二类通信机房布局

(二) 通信机房主要要求

1. 选址

通信机房建设需要充分考虑周边环境进行选址，避免水患或者地质条件不利对通信设备设施可能造成的损坏，同时铁路通信机房的选址还需要考虑线路的走向、通信网络规划和设备技术要求，并结合水文、地质、地震、交通、城市规划、投资效益、生活设施等因素，综合比较选定。

2. 面积

通信机房作为铁路生产房屋，设计规模应按远期设计确定房屋面积，并为远期生产的扩充与调整预留条件。通信机房内设备的布局和功能区划分需要根据机房内设计安装的设备类型和数量合理规划,充分考虑机房高度以及内部安装各类设备的功能关系,执行相关施工工艺及布线标准,便于机房设备和线缆的维护管理。

3. 环境

通信机房的温度、湿度、防震、防尘、防静电、防潮、防鼠、消防以及防雷、电磁兼容、接地等要求应符合国家、行业以及国铁集团有关标准规定。

4. 电源

通信供电系统为铁路通信设备提供不间断的电源,当外部供电中断时,依靠内部储能维持一定时间内通信设备正常工作。通信供电系统分为交流供电系统和直流供电系统,主要设备包括交流配电设备、不间断电源设备(UPS)、高频开关整流设备、直流配电设备、蓄电池等。

(1)外供交流电源

铁路通信外供交流电源可分为铁路电力供电、地方市电供电、自备发电电源三种。实际应用中,通信外供交流电源主要由铁路电力专业(又称“路电”)供电,个别铁路供电不能覆盖的通信机房采用地方电源(又称“市电”)供电。通信机房用电负荷多为一级负荷,由双路外供交流电源供电。一般来说,高速铁路、客运专线通信设备、通信站设备以及自动闭塞区段的通信设备为一级负荷;非自动闭塞区段的通信设备,以及为通信设备配置的空调设备为二级负荷。

(2)交流输入、输出配电

交流输入配电设备的功能是引入双路电源,设置双路电源切换装置,为UPS、高频开关电源等设备分配电能,提供交流输入电源。区间通信基站、小型车站等用电负荷较小的通信机房,通常不专门设置用于为通信设备供电的交流输入配电设备,而是将双路电源切换装置设置于组合式高频开关电源的交流配电单元内部,该交流配电单元承担双路电源的切换功能,同时为UPS和整流模块提供交流输入配电,如图9-12所示。

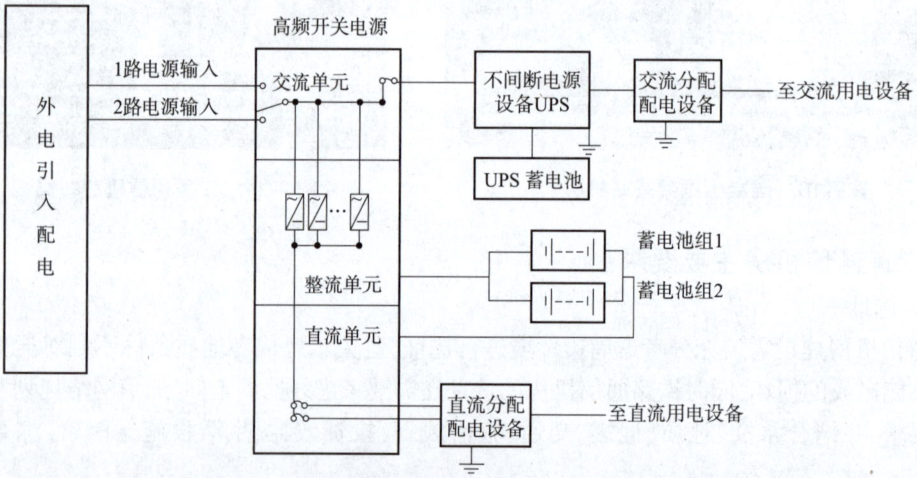

图9-12 基站、小型车站通信设备交(直)流供电系统

在需要多路交流输出的机房,通常设有交流配电设备,以为各路负载分配电能,可采用单级或多级配电。

(3) UPS 和蓄电池组

UPS 和蓄电池组是保证交流通信电源系统不间断供电的核心设备。铁路通信电源采用在线式 UPS，无论是在外电供电正常，还是外电供电中断由蓄电池组供电期间，在线式 UPS 的逆变器始终处于工作状态，因此可以真正实现 UPS 在市电供电和电池供电两种工作模式之间切换时，供电零中断。在线式 UPS 组成如图 9-13 所示。

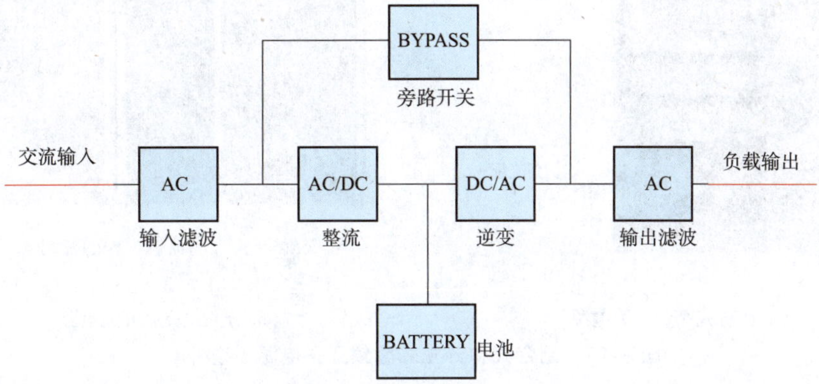

图 9-13　在线式 UPS 组成

(4) 高频开关电源系统

直流供电系统的核心设备是高频开关电源系统，由交流输入配电、高频开关整流、直流输出配电以及监控单元四部分组成，如图 9-14 所示。

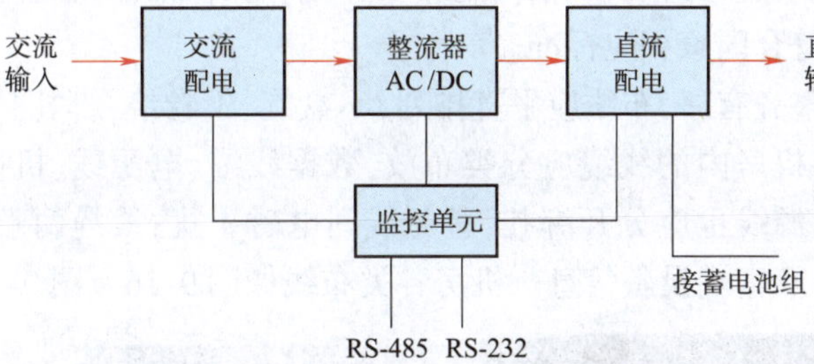

图 9-14　高频开关电源系统组成

高频开关电源系统在稳压工作的基础上，与蓄电池组并联向通信设备供电。

按照组成结构，高频开关电源系统可以分为组合式和分立式两种，外观如图 9-15 所示。组合式高频开关电源设备是指各组成部分，包括交流配电设备、整流设备、直流配电设备等合设于一个机柜，系统容量较小，通常满配容量在 600 A 及以下，系统输入电压为 220 V 或 380 V。分立式高频开关电源设备是指交流配电设备，整流设备、直流配电设备分别设于独立的机柜，容量较大，通常满配容量可达几千安培，系统输入电压一般采用 380 V。

5. 设备安装及布线

同一机房内网络及设备机柜的规格、款式、颜色应尽量统一。列头柜、配线柜、配线架的规格、款式、颜色应与网络机柜相协调，机柜应纵横排列笔直、整齐划一。机柜面板上部应有统一格式的编号和资源标签，设备安装及加固措施应符合通信设备安装工程技术规范

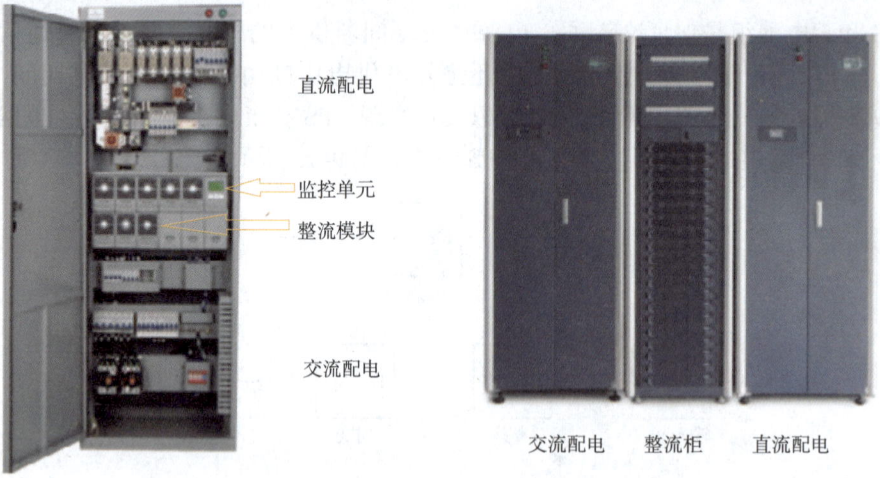

(a)组合式高频开关电源 (b)分立式高频开关电源

图 9-15 组合式和分立式高频开关电源系统外观

有关要求。机房内设备机架(柜)摆放的列间距应满足维修作业和设备散热要求,机柜应留有维护走道。

同一机房内走线架架体规格、款式、颜色应尽量保持统一,制造工艺美观,走线架应纵横排列笔直,无论在水平还是竖直方向上每米偏差均不大于5 mm。走线架吊挂承重杆安装连接应整齐牢固,保持垂直,无歪斜现象。走线架外露和操作部位锐边应倒角,走线架的安装部件和螺母强度应符合国家相应标准。

机房内的布线要整齐有序,布线应平直排列,不盘旋、不卷绕,绑扎整齐,便于维护并符合线缆弯曲半径要求;机房内的线缆应分类布放,数据线缆、电源线、机房或设备地线应分开布放,机房交直流电源线也应分开绑扎,避免线间电磁干扰;线缆两端标识应齐全,标明线缆用途、长度和源端及宿端设备信息。机房各类布线如图 9-16 ~ 图 9-18 所示。

图 9-16 机房网线的布放及捆扎

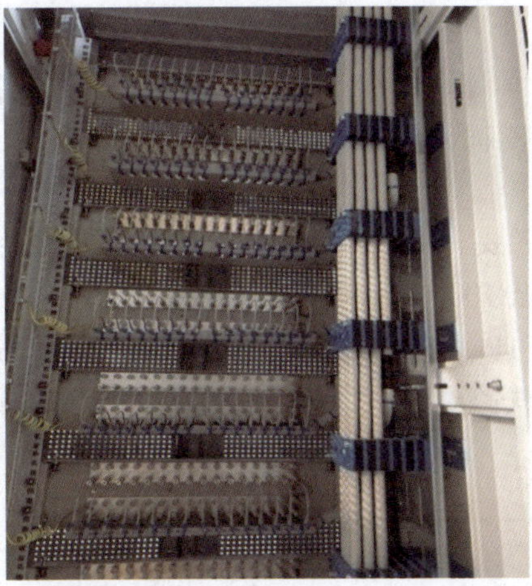

图 9-17 机房 2M 线缆的布放及捆扎

图 9-18 机房光纤的布放及捆扎

第三节 承 载 网

铁路通信承载网主要包括传输网、数据通信网和接入网。传输网主要提供专线电路，数据通信网主要提供网络接入，接入网主要解决“最后一公里”的网络接入。

一、传 输 网

传输网是铁路通信网的重要组成部分，是各通信网元间连接的纽带，它为各种业务系统提供透明的传输通道，是铁路各种语音、数据和图像等通信信息的基础承载平台。为满足铁路运输组织、客货营销和经营管理等信息传送的需要，传输网提供了多速率、多类型的专线电路。目前，铁路传输网提供的专线电路主要用于 CTC/TDCS 系统、信号计算机监测系统、客票系统等业务系统。铁路数据通信网、自动电话网、GSM-R 网络、调度通信系统以及电视电话会议系统组网也使用了大量的专线电路。

铁路传输网包括骨干传输网、局干传输网、区段传输网。铁路传输网组成示意图如图 9-19 所示。

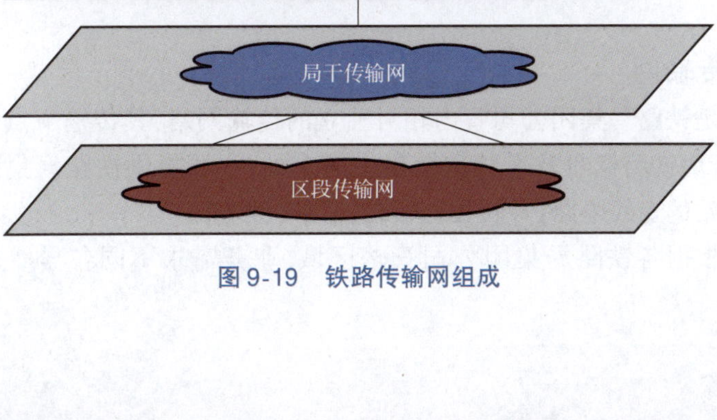

图 9-19 铁路传输网组成

(一)骨干传输网

骨干传输网是一张相对独立的传输网络,其传输节点覆盖国铁集团和各铁路局集团公司所在地、省会城市及干线铁路交会点,主要提供国铁集团到各铁路局集团公司,以及各铁路局集团公司之间的专线电路。

目前铁路骨干传输网由六大环网组成,主要采用 OTN(光传送网),单波容量为 100 Gbit/s 和 10 Gbit/s(其中 1、4、6 号环采用单波 100 Gbit/s 和 10 Gbit/s 混传,2、3、5 号环为单波 100 Gbit/s),主要业务节点还设置了 MSTP 设备(多业务传送平台),接口速率为 10 Gbit/s,用于提供小颗粒的专线电路业务。铁路通信常用 MSTP 设备和 OTN 设备如图 9-20、图 9-21 所示。

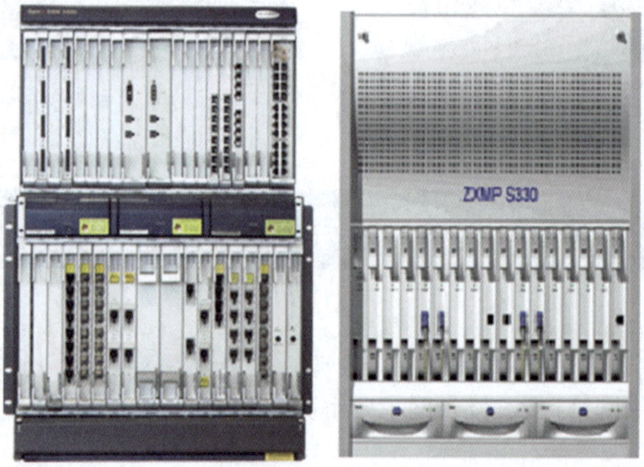

图 9-20　铁路通信常用 MSTP 设备

图 9-21　铁路通信常用 OTN 设备

(二)局干传输网

局干传输网是铁路局集团公司管内相对独立的传输网络,其传输节点设置在铁路局集团公司所在地、管内铁路枢纽及客货运输集中的车站,主要提供铁路局集团公司与其所属的铁路枢纽和大站的专线电路,并转接区段传输网专线电路。

局干传输网根据各铁路局集团公司管辖区域、业务需求不同各异。与骨干传输网类似，主要采用 OTN 设备，主要业务节点设置了 MSTP 设备。

（三）区段传输网

区段传输网是沿线车站（及区间）至铁路枢纽之间的传输网络，可以包括骨干层、汇聚层和接入层。骨干层或汇聚层传输节点通常设置于车站，接入层节点通常设置于区间有专线电路业务需求的站点，根据业务需要，完成专线电路接入或转接。

区段传输网目前多采用 MSTP 设备，骨干、汇聚层多为 10 Gbit/s 或 2.5 Gbit/s 设备，接入层多采用 622 Mbit/s 和 155 Mbit/s 设备。随着视频监控等大带宽业务的发展，OTN 设备在区段传输网也得到了部分应用。

二、数据通信网

铁路各类控制系统、管理系统、通信业务接口的 IP 化以及铁路信息化的发展，使得数据通信网得以快速发展。目前，数据通信网已经综合承载了电牵电力远动等控制系统，客票、货票等生产系统，车辆 5T、供电 6C、信号集中监测等检测监测系统，以及综合办公、财务结算等管理信息系统，成了应用系统不可或缺的组成部分。

铁路数据通信网包括内部服务数据通信网（以下简称内服网）和外部服务数据通信网（以下简称外服网）。内服网用于部署为铁路内部服务的信息系统，外服网用于部署为社会提供公众服务的应用系统。

铁路内服网由骨干数据通信网和铁路局集团公司区域数据通信网组成，骨干网络完成国铁集团与各铁路局集团公司、各铁路局集团公司间数据信息的转发和业务互通；区域网络由核心层、汇聚层、接入层节点组成，负责集团公司内数据的传送。铁路内服骨干数据通信网组网图如图 9-22 所示，其中北京、西安、成都、武汉、上海五个节点具有汇聚功能。

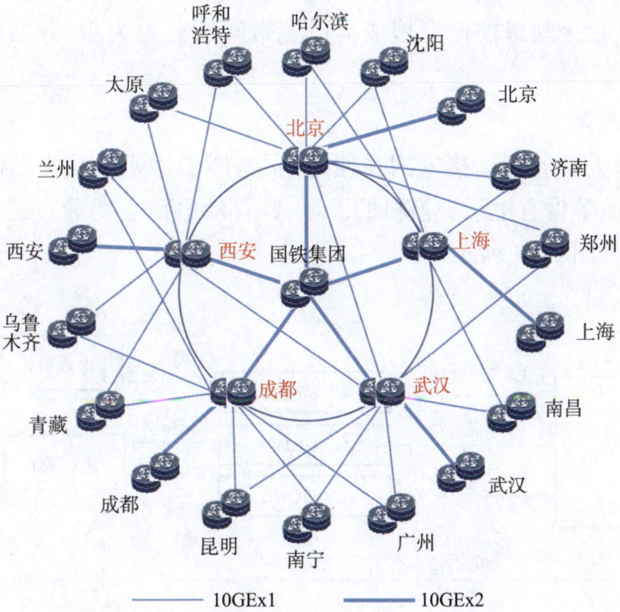

图 9-22 铁路内服骨干数据通信网组网图

铁路外服网目前已完成骨干外服数据通信网建设，各铁路局集团公司管内的外服网尚未往下延伸。铁路外服骨干数据通信网组网图如图9-23所示。

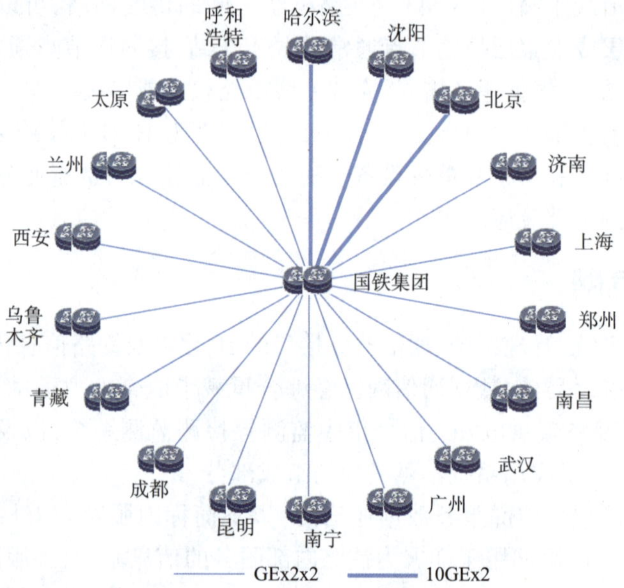

图9-23　铁路外服骨干数据通信网组网图

三、接 入 网

接入网负责将用户(或终端设备)接入到相应的通信业务网络节点。接入网的概念在通信的不同发展阶段有着不同的定义。传统意义上的接入网主要实现窄带电话的接入，随着数据业务的发展，接入网目前已发展成为以宽带网络接入为主、兼顾电话接入的光纤接入网。

(一)电话接入网

目前，铁路还有大量的电话接入网在使用，主要用于接入沿线车站的自动电话。在铁路局集团公司所在地等设有电话交换机的区域，其自动电话主要通过通信电缆接入。沿线车站电话接入网图如图9-24所示。

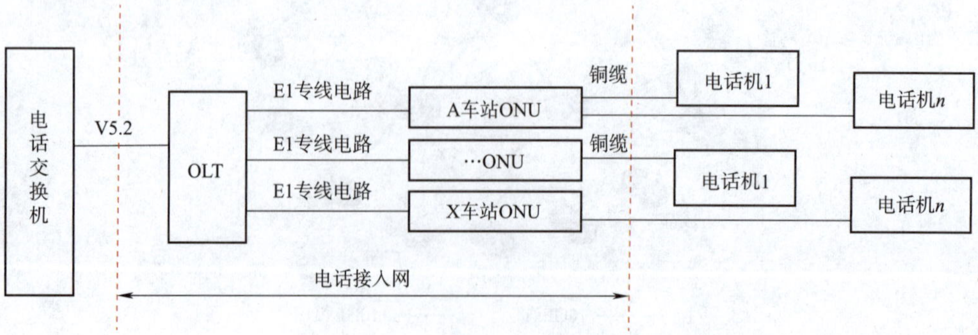

图9-24　沿线车站电话接入网图

从图9-24可以看出,电话接入网包括OLT和ONU设备,OLT设备一般与电话交换机同址设置,ONU根据需要设置在沿线车站等处所,OLT和ONU之间通过E1专线电路互联。通过电话接入网将电话延伸到没有设置本地电话交换机的沿线车站。

(二)光纤接入网

光纤接入网是用光纤作为主要传输媒介实现网络接入、信息传送的。光纤接入网主要由光线路终端(OLT)、光网络单元(ONU)、光分配器(ODN)等设备组成,OLT位于网络侧,ONU一般设置在用户侧,ONU和OLT之间大多通过光纤连接。光纤接入网为用户提供了丰富的业务接口,提供自动电话和网络的接入。铁路光纤接入网系统组成如图9-25所示。

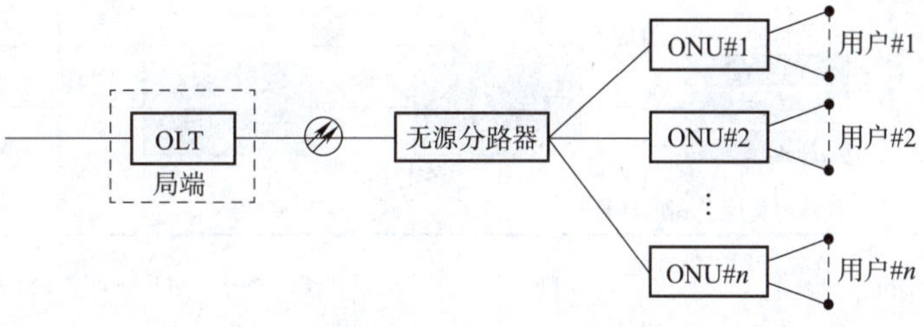

图9-25 铁路光纤接入网系统组成

第四节 业 务 网

铁路通信业务网是为用户提供音视频服务的通信网络,主要包括调度通信系统、电话电视会议系统、综合视频监控系统、应急通信系统和铁路电报系统等。

一、调度通信系统

调度通信是铁路行车指挥必不可少的通信手段,为调度员、值班员、司机等与行车密切相关的人员之间提供语音服务。为保证列车运行畅通无阻、安全高速,调度通信系统必须提供迅速、准确、安全、可靠的通信服务。

调度通信系统由有线调度通信系统和无线调度通信系统组成。目前,有线调度通信系统已经全面使用数字调度通信系统,无线调度通信系统在用制式包括传统的列车无线调度通信系统和GSM-R系统。

(一)数字调度通信系统

铁路调度通信系统主要由调度所交换机、车站交换机以及调度所调度台、车站值班台等终端设备组成。调度所型调度交换机一般设置在国铁集团调度指挥中心和铁路局集团公司调度所通信机械室;车站交换机一般设置在车站和用户相对集中的通信机械室;调度台设置在各类调度员所在地;值班台设置在车站值班员所在地。

铁路调度通信网按照国铁集团、各铁路局集团公司、车站等处所三级复合组网。国铁集团调度中心至各铁路局集团公司调度所采用星型复合结构,并设迂回路由;相邻铁路局集团公司调度所间设直达路由;铁路局集团公司调度所至车站采用环型或星型结构。各铁路局集团公司调度所调度交换机与GSM-R系统的MSC间设直达路由。铁路调度通信组网结构如图 9-26 所示。

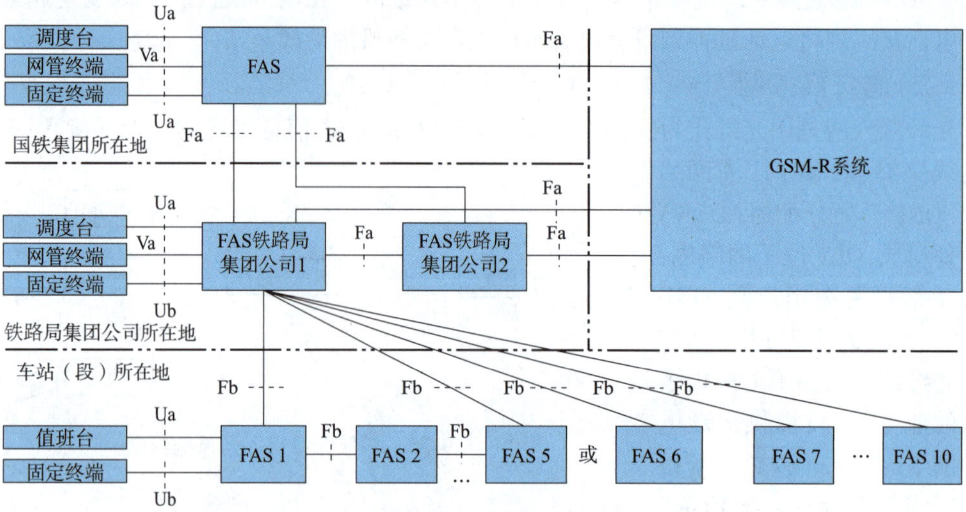

图 9-26　铁路调度通信组网图

按铁路运输指挥体系铁路调度通信为干线调度、区段调度、站场调度三级调度通信网。

1. 干线调度

干线调度通信是国铁集团为统一指挥各铁路局集团公司，协调完成全国铁路运输计划，在国铁集团与铁路局集团公司之间设立的一种调度通信，干线调度网由国铁集团调度交换机、各铁路局集团公司汇接调度交换机及传输通道组成，干线调度系统如图 9-27 所示。

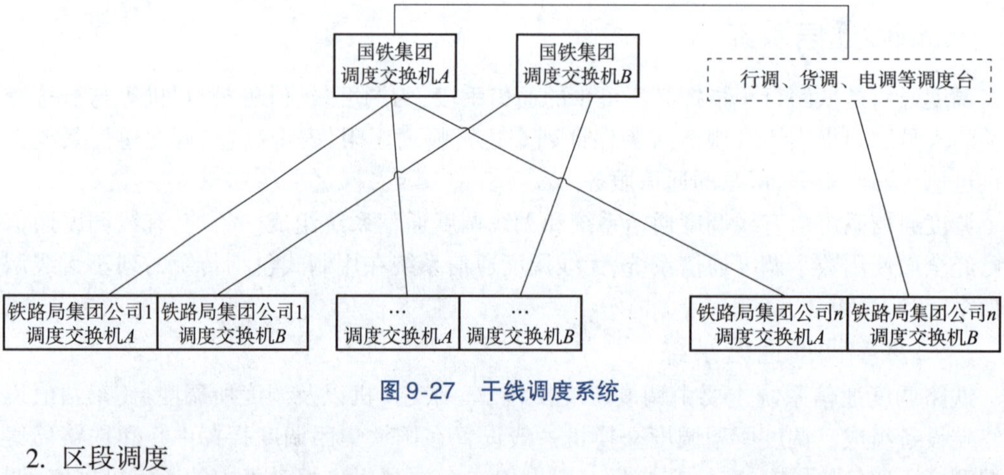

图 9-27　干线调度系统

2. 区段调度

区段调度又称局调度通信，服务于铁路局集团公司运输生产指挥，在调度员与所管辖区段的铁路中间站按专业、部门设置的调度通信系统，按业务性质可分为列车调度、货运调度、电力牵引调度、客运调度、机调及计划调度等。区段调度通信网由局调度交换机、车站调度交换机及传输通道组成，调度交换机分别连接各自的调度台、车站值班台和调度分机，区段调度系统如图 9-28 所示。

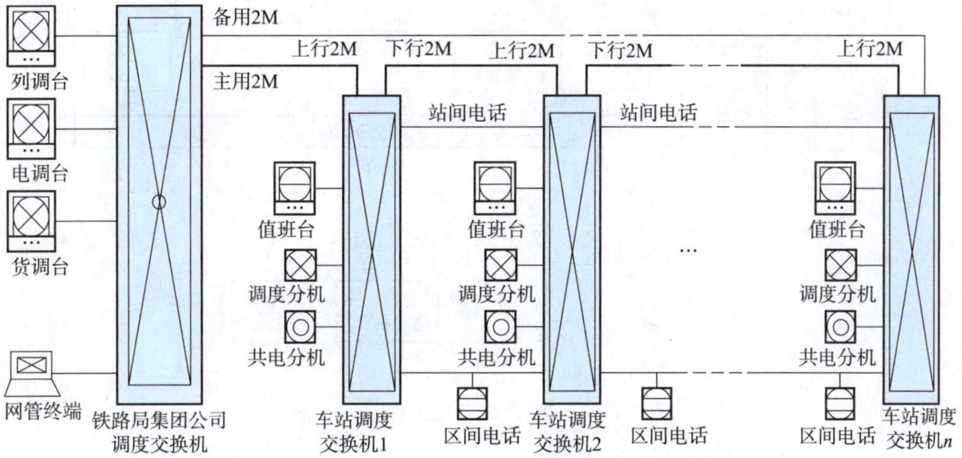

图 9-28 区段调度系统

3. 站场调度

站场调度又称站场通信，主要用于相邻车站值班员之间互通行车信息，也用于本站客货运等人员之间互通信息，由车站调度交换机、车站值班台、调度分机和站场供电分机组成。

(二)列车无线调度通信系统

列车无线调度系统主要用于列车调度员、车站值班员与列车司机之间进行通信联络，使得行车指挥人员能够联络在途列车司机告知其列车运行前方有关情况，或向行车指挥人员汇报列车运行途中的异常情况。目前使用的 450 MHz 列车无线调度通信系统工作频段为 457.200 ~ 458.625 MHz/467.200 ~ 468.625 MHz。

列车无线调度通信系统由调度台、调度总机、车站电台、机车电台、便携电台、区间中继设备、漏泄同轴电缆、有线通道和专用维护设备等构成。调度台和调度总机安装在调度所，无线列调调度台供调度员与机车司机进行业务联系使用；车站电台安装在沿线车站，供车站值班员使用；机车电台安装在动车组、机车及自轮运转车辆上，供司机使用；便携电台通常提供给区间及列车上铁路工作人员（车站助理值班员、司机等人员）使用。区间中继设备、漏泄同轴电缆一般安装在隧道、山区等车站电台无线信号直接覆盖困难的区段，用来放大、中继车站电台、机车电台和便携电台的无线信号；有线通道用来连接调度总机和沿线车站电台。

列车无线调度通信系统构成如图 9-29 所示。

随着 GSM-R 网络的建设发展，目前基于模拟调制技术的 450 MHz 列车无线调度通信系统的应用逐年减少。新的基于数字调制技术的 400 MHz 列车无线调度通信正在研究中。

(三)GSM-R 系统

GSM-R 系统是基于公用的全球移动通信系统（GSM）平台，在成熟的 GSM 技术基础上，增加了铁路调度通信功能和适合高速环境下使用的要素，如优先级和强插功能、语音组呼和广播功能、位置寻址和功能寻址、安全数据通信等，能满足国际铁路联盟提出的铁路专用调度通信的要求。

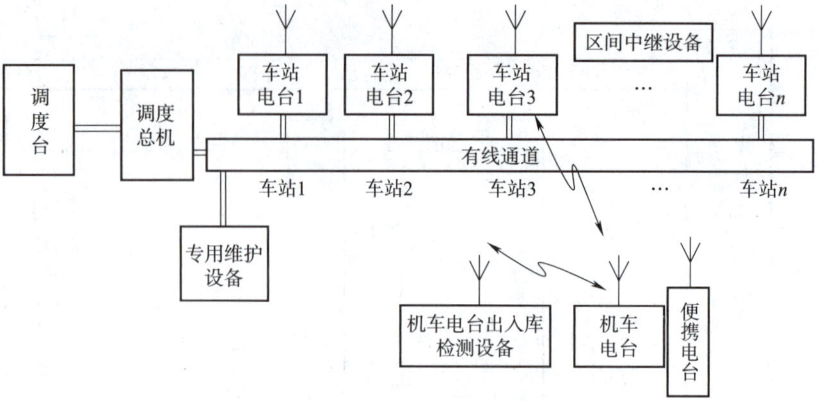

图 9-29　列车无线调度通信系统构成

GSM-R 系统是专门为铁路通信设计的综合专用数字移动通信系统,它基于 GSM 的基础设施及其提供的高级语音呼叫业务(ASCI),并提供铁路特有的调度业务,将现有的铁路通信应用融合到单一网络平台中,并以此为信息化平台,使铁路部门用户可以在此信息平台上开发各种铁路应用。它承载了调度通信、CTCS-3 级列车控制信息传送、机车同步操控信息传送、调度命令信息和车次号校核信息传送、检测信息传送等与行车相关的业务,基本满足铁路运输生产对移动通信的需求。

1. GSM-R 系统基本构架

GSM-R 系统主要包括移动交换子系统(Switching Subsystem,SSS)、移动智能网子系统(Intelligent Network,IN)、通用分组无线业务子系统(General Packet Radio Service,GPRS)、无线子系统(Base Station System,BSS)、无线终端(Mobile Station,MS)、运营与支撑子系统(Operation Support System,OSS),如图 9-30 所示。GSM-R 系统通过 SSS 中的网关移动交换中心(Gateway Mobile Switching Center,GMSC)与其他通信网络的电路域业务进行互联互通,通过 GPRS 业务支持节点(Gateway GPRS Support Node,GGSN)与其他数据信息网络的分组域业务进行互联互通。

全路以铁路局集团公司管辖范围划分、分别独立设置了核心网,主要由 SSS、OSS、GPRS、分组域数据传输接口设备等组成,负责管辖管内 BSS 等系统设备;同时在北京、武汉分别设置了 GSM-R 全网共用设备,形成地理冗余。GSM-R 全网共用设备包括智能网业务控制点(Service Control Point,SCP)、归属位置寄存器(Home Location Register,HLR)、鉴权中心(AUthentication Center,AuC)、短消息中心(Short Message Service Center,SMSC)、远程接入认证服务器(Remote Authentication Dial In User Service,RADIUS)、域名服务器(Domain Name System,DNS)、GPRS 归属服务器(GPRS Home Server,GROS)等。

(1)移动交换子系统(SSS):围绕移动交换中心(Mobile Switching Center,MSC),负责端到端的呼叫、用户数据管理、移动性管理和与固定网络的连接。

(2)移动智能网子系统(IN):在铁路特定业务中用于实现功能寻址(机车号、车次号等呼叫)、基于位置寻址(短号码呼叫)等铁路特定业务。

(3)GPRS 系统:包括服务 GPRS 支持节点(SGSN)、网关 GPRS 支持节点(GGSN)、域名

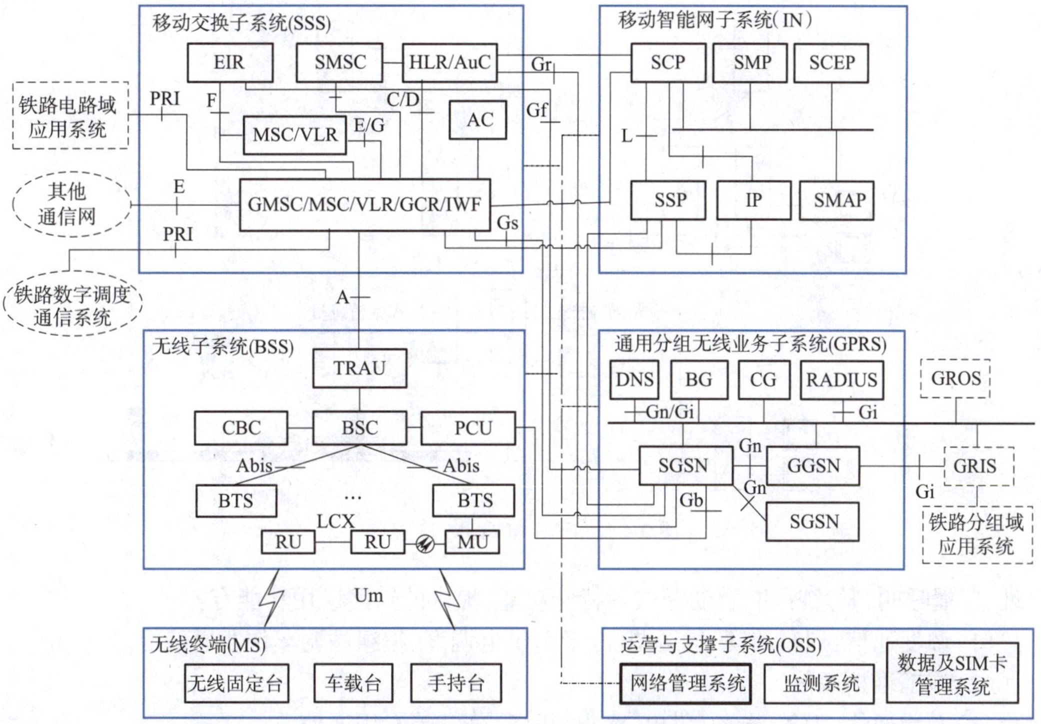

图 9-30 GSM-R 系统结构

服务器(Domain Name System,DNS)、远端拨入用户验证服务(Remote Authentication Dial In User Service,RADIUS)、边界网关(Border Gateway,BG)、计费网关(Charging Gateway,CG)等,具有为无线用户提供分组数据承载业务的功能。

(4)无线子系统(BSS):由基站控制器(Base Station Control,BSC)、分组控制单元(Package Control Unit, PCU)、码型变换和速率适配单元(Transcoder/Rate Adapter Unit,TRAU)、基站(Base Transceiver Station,BTS)、光纤直放站、漏泄同轴电缆、天馈系统、杆路及其他附属设备等组成。一般 BSC 与 PCU、TRAU 合设,也可独立设置,同时提供 GSM-R 网络无线信号覆盖和接入,实现移动交换中心和移动终端之间的通信,同时为 GPRS 网络提供无线接入功能。

(5)无线终端(MS):是接入 GSM-R 网络的用户设备,通常有手持台、车载台等。

(6)操作和维护子系统(OSS):相对独立的子系统,为 GSM-R 网络提供管理和维护功能。OSS 主要提供移动用户管理、移动设备管理、网络操作和控制等功能。

GSM-R 网络内部各个子系统之间以及 GSM-R 与外部应用系统之间均有标准接口,不同设备可以通过标准的接口来实现移动业务的互连。

GSM-R 移动用户通过拨打铁路数字调度通信系统(Fixed user Access Switching,FAS)终端用户号码实现语音通信。FAS 与 GSM-R 连接示意如图 9-31 所示。

2. GSM-R 系统的功能

GSM-R 系统在提供话音、数据业务的同时,针对铁路运用提供了功能寻址、基于位置的

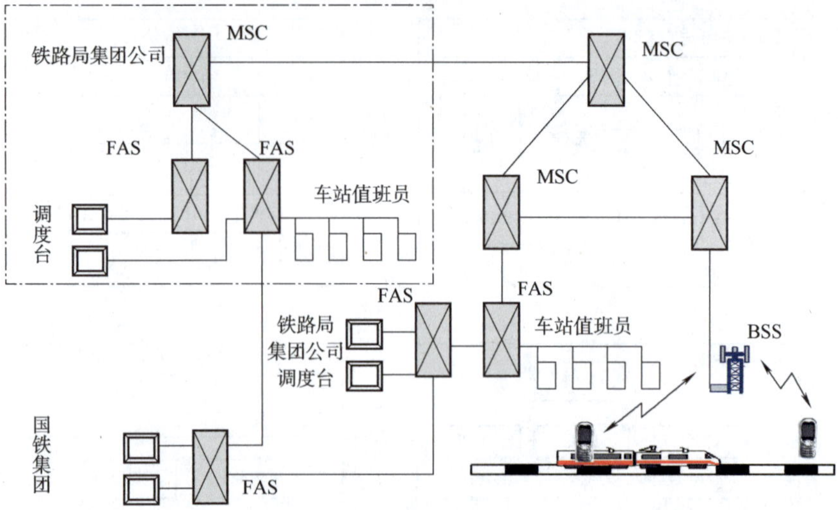

图 9-31　FAS 与 GSM-R 连接

寻址、广播呼叫、紧急呼叫、直通模式等特殊功能，提供的铁路应用功能有：

(1)调度通信：列车调度、货运调度、牵引供电调度、编组站调车作业通信等。

(2)施工维护通信。

(3)专用通信：工务、电务、供电、水电、机务、公安等专用通信。

(4)车地数据：采用通用分组无线业务系统(GPRS)方式，可进行列车控制系统信息传送、机车同步控制信息传送、列尾信息传送、调度命令传送、调车无线机车信号和监控信息传送、无线车次号传送、进站停稳信息及接车进路信息的传送等数据通信业务。

(5)旅客服务：采用 GPRS 方式，为旅客信息服务、旅客列车售票等提供传输通道，由相关专业提供应用终端。

目前，我国铁路的 GSM-R 核心网已经全部建设完成，GSM-R 无线网已经覆盖全部高速铁路、重载铁路、高原铁路，新建、改建铁路也全部采用了 GSM-R 网络。目前，大容量、低时延的新一代铁路移动通信系统也正在研究中。

(四)机车综合无线通信设备(CIR)

目前，机车综合无线通信设备(CIR)已经普遍装备在动车组、机车及自轮运转设备上，是司机与调度员、车站值班员进行语音联络的最主要装备。除语音通信外，还可接收调度命令信息，语音车机联控升级为消息交互，有效提高作业效率、降低了调度员、值班员和司机的劳动强度。CIR 兼容无线列调和 GSM-R 两种通信模式，根据运行线路不同可自动或手动切换工作模式。

CIR 由主机、操作显示终端(以下简称 MMI)、送受话器、打印终端、扬声器、机车数据采集编码器(安装在 TAX 内，以下简称编码器)、连接电缆、天线、馈线和合路器等构成。主机可分为标准型和小型化两种，CIR 构成如图 9-32、图 9-33 所示。

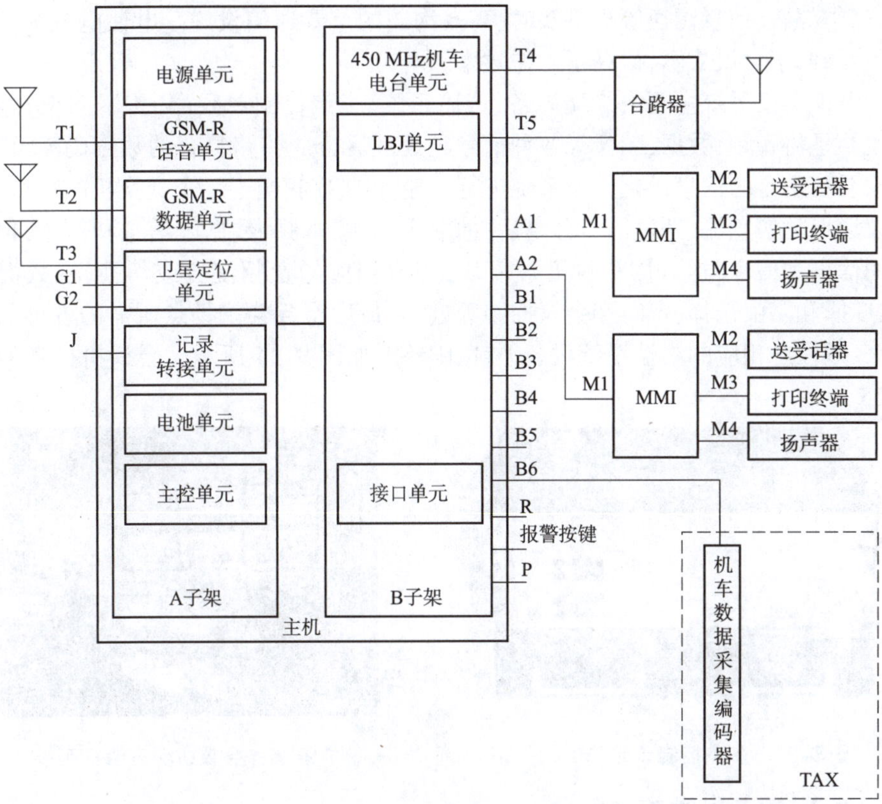

图 9-32　标准型 CIR 构成

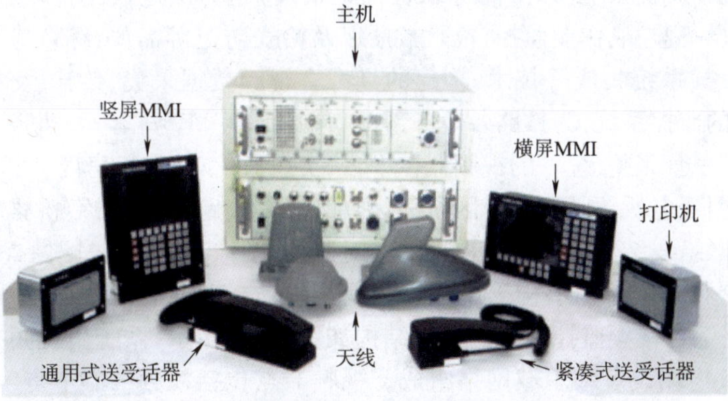

图 9-33　CIR 设备系统主要构成部分

二、电话电视会议系统

电话电视会议系统是专为铁路运输生产和管理服务的，为国铁集团与各铁路局集团公司、铁路局集团公司与站段等相关单位之间传送活动图像、语音，以及会议资料图表、电子白板等应用数据信息，为参加会议的各部门提供交互式的会议业务，是远距离进行重要决策传达、工作部署、信息沟通等提供及时、高效沟通的重要通信设施。电话电视会议系统部署到站段,降低了会议成本,提高了工作效率。

电话电视会议系统主要由终端设备、传输系统、多点控制单元(MCU)三部分组成。终端设备主要是将音频、数据、图像等各种信号经处理后合成一路复合的数字码流,再变换成符合传输系统适合的信息送到传输系统进行传输。MCU 相当于一个交换机的作用,它将来自各会议场点的信息流,经过同步分离后,抽取出音频、视频、数据等信息和信令,再将各会议场点的信息和信令,送入同一种处理模块,完成相应的音频混合或切换,视频混合或切换,数据广播和路由选择,定时和会议控制等过程,最后将各会议场点所需的各种信息重新组合起来,送往各相应的终端系统设备。MCU 外形如图 9-34 所示。会议机械室值机实景如图 9-35 所示。

图 9-34　多点控制单元(MCU)外形

图 9-35　会议机械室值机实景

三、综合视频监控系统

铁路综合视频监控系统(以下简称综合视频系统)是为满足铁路行车指挥、生产组织、客货运输服务、设备监测、作业监控、抢险救援以及治安防范等需要,综合应用音视频监控、通信、计算机网络、系统集成等技术,构建的具有音视频数据采集、传输、交换、控制、显示、存储、处理功能的监控系统,为铁路各业务部门,包括调度、车务、客运、机务、工务、电务、车辆、公安等,提供一套完整、统一的视频监控平台,实现通信/信号机房内、区间 GSM-R 基站、车站咽喉区、牵引变电所、开闭所、分区所、电力配电所、公跨铁立交桥、桥梁救援疏散通道、隧道口、正线与联络线结合处及铁塔巡视的实时监控、图像存储、历史图像查询等功能。

铁路综合视频系统总体结构采用多级联网、分布式管理,有效降低了视频流对网络的承载压力。铁路综合视频监控系统的总体结构如图 9-36 所示,系统由视频采集点、视频汇集点、视频节点、终端设备和承载网络组成。视频节点包括视频核心节点、视频区域节点、Ⅰ类视频接入节点和Ⅱ类视频接入节点。视频终端包括用户终端(含显示设备)和管理终端。

1. 视频采集点

视频采集点是前端设备安装的场所。视频采集点可根据各专业图像采集的需要在相应处所设置包括摄像机及与之配套的附属设备等前端采集设备,用于对视频图像信息进行采集。

采集点前端设备一般设置在沿线车站咽喉区、公跨铁立交桥、车站通信/信号/信息机房、隧道口、铁路桥隧应急疏散通道口、沿线 GSM-R 基站、信号中继站、线路所、直放站、牵引

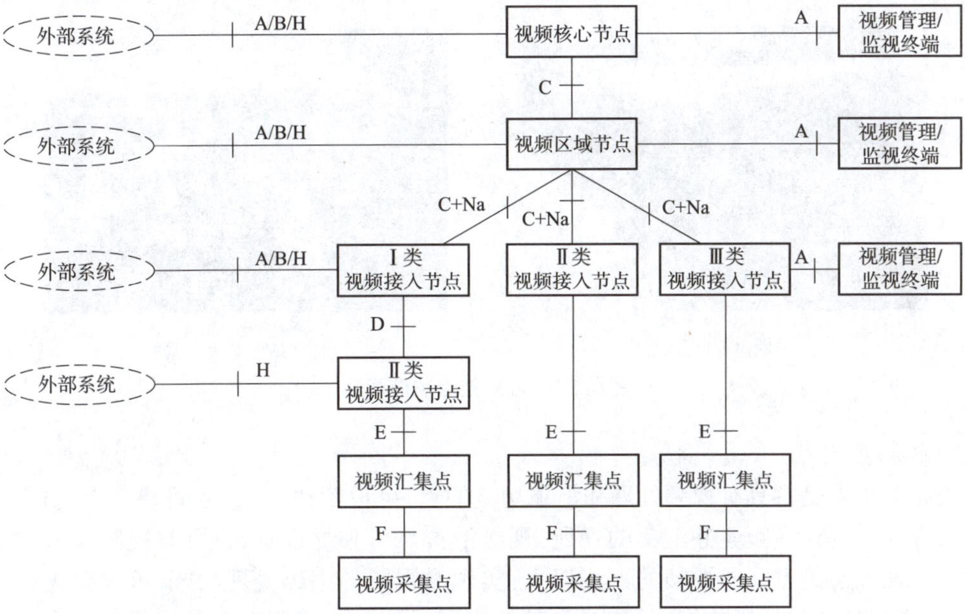

图 9-36　铁路综合视频监控系统结构及接口

变电所/分区所/电力配电所及车站站内重点区域等需要进行视频监控的地点。各采集点监控视频示例如图 9-37 所示。

(a)牵引变电所机房监控

(b)车站咽喉区监控

(c)隧道口灾害监控

(d)逃生通道监控

图　9-37

(e)车站出入口监控

(f)车站候车大厅监控

图 9-37　各采集点监控视频

2. 视频汇集点

视频汇集点是指具有视频处理和汇集功能的点,可设置在车站、区间基站、牵引变电通信机房等需要进行视频业务汇集的处所,视频汇集点可独立设置,也可与视频接入节点合并设置。视频汇集点实现视频的汇集接入,实现对视频的编码处理功能,可设置视频分析单元,实现视频内容分析功能,可支持与其他应用系统的前端联动功能。视频汇集点内的设备通常包括编码器、光端机、交换机、智能视频分析设备及配套电源等。

3. 视频接入节点

视频接入节点具有信息的接入、存储、分发及转发、调用、控制、系统管理、告警处理、与其他业务系统互联和联动功能的节点。一般来说,Ⅰ类接入节点设置在大型及以上客运站所在地等,Ⅱ类接入节点设置在其他车站或视频采集点较集中的位置。

Ⅰ类接入节点的设备由管理服务器、流媒体服务器、视频编码器、存储设备、行为分析仪、网络设备以及配套软件等组成。Ⅱ类接入节点的设备由流媒体服务器、视频编码器、存储设备、行为分析仪、网络设备以及配套软件等组成。

4. 视频区域节点

视频区域节点是指具有对本区域视频信息的存储、分发及转发、调用、控制、系统管理以及与其他业务系统互联等功能的节点,设置在铁路局集团公司。

视频区域节点可对节点内的视频告警信息和视频告警图像进行自动存储,对重要视频图像进行人工存储,能接收并存储Ⅰ类视频接入节点主动上报的用户、视频资源、用户权限列表等信息,提供跨接入节点视频访问的授权和信令交换,可对辖区内视频资源、用户和设备进行统一管理,并对管理信息进行存储。

视频区域节点由管理服务器、数据库服务器、存储设备、视频分发服务器、接口服务器及配套的网络设备、电源以及配套软件等组成。

5. 视频核心节点

视频核心节点是指具有视频信息的存储、分发、调用、控制、系统管理及与其他系统互联等功能的节点,设置在国铁集团。

视频核心节点可对节点内视频资源、用户和设备进行统一管理,并对管理信息进行存储,能接收并存储区域节点主动上报的用户、视频资源、用户权限列表等信息。视频核心节点内的设备通常包括服务器、交换机、路由器、具备各种功能单元功能的服务设备等。

6. 用户终端

用户终端是指对系统资源、用户和设备进行管理操作的终端设备,以及经过系统注册并授权使用视频信息、数据信息的终端设备。视频终端包括视频管理终端、用户终端和显示设备,管理终端设置在视频核心节点、视频区域节点、Ⅰ类视频接入节点处,用户终端可根据需要设置在调度、公安、车务、机务、工务、电务、车辆、客运、货运和供电等有关业务部门处。

视频管理终端分为业务管理终端和设备管理终端,为网管用户使用。其中,业务管理终端主要完成对用户和视频资源的维护管理,可以实现对授权的视频进行浏览和查询;设备管理终端主要完成对设备和网络的维护管理。用户终端界面显示如图 9-38 所示。

图 9-38 监控终端界面图像

视频用户终端是为视频用户提供视频操作和浏览界面,用户通过监视终端调看实时和历史视频图像,对视频内容分析产生的告警进行确认处理,并根据权限对摄像机进行云台控制。

显示设备是用于显示视频及相关信息的设备,包括 DLP 一体化投影单元、液晶显示器、视频监视器、LED 屏等。

7. 承载网络

视频承载网络为铁路综合视频监控系统提供图像、告警信息、控制信息等数据的传输服务。

(1)视频核心节点、视频区域节点之间的视频骨干传输网络利用铁路数据通信网进行承载。铁路数据通信网在视频核心节点与各个视频区域节点之间提供点对点的逻辑承载通道,利用 MPLS VPN 进行业务隔离。Ⅱ类视频接入节点到Ⅰ类视频接入节点之间的视频传输网络可采用铁路数据通信网或 SDH/MSTP 通道,传输带宽根据实际需要进行配置。

(2)视频采集接入网络实现视频采集点至视频接入节点的接入,接入方式可以采取视频线缆接入、光纤接入以及利用传输系统接入三种方式。各类视频采集点可根据现场的具体情况选择不同的接入方式。

(3)用户终端至视频节点之间的网络主要解决用户终端的图像调用需求以及云镜控制。视频用户接入网络的带宽应根据最大图像调用路数决定,可以利用传输系统、铁路数据通信网以及 GPON(吉比特无源光网络)等多种接入方式。

四、铁路公务自动电话

铁路公务自动电话即办公普通电话，其业务大多由中国移动提供，海南等个别区域由铁路局集团公司或合资铁路公司设有程控电话端局，通过中继电路接入中国移动铁路自动电话专网。铁路自动电话网有专用的长途区号（如北京为021、上海为041），采用4～5位不等长的用户号码。网内呼叫固定电话拨打“专用长途区号＋用户号码”（本地号码不加专用长途区号），呼叫GSM-R用户拨打“01498XXXYYYY”（局内GSM-R网络用户不加0）；出网呼叫公网电话需在所拨打的用户号码前加拨出网冠号“10”。公网电话拨打铁路专网电话时，需在铁路电话号码前加拨规定的前置字冠，所加的前置字冠各地不尽相同。

五、应急通信系统

应急通信系统是在铁路发生自然灾害、行车事故或其他突发性公共事件时，为确保铁路运输实时救援指挥的需要，在突发事件救援现场内部、现场与救援指挥中心之间以及各相关救援指挥中心之间建立的语音、数据、图像等通信系统。

应急通信系统由应急通信中心设备、应急通信台、现场应急通信设备以及应急通信网络等组成，其中应急通信网络除利用铁路承载网资源外，还可因地制宜、充分利用公众移动通信和卫星通信等资源，以便快速响应、迅速开展应急通信保障工作。

六、铁路电报系统

铁路电报系统是铁路运输组织、生产、建设中传达上级指令、办理公务联络，并取得依据的重要通信工具。电报人员可通过对电报终端的操作，实现铁路电报的受理、接收、发送等业务。按照电报急缓程度，电报分为特提、特急、加急、平急四类，其中特提电报为收到即办，特急电报的到报时限为4 h以内。

铁路电报系统包括电报交换机、电报终端、传真机、复印机、打印机及其附属设备。

铁路电报所是办理铁路电报的业务窗口，负责受理用户发报，投递用户到报。需办理铁路电报业务的单位，应提前向电报所办理登记备案手续。

七、铁路广播系统

铁路广播包括车站客运广播、旅客列车广播和站场广播三个独立的业务。目前新建客站的广播系统大多纳入旅服系统，由车站统一使用管理，部分既有铁路车站客运广播仍由通信专业维护、客运专业使用。旅客列车广播方面，动车组旅客列车广播由车辆部门维护管理，非动车组的旅客列车广播由通信和车辆专业分工维护，客运专业使用。随着无线通信的普及，站场广播逐步萎缩，目前仅在个别车站使用。

第五节　支　撑　网

铁路通信支撑网是维持铁路通信网稳定可靠运行的基础设施，包括时间与时钟同步系统、信令网、网管网、相关监测系统、通信电源等。时间、时钟同步网主要为各通信系统及设备提供时间/时钟同步信号，信令网主要实现交换机之间 No.7 信令的高效可靠传送，通信网管网主要用于对各通信系统及设备进行运行监控、告警处置、数据配置、业务统计和质量分析等，其目的是提高网络的运行效率和服务质量。

一、同 步 网

同步网是能够提供基准频率和时间的支撑网络，是现代通信网中必不可少的重要组成部分，通过满足要求的时钟定时基准和同步定时链路，向所有数字设备分配基准频率和时间，保证设备间步调一致、协调工作、时间高度统一。

同步网包括时钟(频率)同步网和时间同步网，时钟同步网为通信系统提供基准频率信号，时间同步网为通信系统和其他业务应用系统提供统一标准的时间信号。

(一)时钟同步网

现阶段，我国时钟同步网较多采用混合同步方式：一个由多个基准时钟控制的同步网络，各基准时钟之间以准同步运行，各基准时钟控制的同步网内采用等级主从同步。在采用等级主从同步的网络内，各节点之间是主从关系，每个同步网节点都要赋予一个等级地位，只容许某一等级的节点向较低等级或同等级的节点传送时钟信号。

铁路时钟同步网由骨干同步网和铁路局集团公司内同步网组成，其组网示意如图 9-39 所示。

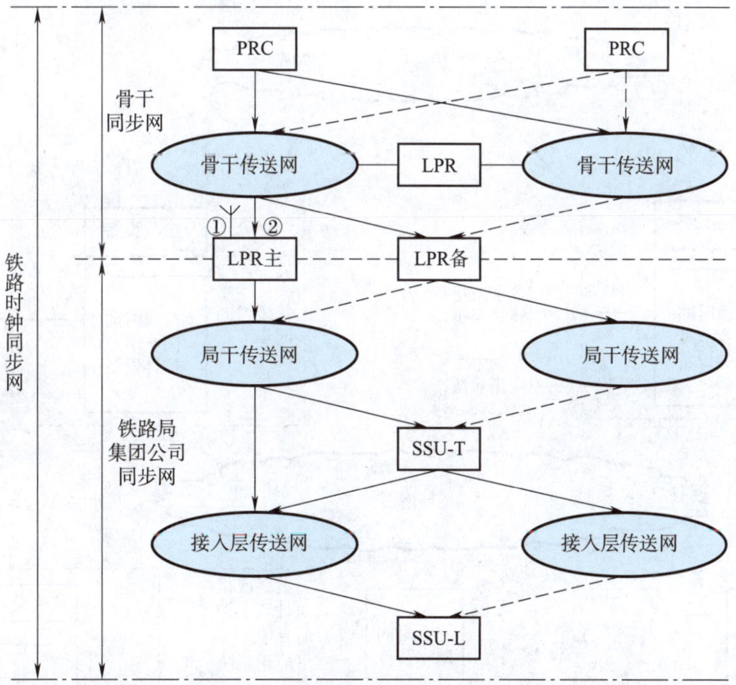

图 9-39 铁路时钟同步网组网示意

注：1. 实线箭头表示主用定时链路，虚线箭头表示备用定时链路；
2. 序号①表示第 1 时钟源，序号②表示第 2 时钟源；
3. 图中“LPR 主”表示铁路局集团公司主用 LPR，“LPR 备”表示铁路局集团公司备用 LPR。

骨干同步网由 PRC、LPR 及之间的定时链路组成；铁路局集团公司内同步网由 LPR、SSU 及相应的定时传递链路组成。全网采用混合同步方式，原则上骨干同步网划分成一个同步区，每个铁路局集团公司划分为一个同步区。PRC 作为全网同步的根本保证。铁路时钟同步网为铁路各业务网提供同步定时信号。

（二）时间同步网

时间同步网为铁路各专业系统及地面电子时间显示设备提供统一的时钟、时间同步基准信号源，使各系统时钟设备与本系统同步，保证铁路各系统运行计时准确。为铁路调度员、车站值班员、与行车相关的各部门工作人员和车站乘客提供统一基准时间信息。

铁路时间同步网在国铁集团设置一级时间同步节点，在铁路局集团公司所在地设置二级时间同步节点，在车站、段、车间等处按需设置三级时间同步节点。铁路时间同步网结构如图 9-40 所示。

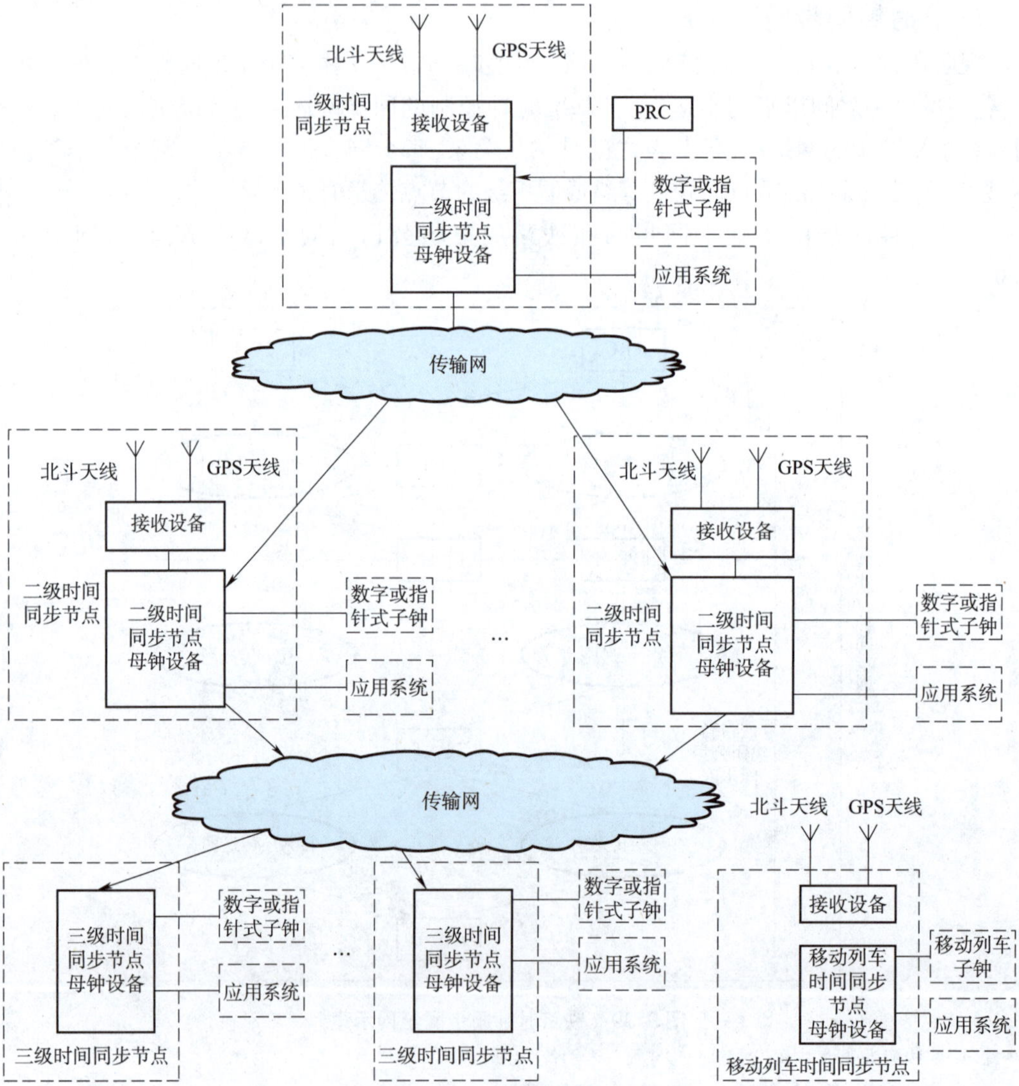

图 9-40　铁路时间同步网结构

地面时间同步节点各级之间的时间同步信号传送方式采用主从方式。时间同步设备从上一级时间同步节点获取时间信号。

地面各级时间同步节点之间时间信号的传递采用传输网承载,各级时间同步节点到应用系统之间时间信号的传递采用传输网、数据通信网承载或缆线直连。

移动列车时间同步节点采用接收卫星时间基准信号的方式进行同步。

二、信令网

信令网就是传输信令的网络,传送电话网中局间信令、电话交换的数据网的局间信令,支持各种智能网业务、移动通信业务,传送管理、维护信息等。

铁路 GSM-R 网络采用 No. 7 信令系统。铁路 No. 7 信令网用来为铁路 GSM-R 移动通信语音和数据通信中传递信令消息等非话控制指令。全国 GSM-R 网络已建成并投入使用的 19 个核心信令节点已实现互联互通。

不同于公共信令网的三级结构,GSM-R 网络为铁路专用移动通信网,按照铁路 GSM-R 信令网的规模,铁路通信信令网采用两级网络结构,如图 9-41 所示。

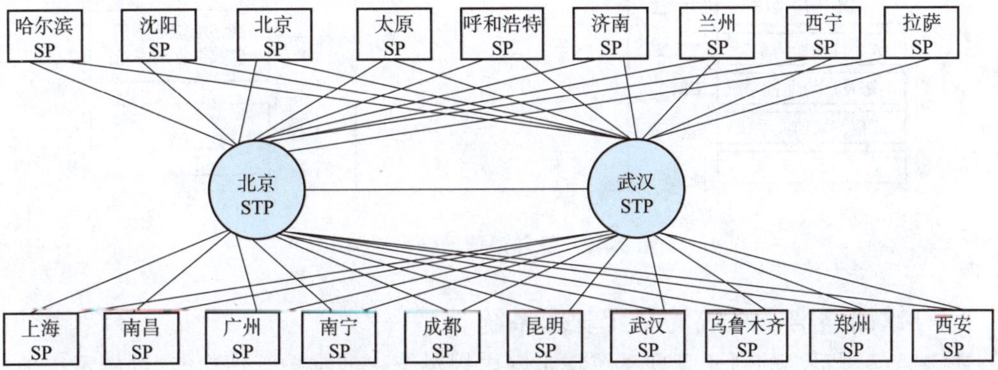

图 9-41 铁路通信信令网

第一级为信令转接点 STP,在北京和武汉建设一对 STP,分 A(北京)、B(武汉)平面进行设置。

第二级为信令点 SP,各 MSC/SGSN 以及 GSM-R 网内归属位置寄存器(HLR)、移动智能网业务控制节点(SCP)、短消息服务中心(SMSC)等设置信令点(SP)组成二级网络;网内信令规程采用 No. 7 信令方式。

三、网管网

网管网是为通信网及通信业务提供性能管理、故障(或维护)管理、配置管理、计费管理和安全管理的网络。

铁路通信网管网采用国铁集团、各铁路局集团公司两级架构,铁路通信网管网的结构,如图 9-42 所示。

铁路通信网管网包括管理层面的综合网管和运维层面的各通信子系统的网元管理系统两部分。

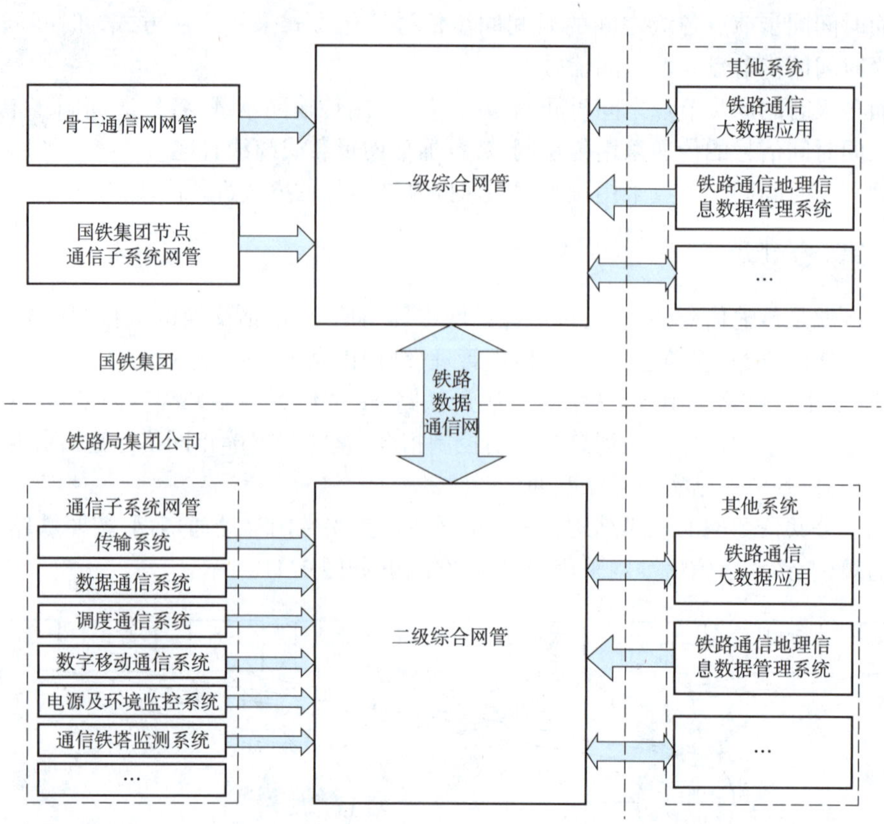

图 9-42　铁路通信网管网结构

(一)铁路通信子系统的网元管理系统

铁路通信子系统的网元管理系统在本网内提供统一的维护管理功能,可侧重于地域、网络、子网络内部的网元管理,能够端到端管理维护设备和网络,实现故障管理、配置管理、性能管理和安全管理等功能。同时开放数据共享接口向各铁路局集团公司综合网管和国铁集团综合网管上报数据。

(二)铁路通信综合网管

铁路通信综合网管采用两级架构,上层为一级综合网管,下层为二级综合网管。一级综合网管为国铁集团级综合网管系统;二级综合网管为铁路局集团公司级综合网管系统。二级综合网管与一级综合网管通过铁路数据通信网进行互联,并进行数据交互。

一级综合网管实现三部分网管信息的接入,包括各二级综合网管、骨干通信网网管和国铁集团节点通信子系统网管。二级综合网管在铁路通信子系统网管开放对综合网管的数据共享接口时,实现信息的接入,主要包括传输系统、数据通信系统、调度通信系统、数字移动通信系统、电源及环境监控系统、通信铁塔监测系统等网管;根据管理需要,可实现其他通信子系统网管信息的接入。

综合网管还支持与铁路通信大数据应用、铁路通信地理信息管理系统以及其他通信维护管理相关的系统进行数据交互。

铁路通信综合网管在统一的平台上接入各专业独立分散的专业网管系统，提供统一的管理层面的监视和维护监管管理。通过对运行状态数据的采集、性能和故障的综合分析，实现综合拓扑管理、综合告警管理、重点业务保障、综合性能管理、报表管理、综合资源管理、流程管理、系统自身管理等功能，为通信维护管理部门提供科学的管理手段，并为网络的维护和发展提供必要的决策依据。

四、通信电源系统

通信电源系统是铁路通信网的动力源泉，在铁路通信网具有非常重要的地位。电源的安全可靠，是保证其他通信系统正常运行的重要条件。

通信电源系统一般由交流供电系统、直流供电系统、接地和防雷系统组成。交流供电系统有交流配电屏、不间断电源（UPS）、蓄电池和逆变器等设备。直流供电系统主要有高频开关电源（AC/DC 变换器）、蓄电池、DC/DC 变换器和直流配电屏等设备。接地包括交流工作接地、直流工作接地、保护接地和防雷接地。

五、电源及机房环境监控系统

电源及机房环境监控系统主要是对各通信机房、基站等通信站点电源系统的各种指标和机房内的温度、湿度、烟雾、水浸、门禁和空调等设备的异常情况进行集中监控、管理并报警，以便维护人员及时发现并排除机房内的异常情况，确保其他通信系统安全可靠地运行。电源及机房环境监控系统利用传输网所提供的各种传输信道资源，可实现通信机房无人值守，节约了运行维护投入，降低了铁路运营成本。

复习思考题

1. 铁路通信有何特点？
2. 铁路通信主要包括哪些业务？
3. 简述通信光缆的组成及其各部分功能。
4. 简述传输网的分层结构，及各层使用的制式。
5. 铁路业务网包括哪些系统？
6. 简述数字调度通信系统的分层结构。
7. 简述 GSM-R 的系统组成。
8. 综合视频监控系统由哪几部分组成？
9. 铁路通信同步网分类和主要功能有哪些？
10. 通信电源系统由哪几部分组成？

第十章

铁路信息系统

学习任务

铁路信息系统是铁路运输生产的重要组成部分，通过建立全路的计算机网络，将全路（国铁集团、铁路局集团公司和站段）联成一个整体，实现信息的交换和共享，为全路的战略决策、经营开发、运输生产、资源管理、建设管理、综合协同六个方面提供数据支撑。

本章对铁路网络安全和信息化规划进行简要介绍，同时对业务信息系统总体布局和信息基础设施方面知识进行介绍。

通过学习，了解铁路网络安全和信息化规划主要目标，了解铁路业务信息系统各领域架构及信息基础设施相关知识。

第一节　铁路网络安全和信息化规划

一、概　　述

《“十四五”铁路网络安全和信息化规划》（以下简称网信规划）是国铁集团开展信息化建设的重要依据和行动指南。网信规划以《中华人民共和国国民经济和社会发展第十四个五年规划和2035年远景目标纲要》、《“十四五”国家信息化规划》、《新时代交通强国铁路先行规划纲要》（铁发改〔2020〕129号）、《中国国家铁路集团有限公司“十四五”发展规划》（铁发改〔2022〕69号）等文件为指导，是新形势下对《铁路信息化总体规划》（铁总信息〔2017〕152号）的继承和发展，是国铁企业新时期网络安全和信息化建设的顶层设计，是规范和指导未来铁路信息化建设的纲领性文件。

二、主要目标

到2025年，建成高速泛在、天地一体、云网融合、智能敏捷、绿色低碳、安全可控的智能化综合性铁路信息基础设施，各业务领域与数字技术深度融合，铁路数字经济蓬勃发展，网络安全防护能力得到全面增强，国铁集团信息化治理体系和治理能力现代化水平显著提升，铁路网络空间正能量更加充沛，客户服务、生产经营、开放共享能力迈上新的台阶，全面完成铁路信息化总体蓝图，如图 10-1 所示。网络安全和信息化将为铁路高质量发展提供强有力的支撑。

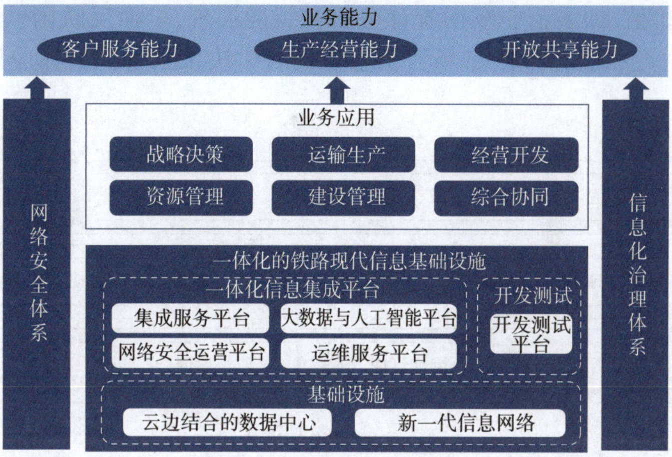

图 10-1　“十四五”铁路网络安全和信息化规划总体蓝图

第二节　铁路业务信息系统

一、业务信息系统总体布局

业务信息系统布局分为“战略决策、经营开发、运输生产、资源管理、建设管理、综合协同”六大业务领域，总体规划如图 10-2 所示。

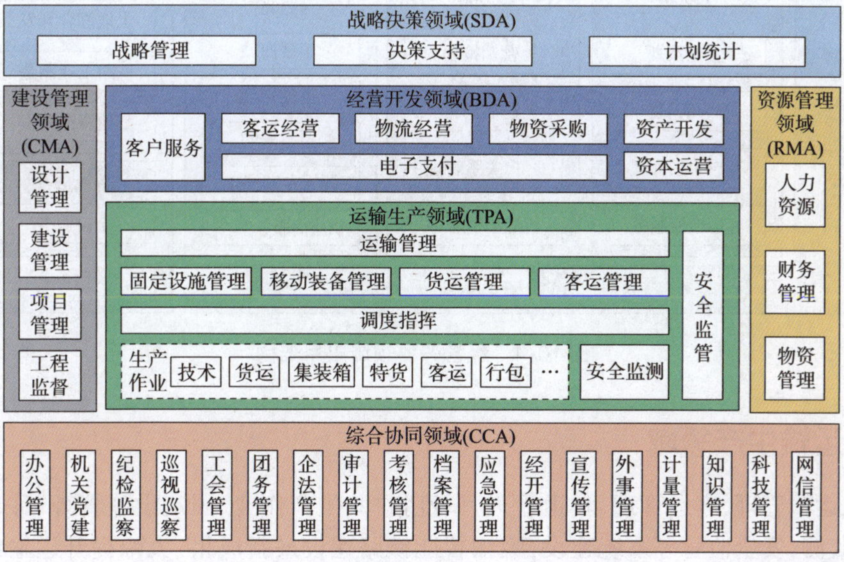

图 10-2　六大业务领域信息系统示意图

二、战略决策领域

建设战略管理、决策支持、计划统计系统，构建战略管理与决策支持模型，发掘释放企业数据资源潜在价值，加强企业数据统计分析和智能展现，全面反映国铁集团经营和运行状况，提高安全生产、经营管理、市场营销等方面科学决策水平。具体应用架构如图 10-3 所示。

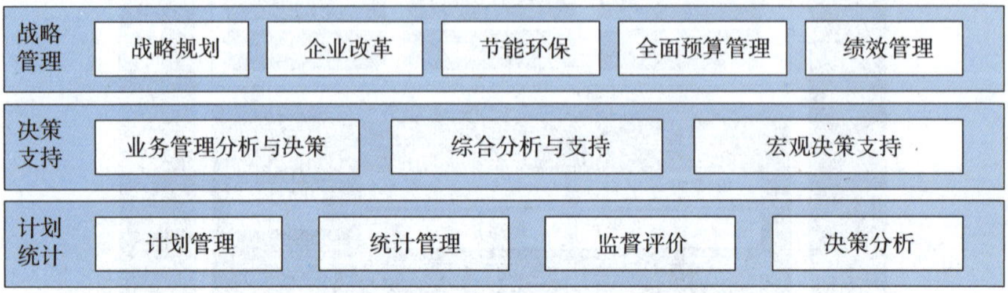

图 10-3 战略决策领域应用架构

三、经营开发领域

完善客运经营、物流经营、物资采购、资产开发、资本运营、客户服务平台、电子支付平台等系统，依托 12306、95306 等网站建设，大力发展铁路电子商务，把推进“互联网 + 铁路”作为促进铁路从传统企业向现代企业转型、传统经营模式向电子商务模式转变、传统物流向数字化供应链转型的重大举措，增强铁路作为产业链关键环节的竞争力。具体应用架构如图 10-4 所示。

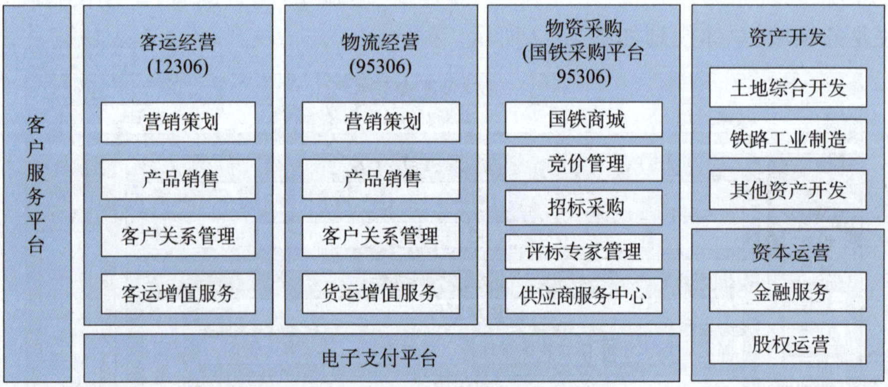

图 10-4 经营开发领域应用架构

四、运输生产领域

强化运输管理、客运管理、货运管理、调度指挥、生产作业、固定设施管理、移动装备管理、安全监测、安全监管等系统建设，吸纳智能铁路建设最新成果，大幅提升运输组织精准化水平和生产作业效率，提高安全风险管控和隐患排查治理能力，实现铁路运输设备设施状态和内外部环境自感知、自诊断、自预警、自决策，显著提高运输安全保障能力。同时，适应运输站段生产力布局调整，全面支撑三级安全生产应急指挥中心和站段生产调度指挥中心生产作业活动。具体应用架构如图 10-5 所示。

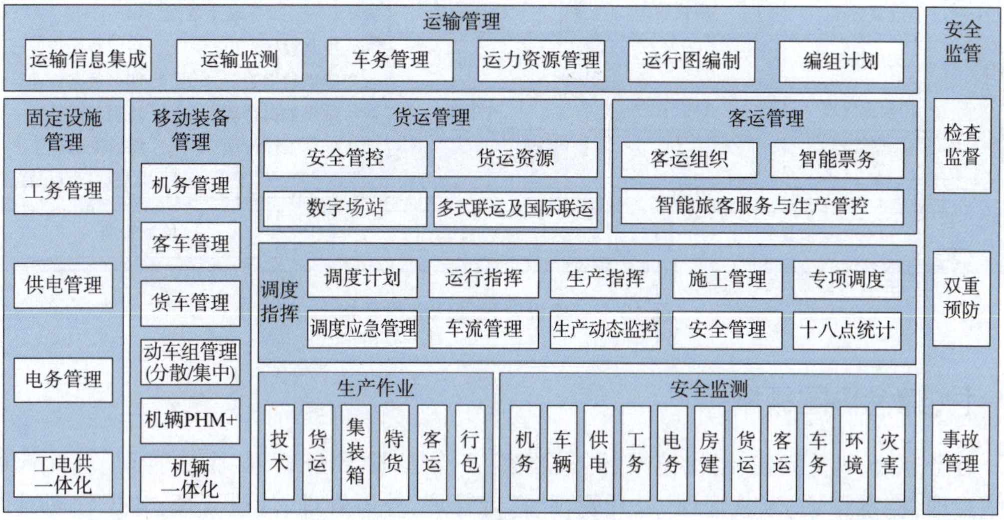

图 10-5　运输生产领域应用架构

五、资源管理领域

优化人力资源、财务管理、物资管理等系统，推动国铁集团资源合理配置和高效利用，对企业业务流、资金流、信息流实行一体化协同管理。具体应用架构如图 10-6 所示。

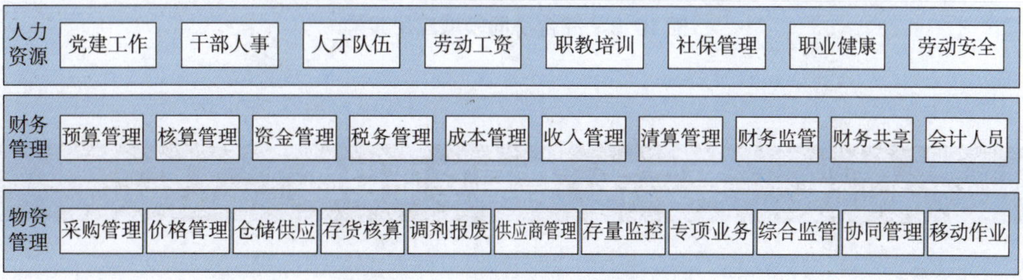

图 10-6　资源管理领域应用架构

六、建设管理领域

建设设计管理系统，优化完善建设管理、项目管理、工程监督等系统，实现铁路建设项目全过程数字化、标准化管理，为铁路建设无人化、少人化提供技术支撑。构建智能建造数字孪生平台，支撑铁路全生命周期一体化、精细化、智能化管理。具体应用架构如图 10-7 所示。

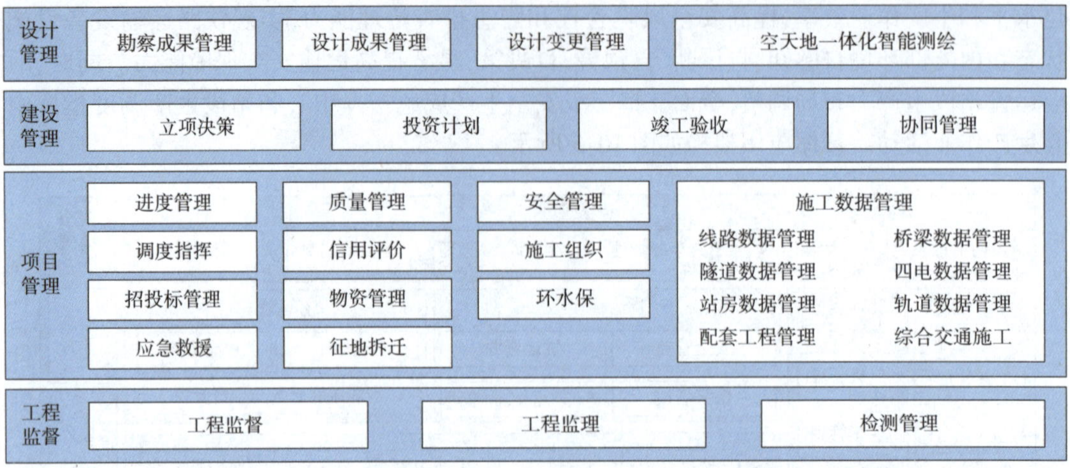

图 10-7　建设管理领域应用架构

七、综合协同领域

健全办公、机关党建、纪检监察、巡视巡察、工会管理、团务管理、企法管理、审计管理、考核管理、档案管理、应急管理、经开管理、宣传管理、外事管理、计量管理、知识管理、科技管理、网信管理等系统，完善统一交互与展示平台，梳理规范业务流程，有效提升业务协同水平和管理工作效率。具体应用架构如图 10-8 所示。

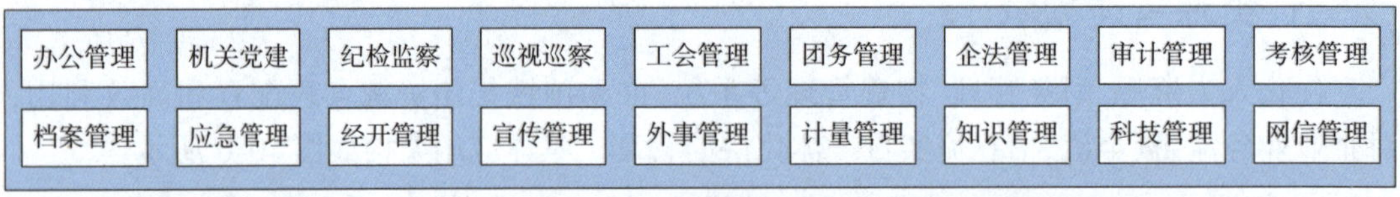

图 10-8　综合协同领域应用架构

第三节　信息基础设施

一、云边结合的铁路行业云数据中心

铁路行业云数据中心采用多地多中心总体布局，先行建成由主数据中心、同城双活数据中心、异地数据中心（灾备）构成的国铁集团级数据中心，优化调整铁路局集团公司既有信息基础设施，积极推进绿色数据中心建设和资源合理利用，强化清洁、可再生能源使用，鼓励氢能源、液冷、分布式供电、模块化机房等高能效技术应用。规划布局如图 10-9 所示。

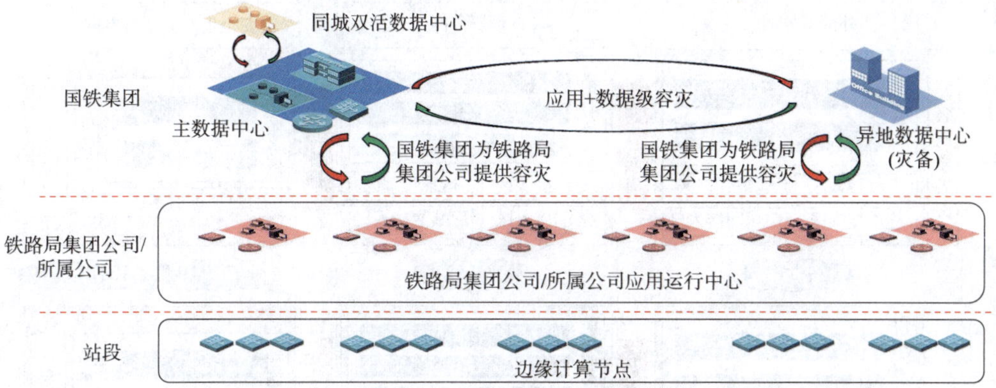

图 10-9　铁路数据中心规划布局

采用统一的技术架构和标准构建基于云边结合的铁路行业云，分布式部署在国铁集团、铁路局集团公司两级。同时根据需要在具备条件的站段建设边缘计算节点，作为铁路行业云的延伸与补充，提供低延时、快响应、高可用的应用服务。铁路行业云总体架构如图 10-10 所示。

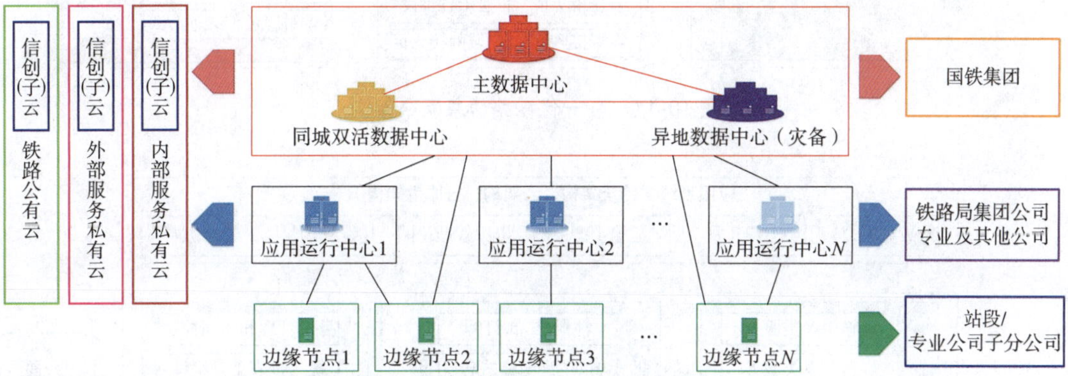

图 10-10　铁路行业云总体架构

二、新一代铁路信息网络

铁路信息网络及相关资源横向划分为网络空间安全相互隔离的铁路外部服务网、铁路内部服务网和铁路安全生产网三个网络；各网络纵向分别贯通覆盖国铁集团、铁路局集团公司和站段三级。网络架构如图 10-11 所示。

三、一体化信息集成平台

1. 集成服务平台：提供业务和技术中台，集成提供共性业务类服务、应用门户入口、统一身份认证、移动应用接入、图表分析展示等公共服务，提升应用开发效率和管控水平。业务系统间互联互通应规范使用集成服务平台实现，与外部单位开展应用集成和数据交换统一通过国铁集团外部协作平台实现。平台架构如图 10-12 所示。

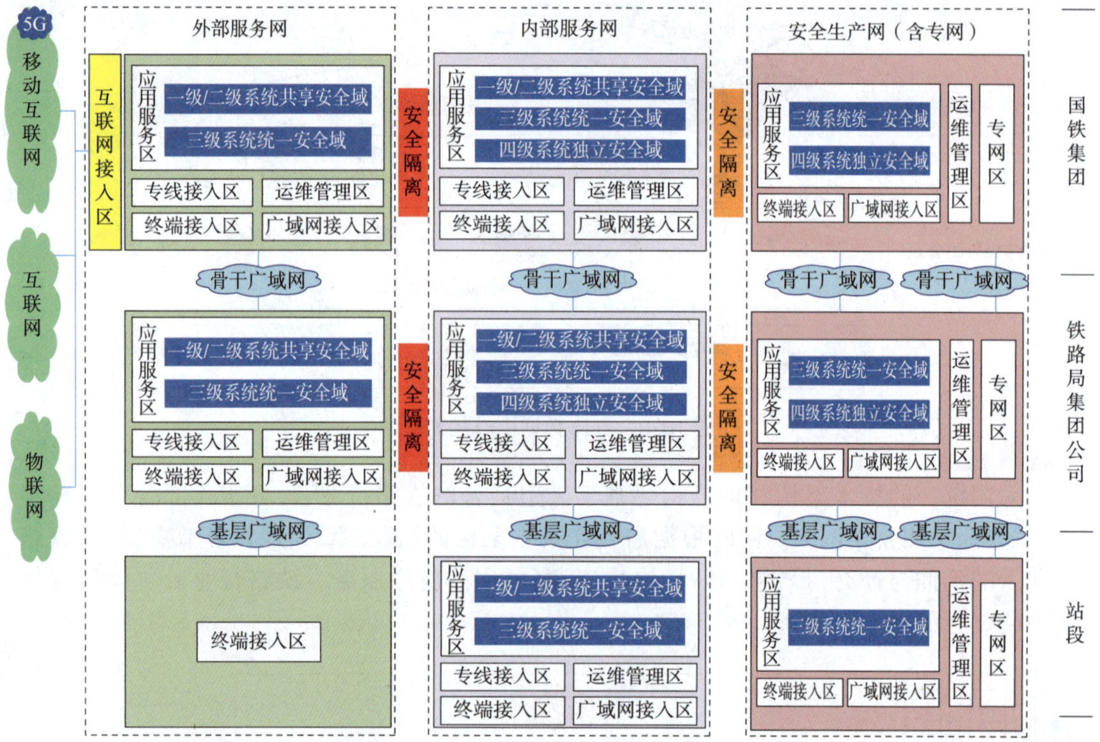

图 10-11　新一代铁路信息网络架构

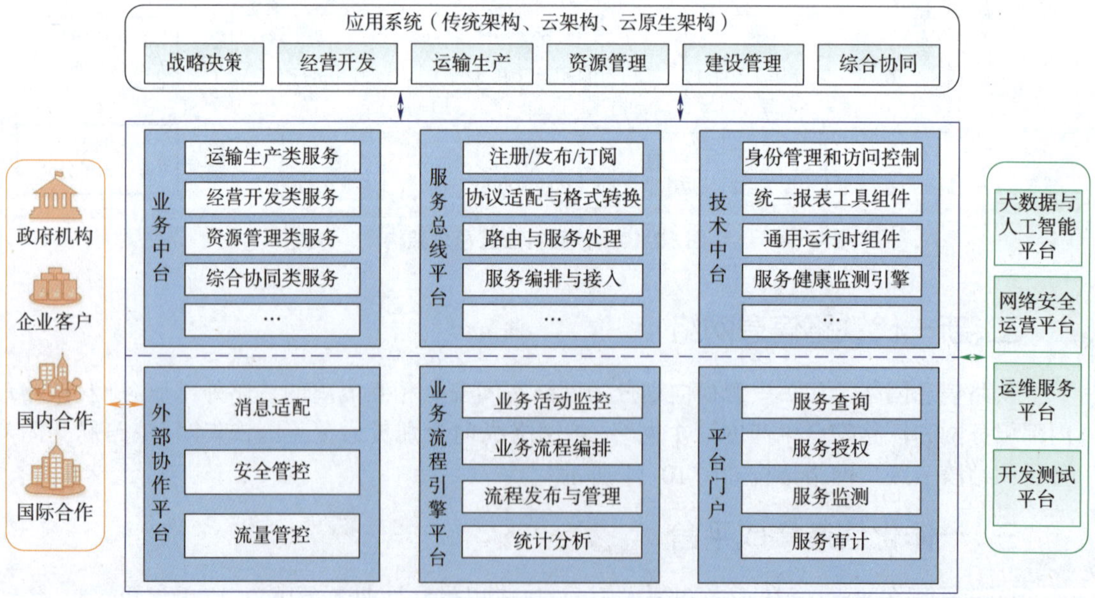

图 10-12　集成服务平台架构

2. 大数据与人工智能平台：在铁路数据服务平台的基础上，综合北斗导航、BIM、人工智能、区块链等先进技术，统一为各业务系统提供大数据及人工智能服务。平台架构如图 10-13 所示。

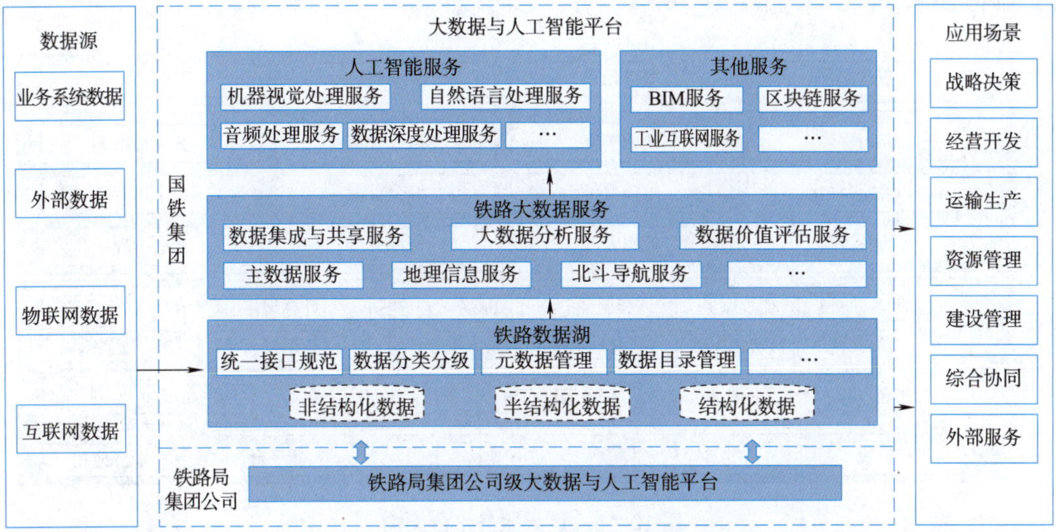

图 10-13　铁路大数据与人工智能平台架构

3. 网络安全运营平台：进一步优化和完善网络安全运营平台，补强主动防御、精准防护等网络安全技术手段，提升动态防御、纵深防御、整体防护、联防联控的安全能力，强化数据安全保护措施，深化自主可控网络安全技术研究与创新，构建信创安全生态，全面提高网络安全综合防御水平，保障铁路信息系统安全稳定运行。平台架构如图 10-14 所示。

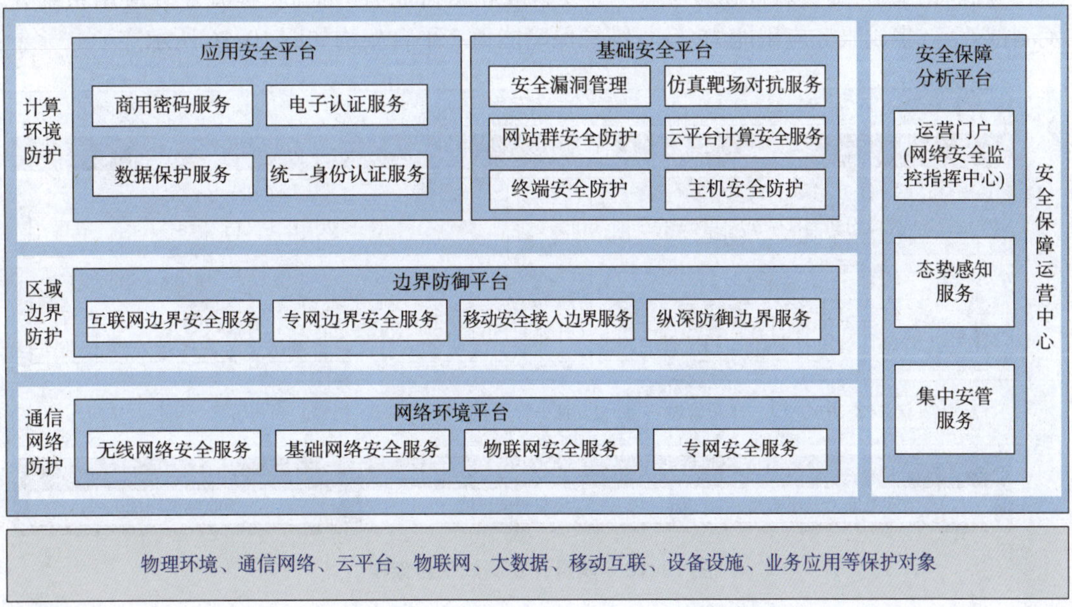

图 10-14　网络安全运营平台架构

4. 运维服务平台:应用智能运维(AIOps)技术,形成基于场景的智能运维大脑,实现主动感知、主动学习、智能执行,满足铁路内、外部运维需求,提高运维效率,降低运维成本,有力支撑全路信息系统运维调度和应急指挥中心(网络安全监控指挥中心)运行。平台架构如图 10-15 所示。

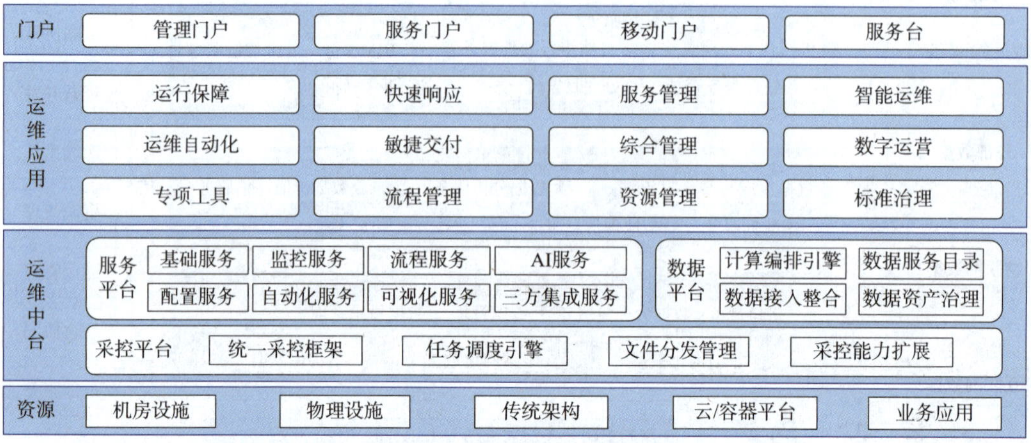

图 10-15 运维服务平台架构

四、开发测试平台

面向软件开发测试过程和技术规范化管理,在铁路行业云上构建统一的铁路软件开发测试环境,提供开发、测试、仿真、灰度验证功能,满足应用开发测试、安全合规验证、上线生产前验证的需求,建立软件开发、测试测评技术标准体系、生产交付规范,提高开发测试标准化、规范化水平,促进软件研发质量、持续集成和交付能力的提高,提升业务应用系统开发测试效率、集成服务应用能力、运行维护保障能力。平台架构如图 10-16 所示。

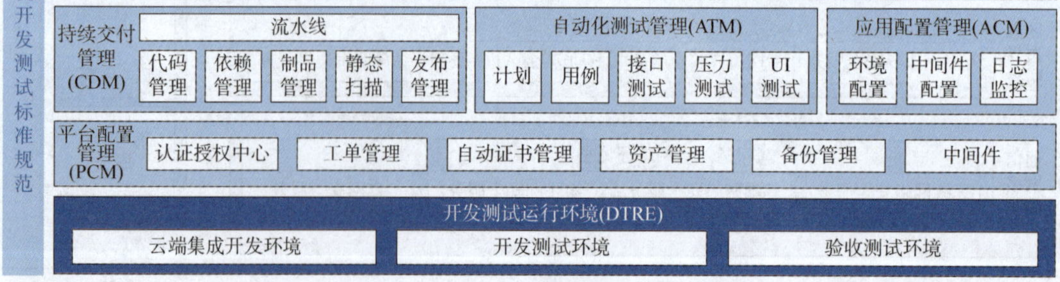

图 10-16 铁路开发测试平台架构

五、网络安全能力建设

铁路网络安全能力建设采用“基础保护—强化保护—协同保护”分层保护架构，基础保护以贯彻落实网络安全等级保护制度为目标，按照“一中心三重防护”要求，深入推进网络安全等级保护定级备案、等级测评、安全建设和检查等基础工作，建立网络安全资产、风险、能力基础资源库，明晰保护对象、识别安全风险；在基础保护之上，落实关键信息基础设施重点防护措施，加强网络攻防、数据安全、风险评估、供应链安全、控制系统安全、国产密码应用和国产化等技术研究与创新应用；健全网络安全信息共享机制，在国铁集团不同层级单位之间建立安全事件、漏洞库等信息共享渠道，推进资源、能力、应急和生态等协同建设，保障铁路信息基础设施和信息系统可持续安全稳定运行。保护层次结构如图 10-17 所示。

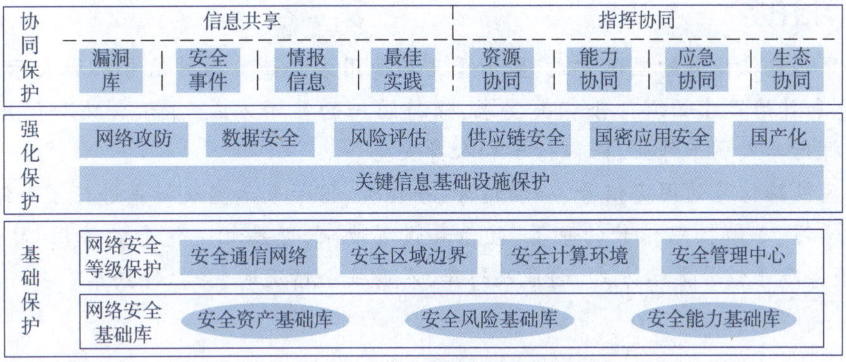

图 10-17 铁路网络安全保护层次结构

复习思考题

1. 简述铁路网络安全和信息化规划主要目标。
2. 简述铁路业务信息系统布局涉及的业务领域。
3. 简述铁路战略决策领域信息系统架构。
4. 简述铁路运输生产领域信息系统架构。
5. 简述铁路资源管理领域信息系统架构。
6. 简述铁路建设管理领域信息系统架构。
7. 简述铁路行业云数据中心规划布局情况。
8. 简述新一代铁路信息网络架构情况。
9. 简述一体化信息集成平台架构情况。
10. 简述网络安全能力建设层次和结构。

第十一章

铁路信号显示

学习任务

信号显示包括信号的显示方式、显示含义和使用方法等。各种信号机和表示器的灯光排列、颜色和外形尺寸必须符合相关要求，保持统一的显示方式、显示含义和使用方法，便于统一指挥行车或调车作业，保证行车和人身安全。

本章对铁路信号的固定信号、移动信号、手信号、信号表示器及标志进行了介绍。

通过学习，了解铁路信号的种类、显示和设置要求，熟悉相关信号的作用、显示方式和意义，掌握停车手信号显示方式，遇危及行车、人身安全情况时，会拦停列车。

第一节 固定信号

固定信号机包括色灯信号机、臂板信号机和机车信号机三种。

一、色灯信号机

我国铁路实行左侧行车，因此色灯信号机一般安装在列车运行方向的左侧或所属线路中心线的上空。按照用途的不同，色灯信号机分为进站、出站、通过、进路、预告、接近、遮断、驼峰、驼峰辅助、复示、调车信号机等。常用的固定信号机设置位置，如图 11-1 所示。以下主要介绍进站、出站、预告、通过、调车等信号机的设置及显示。

（一）进站信号机

进站信号机的作用是防护车站，指示列车可否由区间进入车站，以及进入车站的有关条件。图 11-1 中的 X、S 分别为下行、上行进站信号机。它应设在距车站进站道岔尖端（逆向道岔）或警冲标（顺向道岔）不少于 50 m 的地点。进站信号机的显示意义，见表 11-1。

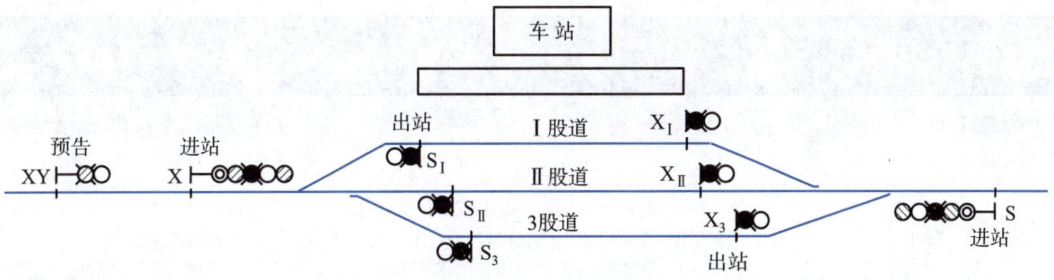

图 11-1 信号机设置举例

注:○—绿灯;⊘—黄灯;●—红灯;◎—月白灯;⌧—亮稳定灯光

表 11-1 进站信号机的显示意义

显示灯光	三显示自动闭塞、半自动闭塞、自动站间闭塞区段	四显示自动闭塞区段
一个绿色灯光	准许列车按规定速度经正线通过车站,表示出站及进路信号机(指示列车能否在站内或从一个车场到另一个车场运行的信号机)在开放状态,进路上的道岔均开通直向位置	准许列车按规定速度经道岔直向位置进入或通过车站,表示运行前方至少有三个闭塞分区空闲
一个黄色灯光	准许列车经道岔直向位置,进入站内正线准备停车	准许列车按限速要求越过该信号机,经道岔直向位置进入站内正线准备停车
两个黄色灯光	准许列车经道岔侧向位置,进入站内准备停车	准许列车按限速要求越过该信号机,经道岔侧向位置进入站内准备停车
一个黄色闪光和一个黄色灯光	准许列车经过 18 号及其以上道岔侧向位置,进入站内越过下一架已经开放的信号机,且该信号机所防护的进路,经道岔的直向位置或 18 号及其以上道岔的侧向位置	准许列车经过 18 号及其以上道岔侧向位置,进入站内越过下一架已经开放的信号机,且该信号机所防护的进路,经道岔的直向位置或 18 号及其以上道岔的侧向位置
一个红色灯光	不准列车越过该信号机	不准列车越过该信号机
一个绿色灯光和一个黄色灯光	准许列车经道岔直向位置,进入站内越过下一架已经开放的信号机准备停车	准许列车按规定速度越过该信号机,经道岔直向位置进入站内,表示下一架信号机经道岔直向位置开放一个黄灯

(二)出站信号机

出站信号机的作用是防护区间,指示列车可否由车站开往区间,以及开往区间的有关条件。

为了防止误认信号造成行车事故,每条发车线应在线路警冲标内方的适当地点单独设置出站信号机,见图 11-1,$X_Ⅰ$、$X_Ⅱ$、X_3、$S_Ⅰ$、$S_Ⅱ$、S_3 为出站信号机。

出站信号机的显示意义,见表 11-2。

表 11-2 出站信号机的显示意义

显示灯光	半自动闭塞或自动站间闭塞区段	三显示自动闭塞区段	四显示自动闭塞区段
一个绿色灯光	准许列车由车站出发	准许列车由车站出发,表示运行前方至少有两个闭塞分区空闲	准许列车由车站出发,表示运行前方至少有三个闭塞分区空闲

续上表

显示灯光	半自动闭塞或自动站间闭塞区段	三显示自动闭塞区段	四显示自动闭塞区段
一个绿色灯光和一个黄色灯光	—	—	准许列车由车站出发,表示运行前方有两个闭塞分区空闲
一个黄色灯光	—	准许列车由车站出发,表示运行前方有一个闭塞分区空闲	准许列车由车站出发,表示运行前方有一个闭塞分区空闲
一个红色灯光	不准列车越过该信号机	不准列车越过该信号机	不准列车越过该信号机
两个绿色灯光	准许列车由车站出发,开往次要线路	准许列车由车站出发,开往半自动闭塞或自动站间闭塞区间	准许列车由车站出发,开往半自动闭塞或自动站间闭塞区间

(三)预告信号机

预告信号机的作用是将主体信号机的显示状态提前预告司机。图 11-1 中的 XY 为预告信号机。

半自动闭塞、自动站间闭塞区段,进站信号机为色灯信号机时,设色灯预告信号机或接近信号机。列车运行速度不超过 120 km/h 的区段,预告信号机与其主体信号机的安装距离不得小于 800 m,当预告信号机的显示距离不足 400 m 时,其安装距离不得小于 1 000 m。

预告信号机,显示一个绿色灯光,表示主体信号机在开放状态;显示一个黄色灯光,表示主体信号机在关闭状态。

(四)通过信号机

通过信号机的作用是防护自动闭塞区段的闭塞分区(自动闭塞区间,顺向的两个色灯信号机间的铁路线)或非自动闭塞区段的所间区间,指示列车能否开进它所防护的闭塞分区或所间区间。

通过信号机通常设在所间区间或闭塞分区的分界处,如图 11-2 所示。

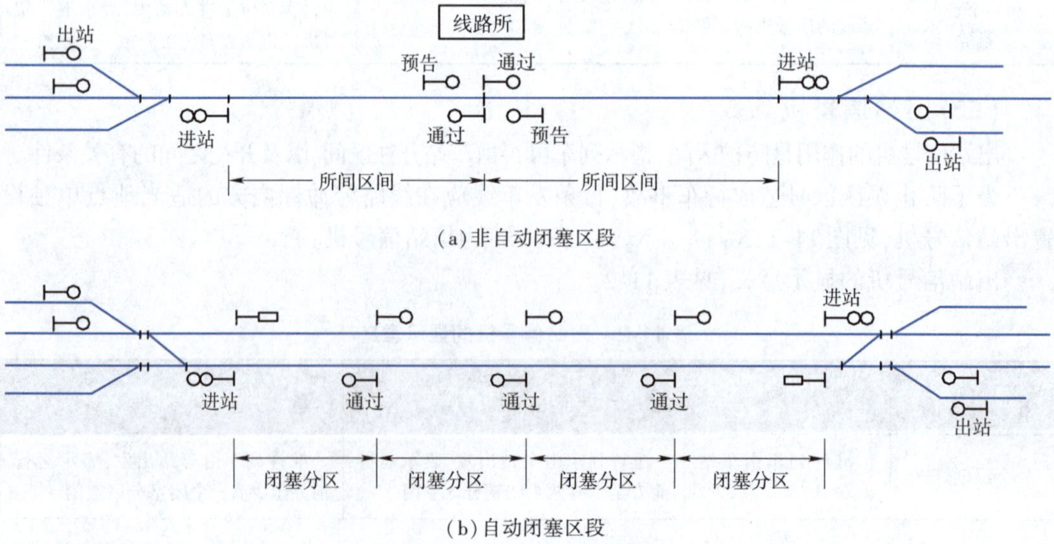

图 11-2 通过信号机设置

通过信号机的显示意义,见表11-3。

表11-3　通过信号机的显示意义

显示灯光	半自动闭塞及自动站间闭塞区段	三显示自动闭塞区段	四显示自动闭塞区段
一个绿色灯光	准许列车按规定速度运行	准许列车按规定速度运行,表示运行前方至少有两个闭塞分区空闲	准许列车按规定速度运行,表示运行前方至少有三个闭塞分区空闲
一个绿色灯光和一个黄色灯光	—	—	准许列车按规定速度运行,要求注意准备减速,表示运行前方有两个闭塞分区空闲
一个黄色灯光	—	要求列车注意运行,表示运行前方有一个闭塞分区空闲	要求列车减速运行,按规定限速要求越过该信号机,表示运行前方有一个闭塞分区空闲
一个红色灯光	不准列车越过该信号机	列车应在该信号机前停车	列车应在该信号机前停车

(五)调车信号机

调车信号机是用来进行指示调车机车在车站内进行作业的信号机,通常设在调车作业繁忙的线路上(如到发线、咽喉道岔区),以及从非联锁区到联锁区的入口处。如图11-3所示,D_1、D_3、D_5、D_7为调车信号机,$S_Ⅰ$、$S_Ⅱ$、S_3、S_4为出站兼调车信号机。

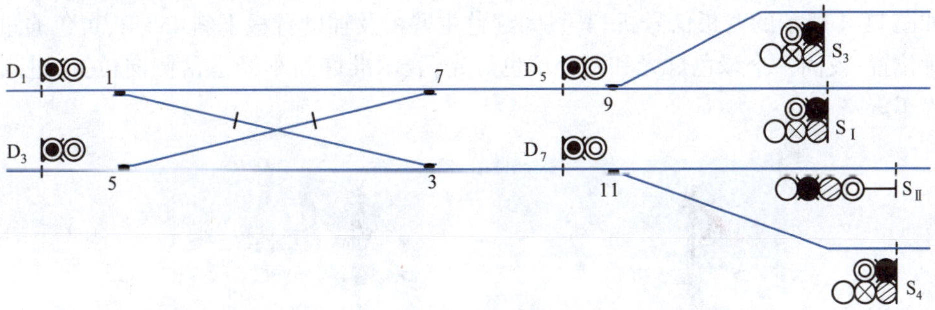

图11-3　调车信号机设置

注:◉—蓝灯;⊗—空位灯

调车信号机一般采用矮型色灯信号机,而在到发线上也可以在出站信号机上添设一个允许调车的月白色灯,成为出站兼调车信号机。

调车信号机多为色灯信号机,调车色灯信号机的显示方式如下:

一个月白色灯光,表示准许越过该信号机调车。

一个月白色闪光灯光,表示装有平面溜放调车区集中联锁设备时,准许溜放调车。

一个蓝色灯光,表示不准越过该信号机调车。

(六)驼峰信号机

驼峰信号机是指挥调车机车进行推送车列解体的色灯信号机,驼峰信号机设于驼峰调车场最高点(即驼峰峰顶处),当调车场与到达场成纵列布置时,到达场的到发线上可设置驼峰辅助信号机。

驼峰信号机及其复示信号机显示方式如下：

一个绿色灯光——定速信号，准许机车车辆按规定速度向驼峰推进。

一个绿闪灯光——加速信号，指示机车车辆加速向驼峰推进。

一个黄闪灯光——减速信号，指示机车车辆减速向驼峰推进。

一个红色灯光——停车信号，不准机车车辆越过该信号机或指示机车车辆停止作业。

一个红闪灯光——后退信号，指示机车自峰顶后退。

一个月白色灯光——调车信号，指示机车去峰下。

一个月白色闪光——指示机车车辆去禁溜线或迂回线。

驼峰信号机的复示信号机平时无显示；当办理驼峰推送进路后，其显示方式与驼峰色灯信号机相同。

驼峰辅助信号机除复示驼峰信号机的 7 种显示外还兼有驼峰预先推送显示（一个黄色灯光）。

当驼峰信号机由开放转为关闭时，应以音响为辅助信号，通知峰顶调车人员。

二、臂板信号机

臂板信号机按用途分为进站臂板信号机、出站臂板信号机、通过臂板信号机、预告臂板信号机、电动臂板复示信号机等，其通过白天用臂板的不同位置，夜间用不同颜色的灯光显示信号。

如图 11-4 所示的臂板信号机，其昼间红色主臂板及辅助臂板下斜 45°角，黄色通过臂板在水平位置；夜间一个绿色灯光和两个黄色灯光，表示准许列车经道岔侧向位置，进入站内准备停车。

图 11-4　臂板信号机

三、机车信号机

机车信号是在司机室内向司机预告列车前方运行条件的信号。在地面信号机为主体信号的前提下,机车信号为辅助信号,它能自动地反映列车运行前方地面信号机的显示状态,指示列车运行,并与列车运行监控装置结合,确保列车的安全运行。

接近连续式机车信号机的显示方式与连续式机车信号机相同。

(一)机车信号显示

四显示自动闭塞区段的连续式机车信号机显示,见表11-4。无显示时,表示机车信号机在停止工作状态。

表11-4　四显示自动闭塞区段的连续式机车信号机显示

信号机显示	含　义
	(1)一个绿色灯光——准许列车按规定速度运行,表示列车接近的地面信号机显示绿色灯光
	(2)一个半绿半黄色灯光——准许列车按规定速度注意运行,表示列车接近的地面信号机显示一个绿色灯光和一个黄色灯光
	(3)一个带"2"字的黄色闪光——要求列车减速到规定的速度等级越过接近的显示一个黄色灯光的地面信号机,并预告次一架地面信号机开放经18号及以上道岔侧向位置的进路,且列车运行前方第三架信号机开通直向进路或开放经18号及以上道岔侧向位置的进路
	(4)一个带"2"字的黄色灯光——要求列车减速到规定的速度等级越过接近的显示一个黄色灯光的地面信号机,并预告次一架地面信号机开放经道岔侧向位置的进路[但不满足上述第(3)项条件]
	(5)一个黄色灯光——要求列车减速到规定的速度等级越过接近的显示一个黄色灯光的地面信号机,并预告次一架地面信号机处于关闭状态

续上表

信号机显示	含　义
	(6)一个双半黄色闪光——要求列车限速运行,表示列车接近的地面信号机开放经18号及以上道岔侧向位置的进路,且次一架信号机开通直向进路或开放经18号及以上道岔侧向位置的进路;或表示列车接近设有分歧道岔线路所的地面信号机开放经18号及以上道岔侧向位置的进路、显示一个黄色闪光和一个黄色灯光
	(7)一个双半黄色灯光——要求列车限速运行,表示列车接近的地面信号机开放经道岔侧向位置的进路[但不满足上述第(6)项条件]、显示两个黄色灯光或其他相应显示
 	(8)一个半黄半红色闪光——表示列车接近的进站、接车进路或接发车进路信号机显示引导信号或通过信号机显示容许信号
	(9)一个半黄半红色灯光——要求及时采取停车措施,表示列车接近的地面信号机显示红色灯光
	(10)一个红色灯光——表示列车已越过地面上显示红色灯光的信号机

续上表

信号机显示	含　　义
	(11)一个白色灯光——不复示地面上的信号显示,机车乘务人员应按地面信号机的显示运行

(二)列控车载设备(ATP)信号显示

列控车载设备安装在动车组司机室内,具有机控优先和人控优先两种控制模式,设有A~F等功能区。A区为警示信息区,B区为速度信息区,C区为辅助驾驶信息区,D区为计划区,E区为报警信息区,F区为功能键区,如图11-5所示。

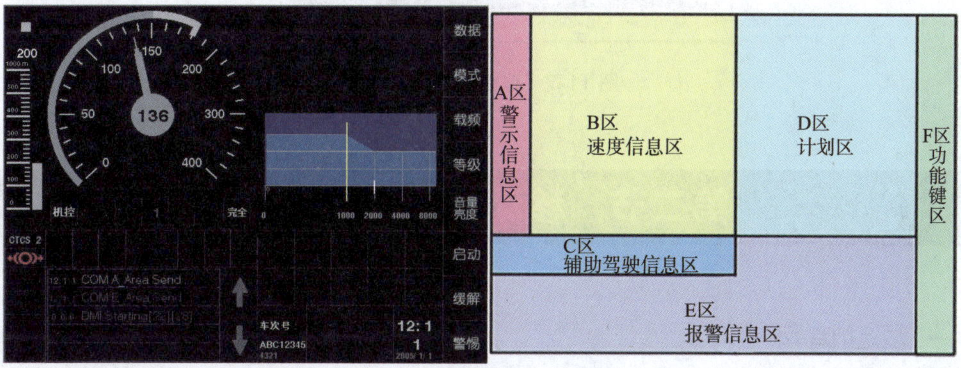

图11-5　列控车载信号显示

(三)列车运行监控装置(LKJ)车载信号显示

LKJ车载信号安装在机车司机室内,屏幕显示器的机车信号显示应与机车信号机的显示含义相同,设有A~G等功能区。A区为基本信息区,B区为速度标尺区,C区为历史信息区,D区为预示信息区,E区为状态信息区,F区为线路信息区,G区为提示信息区,如图11-6所示。

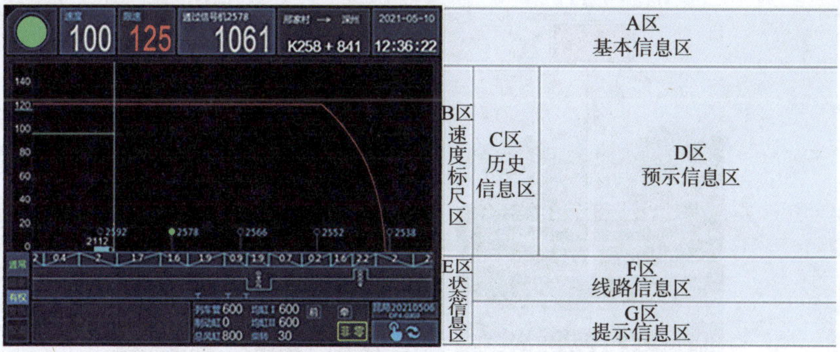

图11-6　LKJ车载信号显示

(四)轨道车运行控制设备(GYK)车载信号显示

轨道车运行控制设备安装在轨道车司机室内,具有轨道电路信息接收、运行监控、警醒、数据记录、语音记录及人机交互等功能。轨道车运行控制设备(GYK)具有正常监控模式、目视行车模式、调车模式、区间作业模式和非正常行车模式等控制模式,如图11-7所示。

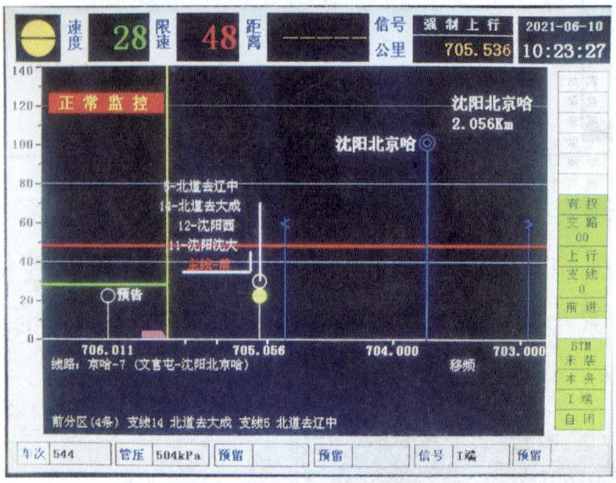

图11-7 GYK车载信号显示

第二节 移动信号与手信号

一、移动信号

移动信号用于线路故障、站内或区间施工时,临时性禁止列车驶入或要求慢行的地段,采用可以随时设置或撤除的移动式信号牌。

移动信号分停车信号、减速信号和减速防护地段终端信号。

(一)停车信号

停车信号显示为:白天柱上一个红色方牌;夜间柱上一个红色灯光,如图11-8所示。

图11-8 移动信号显示

（二）减速信号

1. 减速信号为表面有反光材料的黄底黑字圆牌，标明列车限制速度，如图 11-9(a)所示。

2. 施工及其限速区段，在减速信号牌外方增设的特殊减速信号牌为表面有反光材料的黄底黑“T”字圆牌，如图 11-9(b)所示。

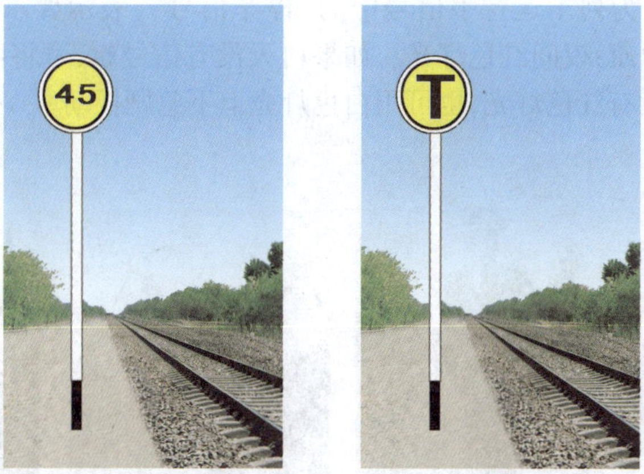

(a)　(b)

图 11-9　减速信号

（三）减速防护地段终端信号

减速防护地段终端信号为表面有反光材料的绿色圆牌，如图 11-10(a)所示。在单线区段，司机应看线路右侧减速信号牌背面的绿色圆牌。

在有 1 万 t 或 2 万 t(含 1.5 万 t)货物列车运行的线路增设的 1 万 t、2 万 t(含 1.5 万 t)减速防护地段终端信号牌为表面有反光材料的绿底黑“W”字(1 万 t)或黑“L”字(1.5 万 t 和 2 万 t)圆牌，如图 11-10(b)、图 11-10(c)所示。

(a)　(b)　(c)

图 11-10　减速防护地段终端信号

二、手 信 号

手信号是铁路运输工作中广泛采用的一种视觉信号。根据行车工作的要求，手信号可以机动地指挥列车运行和调车作业，也可作为联系和传达行车有关事项的旗（灯）语。

显示手信号时必须严肃认真，应做到横平、竖直、灯正、圈圆。

如图 11-11 所示，为列车运行手信号中的“停车信号”，表示要求列车停车，信号显示为：白天展开红色信号旗；夜间红色灯光。如果白天没有信号旗，可将两臂高举头上向两侧急剧摇动；如果夜间没有红色灯光，也可用白色灯光上下急剧摇动。

图 11-11　手信号显示

发现接触网故障，需要机车临时降弓通过时，发现的人员应在规定地点显示下列手信号。

1. 降弓手信号

昼间——左臂垂直高举，右臂前伸并左右水平重复摇动；夜间——白色灯光上下左右重复摇动，如图 11-12 所示。

图 11-12　降弓手信号

2. 升弓手信号

昼间——左臂垂直高举，右臂前伸并上下重复摇动；夜间——白色灯光作圆形转动，如图 11-13 所示。

图 11-13 升弓手信号

三、响墩及火炬信号

响墩外形扁圆，内装有炸药。防护时，将其放在钢轨上，当车轮压上后会发出爆炸声要求司机立即停车。火炬在风雨天气都能点燃并发出火光。司机发现火炬的火光时应立即停车。

响墩爆炸声及火炬信号的火光，均要求紧急停车，如图 11-14 所示。停车后如无防护人员，机车乘务人员应立即检查前方线路，如无异状，列车以在瞭望距离内能随时停车的速度继续运行，但最高不得超过 20 km/h。在自动闭塞区间，运行至前方第一个通过信号机前，如无异状，即可按该信号机显示的要求执行，在半自动闭塞区间，经过 1 km 后，如无异状，可恢复正常速度运行。

图 11-14 响墩及火炬信号

第三节 信号表示器及标志

一、信号表示器

信号表示器用以表示某些与行车有关设备的位置和状态，或表示信号显示的某些附加意义的铁路信号机具。它和信号机不同的是,它没有独立的防护意义。信号表示器分为道岔表示器、脱轨表示器、进路表示器、发车表示器、发车线路表示器、调车及车挡表示器。道岔表示器、脱轨表示器介绍如下。

(一)道岔表示器

道岔表示器用在非集中联锁车站上表示该道岔的开通方向,以便车站扳道及有关行车、调车人员确认道岔开通方向是正确。它的两种显示方式为:

1. 昼间无显示;夜间为紫色灯光——表示道岔位置开通直向,如图 11-15 所示。

图 11-15　道岔开通直向位置显示

2. 昼间为中央划有一条鱼尾形黑线的黄色鱼尾形牌;夜间为黄色灯光——表示道岔位置开通侧向,如图 11-16 所示。

图 11-16　道岔开通侧向位置显示

(二)脱轨表示器

脱轨表示器设在集中联锁以外的脱轨器、脱轨道岔及引向安全线、避难线的道岔上,表示线路的开通或遮断。脱轨表示器的显示方式,如图 11-17 所示。

1. 昼间为带白边的红色长方牌;夜间为红色灯光——表示线路在遮断状态。
2. 昼间为带白边的绿色圆牌;夜间为月白色灯光——表示线路在开通状态。

图 11-17　脱轨表示器

二、信号标志

信号标志分为警冲标、司机鸣笛标、站界标、预告标、引导员接车地点标、放置响墩地点标、作业标、减速地点标、桥梁减速信号标、补机终止推进标、机车停车位置标和电气化区段的断电标、合电标、接触网终点标、准备降下受电弓标、降下受电弓标、升起受电弓标、四显示区段机车信号通断标、点式标、调谐区标，以及除雪机用的临时信号标志等。常见信号标志如图 11-18 ~ 图 11-22 所示。

图 11-18　司机鸣笛标

图 11-19　站界标

图 11-20　预告标

单位：m

图 11-21　引导员接车地点标

图 11-22　机车停车位置标

复习思考题

1. 固定信号分为哪三种？请举例说明。
2. 色灯信号机按用途分为哪几种？
3. 简述出站信号机的作用。
4. 简述进站信号机的作用。
5. 列举两个连续式机车信号机显示的方式及意义。
6. 哪些场景需要设置移动信号？移动信号分为哪三种？
7. 显示手信号的基本要求是什么？
8. 停车手信号如何显示？
9. 常见的信号表示器有哪些？
10. 请说出五种常见的信号标志。

第十二章 铁路运输组织

学习任务

铁路运输组织包括客运工作、货运工作和行车组织三个方面，涵盖了铁路运输生产过程每一个环节的工作，以及整个生产过程的计划、组织与指挥，是铁路产品的“生产流程”。

本章对旅客运输组织、货物运输组织、铁路行车组织进行介绍，同时对客票、高速铁路快运、货运生产过程、铁路施工组织等相关知识进行介绍。

通过学习，了解旅客运输、货物运输、铁路行车组织流程，了解铁路施工组织相关知识，了解旅客列车种类及车次编号、货物运输的种类、列车的定义和分类。

第一节　旅客运输组织

旅客运输是铁路运输的一个重要组成部分。随着我国社会主义建设的迅速发展，人民物质文化生活水平的不断提高，铁路运送的旅客人数大幅度增长。因此，做好铁路旅客运输工作，对于国家的经济建设、文化交流以及满足人民群众的生活需要，有十分重要的意义。

旅客运输的基本任务是：最大限度地满足广大人民群众在旅行上的需要，安全、迅速、准确、便利地运送旅客、行李、包裹和邮件，保证旅客在旅行途中舒适愉快并得到文化生活上的优质服务。

一、铁路旅客运输概述

做好铁路旅客运输组织工作，必须对客运市场、客流进行客观、准确地调查分析，科学地预测运量，根据预测结果精心编制旅客运输计划，确定旅客列车的开行方案，实现高质量地运送旅客。

（一）客运市场与客流

1. 客运市场

20 世纪 80 年代末至 90 年代初，铁路客运在客运市场中占有的市场份额约为 50% ~

60%,具有较大的优势。随着公路、民航的飞速发展,各种运输方式间竞争激烈,铁路客运市场份额下降,到1995年铁路客运在客运市场中占有的市场份额降为39.4%。面对严峻的形势,1997年以后,我国铁路完成六次既有线大提速,铁路技术装备、管理水平有了很大提高,铁路在安全、快速、便捷、低价等方面的优势得到发挥,客运市场份额逐年回升。"十三五"期间,国家铁路完成旅客发送量149亿人,其中动车组列车发送90亿人,较"十二五"期间分别增长41%、152%。现在,铁路旅客运输基本满足人民群众日常出行的需求,虽然其在速度、便捷、舒适、服务质量等方面有了长足进步,但在强化质量意识,以旅客需求为导向,提高客运服务水平方面还有成长的空间。

2. 客流

客流是指铁路某一方向上、一定时间内旅客的流量和流向,它由旅客运输的数量、行程和方向构成。根据旅客乘车距离和铁路局集团公司管辖范围,一般将客流分为以下两种:

(1)直通客流:旅客乘车距离跨两个及以上铁路局集团公司的客流。

(2)管内客流:旅客乘车距离在一个铁路局集团公司范围内的客流。

近几年,铁路客流呈现了增长迅速、波动性大、分布不均衡等特点。为了正确掌握客流的特点及其规律性,必须对客流进行调查,掌握客运量的变化和发展情况,正确预测客运量,为编制旅客运输计划提供依据。

(二)旅客列车的种类及车次

1. 旅客列车的种类

旅客列车按照列车的编组、旅行速度和运行要求的不同,主要分为动车组旅客列车、特快旅客列车、快速旅客列车、普通旅客列车、通勤列车、旅游列车等。

2. 旅客列车的车次

车次是铁路运输列车最基本的标识码。为方便运输组织,铁路对列车运行规定了上下行方向,车次的编排尾数跟列车运行方向相关,上行方向列车车次尾数为双数,下行方向列车车次尾数为单数。一趟旅客列车在运行途中变换上下行方向时,其车次也随之变换。

列车运行原则上以开往北京方向为上行,反之为下行。各线的列车运行方向,以国铁集团的规定为准,但枢纽地区的列车运行方向,由铁路局集团公司规定。

主要旅客列车种类及车次编号见表12-1。

表12-1 主要旅客列车种类及车次编号表

顺号	列车种类		车次	备注
1	高速动车组旅客列车	直通	G1 ~ G4998	"G"读"高"
		管内	G5001 ~ G9998	
2	城际动车组旅客列车	—	C1 ~ C9998	"C"读"城"
3	动车组旅客列车	直通	D1 ~ D4998	"D"读"动"
		管内	D5001 ~ D9998	
4	直达特快旅客列车	直通	Z1 ~ Z4998	"Z"读"直"
		管内	Z5001 ~ Z9998	

续上表

顺号	列车种类		车次	备注
5	特快旅客列车	直通	T1～T3998	"T"读"特"
		管内	T4001～T9998	
6	快速旅客列车	直通	K1～K4998	"K"读"快"
		管内	K5001～K9998	
7	普通旅客快车	直通	1001～3998	
		管内	4001～5998	
8	普通旅客慢车	直通	6001～6198	
		管内	6201～7598	
9	通勤列车	—	7601～8998	
10	旅游列车	直通	Y1～Y498	"Y"读"游"
		管内	Y501～Y998	

(三)旅客运输计划

编制旅客运输计划的目的是充分挖掘运输潜力,组织旅客均衡运输,提高客运服务质量,保证旅客安全、迅速、准确、便利地旅行。

旅客运输计划根据执行期的不同,可以分为以下三种:

1. 长远计划

长远计划一般为五年、十年或更长时期的规划,是铁路旅客运输的发展计划,通常根据国民经济规划的期间(如五年规划)进行编制。

2. 年度计划

年度计划是旅客运输的任务计划,根据长远计划结合年度具体情况编制,是确定旅客列车行车量及客运运营支出计划的依据。

3. 日常计划

日常计划是日常旅客运输的工作计划,根据年度计划任务,结合日常和节假日客流波动而编制,是实现年度计划的保证计划。

旅客运输计划主要依据客流调查资料和旅客运输统计资料而编制,其主要组成部分是客流计划。根据客流计划,可确定旅客列车的开行区段和对数,同时,参照历年客流规律,对每次列车的票额进行分配,从而使得运输能力得到充分利用,保证旅客均衡运输。由于影响客流变化的因素很多,每天的情况也不可能一样,客流往往会有波动,因此还须编制日常计划来进行调整,通过日常客运工作来完成旅客运输计划。

(四)旅客运输合同

1. 铁路旅客运输合同的含义、凭证

铁路旅客运输在法律上体现为铁路旅客运输合同关系。铁路旅客运输合同是明确承运人与旅客之间权利义务关系的协议,订立的旅客运输合同对所涉及的承运人具有同等约束力。

铁路旅客运输合同从售出车票时成立,自旅客检票进站为合同履行开始,至按票面规定运输结束旅客出站时止,为合同履行完毕。

车票是铁路旅客运输合同的基本凭证,如图 12-1 所示。作为合同基本凭证的车票,按其载体形式分为纸质车票、电子客票以及承运人认可的乘车卡、乘车证或虚拟乘车凭证。

(1)纸质车票

纸质车票是由承运人出具载明乘车日期、车次、发站和到站站名、票价等内容的纸质乘车凭证,也可作报销凭证,如图 12-1 所示。

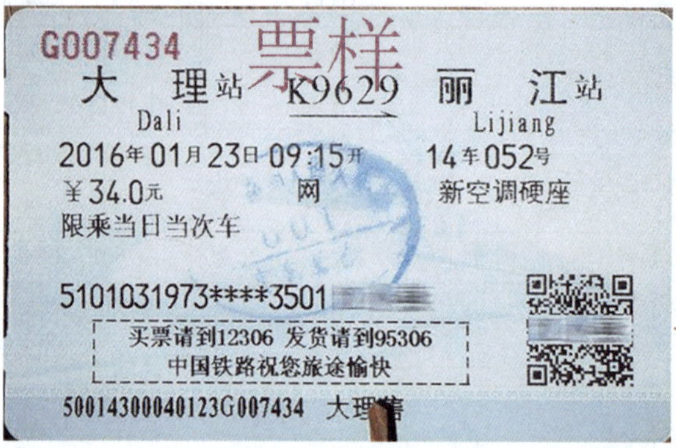

图 12-1 纸质车票

(2)铁路电子客票

铁路电子客票是以电子数据形式载明乘车日期、车次、发站和到站站名、票价等内容,以规定的身份证件作为乘车凭证,如居民身份证等。铁路电子客票“行程信息提示”和报销凭证如图 12-2 所示。

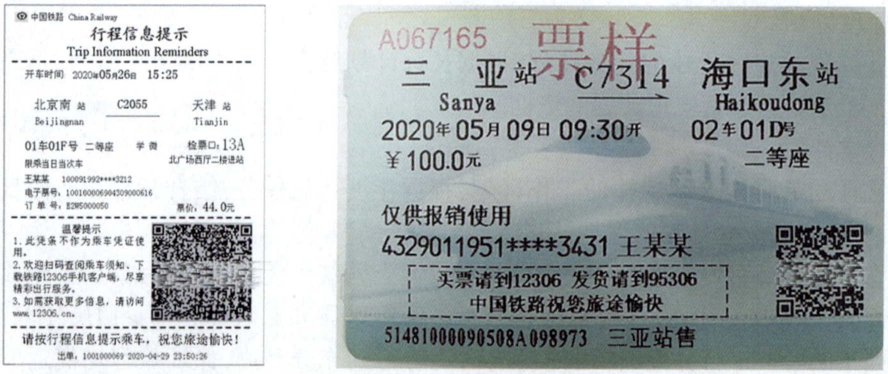

(a)行程信息提示 (b)报销凭证

图 12-2 电子客票“行程信息提示”和报销凭证

(3)铁路乘车卡

铁路乘车卡是内装磁介质或者集成电路芯片、通过自动检票机(闸机)记录旅客乘车信息的乘车凭证。例如:中铁银通卡(图 12-3)、广深铁路牡丹信用卡(图 12-4)等乘车卡。

(4)乘车证

乘车证是铁路运输企业统一印发的乘车凭证。使用乘车证的人员为铁路职工和符合

图 12-3　中铁银通卡（金卡、银卡）

图 12-4　广深铁路牡丹信用卡

相关规定可以使用铁路乘车证的其他人员。乘车证的种类有软席全年定期乘车证、硬席全年定期乘车证、硬席临时定期乘车证、软席乘车证、硬席乘车证、通勤乘车证、就医乘车证、便乘证、探亲乘车证。

（5）虚拟乘车凭证

虚拟乘车凭证是经承运人认可的，通过电子数据形式体现的乘车凭证。例如：铁路 e 卡通。

铁路 e 卡通是在铁路全面应用电子客票的背景下，中铁银通支付有限公司发行的新一代银通卡的实名制电子卡片产品，不配发实体卡片。旅客通过使用铁路 12306 手机客户端内的“铁路 e 卡通”应用，就可直接自助扫码乘车。铁路 e 卡通没有实际的卡片，全部是在手机上操作完成。

2.《铁路旅客运输规程》对铁路企业与旅客的一般规定

《铁路旅客运输规程》（以下简称《客规》），对铁路企业与旅客的一般规定如下。

铁路运输企业应当提供方便快捷的票务服务，为旅客提供良好的旅行环境和服务设施，文明礼貌地为旅客服务，在约定期限或者合理期限内将旅客安全运输到车票载明的到站。

旅客应当遵守法律、行政法规、规章和有关铁路运输安全规定，配合铁路工作人员的引导，爱护铁路设备设施，不得扰乱铁路运输秩序。

旅客享有自主选择旅客运输服务和公平交易的权利。铁路运输企业不得限定、强制旅客使用某项服务或者搭售商品。

铁路运输企业应当公布车站运营时间、停止检票时间、服务项目及收费标准、旅客禁止或者限制携带物品目录等信息。

3. 合同的法律特征

根据铁路运输方式的特点,铁路旅客运输合同主要有以下特征。

(1)采取要约、承诺方式订立合同

铁路旅客运输属于公共运输,作为承运人的铁路运输企业通过公布列车时刻表、票价表等向社会公众发出要约邀请,旅客支付票价的行为为要约,承运人售出车票的行为为承诺。

(2)铁路旅客运输合同属于格式合同

所谓格式合同,是指当事人一方与不特定的多数人进行交易而事先拟定的,且不允许相对人对其内容作任何修改的合同。《中华人民共和国民法典》第四百九十六条规定格式条款是当事人为了重复使用而预先拟定,并在订立合同时未与对方协商的条款。铁路运输合同采用格式合同的形式,主要是由于运输营业频繁不断重复进行的特点,可以节省时间,降低运输成本,避免双方讨价还价,减少缔约的麻烦。

采用格式条款订立合同的,提供格式条款的一方应当遵循公平原则确定当事人之间的权利和义务,并采取合理的方式提示对方注意免除或者减轻其责任等与对方有重大利害关系的条款,按照对方的要求,对该条款予以说明。对格式条款的理解发生争议的,应当按照通常理解予以解释。对格式条款有两种以上解释的,应当作出不利于提供格式条款一方的解释。格式条款和非格式条款不一致的,应当采用非格式条款。

(3)合同缔约的法律强制性

承运人从事的运输活动,面向的是社会公众。承运人的活动具有社会公共事务的职能,具有普遍的社会意义。因此,国家对承运人的运输行为及对运输行为所负的责任,均以法律作出相应的规定为准。《中华人民共和国民法典》第八百一十条规定从事公共运输的承运人不得拒绝旅客、托运人通常、合理的运输要求。《中华人民共和国民法典》第一千一百九十八条规定宾馆、商场、银行、车站、机场、体育场馆、娱乐场所等经营场所、公共场所的经营者、管理者或者群众性活动的组织者,未尽到安全保障义务,造成他人损害的,应当承担侵权责任。《客规》第二十九条规定对下列旅客,铁路运输企业可以拒绝运输:

“(一)有本规程第二十七条第一款规定的情形之一,拒不支付应补票款、加收票款的;

“(二)不接受安全检查的;

“(三)购买实名制车票但不接受身份信息核验,或者车票所记载身份信息与所持身份证件或者真实身份不符的;

“(四)按照《中华人民共和国传染病防治法》等传染病防治的法律、行政法规和国家有关规定,应当实施隔离管理的;

“(五)扰乱车站、列车秩序,严重精神障碍和醉酒等有可能危及列车安全或者其他旅客以及铁路运输企业工作人员人身安全的;

“(六)国家规定的其他情况。

“旅客不听从铁路运输企业工作人员劝阻,坚持携带或者夹带危险物品或者违禁物品的,铁路运输企业应当拒绝运输。对涉嫌违反治安管理的行为应当及时报告公安机关。”

4. 旅客票价

铁路旅客票价，是铁路旅客运输产品的销售价格。根据运输服务产品的不同，铁路旅客车票票价分为普通旅客列车票价和动车组旅客列车票价。

(1)普通旅客列车票价

按照《中华人民共和国铁路法》《中央定价目录》等国家法律法规规定，铁路普通旅客列车硬席票价实行政府定价，软席等席别票价实行由铁路运输企业依法自主制定。

按照规定，铁路普通旅客列车硬席票价实行分票种票价，分为客票和附加票，客票又分为软座客票、硬座客票，附加票又分为加快票、卧铺票、空调票。

目前普通旅客列车票价按照速度等级、车厢席位、设备条件等实行客票、附加票累加联合发售，比如空调快速列车的硬座席别，发售车票时将硬座客票、快速加快票、空调票累加形成联合票价，以一张车票的形式发售给旅客。

此外，特快旅客列车、直达特快旅客列车硬席票价实行与快速旅客列车相同的票价标准。

(2)动车组旅客列车票价

按照《中华人民共和国铁路法》《中央定价目录》等国家法律法规规定，动车组旅客列车票价实行由铁路运输企业依法自主制定。

目前，动车组旅客列车票价分为公布票价和执行票价，其中：公布票价为上限票价，由铁路运输企业统筹考虑建设和运营成本、市场供求状况、合理比价关系等因素依法自主制定；执行票价是铁路运输企业以公布票价为上限，综合区域、季节、日期、时段和市场竞争、客流变化等因素，灵活制定的适用浮动票价。

动车组旅客列车按照车厢席位分类，有二等座、一等座、特等座、商务座等车票票价。动车组旅客列车车票全部为直达票。

动车组旅客列车的车票实行一日期一车次一区间一席别一票种一票价的制度，执行票价可以在规定范围内浮动。

(3)中央政府定价标准体系

按照《中央定价目录》(2020 版)规定，“中央管理企业全资及控股铁路普通旅客列车硬座、硬卧票价率”由国务院价格主管部门负责制定。

目前，中央管理企业全资及控股铁路普通旅客列车硬座基础票价率，仍延续 1995 年原国家计委、铁道部制定的票价标准，即 200 km 以内普速无空调硬座票价率为每人每公里 0.058 61 元。

铁路客运运价里程是计算旅客票价所应用的里程。中央管理企业全资及控股铁路客运线路，以及与其办理直通旅客运输的地方铁路及地方控股客运线路的运价里程都列在《铁路客运运价里程表》内，它是计算铁路普通旅客列车硬席票价的依据。

发到站间的运价里程是根据规定的或旅客指定的乘车径路和乘坐列车车次，从《铁路客运运价里程表》中查出乘车里程或分段计算出全部的乘车里程。

旅客票价里程，按旅客乘车的实际径路计算。计算旅客列车票价的起码里程为：客票 20 km；空调票 20 km；加快票 100 km；卧铺票 400 km(特殊区段另有规定除外)。

(4)减价优待票票价

铁路减价优待票包括残疾军人票、儿童票、学生票，具体票价均以相应席位公布票价为基础进行计算，尾数处理规则与所乘列车公布票价相同。

①残疾军人票

残疾军人票享受所有席位的票价优待，具体票价计算标准如下：

残疾军人票 = 相应席位公布票价 ×50%

②儿童票

儿童票享受所有席位的票价优待，席位等级应与同行成年人所持车票相同，具体票价计算标准如下：

座席儿童票 = 座席席位公布票价 ×50%

硬卧儿童票 = 硬卧公布票价 − 硬座公布票价 ×50%

软卧（高级软卧）儿童票 = 软卧（高级软卧）公布票价 − 软座公布票价 ×50%

二等卧儿童票 = 二等卧公布票价 − 二等座公布票价 ×50%

一等卧（特等卧、动卧、高级动卧）儿童票 = 一等卧（特等卧、动卧、高级动卧）公布票价 − 一等座公布票价 ×50%

免费乘车的未成年人单独使用座位时，票价按照座席儿童票计算；单独使用卧铺时，票价按照所乘铺别的公布票价减去对应座席公布票价计算（卧铺与座席的对应关系与上述公式相同，下同），当乘坐的是动车组列车卧铺时，运价里程不足 400 km 的，应扣减 400 km 处的座席公布票价。

符合儿童票适用条件的未成年人随同成年人乘坐卧铺车厢且不单独使用卧铺时，按对应座席儿童票计算票价。

③学生票

学生票享受硬座、硬卧、二等座的票价优待，具体票价计算标准如下：

硬座学生票 = 硬座公布票价 ×50%

硬卧学生票 = 硬卧公布票价 − 硬座公布票价 ×50%

二等座学生票 = 二等座公布票价 ×75%

当计算出的减价优待票票价高于成人票折扣票价时，可按成人票折扣票价购买车票，并执行相应成人票的有关规定。

二、铁路旅客运输生产过程

铁路运输旅客主要经过的几个过程，如图 12-5 所示。

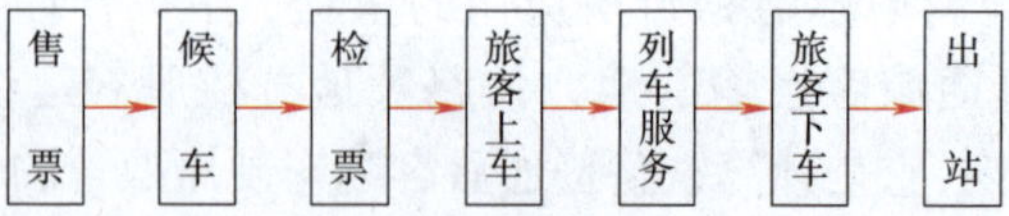

图 12-5　铁路旅客运输产品生产过程

（一）售　票

车票应在承运人提供的售票窗口、12306 网站（含铁路 12306 手机客户端、小程序和快应用，以下简称网站）、订票电话或销售代理人的售票处购买。在有运输能力的情况下，承运人或销售代理人应按购票人的要求发售车票，但动车组列车车票最远发售至本次列车终点站,并于当日当次有效。承运人可以开办往返票、联程票(指在购票地能够买到换乘地或返回地带有席位、铺位号的车票)、定期、不定期、储值、定额等多种售票业务,以便于购票人购票和使用。

为了更好地体现人民铁路为人民的宗旨,铁路对儿童、学生及残疾军人发售车票实行优惠。身高在 1.2 ~ 1.5 m 的儿童随同成人乘车时可购买儿童票,每一成人旅客可免费携带身高不足 1.2 m 的儿童一名,超过一名时,超过的人数应购买儿童票;在普通大、专院校,军事院校,中、小学和中等专业学校,技工学校就读,没有工资收入的学生、研究生,家庭居住地和学校所在地不在同一城市时,凭减价证件,每学年可享受 4 次限定在寒假(12 月1 日—3 月 31 日)、暑假(6 月 1 日—9 月 30 日)家庭至院校之间的学生优惠票;中国人民解放军和中国人民武装警察部队因伤致残的军人凭"中华人民共和国残疾军人证"、因公致残的人民警察凭"中华人民共和国伤残人民警察证"购买残疾军人票。

车票是运输合同,具有一定的时效,即有效期。车票有效期计算规定:直达票(从发站至到站不需中转换乘的车票)当日当次有效。通票(从发站至到站需中转换乘的车票)有效期按 1 000 km 为 2 天,超过 1 000 km 的,每增加 1 000 km 增加 1 天,不足 1 000 km 的尾数按 1 天计算;有效期自指定乘车日起至有效期最后一日的 24 时止,全程在铁路运输企业管内运行的动车组列车车票有效期由企业自定。

(二)验证安检

旅客进站时需持车票及购票时所使用的乘车人本人有效身份证件原件进站、乘车,但免费乘车的儿童及持儿童票的儿童除外。车站按规定实行实名制验证,核验车票、有效身份证件原件、旅客的一致性。对需凭学生证、残疾军人证等有效证件购买减价优待车票的旅客,承运人有权核验相应证件。

依照法律法规和国务院铁路行业监督管理部门的规定,车站对旅客及其随身携带和托运的行李物品进行安全检查。旅客不得携带国家禁止或限制运输的物品、危险品、动物及妨碍公共卫生、能够损坏或污染车辆等物品进站上车。

(三)候　　车

候车室是旅客休息和等候乘车的场所。车站昼夜都有大量的旅客,而且流动性很大,必须为旅客创造一个良好舒适的候车环境。候车室一般实行凭票候车。候车室工作人员要主动、热情、诚恳、周到地为旅客服务,保持环境清洁卫生,及时通告列车到、开和检票进站时间,加强安全和旅行常识的宣传,做好饮水、购物、娱乐等延伸服务。

为了维护站车的良好秩序,确保运输安全,方便旅客进出站、上下车,在旅客进入候车室之前需对旅客的随身携带品进行安全检查。

(四)检　　票

为维护站车秩序,保证旅客安全,防止旅客乘错车,车站对进站的旅客进行实名制验证验票。按照国家有关规定,车站办理实名制验证时,将对旅客、电子客票及购票时使用的有效身份证件原件进行查验。票、证、人不一致(含成年人持儿童票的情形)或无法出示有效身份证件原件的旅客,不得进站乘车。无法出示有效身份证件原件的旅客,可到车站铁路公安制证口办理乘坐旅客列车临时身份证明。

检票时先重点(老、幼、病、残、孕等旅客)、后团体、再一般。在旅客检票进站后,表明铁路旅客运输合同开始履行,铁路旅客运输开始。

(五)旅客上、下车

为确保旅客安全,客运人员应有秩序地组织旅客上、下车,做到先下后上,做好进出站引导工作,检票口、天桥口、地道口及进站或出站通路交叉地点盯控值守,严禁旅客在列车底下钻爬或爬上车顶、跳下站台、进入铁路线路等,禁止随未停稳的列车奔跑和抢上、抢下。对老、幼、病、残、孕等行动不便的旅客应提供帮助,督促旅客及时上车,保证旅客安全。

动车组列车应当接入固定站台并停于固定位置。站台上应以颜色区别车型标出车门位置,站车有关工种应当紧密配合,组织旅客按照车厢号在车门位置处排队等候,有序乘降。

(六)列车运输服务

旅客旅行大部分时间是在列车上度过的,列车服务工作的好坏直接影响到铁路的声誉、形象。列车乘务人员应主动、热情、文明、礼貌地为旅客服务,妥善照顾旅客乘降,开展好验票工作,及时安排旅客席位,保持车厢内清洁卫生,维护车内秩序,做好广播宣传、餐饮和开水供应工作,保障旅客人身财产安全,保证列车运行安全。

列车服务工作由列车乘务组担当,列车乘务组在列车长的统一领导下,相互密切配合,共同做好列车服务工作。普速旅客列车乘务组包括客运人员(列车长、列车员、广播员、行李员、餐车服务员等)、公安乘警(乘警长、乘警等)和车辆乘务员(检车长、检车员、车电员等)三部分人员;动车组列车乘务组包括列车长、列车员、机械师、乘警(无乘警时为安全员)和司机在内的所有列车乘务人员。保洁、餐饮公司派员随车服务时,接受列车长统一领导。

列车长、列车员组成的客运乘务组主要承担服务旅客、查验车票、处理票务、列车运行中卫生清洁和检查保洁工作质量,检查餐饮工作质量。发生影响旅客安全问题时,客运乘务组应当立即采取有效措施,保护旅客安全。

(七)出　站

旅客到达车站出站时,应通过自动检票机自助出站。车站设置的自动检票机数量和布局应当与车站设施设备相协调,有利于满足旅客快速出站的需要。使用自动检票机的车站应同时留有人工通道。换乘客流大的车站根据需要设置站内换乘流线,配备相应的设备和引导标识。

铁路运输企业有权对违章乘车旅客及违章携带品正确处理,票款收付准确。

三、旅客运输非正常情况的处理

(一)退　票

铁路车票一经售出,铁路旅客运输合同即宣告成立。为了强化合同管理,旅客因故或因铁路责任要求铁路退票,即与铁路运输企业解除合同,铁路在一定的条件下才允许办理退票。

旅客因故退票,须在开车前办理,特殊情况也可在开车后 2 h 内办理,铁路退还全部票价;旅客开始旅行后不能退票,但如因伤、病不能继续旅行时,经站、车证实,可退还已收票价与已乘区间票价差额，均核收退票费。退票费执行梯次核收规定，即票面乘车站开车时间前8天以上的不收退票费；48 h以上，不足8天的按票价5%计；24 h以上、不足48 h的按票价10%计；不足24 h的按票价20%计。

旅客因列车超员、晚点、车辆故障途中甩车、行车事故等铁路责任退票，退还全部票价或已收票价与已使用部分票价差，不收退票费。

(二)旅行变更

旅客购票及开始旅行后，要求办理旅行变更的情况经常发生，由于变更类别很多，办理的时间又紧迫，站车从方便旅客出发予以办理。

1. 提前或推迟乘车

旅客不能按票面指定的日期、车次乘车时，应当在票面指定的日期、车次开车前办理一次提前或推迟乘车签证手续，特殊情况经站长同意可在开车后2 h内办理。开车前48 h(不含)以上，可改签预售期内的其他列车；开车前48 h以内，可改签开车前的其他列车，也可改签开车后至票面日期当日24:00之间的其他列车，不办理票面日期次日及以后的改签；开车之后，旅客仍可改签票面当日其他列车；团体旅客或办理变更到站业务的不应晚于开车前48 h。在车站售票预售期内且有运输能力的前提下，车站应予办理。

2. 变更等级

旅客办理中转签证或在列车上办理补签、变更席(铺)位时，签证或变更后的车次、席(铺)位票价高于原票价时，核收票价差额；签证或变更后的车次、席(铺)位票价低于原票价时，票价差额部分不予退还。

因承运人责任使旅客不能按票面记载的日期、车次、座别、铺别乘车时，站、车应重新妥善安排。重新安排的列车、座席、铺位高于原票等级时，超过部分票价不予补收。低于原票等级时，应退还票价差额，不收退票费。

3. 变更径路

变更径路是指发到站不变，只改变经过的线路。持通票的旅客在中转站和列车上要求变更径路时，必须在通票有效期能够到达到站时方可办理。办理时，原票价低于变径后的票价时，应补收新旧径路里程票价差额，核收手续费；原票价高于或相当于变更后的径路票价时，持原票乘车有效，差额部分(包括列车等级不符的差额)不予退还。

4. 越站乘车

旅客在车票到站前要求越过到站继续乘车时，在有运输能力的情况下列车应予以办理，核收越站区间的票价和手续费。

5. 旅客分乘

两名以上旅客共持一张代用票要求办理分票手续时，站车从方便旅客出发予以办理。

(三)发生特殊情况的处理

1. 误售、误购、误乘的处理

由于站名相似、口音不同等原因，发生车票误售、误购时，在发站应换发新票。在中途站、原票到站或列车内应补收票价时，换发代用票，补收票价差额。应退还票价时，站车应编制客运记录交旅客，作为乘车至正当到站要求退还票价差额的凭证，并应以最方便的列车将旅客运送至正当到站，均不收取手续费或退票费。

因误售、误购或误乘需送回时,承运人应免费将旅客送回。在免费送回区间,旅客不得中途下车。如中途下车,对往返乘车区间补收票价,核收手续费。

2. 丢失车票的处理

旅客丢失非实名制车票应另行购票。在列车上应自丢失站起(不能判明时从列车始发站起)补收票价,核收手续费。旅客补票后又找到原票时,列车长应编制客运记录交旅客,作为在到站出站前向到站要求退还后补票价的依据。退票核收退票费。旅客乘车前丢失实名制车票时,可提供购票时所使用的有效身份证件原件、原车票乘车日期和购票地车站名称等到车站售票窗口办理挂失补办手续。

(四)不符合乘车条件的处理

不符合乘车条件的情况是多方面的,由于情况不同,处理方法也不同:

1. 属于有意取巧,不履行义务的,除按规定补票,核收手续费以外,铁路运输企业有权对其身份进行登记,并须加收已乘区间应补票价 50% 的票款。如无票乘车、持失效车票乘车、持用伪造或涂改的车票乘车、持儿童票、学生票、残疾军人票没有规定的减价凭证或不符合减价条件等。情节严重的,还将纳入铁路旅客运输领域严重失信行为,限制其购票乘车。

2. 属于客观原因,不符合乘车条件的,只补收票价,核收手续费。如应买票而未买票的儿童、主动补票或者经站、车同意上车补票的。

四、行李、包裹运输

(一)行李、包裹运输合同

1. 铁路行李、包裹运输合同的含义、凭证

铁路行李、包裹运输合同是指承运人与托运人、收货人之间明确行李、包裹运输权利义务关系的协议。

行李、包裹运输合同的基本凭证是行李票、包裹票(或中国铁路小件货物快运运单,下同)。

行李、包裹运输合同自承运人接收行李、包裹并填发行李票、包裹票时起成立,到行李、包裹运至到站交付给收货人止履行完毕。

2. 承运人、托运人的基本权利和义务

承运人应为托运人提供方便、快捷的运输条件,将行李、包裹安全、及时、准确运送到目的地;对行李、包裹从承运后至交付前,发生灭失、损坏、变质、污染时,负赔偿责任。

托运人应缴纳运输费用,完整、准确填写托运单,遵守国家有关法令及铁路规章制度,维护铁路运输安全;对因自身过错给承运人或其他托运人、收货人造成损失时应负赔偿责任。

(二)行李、包裹的范围

1. 行李范围

行李是指旅客自用的被褥、衣物、个人阅读的书籍、残疾人车(每张客票限 1 辆并不带汽油)和其他旅行必需品。为保证安全、贯彻国家有关运输政策,行李中不得夹带货币、证券、珍贵文物、金银珠宝、档案材料等贵重物品和国家禁止、限制运输物品、危险品。

行李每件最大重量为50 kg,体积以适于装入行李车为限,但最小不小于0.01 m^3。

2. 包裹范围

包裹是指适合在旅客列车行李车内运输的小件货物。包裹分为四类:

(1)一类包裹:自发刊日起5日以内的报纸;中央、省级政府宣传用非卖品;新闻图片和中、小学生课本。

(2)二类包裹:抢险救灾物资、书刊、鲜或冻鱼介类、肉、蛋、奶类、果蔬类。

(3)三类包裹:不属于一、二、四类包裹的物品。

(4)四类包裹:一级运输包装的放射性同位素、摩托车;泡沫塑料及其制品;国务院铁路主管部门指定的其他需要特殊运输条件的物品。

下列物品是不能按包裹运输:尸体、尸骨、骨灰、灵柩及易于污染、损坏车辆的物品;蛇、猛兽和每头超过20 kg的活动物(警犬和运输命令指定运输的动物除外);国务院及有关主管部门颁布的危险品运输管理规定中规定的危险品、弹药以及承运人不明性质的化工产品;国家禁止运输的物品和不适于装入行李车的物品。

包裹每件的体积、重量的规定与行李相同。

3. 快运包裹的范围

快运包裹是铁路运输的一种方式,以铁路为主要运输工具,配合航空、公路、海运开展综合运输,辅以汽车运输实行门到门服务。

快运包裹外部尺寸长宽高之和不得小于0.6 m,货物外部的最大尺寸应不超过长3 m、宽1.5 m、高1.8 m,超过时应先与中转机构或到达机构协商,同意后方能办理,并根据快运包裹的外部尺寸及重量选择合适的运输工具。每件最大重量一般不得超过50 kg,超过时按超重快运包裹办理。

(三)行李、包裹的运送

1. 托运

旅客或托运人向车站要求运输行李或包裹称为托运。托运实行实名制。

旅客托运行李时,应当提出有效的客票和托运单。旅客凭客票、在乘车区段内,可从任何营业站托运至另一营业站,但每张客票仅限托运一次(残疾人用车除外)。

旅客托运包裹时,应提出托运单。托运某些特殊物品时,还应提出规定部门签发的运输证明,如托运动、植物时应提出动、植物检疫证明。

行李、包裹运输方式分为保价运输和不保价运输,旅客或托运人可选择其中一种运输方式,并在托运单上注明。参加保价运输的行李、包裹,需交纳保价费。车站对保价运输的行李、包裹可以检查其声明价格与实际价格是否相符,如旅客或托运人拒绝检查,则不能按保价运输办理。

2. 验货

车站在受理时,必须对下列项目认真检查核对。

(1)物品名称、件数是否与托运单记载相符,物品状态是否完好,有否夹带危险品及国家禁止或限制运输的物品。

(2)包装是否符合运输要求。

(3)货签、安全标志是否齐全,填写是否正确。

发现问题要求托运人及时更正,否则不予受理。

3. 承运

行李员应对要求托运的行李、包裹进行安全检查。当检查完后,认为符合运输条件,即可办理承运手续,填制行李、包裹票,核收运杂费。

行李、包裹运价的制定与旅客票价制定相同,采用运价区段和递远递减的办法。行李运价率为硬座客票票价率的1%,即每100 kg·km的行李运价率等于1人公里的硬座客票基本票价率。包裹票价率是以三类包裹运价率为基数,其他各类包裹运价率按三类包裹的运价率加成或减成的比例确定。

4. 运送

运送行李、包裹时,应先行李、后包裹,做到行李随人走。所以,行李应随旅客所乘列车装运或提前装运,包裹应按其类别的顺序及性质统筹安排运输,保证行李、包裹在一定期限(即行李、包裹运到期限)内运至到站。

行李、包裹运到期限以运价里程计算,从承运日起,行李600 km以内为3天,超过600 km,每增加600 km增加1天,不足600 km也按1天计算。包裹400 km以内为3天,超过400 km,每增加400 km增加1天,不足400 km也按1天计算。快运包裹的运到期限另有规定。

由于不可抗力等非承运人责任发生的停留时间加算在运到期限内。

逾期运到的行李、包裹,承运人应按逾期日数及所收运费的百分比向收货人支付违约金,违约金最高不超过运费的30%。

5. 到达、保管、交付

旅客到达到站即可领取行李。包裹由托运人在发站办理托运手续后,告知收货人按时领取,同时承运人在包裹到达后也应及时通知收货人领取。铁路对到达的行李、包裹免费保管3天(行李从运到日起,包裹从发出通知日起);逾期到达的行李、包裹免费保管10天。超过免费保管期限时,按超过日数核收保管费。

旅客或收货人领取行李、包裹时,凭行李、包裹领取凭证领取。如将领取凭证丢失或未到,必须提出本人身份证、物品清单和担保人的担保书,承运人对上述单证和担保人的担保资格认可后,由旅客或收货人签收办理交付。快运包裹的交付另有规定。

(四)行李、包裹非正常运输的处理

1. 变更运输

托运人在办理托运手续后,可办理一次行李、包裹变更手续(鲜活包裹不办理变更),核收变更手续费。

(1)在发站装车前取消托运时,退还全部运费。

(2)装运后要求运回发站或变更到站的(行李只办理运回发站或中止旅行站),补收或退还已收运费与实际运送区间里程通算的运费差额。

(3)旅客在发站停止旅行,要求仍将行李运至到站时,按包裹收费,应补收发站至到站的包裹与行李运费的差额。

2. 品名、质量不符及无票运输的处理

发现品名不符时,在发站,应补收已收运费与正当运费的差额;在到站,加收应收运费

与已收运费差额两倍的运费。到站发现质量不符应退还时,退还多收部分的运费。应补收时,只补收超重部分正当运费。如将国家禁止、限制运输的物品和危险品伪报其他品名托运时,在发站取消托运,在中途站停止运送(在列车上发现危险品交前方停车站),均通知有关部门和托运人处理,已收运费不退,按四类包裹另行补收运输区段的运费及保管费。

发现无票运输的物品,按实际运送区间加倍补收四类包裹运费。

3. 无法交付物品的处理

对无法交付的行李、包裹和旅客的遗失物品、暂存物品,承运人应登记造册,妥善保管,不得动用。枪支弹药、机要文件以及国家法令规定不能买卖的物品应及时交有关部门处理。容易变质的物品应及时处理。

行李从运到日起,包裹从发出通知日起,遗失物品、暂存物品从收到日起,承运人对90天内仍无人领取的物品应在车站进行通告。通告90天以后仍无人领取时,应报上一级主管部门批准后予以变卖。

五、高铁快运

高铁快运业务是指铁路运输企业依托但不限于利用动车组列车(含确认列车)等运输资源,为客户提供的小件物品全程运送服务。

(一)业务分工

高铁快运作为新服务类型纳入铁路包裹业务范畴,由中铁快运公司作为高铁快运业务经营主体对外经营、经铁路运输时向铁路局集团公司办理托运手续。

1. 中铁快运公司

中铁快运公司负责按照市场需求和铁路站车资源情况制定并对外公布快运公司业务种类、办理城市、服务范围、服务时效和办理条件等;负责高铁快运的实名登记、收货验视,车站作业组织、中途作业列车随车作业,以及相应的人员、设备管理等工作、并承担相应安全责任;负责高铁快运业务有关的信息、财务、收入、统计等工作。

2. 铁路局集团公司

铁路局集团公司负责对通过载客动车组列车、确认列车装运的高铁快件进行逐件过机安检;办理高铁快运站间运输业务;向中铁快运公司提供适合高铁快运作业的车站场地、进出通道等必要设备设施条件、协助中铁快运公司组织高铁快运集装件列车运送。

(二)业务管理

1. 产品体系。

快运公司根据市场需求,高铁快运办理站和列车运能等情况,综合考虑上门取送货时间、市内交通、站内作业时间等因素,确定不同城市可办理的服务产品,高铁快运提供时限产品(当日达、次日达、三日达)和定制产品(批量达、特需达)为社会提供时效快、品质优、标准高的"门到门"小件快运服务。

2. 以下物品不能办理高铁快运:

(1)法律法规规定禁止或限制运输的物品;

(2)危险品及承运人不能判明性质的化工产品;

(3)动物、有异常气味及妨碍公共卫生的物品;

(4)可能损坏或污染车辆的物品;

(5)其他不符合高铁快运装载条件的物品。

3. 高铁快运使用专用箱、冷藏箱、集装袋等集装容器以集装件的形式在高铁车站间运输。

4. 集装件应装载在列车指定位置,载客动车组列车可将集装件装载于高铁快运柜、大件行李存放处、二等车厢最后一排座椅后空当等位置;个别方向到车运能不足时,可利用二等座车预留座位处的空当装载集装件;一节车厢内大件行李存放处和最后一排座椅后空当预留不少于1/3的空间供旅客使用;集装件码放在车厢内最后一排座椅后的空当处时,不影响座椅靠背后倾;需中途换向的列车,不使用最后一排座椅后的空当处。利用确认列车运输时,集装件还可码放在二等座车座椅间隔处等位置;装载重量不超过列车允许载重量。

(三)作业流程

1. 承运作业

高铁快运受理时严格落实"收货验视、实名登记、过机安检"三个100%制度。

(1)中铁快运公司在高铁快运收货时进行实名登记和货物验视,对所有托运人身份证件信息登记采集。

(2)要准确、详细填记品名,加强货物验视,认真核对货物品名。高铁快运不办理危险货物运输,不得承运无法确认具体品名的货物、物理化学性质不明的货物。

(3)经载客动车组列车、确认列车运送的物流快递企业等客户的批量集包货物,应在面单或运单上填记包内货物的具体品名,票面填记不下时可附物品清单。

(4)车站要指定专门安检通道,所有进站的高铁快件须经过车站过机安检。

2. 发送作业

(1)集装件通过指定通道提前运送至站台相应位置,使用的平板推车应带止轮装置(制动为常态),采取防滑、防溜、防撞的措施。中铁快运公司作业人员(包括押运人员)在列车到达前规定时间站台立岗,做好接车准备。

(2)装车时,列车乘务人员发现集装件外包装或施封有异状的,应拒绝装车。列车乘务人员发现集装件码放不符合规定的,应要求装卸人员当场纠正。

(3)装车作业完毕后,中铁快运公司工作人员应向列车长汇报集装件装车位置及件数。

(4)列车开车后,中铁快运公司根据装车作业人员反馈的装车情况做好信息传递,及时通知到达车站。

3. 途中作业

(1)通过中途站列车运送时,运行途中的货物巡视、检查等工作由中铁快运押运员负责,并自行处理有关事项。

(2)无押运员跟车作业的列车,列车乘务人员应将集装件码放及外包装、施封等状况纳入途中巡视内容。

(3)列车中途站作业时,一个车门上下的集装件总数每分钟不得超过2件。停时1 min的经停车站每个车门仅单边作业,只装不卸或只卸不装。

4. 到达作业

(1)接到货物装运信息后,到站组织人员和设备通过指定通道,提前进入站台指定位置等候,做好卸车作业准备。

(2)车门开启后,及时进行卸车作业,清点件数。

(3)严禁货物长时间堆放站台,短时堆放位置应远离车门和安全白线,保证不影响旅客乘降和其他作业。

(4)交付作业

中铁快运公司按照高铁快运时限产品的服务时效、定制产品的方案,由旅客到站自提或送货上门。

(四)应急处置

1. 换乘业务处理

(1)运输途中临时变更车底或终止运行时,由列车长通知押运员处理;无押运员时,列车长报告被换乘车所在地铁路局集团公司高铁客服调度员(客运调度员),由铁路局集团公司高铁客服调度员(客运调度员)通知所在地中铁快运分公司进行处理。

(2)集装件的换乘,有押运员时由押运员负责,原则上应于旅客换乘前完成;不具备换乘条件时,押运员要随集装件同行,负责途中集装件的看管和交接。

(3)无押运员时,集装件由原列乘务组临时看管。原列乘务组随热备(备用)车继续担当乘务的,在不影响热备(备用)车出动的情况下,所在地中铁快运分公司应安排人员随热备(备用)车出去,与原列乘务组办理交接后,组织车上集装件的看管或换乘。中铁快运人员无法及时到达处理的,换乘地点在区间的,集装件随原列回程;换乘地点在车站的,由车站协助原列乘务组完成集装件换乘,不具备换乘条件时,集装件随原列回程。

(4)集装件随原列回程时,由列车长在换乘前开具客运记录附于集装件上明显处,由中铁快运与铁路局集团公司高铁客服调度员(客运调度员)联系在合适的车站接卸。

(5)未换乘的集装件,由中铁快运分公司与铁路局集团公司高铁客服调度员(客运调度员)联系在合适的车站装卸。车站临时看管的集装件,由车站通知所在地中铁快运分公司到站接收。

2. 列车晚点情况下的应急处置

(1)发站遇列车晚点应按照保证列车正点的原则进行应急处置。中铁快运公司根据晚点的时间,重新计算最大允许装车的件数,直至停止装车。因调整计划持货物有积压的,积压的货物安排后续客运动车组运输、次日装车或其他运输方式运输。

(2)到站遇列车晚点,由押运人员提前通知到站。为保证车底后续运用不受影响,到站应根据允许作业的时间情况,安排足够的作业人员,尽快完成卸车作业。

六、旅客运输安全

(一)旅客安全运输的意义

旅客运输安全是关系到人民生命财产以及国家和铁路企业声誉的大事。因此,保证旅客安全运输是我国铁路运输组织的基本原则之一,是衡量旅客运输工作质量好坏的重要标志,是客运职工的首要职责。客运职工要树立“安全生产人人有责”的思想,贯彻安全生产的方针,确保旅客运输安全。

(二)铁路客运事故

铁路客运事故分为旅客人身伤害事故和行李、包裹损失。

1. 旅客人身伤害事故

(1)旅客人身伤害的定义

持有效车票的旅客,在铁路旅客运输过程中(自旅客进站检票时起至出站检票时止)遭受到外来、剧烈、明显的人身伤害。

(2)旅客人身伤害事故的种类

旅客人身伤害按其程度分为三种:

①轻伤。伤害程度不及重伤者。

②重伤。肢体残废、容貌毁损,视觉、听觉丧失及器官功能丧失。具体参照司法部颁发的《人体重伤鉴定标准》。

③死亡。

2. 行李、包裹损失

行李、包裹在运输过程中(自承运时起至交付完毕时止)发生灭失、短少、变质、污染、损坏以及严重的办理差错,均属于行李、包裹损失。

(1)行李、包裹损失种类分为:

①火灾。

②被盗(有被盗痕迹)。

③丢失(全批未到或部分短少,没有被盗痕迹)。

④损坏(破裂、变形、部件破损、湿损、植物枯死、活动物死亡、变质、污染等)。

⑤其他损失。

(2)行李、包裹损失分为四级:

①一级损失:行李、包裹损失款额(以下简称损失款额)50 000 元以上的;尖端保密物品、放射性物品、麻醉品及精神药品灭失。

②二级损失:损失款额 10 000 元以上未满 50 000 元的。

③三级损失:损失款额 500 元以上未满 10 000 元的。

④轻微损失:损失款额未满 500 元的。

(三)铁路客运事故的处理

1. 旅客人身伤害事故

发生旅客人身伤害事故时,应根据有关规定进行处理。车站、列车人员均应本着对人民生命健康高度负责的精神,采取有利于抢救的措施,必须尽力予以救助;必须及时收集证据,便于事后责任的划分;必须先处理后定责,不得影响对旅客的救治或事故的处理。事故发生单位和事故处理单位应依照实事求是、依法办事的原则,积极负责地处理事故。

2. 行李、包裹损失

发生行李、包裹损失时,应根据《铁路行李、包裹损失处理规则》的有关规定进行处理。要认真开展损失立案和调查工作,分清责任,制定改进措施,主动及时地做好赔偿工作,并做好相关统计和案卷的保管工作。

第二节 货物运输组织

铁路货运组织工作是铁路运输组织工作的一个重要组成部分。由于货运工作涉及面广、政策性强、办理复杂,做好货物运输组织工作,对于国家经济建设、国防建设和人民生活都具有重要的意义。随着经济结构的调整,人民生活水平的提高,运输市场的需求发生了很大变化,高效、便捷、安全、准时将是运输市场需求的主要特征,快捷化、集装化、重载运输将是货物运输的发展方向。

一、货物运输概述

(一)铁路货物运输合同

1. 铁路货物运输合同概述

铁路货物运输是利用铁路运输工具将货物从发站运往到站的运输生产过程,在法律上体现为铁路运输合同关系。根据《中华人民共和国民法典》《中华人民共和国铁路法》等法律法规,承运人和托运人(代表收货人)就铁路货物运输须签订铁路货物运输合同。铁路货物运输合同是承运人与托运人、收货人之间为明确铁路货物运输中的权利、责任、义务而签订的协议,即承运人根据托运人的要求,按约定将托运人的货物运至目的地,完好无损地交与收货人的合同。

铁路货物运输合同的特点:

(1)铁路货物运输合同具有标准合同的性质。

货物运输合同的基本条款和主要内容是依据铁路法规、规章确定的,承托双方不能协商或商定。

(2)铁路货物运输合同的履行具有整体性。

一批货物的运输过程,通常不是由一个承运人完成,而是由多个承运人共同完成的。多个承运人的行为构成了一个完整的运输行为。

(3)铁路货物运输合同的履行具有阶段性。

货物运输合同的履行都要经历承运、运送和交付三个阶段。承运阶段,托运人向承运人交付货物,双方就铁路货物运输而签订铁路货物运输合同;运送阶段,承运人运送货物,将货物运至到站;交付阶段,承运人将货物交付给合同规定的收货人,双方完成运输合同。

2. 铁路货物运输合同的签订与履行

托运人利用铁路运输货物,应与承运人签订货物运输合同。托运人以铁路运输货物,可按年度、半年度、季度或月度签订货物运输协议,也可以签订更长期限的运输协议;在协议期内,托运人可与承运人按阶段确定需求,交付货物时,向承运人按批提出货物运单,作为运输合同的组成部分。其他货物使用货物运单作为运输合同。货物运单如图 12-6 所示。

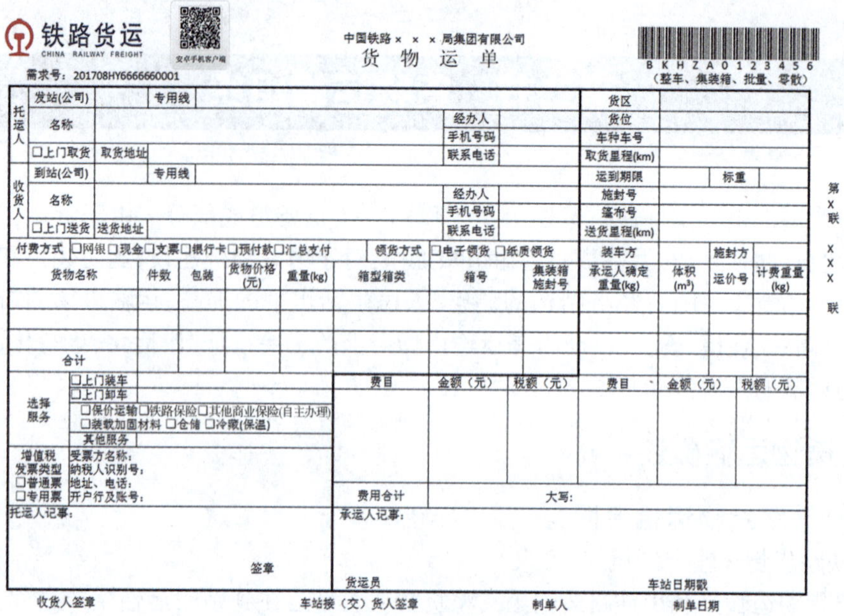
铁路货运 CHINA RAILWAY FREIGHT
安卓手机客户端
需求号：201708HY6666660001
中国铁路× × ×局集团有限公司
货 物 运 单
BKHZA0123456
（整车、集装箱、批量、零散）

托运人：发站(公司) 专用线；名称 经办人 手机号码；□上门取货 取货地址 联系电话
收货人：到站(公司) 专用线；名称 经办人 手机号码；□上门送货 送货地址 联系电话
货区；货位；车种车号；取货里程(km)；运到期限 标重；施封号；篷布号；送货里程(km)
付费方式 □网银□现金□支票□银行卡□预付款□汇总支付　领货方式 □电子领货 □纸质领货　装车方　施封方

货物名称	件数	包装	货物价格(元)	重量(kg)	箱型箱类	箱号	集装箱施封号	承运人确定重量(kg)	体积(m^3)	运价号	计费重量(kg)
合计											

选择服务：□上门装车 □上门卸车 □保价运输□铁路保险□其他商业保险(自主办理) □装载加固材料 □仓储 □冷藏(保温) 其他服务
增值税发票类型 □普通票 □专用票：受票方名称：纳税人识别号：地址、电话：开户行及账号：

费目	金额（元）	税额（元）	费目	金额（元）	税额（元）
费用合计		大写：			

托运人记事：　签章
承运人记事：　货运员　车站日期戳
收货人签章　车站接（交）货人签章　制单人　制单日期
第X联 XXX联

(a)货物运单正面

托运人须知

1. 托运人在铁路托运货物，在本单签字或盖章，即证明愿意遵守《中华人民共和国合同法》《中华人民共和国铁路法》《铁路安全管理条例》等法律法规，以及《铁路货物运输规程》等铁路规章的有关规定。

2. 托运人应签署《货物托运安全承诺书》，不得匿报、谎报货物品名，不得托运或在所托运货物中夹带国家禁止运输的物品，不得在普通货物中夹带危险货物，不得在危险货物中夹带禁止配装的货物。

3. **托运人在本单所记载的货物名称、件数、包装、价格、重量等事项应与货物的实际完全相符，并对其真实性负责。**

4. 货物的内容、品质和价格是托运人提供的，承运人在接收和承运货物时并未全部核对。

5. **托运人应妥善保管电子领货密码或领货凭证**，并及时将电子领货密码告知或将领货凭证寄交收货人，收货人凭电子领货密码或领货凭证经到站验证后，在到站领取货物。

6. 托运人选择电子领货方式时，应在电子运单中正确填记收货人的经办人姓名、身份证号码、手机号码和电子领货密码。

7. 托运人选择保价运输时，应填写货物的实际价格，作为计算“保价金额”的依据。当货物在运输过程中发生损失时，承运人对保价货物按照货物的保价金额和损失比例赔偿，对非保价货物，按规定的限额赔偿。

8. 托运人应凭本单于**次月底**前开具增值税发票。

9. 本单于托运人和承运人双方签字或盖章之时起生效。

收货人须知

1. **收货人应妥善保管电子领货密码或领货凭证**，接到货物到达通知后，及时领取货物。

2. 收货人凭电子领货密码领取货物时，应同时出示身份证原件；委托他人领取货物时，收货人应登录铁路货运网上营业厅，正确填记被委托人姓名、身份证号码、手机号码等委托信息，被委托人凭电子领货密码和本人身份证原件领取货物。

收货人凭领货凭证领取货物时，应同时出示身份证原件；委托他人领取货物时应同时提供领货凭证、收货人身份证复印件、被委托人身份证原件和委托书。收货人为法人单位时，除提供经办人身份证原件外，还需提供加盖单位公章的委托书。

3. 收货人应按规定支付相关费用。

4. 收货人接收货物时，**发现货物损失应立即向承运人提出。**

5. **货物交付完毕，合同即为履行完毕；此后发生问题，承运人不承担责任。**

货物托运安全承诺书

根据《中华人民共和国铁路法》《铁路安全管理条例》，托运货物必须遵守国家关于禁止或者限制运输物品的规定；托运人托运货物，不得匿报、谎报货物品名、性质、重量，不得在普通货物中夹带危险货物，不得在危险货物中夹带禁止配装的货物。

依据《铁路安全管理条例》第九十六条规定，托运人托运货物时，将危险货物谎报或者匿报为普通货物托运的，或在普通货物中夹带危险货物，由铁路监督管理机构依法处置。依据《中华人民共和国铁路法》第六十条规定，以非危险品品名托运危险品，导致发生重大事故的，依照刑法有关规定追究刑事责任。

本公司（本人）已阅知上述法律法规规定。承诺申报的货物运单和物品清单所填记事项真实，与实际货物相符，没有匿报、错报货物品名。托运的货物没有国家法律法规及铁路部门禁止托运或混装的货物。违反此承诺造成的一切法律责任及后果由本公司（本人）承担。

托运人（盖章/签字）：　　　　年　月　日

(b)货物运单背面

图 12-6　货物运单

履行铁路货物运输合同要遵循实际履行、全面履行、诚实信用的原则，双方当事人要按照合同的约定或者法律、法规的规定，认真履行各自的义务。

托运人应完整、准确填写货物运单，缴纳运输费用，遵守国家有关法令及铁路规章制度，维护铁路运输安全。因自身过错给承运人或其他托运人、收货人造成损失时应负赔偿责任。

承运人应为托运人提供方便、快捷的运输条件，将货物安全、及时、准确运送到目的地。货物自承运时起至交付后止，发生灭失、损坏、变质、污染，承运人应承担赔偿责任。

（二）货物运输的种类

根据托运人托运货物的数量、性质、形状和运输条件等，结合我国铁路技术设备条件，铁路货物运输分为整车、零担和集装箱运输三类。

1. 整车运输

一批货物的重量、体积或形状需要以一辆及以上货车运输的，应按整车托运。按一批托运的货物，必须托运人、收货人、发站、到站和装卸地点相同（整车分卸货物除外）。

整车货物运输运输费用较低，运送速度较快，安全性能好，承担的运量也较大，是铁路货运的主要运输种类。

2. 零担运输

凡不够整车运输条件的，即一批货物的重量、体积或形状都不需要单独使用一辆货车来运输的货物应按零担货物托运。按零担托运的货物，一件货物体积最小不得小于0.02 m^3（一件重量在10 kg以上的除外），每批不得超过300件。

零担货物运输具有运量零星、批数较多、到站分散、品种繁多、性质复杂、包装条件不一、作业复杂等特点。零担运输在铁路总运量中所占的比重虽不大，但占据了铁路货物运输的大部分工作。

为了优化零担货物的运输组织和方式，使零担货物运输更加方便、快捷，零担货物运输业务正在引进现代物流理念，通过优化零担办理站布局，以拼车、拼箱、行包运输和一站直达整零等组织方式进行整合，更好地满足市场需求。

3. 集装箱运输

托运人托运的货物，符合集装箱运输条件的，使用铁路集装箱或自备集装箱装运，可按集装箱托运。集装箱运输只能在铁路开办集装箱业务的车站间办理。

集装箱运输具有保证货运安全，简化货物包装，提高装卸效率，加速车辆周转，便于组织“门到门”运输等优点，是一种现代化的运输方式，是铁路运输的发展方向。

托运人可以按照托运货物的数量、体积、形状和状态等特点选用合适的运输种类，以达到合理使用铁路运输工具，安全、迅速、经济、便利地运输货物的目的。

（三）适用铁路货物运输的主要法律法规及规章

为规范铁路运输，维护铁路货物运输正常秩序，保护铁路货物运输合同各方当事人的合法权益，国家有关部门及国务院铁路主管部门制定了适用铁路货物运输的有关法律、规章制度，其中有些是适用合同各方的，有些是规范铁路内部的。适用合同各方的主要有《中华人民共和国民法典》《中华人民共和国铁路法》《铁路货物运输规程》《铁路货物运价规则》《铁路集装箱运输规则》《铁路鲜活货物运输规则》《铁路危险货物运输管理规则》《铁路超限超重货物运输规则》等，适用铁路内部的主要有《铁路货物运输管理规则》《铁路货物损失处理规则》等。

（四）按一批托运的条件

按一批托运的货物，必须托运人、收货人、发站、到站和装卸地点（整车分卸货物除外）相同。

“一批”是铁路运输货物和计算运输费用的一个单位，具体规定是：

1. 整车货物每车为一批，跨装、爬装及使用游车的货物，每一车组为一批；

2. 零担货物或使用集装箱运输的货物，以每张运单为一批。

铁路运输货物性质各不相同，在运输中需要采取不同的运输和保管措施，为了保证货物的安全质量，易腐货物与非易腐货物、危险货物与非危险货物、根据货物的性质不能混装运输的货物、按保价运输的货物与不按保价运输的货物、投保运输险的货物与未投保运输险的货物、运输条件不同的货物不得按一批托运。

（五）货物运到期限

货物运到期限从承运人承运货物的次日起算，由货物的发送时间、运输期间和特殊作业时间三部分组成。

承运人应在规定的运到期限内将货物运至到站交付给收货人，逾期到达就要承担违约责任，支付违约金。货物运到期限既是对承运人的要求和约束，也是对托运人或收货人合法权益的保护，它有利于托运人和收货人据以安排经济活动。

二、货物运输生产过程

货物运输生产过程可分为发送作业、途中作业和到达作业三部分。

（一）发送作业

货物的发送作业一般包括货物的托运、受理、进货与验货、制票、承运和装车作业等。

1. 托运

托运人向车站按批提出货物运单和运输要求，称为货物的托运。按照是否办理保价运输，托运人托运的货物，分为保价运输与不保价运输两种，按哪种方式运输，由托运人确定。

所谓铁路货物保价运输，是指托运人在托运货物时向铁路运输企业声明实际价格，并缴纳保价费，当货物在运输过程中发生损失时，铁路运输企业以托运人的声明价格为基础计算赔偿损失的一种货物运输。货物保价运输既是运输合同的组成部分，是实行限额赔偿后，保证承运人、托运人权益对等的一种赔偿形式，也是在法律上给予托运人的一种权利。该种货物运输方式对加强运输企事业内部管理，保障货物运输安全，提高运输质量也具有重要意义。

2. 需求受理

铁路通过网络、电话、营业场所及上门服务等渠道敞开受理客户需求。对外服务电话应进行公示，各受理渠道在营业时间内应保持畅通。运输需求统一通过铁路货运电子商务系统（以下简称“电商系统”）提报。

货运营业站应采用高拍仪、身份证识别装置等技术设备落实实名制托运、交付的规定。托运人为个人的，查验托运人身份证原件，留存复印件；托运人为单位的，查验营业执照、经办人身份证原件，留存营业执照、经办人身份证复印件及注明经办人信息、联系方式、联系地址及所用印章的证明材料（运单托运人印章加盖在营业执照复印件上）。承运零散快运货物时，查验经办人身份证原件，采集经办人身份证影像资料。

3. 进货

整车货物进货，凭进货通知、纸质运单需求联或需求号接收货物。在铁路货运站安全监控与管理系统分配股道和进货货区,票据验证,分配货位,确认上货完毕后报齐。

铁路集装箱出站,在铁路集装箱运输管理信息系统(以下简称"集装箱系统")安排铁路空箱,填制铁路箱出站单出站。铁路箱凭铁路箱出站单和纸质运单需求联进站,自备集装箱或站内装箱的货物凭纸质运单需求联进站。集装箱进站或站内装箱时,应检斤验货,核对物品清单,并在集装箱系统补录箱货总重、货物重量和施封号。

零散快运货物上门受理时,在零散货物快运系统打印运单需求联,与作业站办理货物交接。办理站、无轨站受理的货物,在零散系统打印运单发站存查联,与作业站办理货物交接。

4. 装车

装车作业是铁路货物运输工作的一个重要环节。货物的装车作业,应在保证货物安全的条件下,积极组织快装、快卸,昼夜不间断地作业,以缩短货车停留时间,加速货物运输。

装车有以下要求:装车前,必须对货车进行技术检查和货运检查,确保行车安全和货物运输安全;装车时,必须核对运单、实际货物,保证运单、货物一致,努力提高装车质量,巧装满载,充分利用车辆的载重量和有效容积;装车后,要认真检查重车、运单、货位,保证装车质量。

(1)整车装车

装车前三检中,检查车辆发现车辆损坏不能使用的,应填记"不良货车通知单"(运统25)。行车人员严格执行《铁路车号作业》标准对到达本站的配空车,认真核对现车系统和现场实际车号信息是否一致。对货场或专用线作业的车辆,货运人员落实好装车前三检作业标准,发现系统显示车号与实际现车不一致的,通知车站处理。发现空车带有电子票据的,按票车不符流程处理。发现实际货物名称与运单需求联或物品清单记载不一致的,不得装车。装车后,实际货物件数、重量与运单需求联或物品清单记载不一致时,按实际装车的货物件数、重量在货运站系统进行修改。货运站系统中物品清单只能删减不能增加,物品清单必须在电商系统提报运输需求时确认准确。

货场装车,货运人员应按规定确认品名、重量、体积后在货运站系统中录入装车作业信息及运单承运人填记信息。由托运人自行组织装车时,同时要手工填写调送单,与托运人签字确认。

专用线、专用铁路(简称专用线)装车,企业运输员通过系统(电商系统、货运站系统或手机App)补充电子运单需求联上的车种车号、封号/篷布号、重量、件数、托运人记载事项等作业信息和物品清单相关内容。

货运人员在货运站系统确认运单需求联信息和装车开始、结束时间。填记货车调到、调回时间,办理货车进出线交接。

企业运输员暂不能实现票据电子化系统上签认的专用线装卸车应打印货车调送单进行手工签认留存。

货运人员在货票系统中核对"已装车"的整车和批量运单,"已检斤验货"的集装箱运单信息,根据实际选择和补充相关记事,计算运输费用,核实无误后,打印运单发站存查联、托运人存查联、领货凭证联(客户需纸质领货凭证时)。发站存查联、托运人存查联、纸质领货凭证背面按规定打印背书。实行运输跟踪管理的剧毒品须使用黄色纸张打印运单。运单状态变为"已制票"。托运人应在发站存查联正面的托运人签章处及背面的"货物托运安全承诺书"处签章后,货运人员在打印出的运单各联上加盖车站日期戳。发站留存发站存查联,托运人存查联和领货凭证交托运人。

有物品清单的，货运人员打印物品清单一式二份，一份交托运人签章后与运单发站存查联合订留存，一份交托运人。

(2)集装箱装车

货运外勤作业人员装车前检查车辆，发现车辆为不良货车的，应在货运站系统中填记“不良货车通知单”(运统25)，操作方法同整车。

装车前，通过集装箱系统校验待装货车的空重状态，校验为空车方可继续录入装车作业信息，装车完毕后，生成货车装载清单，运单状态变为“已装车”。

集装箱制单时，货票系统中车号栏中禁止录入车号信息。

装载清单或回送清单录入后、信息同步前，如发现箱号、车号错误，未通知取车前可进行装卸撤销并退回至按列装车状态，重新进行装车作业。

专用线装车的，货运人员通过集装箱系统或企业通过电商系统补充装车信息，生成货车装载清单，货车进出线路企交接在货运站系统完成，货运站系统与集装箱系统按照车辆实际作业环节进行操作，不能提前或延后补录，否则会造成信息不完整。

应遵照下面流程：

①集装箱股道、货运站系统股道、现车系统股道需要一致。

②货运站系统入线交接。

③集装箱(卸车)装车作业。

④货运站系统出线交接。

⑤调送单签认。

托运人凭运单托运人存查联开具增值税发票，货运人员在税控系统中核对票据信息后，开具增值税发票，并在运单托运人存查联上加盖“已开具发票”戳记。托运人签字确认后，将增值税发票、运单托运人存查联退还托运人。运单与增值税发票的稽核工作可通过货票系统稽核功能给予实施。

(二)途中作业

货物在途中的作业主要包括货物的交接检查、货物的换装整理、货物运输合同的变更和解除及运输阻碍的处理等。

1. 货物的交接检查

为了保证行车安全和货物的安全、完整，明确各自的责任，列车和车站(车务段)各工种之间对运输中的货物(车)和运输票据，应进行交接检查，并按规定处理。

2. 货物的换装整理

货物的换装整理是指装载货物的车辆在运输过程中，发现可能危及行车安全和货物完整时，所进行的更换货车或货物的整理作业。

在运输途中发现货车偏载、超载、货物撒漏，以及因车辆技术状态不良，经车辆部门扣留，不能继续运行，或根据交接货物(车)时，交接、检查处理事项中规定需换装整理的货物，由发现站(或铁路局集团公司指定站)及时换装或整理，确保行车安全和货物完整。

3. 货物运输合同的变更和解除

托运人由于特殊原因，对已经装车挂运的货物，可按批向货物所在的中途站或到站提出变更到站、变更收货人，即为货物运输合同的变更。

托运人对承运后挂运前(集装箱和零担在承运后装车前)的货物可向发站提出取消托运,经承运人同意,货物运输合同即告解除。

4. 运输阻碍的处理

因不可抗力的原因致使行车中断,货物运输发生阻碍时,铁路局集团公司对已承运的货物,可指示绕路运输;或者在必要时先将货物卸下,妥善保管,待恢复运输时再行装车继续运输。因货物性质特殊,绕路运输或卸下再装,可能造成货物损失时,车站应联系托运人或收货人提出处理办法。

(三)到达作业

1. 重车和票据的接收

重车到达到站后,车站应按规定接收重车及票据。车站根据到达车次,在现车系统中选择正确的到达确报。

2. 卸车作业

卸车作业是铁路运输的又一个重要环节,其工作质量直接影响装车质量、车辆的周转速度以及排空任务的完成。因此,卸车作业各环节都应及时、认真完成。

做好卸车工作有以下要求:

(1)卸车前,要认真检查货位、运输票据和现车,做好卸车的准备工作。卸车前,货运人员发现货运站系统显示的车号与实际现车不一致的通知行车部门核实,按现车实际票据信息处理;发现系统显示重车带票实际为空车的不得操作卸车,按票车不符流程处理;发现系统显示货物名称同实际货物不符的,通知行车及相关部门处理。

(2)卸车时,必须核对运单、实际货物,保证运单、货物相统一,认真进行监卸工作。

(3)卸车后,进行车辆、线路的清扫,卸后货物的登记、货物安全距离检查等工作。

3. 货物的领货和保管

承运人在车站公共装卸场所内组织卸车的货物,到站应不迟于卸车完了的次日内,用电话、短信或邮件等,向收货人发出领货通知或送货通知,并在货物运单内记明通知的方法和时间。收货人也可与到站商定其他通知方法。

收货人在到站查询所领取的货物未到时,到站应在领货凭证背面加盖车站日期戳证明货物未到。

货物运抵到站,收货人应及时领取。拒绝领取时,应出具书面说明,自拒领之日起,3 日内到站应及时通知托运人和发站,征求处理意见。托运人自接到通知之日起,30 日内提出处理意见答复到站。

从承运人发出领货通知或送货通知次日起(不能实行领货通知或送货通知时,从卸车完了的次日起),经过查找,满 30 日(搬家货物满 60 日)仍无人领取的货物或收货人拒领,托运人又未按规定期限提出处理意见的货物,承运人可按无法交付货物处理。

对性质不宜长期保管的货物,承运人根据具体情况,可缩短通知和处理期限。

4. 交付

(1)内交付

收货人凭纸质领货凭证领货的,收货人为个人时,还需提供收货人身份证;收货人为单位时,还需提供委托书或介绍信和经办人身份证。委托书或介绍信应记明货物的发站、托运人、收货人、运单号码、品名、件数和重量,并与运单的记载完全相符,否则不得交付。未记明或所记载的各项与运单记载不一致时,到站不得向领货人提示其具体内容。

货运内勤人员必须核实确认车辆到达本站且在货运站系统已完成卸车操作(专用线专用铁路完成路企交接)后,方可在货票系统中调取运单信息,核实领货凭证、领货人身份等,采集收货人(经办人)身份证及头像影像资料,办理内交付手续。委托他人领取货物时应同时核实领货凭证、收货人身份证复印件、被委托人身份证原件和委托书。

纸质领货凭证未到或丢失时,可凭有经济担保能力的企业出具的担保书,同时按上述要求办理内交付手续。按照国家担保法的要求,国家机关、以公益为目的的事业单位和社会团体、收货人的分支机构或主管单位不应做经济担保人。

领货凭证上没有发站承运日期戳时,到站不得办理交付手续,并联系发站处理。承运人不受理"领货凭证"挂失业务,不受理各类抵押形式的交付。

收货人凭领货密码领货的,货运人员在货票系统中验证领货验证码,核实收货人身份信息,采集经办人身份证及头像影像资料,办理内交付手续。委托他人领取货物时,查验收货人在电商系统录入的被委托人姓名、身份证号码、手机号码等委托信息及领货密码办理内交付手续。

专用线可凭企业出具的委托领货手续,办理交付。

货运人员在货票系统中补充确认到达及卸车相关信息,核收相关费用后,打印运单到站存查联、收货人存查联加盖车站日期戳。运单收货人存查联交收货人,运单到站存查联由收货人签章后留存。运单状态变为"已内交付"。

纸质领货凭证与运单到站存查联、变更要求书、调卸作业单、普通记录等合订留存。

(2)外交付

货场卸车,货运人员在货运站系统或集装箱系统对"已内交付"的运单进行外交付操作,通过"整车装卸"功能卸车则必须做"整车货场进出货"操作。通过"专用线装卸"功能卸车则不需要做"整车货场进出货"操作。通过"作业组织"功能卸车,货场卸车则必须做"整车货场进出货"操作,专用线卸车则不需要做"整车货场进出货"操作。凭加盖车站日期戳的运单收货人存查联点交货物,并加盖"货物交讫"戳记。分批领取货物时,应在运单收货人存查联上逐批记载领取货物的品名、件数、重量、时间等信息,全批点交完毕后,加盖"货物交讫"戳记。货物及自备箱凭运单收货人存查联出站,铁路箱凭铁路箱出站单出站。

专用线卸车的,货车办理交接后即为外交付完毕。

三、铁路集装运输与特种货物运输基本条件

(一)集装箱运输

1. 集装箱的定义

集装箱是一种运输设备,具有标准规格尺寸和便于装卸、拴固的特殊容器,如图12-7所示。根据国际标准化组织(ISO)和我国国家标准的规定,应满足下列要求:

(1)具有足够的强度,在有效使用期内可以反复使用;

图12-7 集装箱

(2)适于一种或多种运输方式运送货物,途中无须倒装;

(3)设有供快速装卸的装置,便于从一种运输方式转到另一种运输方式;

(4)便于箱内货物装满和卸空;

(5)内容积不小于1 m^3。

集装箱不包括车辆和一般包装。

2. 集装箱的类型

铁路运输的集装箱:按长度分为20 ft箱、40 ft箱、45 ft箱以及经国铁集团货运部批准运输的其他长度的集装箱。

集装箱按箱主分为:铁路箱和自备箱,其中铁路箱是承运人提供的集装箱,自备箱是托运人自有或租用的集装箱。

集装箱按所装货物种类和箱体结构分为普通货物箱和特种货物箱。普通货物箱包括通用箱和专用箱,专用箱包括封闭式通风箱、敞顶箱、台架箱和平台箱等;特种货物箱包括保温箱、罐式箱、干散货箱和按货物种类命名的集装箱等。

集装箱按是否符合国家标准或行业标准分为:标准箱和非标箱。

3. 集装箱运输的基本条件

(1)必须在集装箱办理站间办理运输。

(2)使用集装箱运输的货物,每批必须是同一箱型,至少一箱,最多不得超过铁路一辆货车装运的箱数。

(3)集装箱所装货物应符合所用箱型适箱货物要求,不得腐蚀、损坏箱体。铁路通用箱不得装运煤、焦炭等易污染箱体的货物。

(4)托运的集装箱每箱总重不得超过该集装箱的标记总重。

(5)集装箱军事运输按有关规定办理。

(6)集装箱装运危险货物应执行《铁路危险货物运输管理规则》等铁路危险货物运输规定。

(7)集装箱国际铁路联运,应符合《国际铁路货物联运协定》等国际铁路货物联运规定。

(二)超限货物运输

1. 超限货物的定义

货物装车后,车辆停留在水平直线上,货物的任何部位超出机车车辆限界基本轮廓者或车辆行经半径为300 m的曲线时,货物的计算宽度超出机车车辆限界基本轮廓者,均为超限货物。超限货物实测宽度是指货物装车后,从货车纵中心线所在纵向垂直平面起算到检定断面计算点(超限程度最大的一点)的水平距离,此项宽度可以通过实际测量加以确定。

超限货物的计算宽度,为货物检定断面的实测宽度加上货物装在货车上行经半径为300 m的曲线时所产生的偏差量,再加上由于车辆走行部游间和线路在曲线处轨距加宽而增加的偏差量,减去建筑限界曲线内外侧水平距离的加宽值(即36 mm),所得出的宽度。

2. 超限货物的种类和等级

超限货物由线路中心线起分为左侧、右侧和两侧超限,并按其超限部位和超限程度划分为下列等级。

根据货物的超限程度,超限货物分为三个等级:一级超限、二级超限和超级超限。

根据货物超限部位所在的高度,超限货物分为三种类型:上部超限、中部超限和下部超限。

各级超限的限界如图 12-8 所示。

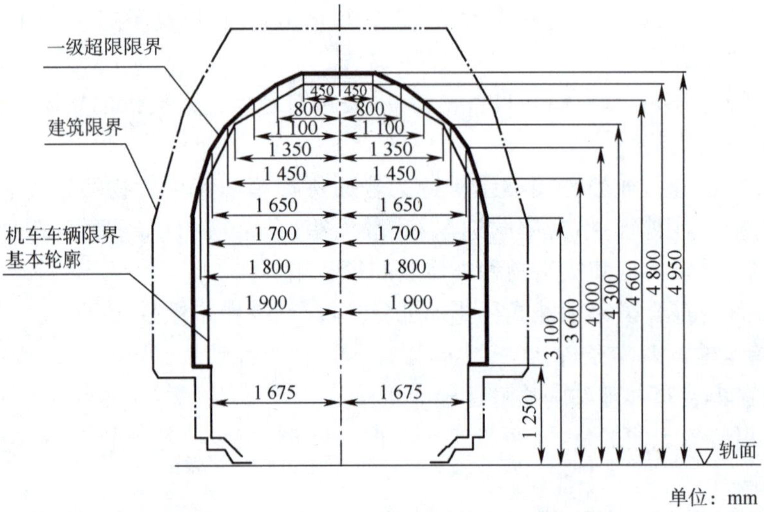

(a)一级超限限界

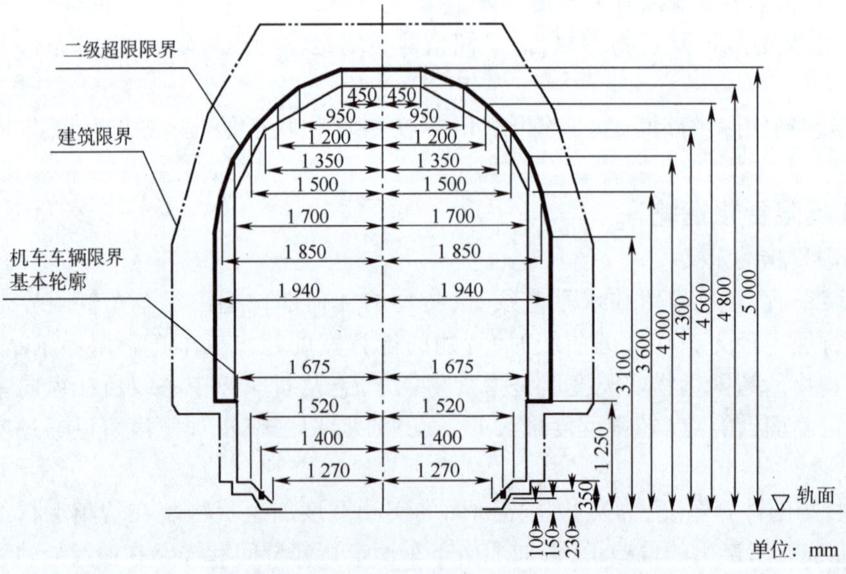

(b)二级超限限界

图 12-8

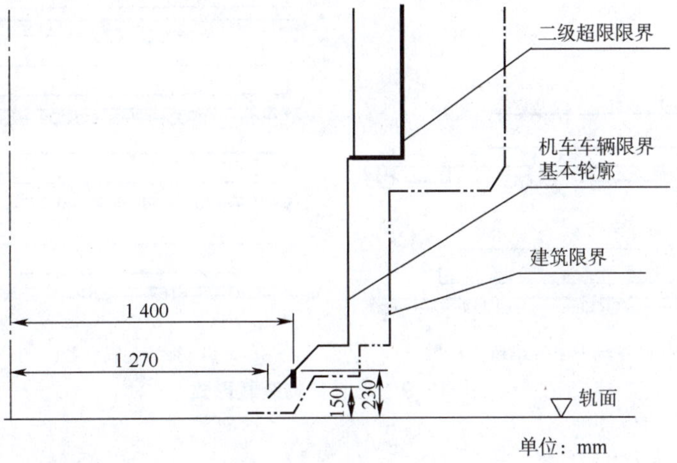

（c）二级超限限界下部限界

图 12-8　各级超限的限界

3. 超限货物运输的基本条件

为了保证安全、经济、迅速地运输超限货物，铁路局集团公司和基层单位应指定专人负责掌握日常工作，必要时应派有关人员随车检查或到分界站检查接运。

托运人托运超限货物时，应向车站提供托运超限超重货物托运说明书、货物外形三视图。

发站受理超限货物时，应对托运人提出的有关技术资料进行审查，根据《铁路超限超重货物运输规则》的规定，以文电向上级请示装运办法。国铁集团、铁路局集团公司接到请示超限货物装运办法文电后，向有关单位指示装运办法。

当车站接到铁路局集团公司指示装运办法的文电后，必须做好装车前的准备工作，严格按指示文电内容装车。超限货物装车后，应以白色或红色油漆在车地板上按货物外形轮廓的主要处所，标画易于判别货物是否移动的检查线。

（三）超长货物运输

一车负重，突出车端、需要使用游车或跨装运输的货物，称为超长货物。

超长货物装载方法有两种：一种是一车负重，在负重车的一端或两端使用游车；另一种是两车负重跨装运送，可在两负重车中间加挂游车或在负重车的一端、两端加挂游车。超长货物装载形式如图 12-9 所示。

（四）避免集重装载货物

1. 集重装载的含义

一件货物的重量大于所装车辆负重面长度的最大容许载重量的货物称为集重装载货物。

“支重面长度”系指支撑货物重量的货物底面积的长度。“负重面长度”系指货车地板承担货物重量的长度。

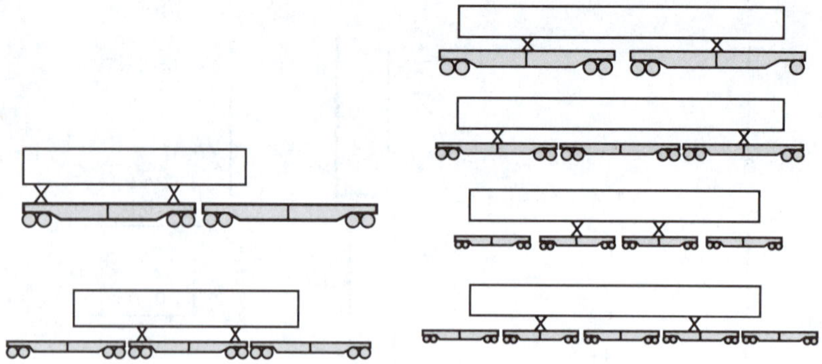

(a)一辆平车装载超长货物　　(b)跨装超长货物

图 12-9　超长货物装载形式

2. 避免集重装载的方法

对于给定的货物,其重量和支重面长度是不变的。因此,只需将货物重量及支重面长度与所装车辆负重面长度最大容许载重量相比较,即可判定是否为集重装载。若货物重量小于所装车辆负重面长度的最大容许载重量时,可直接装载;否则,应采用下列避免集重装载的方法:

(1)当货物支重面长度小于所装车辆负重面长度,而大于两横垫木之间的最小距离时,可在货物底部铺设两根横垫木。

(2)当货物支重面长度小于所需两横垫木之间的最小距离时,可按需要先铺设两根横垫木,然后在横垫木上加纵垫木,将货物均衡地装在纵垫木上。使用纵横垫木避免集重装载如图 12-10 所示。

平车地板负重面长度最大容许载重量由《铁路货物装载加固规则》的"平车、凹底平车、长大平车局部地板承受均布载荷或对称集中载荷时容许载重量表"确定。

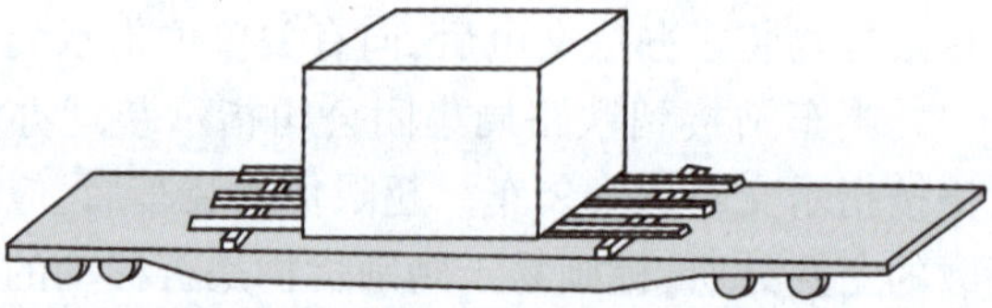

图 12-10　使用纵横垫木避免集重装载

(五)危险货物运输

1. 危险货物的定义

危险货物是指具有爆炸、易燃、毒害、感染、腐蚀、放射性等危险特性,在铁路运输、装卸和储存保管过程中,容易造成人身伤亡、财产毁损或者环境污染而需要特别防护的物质和物品。

2. 危险货物的分类

第一类:爆炸品,第二类:气体,第三类:易燃液体,第四类:易燃固体、易于自燃的物质、遇水放出易燃气体的物质,第五类:氧化性物质和有机过氧化物,第六类:毒性物质和感染性物质,第七类:放射性物质,第八类:腐蚀性物质,第九类:杂项危险物质和物品,包括危害环境物质。

危险货物的品名由国务院主管部门规定并公布。

3. 危险货物运输的基本条件

(1)运输条件

运输危险货物应当在符合法律、行政法规和标准规定,具备相应品名办理条件并已经公布的车站、专用铁路、铁路专用线间发到。运输单位应当按照国家有关规定,对本单位危险货物装卸、储存作业场所和设施等安全生产条件进行安全评价。

(2)设施设备

运输危险货物应当依照法律、行政法规和国家其他有关规定使用专用的设施设备。

(3)货物托运

托运人必须与铁路运输企业签订托运危险货物安全协议。托运人应当向铁路运输企业如实说明所托运危险货物的品名、数量、重量、危险特性以及发生危险情况时的应急处置措施等。对国家规定实行许可管理、需凭证运输或者采取特殊措施的危险货物,托运人或者收货人应当向铁路运输企业如实提交相关证明。

(六)鲜活货物运输

1. 鲜活货物的定义

鲜活货物指在铁路运输过程中需要采取制冷、加温、保温、通风、上水等特殊措施,以防止出现腐烂、变质、冻损、生理病害、病残死亡等问题的货物。

2. 鲜活货物的分类

鲜活货物分为两大类,一类是易腐货物,包括肉、蛋、乳制品、速冻食品、冻水产品、鲜蔬菜、鲜水果、花卉植物等,按其热状态分为冻结货物、冷却货物和未冷却货物。另一类为活动物,包括禽、畜、兽、蜜蜂、水产品等。

3. 易腐货物运输的基本条件

不同热状态的易腐货物不得按一批托运,易腐货物按热状态划分冻结货物、冷却货物、未冷却货物。

托运人托运易腐货物,应在货物运单"货物名称"栏内填记货物名称,并注明其品类顺号及热状态,同时在"托运人记载事项"栏内注明易腐货物容许运输期限(日数)。易腐货物的容许运输期限至少须大于铁路规定的运到期限三日时,发站方可承运。

4. 活动物运输的基本条件

承运活动物时,发站应在货物运单"承运人记事"栏标注"活动物"和"禁止溜放","活动物"和"禁止溜放"应转记在"列车编组顺序表"记事栏内。托运人提出需要途中上水的,发站在货物运单注明。

托运猛禽、猛兽时,托运人应与发站商定运输条件和运输防护方法,报发送铁路局集团公司批准。跨铁路局集团公司运输时,发送铁路局集团公司应将商定的事项通知相关铁路局集团公司。

四、铁路货物运输价格

铁路货物运价是铁路货物运输产品的销售价格,由于铁路货物运量在国民经济总运量中所占比重较大,货物运价水平的高低,对国民经济的生产和流通,对工农业产品最终价格的形成,都有广泛的影响。其核收的主要依据是《铁路货物运价规则》。

(一)铁路货物运价的分类

铁路货物运输费用包括运价收费和杂费两大部分。运价收费包括运费、合资地方铁路运费、铁路建设基金等。杂费包括货运营运杂费、延期使用运输设备、违约及委托服务费

用,租、占用运输设备费用。铁路货物运价按货物运输种类分为:

1. 整车货物运价

整车运价是《铁路货物运价规则》中规定的按整车运送货物的运价,由按货种别的每吨的基价1和每吨公里或每轴公里的基价2组成。超限货物、需要限速运行货物的运价率要进行加成。

2. 零担货物运价

零担货物运价是铁路对按零担运送的货物所规定的运价,由按货种别的每10 kg的基价1和每10 kg · km的基价2组成。

3. 集装箱货物运价

集装箱货物运价是铁路对按集装箱运送的货物所规定的运价,由每箱的基价1和每箱公里的基价2组成。

我国铁路现行货物运价是将运价设立成若干个运价号,即实行分号运价制。整车货物运价为6个号(1~6);机械冷藏车为1个运价号;零担货物运价分为2个号(即21~22);集装箱货物按20 ft、40 ft箱型不同进行计算。如整车货物运价号2号的基价1为9.5元/t,基价2为0.086元/(吨公里)。

(二)货物运输费用的核算

1. 按《铁路货物运价里程表》计算出发站至到站的运价里程。

2. 根据货物运单上填写的货物名称查找"铁路货物运输品名分类与代码表""铁路货物运输品名检查表",确定适用的运价号。

3. 整车、零担货物按货物适用的运价号,集装箱货物根据箱型、冷藏车货物根据车种分别在"铁路货物运价率表"中查出适用的运价率(即基价1和基价2,以下同)。

4. 货物适用的基价1加基价2与货物的运价里程相乘之积后,再与按《铁路货物运价规则》确定的计费重量(集装箱为箱数)相乘,计算出运费。

5. 杂费按相关规定计算。

五、铁路货运组织改革

近年来,铁路运输企业在市场营销方面做了许多工作,产生了良好的效果。但由于运输信息管理方式陈旧、手段落后,影响了铁路货物运输组织和指挥。因此加快铁路货物运输信息化建设,建立完善的运输市场机制,势在必行。

(一)货运市场与货源

1. 运输市场的概述

市场是指商品交换关系的总和,是连接生产者和消费者的桥梁和纽带。运输市场是市场的一种特定的存在形式,具有多重含义。运输市场是运输产品的交换场所,是运输产品供求关系的总和,是在一定时空条件下对运输产品需求的总和。运输企业只有了解本企业市场对运输产品的需求状况,才能有效开展营销工作。

货物运输的需求源于社会生产和产品的交换,社会生产、交换以及经济生活的复杂性,决定了运输需求的多样性。运输需求在时间、空间上具有特定性,一定量的货物在运输时间和空间上的要求是具体、明确的。运输需求是可替代的,运输产品的可替代性是运输市场存在竞争的基本条件。根据运输市场的需求细分货运市场，是确定目标市场、组织货源的前提。

不同铁路货运市场对应的运输需求也存在差异，我们将其分为大宗货物、集装箱、专业物流三类，其特征具体如下。

(1)大宗货物

大宗物资一次交易通常会满足需求商较长一段时间的需求量，因此，客户对于运输速度的敏感度相对不高，更注重运力的可持续供给，要求更经济、可靠，约定送达、按期运输。

(2)集装箱

集装箱运输以白货为主，具有安全环保、能在多种运输方式间使用、可实现"门到门"全程物流等优势，所以有较高的快速性需求。通过拓展入箱货物品类、扩大集装箱办理站、发展铁水联运业务、打造中欧班列品牌等举措，国铁集团推动集装箱运量快速提升，成为铁路货运增长新亮点。

(3)专业物流

随着产业结构的逐步升级，铁路客户对铁路运输产品提出了高质量、高时效、高要求的多样化需求。铁路专业物流包括快运物流、冷链运输、商品车运输、高铁快运、特种货物运输等，具有运输品类多、运输批次多、运输要求高等特征，能够适应市场多样化需求。

2. 货源组织

货源是指在一定时间内，能够产生一定品类和数量的货运需求的源点。货流是指一定时间内沿一定方向的货物的流动。

货运市场调查，是铁路货源组织工作的基础，也是铁路编制生产营销计划的重要环节。货源调查的目的，是为铁路运输企业吸引和组织货源，提供比较准确、可靠的信息，提高计划和决策的预见性。摸清经济区域内工农业生产的发展情况和商贸、物资流通情况，地区货物运输需求的数量和质量特征，掌握货源和货流的变化情况及其规律性，是铁路进行市场开发，经济合理地组织货物运输的关键。

货运市场调查与监测工作由国铁集团、铁路局集团公司、货运中心或车务站段三级组织实施，分为年度调查、月度调查和专项调查。

(1)年度调查

年度调查是为确定次年主要运输生产经营指标和制定年度营销策略。对经济发展形势、相关行业动态、物流行业竞争状况、企业产销运情况、铁路运输能力变化等进行的全面深入调查。调查工作主要通过拜访政府统计部门、经济运行部门和行业协会，走访企业客户、组织座谈会、参加其他行业年度会议、发放调查表等形式开展。年度调查内容主要包括宏观经济形势、物流市场竞争态势、企业产销运情况、潜在市场调查、内部能力变化等。

(2)月度调查

月度调查是为了安排次月货运生产经营计划，摸清市场需求、优化营销策略，按月对主要客户、物流市场铁路货运形势进行的综合性市场调查。月度调查由铁路局集团公司货运部门牵头组织，主要通过走访重点企业及物流园区、与政府、行业协会和企业沟通、组织座谈会等形式开展调查工作。月度调查内容主要包括运量变化调查、物流价格调查、潜在客户调查。

(3)专项调查

专项调查是根据货运营销工作需要,对具体行业、品类、区域、物流竞争形势以及其他主题开展的专门市场调查。专项调查由国铁集团统一组织或铁路局集团公司自行组织,根据主题确定具体调查内容和调查形式,通过调查摸清市场状况,发现主要问题,制定有效措施,提出可行建议。

在调查过程中,不仅要注重铁路传统的大宗原材料、能源和初级产品的运输市场调查,而且要重视高运价率、高附加值货物的运输市场调查,并对货运量进行准确预测。

3. 货运市场的结构与现状

铁路、公路、水路、航空、管道五种现代运输方式共同构成国家的综合运输体系,各种运输方式各有其技术经济特征和市场优势范围。随着我国经济发展方式转变和产业结构调整升级,东部沿海地区产业向中西部地区转移步伐加快,承接产业的重点区域正逐步由东部沿海地区向中西部拓展;此外,中国正在逐步改变被动承接国际产业转移的角色,通过向海外进行产业转移,积极消化过剩产能。国际国内产业转移与空间布局的调整,对货物流量流向产生重要影响,必将引发物流格局的大调整。因此近年来,我国针对综合交通运输方面提出了建设现代化综合交通运输体系策略。

铁路运输是我国交通运输的骨干。经济发展、社会进步和改革开放,一方面带来运输市场需求的变化,给铁路发展带来了前所未有的机遇。大宗货物运输增长平稳,高附加值货物运输潜力较大,西部地区货物运输增速加快,国际贸易运输和过境、陆桥运输将有较大增长。所有这些,给铁路扩大市场份额,大力发展集装箱运输、特种货物运输、高附加值货物运输、直达运输和重载运输创造了机遇。另一方面,各种运输方式的激烈竞争,使铁路运输市场占有份额受到了严峻挑战。

铁路作为国民经济大动脉,在综合交通体系中处于骨干地位,依托铁路发展货物运输,对于支撑国家重点战略、服务实体经济发展、促进物流业降本增效具有重要意义。为助力我国经济高质量发展,应加快铁路物流基础网络和支撑保障体系建设,整合社会公路、水运、航空等多种物流资源,巩固并提升铁路在大宗货物运输、专特运以及多式联运物流体系中的骨干引领作用,构建主体功能突出、经营业态丰富、服务高效经济的以铁路为骨干的高质量综合交通运输体系。

(二)铁路货运组织改革内容

受铁路运输供需格局变化以及铁路部门面临巨大财务压力,2003—2011 年,中国全社会固定资产投资增速保持在 20% 以上,带动煤炭、钢铁、矿石等大宗原辅料运输需求旺盛,但铁路运力长期低速扩张导致铁路出现供需失衡现象。为了从根本上解决铁路货运组织方面的问题,加快铁路走向市场的步伐,提升铁路应对市场变化的能力,把铁路节能、环保、安全、大运力等优势展现出来,充分发挥铁路在综合交通体系中的骨干作用,铁路实行了货运组织改革,主要内容如下:

1. 推行便捷受理

在改革货运受理方式上,通过简化手续、拓宽渠道、敞开收货,为广大客户提供最直接、最便捷、最快捷的服务,客户再也不用报计划,请求给车,等铁路部门认定发车。改革后,客户只需打电话或者上网填托运人和货物的基本信息，提出运输要求，就交由铁路工作人员办理完成全部货运手续。铁路对煤炭、石油等大宗稳定货物通过协议运输方式敞开收货，给予运力保障；对工业机械、电子、电器、日用百货等其他货物，客户随时提出需求，铁路随时受理，做到随到随办。

2. 推行实货运输

在改革运输组织方式上，铁路部门不再只固守车次安排运输，而是根据客户的运输需求编制运输计划，及时安排装运提高运输效率。同时铁路部门为客户提供多种需求受理渠道，包括：95306 客服电话、95306 网站“我要发货”、95306 网上营业厅、车站受理服务电话、铁路货物运营场所、铁路客服人员上门服务。其中：95306 客服电话、95306 网站“我要发货”由 95306 货运客服人员受理；车站受理服务电话、车站营业厅由铁路客服人员上门服务或车站受理。各渠道受理的需求全部通过货运电子商务系统进行提报。

3. 推行一口报价

在清理规范货运收费方面，制定并公布铁路货运及相关服务的收费项目、收费标准和收费条件，对所有收费实行“一口报价、一张货票核收”，做到所有收费严格执行国家的运价政策，坚持依法合规、公开透明收费，靠铁路的运价优势赢得市场。

4. 推行全程物流服务

构建“门到门”接取送达网络，实现“门到门”全程“一口价”收费，推动铁路货运加快向现代物流转变。“门到门”运输是指货物从托运人在交运货物地点装车开始、接运至发站、运输至到站、送达卸货至收货人接收货物地点为止的全过程运输服务，主要采取的措施有“一条龙”服务、一个部门管理、一个窗口受理、一口价收费、一套系统控制等。

5. 铁路货运电子商务系统（95306）

为适应互联网电子商务发展趋势，提升货运服务质量，2011 年，铁道部开始启动建设铁路货运电子商务系统，通过货运电商统一门户，实现铁路货运“一个窗口，全方位服务”和“一次提报，全过程服务”。

2012 年 9 月，货运电商系统一期功能开发完成并上线运行，实现了网上货运信息查询、客户注册、需求提报及受理等基本功能。

2015 年，明确 95306 网为铁路货运电商系统官方网站，并在 95306 网开发了铁路货运网上营业厅，进一步提升了客户网上发货办理体验。货运电商系统上线后，为铁路深化货运组织改革、提高服务质量做出了积极贡献：一是显著提升铁路货运服务质量；二是有效防范货运需求受理廉政风险；三是实现向综合商务平台转型发展。

2019 年，按照国铁集团信息化重点工作推进部署要求，启动了铁路货运电子商务系统（95306）（电商系统二期）的建设工作。新的铁路货运电子商务系统（95306）基于集中部署架构，构建一体化货运数据处理中心，集中存储所有货运相关数据，去除了货运业务各场景间数据接口，提升了数据处理效率和数据应用质量；采用统一的电子签名和数字证书应用体系，支持内外部用户申请中铁 CA 数字证书，数字证书安装在手机和服务器端，无须增加用户端设备，支持外部用户办理业务时通过手机进行电子单据的数字签名，替代在纸质单据上加盖实体业务章，支持内部用户处理业务时在业务系统上进行电子单据的数字签名，替代在纸质单据上加盖车站实体业务章，为全面实现纸质单据的电子化提供支撑;设计统一的内外部用户体系。外部用户包括企业客户和个人客户,内部用户包括国铁集团、铁路局集团公司、站段(货运中心)、货运站(营业厅)四层用户。对接国家市场监督管理总局电子营业执照服务支持企业客户注册信息的自动核验,对接公民身份认证服务支持个人客户注册信息的自动核验;统筹推进多渠道服务平台。基于统一货运数据处理中心设计了内外部网站、手机 App 和微信公众号,为客户提供多种方便快捷的服务渠道。

货运组织改革正式实施后,全路落实简化受理、实货运输、规范收费、全程物流等重点任务,使铁路货运量逐步提高。

六、铁路货物损失处理

(一)货物损失的种类和等级

1. 货物损失的概念

货物在铁路运输过程中(自铁路运输企业接收货物时起,至将货物交付给收货人时止)发生灭失、短少或者损坏属于货物损失。

2. 货物损失的分类

(1)火灾。

(2)被盗(有被盗痕迹)。

(3)丢失(全批未到或部分短少、漏失,没有被盗痕迹的)。

(4)损坏(破裂、变形、磨伤、摔损、部件破损、湿损、腐烂、植物枯死、活动物死亡、污染、染毒等)。

(5)其他(因办理差错及其他原因造成的货物损失)。

3. 货物损失的分级

(1)一级损失:货物损失款额 10 万元以上的。

(2)二级损失:货物损失款额 1 万元以上未满 10 万元的。

(3)三级损失:货物损失款额 1 000 元以上未满 1 万元的。

(4)轻微损失:货物损失款额未满 1 000 元的。

(二)货物损失的调查与处理

1. 货物损失报告与勘查

车站发现货物损失后,发现人员应保护现场,立即向车站负责人和货物损失处理人员报告。接到报告后,车站负责人应组织有关人员立即赶赴现场进行货物损失勘查、清理、资料收集并编制货物损失报告。必要时通知托运人或收货人。

物流企业在接取送达过程中发现货物损失时应拍照留存,并编制货物损失报告交车站。

2. 记录编制

为了正确及时地处理货物损失,分析原因,判定责任,总结吸取货物损失教训,必须根据不同的情况,分别编制必要的记录。

记录分为货运记录和普通记录两种。

3. 货物损失调查处理

车站发现货物损失或办理差错,除编制记录外,还应在货运记录编制当日以查复书的形式，通过信息系统对货物损失的原因和责任进行调查。

4. 责任划分

按照国家法律、行政法规及有关规定划清承运人与托运人、收货人之间的责任，再划分铁路内部各单位及物流企业之间的责任。从货物承运时起至货物交付收货人或依照有关规定处理完毕时止，货物发生灭失、短少、损坏，铁路应负赔偿责任，但由于不可抗力、货物本身的原因及托运人、收货人责任造成的货物损失，承运人不承担责任。

第三节　铁路行车组织

铁路行车组织是铁路运输组织的重要组成部分，是铁路综合运用各种技术设备、合理组织列车运行、实现旅客和货物运输过程的计划和组织工作。

一、列车的编组

（一）列车的定义、分类及车次

1. 列车的定义

列车是指编成的车列并挂有机车及规定的列车标志。单机（包括单机挂车）、大型养路机械及重型轨道车虽未完全具备列车条件，亦按列车办理。

列车必须具备三个条件：按有关规定编成的车列；挂有牵引本次列车的机车；有规定的列车标志。动车组列车为自走行固定编组列车。

2. 列车按运输性质的分类

（1）旅客列车（动车组列车，特快、快速、普通旅客列车等）；

（2）特快货物班列；

（3）军用列车；

（4）货物列车（快速货物班列、快运、重载、直达、直通、冷藏、自备车、区段、摘挂、超限及小运转列车等）；

（5）路用列车。

货物列车分类示意图，如图 12-11 所示。

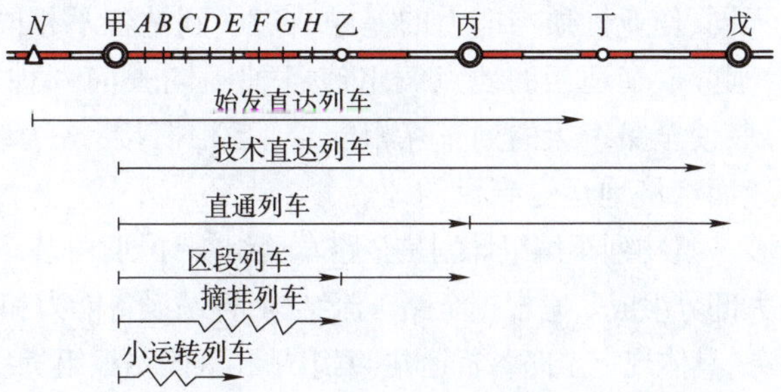

图 12-11　货物列车分类示意图

3. 列车运行等级顺序

列车运行等级顺序原则上按速度等级从高到低排序，同速度等级的列车原则上按以下等级顺序：

（1）动车组列车：固定编组，运行速度和行车要求比其他列车高。

（2）特快旅客列车：一般运行于大城市之间，停站少且旅行速度快，最高运行时速达到 160 km。

(3)特快货物班列:使用最高允许时速达到160 km的机车和行邮车底,按特快旅客列车运行标尺运行。

(4)快速旅客列车:一般运行于大中城市之间,停站较少且旅行速度较快,最高运行时速为120 km至160 km。

(5)普通旅客列车:一般运行于城乡之间,停站较多,方便各地群众乘降,最高运行时速不超过120 km。

(6)军用列车:运送军事人员及军用物资的专用列车。

(7)货物列车:运送铁路承运的各类货物。

(8)路用列车。

由于自然灾害、设备故障或铁路交通事故等原因,须开往现场救援、抢修、抢救的列车,包括救援机车和除雪机等,应优先办理,不受列车等级的限制。

4. 列车的车次

为便于计划安排和具体掌握列车运行情况,各类列车均应有固定车次。这样,就可以从不同的车次辨别该次列车的种类、等级和运行方向。

列车运行,原则上以开往北京方向为上行,车次编为双数;相反方向为下行,车次编为单数。在铁路支线上,一般由连接干线的车站开往支线的方向为下行,相反方向为上行。在个别区间使用直通车次时,可与上述规定方向不符。

为确保旅客列车车次全路唯一性,各铁路局集团公司管内列车车次不足时,需向国铁集团申请车次,不得自行确定车次。

(二)列车编组

1. 旅客列车的编组

动车组以外的旅客列车按列车编组表编组,机车后第一位编挂一辆未搭乘旅客的车辆作为隔离车。行李车、邮政车、发电车等非乘坐旅客的车辆应分别挂于机车后第一位和列车尾部,起隔离作用;在装设集中联锁的区段,并设有列车运行监控记录装置时,旅客列车可不挂隔离车。如隔离车在途中发生故障摘下时,可无隔离车继续运行。铁路局集团公司管内旅客列车经铁路局集团公司主要领导批准,可不隔离。

2. 货物列车的编组

铁路行车组织需要解决的重要问题,就是正确地组织重空车流及合理地将规定车辆编入相应列车向目的地运送。车流组织是根据车流流向不同、流量大小、流程远近、设备条件不同、作业性质与能力的差异,将发、到站各不相同的重车流及不同车种的空车流合理地组织起来,在适当的地点编组成各种不同去向和种类的列车。铁路要制定货物列车编组计划,使全路编组的列车互相配合、互相衔接,成为统一的整体,保证各站产生的车流都能迅速而经济地运送到目的地。

货物列车编组计划是全路车流组织计划,由装车地直达列车方案和技术站列车编组方案两大部分组成。它根据全路车流结构、各站设备能力和作业条件,统一安排全路各站的解编作业任务,具体规定全路各货运站、编组站和区段站编组货物列车的种类、到站及车组编挂办法。

以某铁路局集团公司为例,说明甲站戊方向货物列车编组计划的内容。

甲站所处的位置及编组的列车种类见图12-11。

将图12-11中甲站戊方向货物列车编组计划的内容列表,见表12-2。

表12-2 甲站列车编组计划(示例)

发站	到站	编组内容	列车种类	定期车次	附注
甲	戊	戊及其以远	技术直达	—	
甲	丙	1. 丙及其以远(不包括戊及其以远) 2. 空敞车	直通列车	—	按组顺编
甲	乙	乙及其以远(不包括丙及其以远)	区段列车	—	
甲	乙	1. A—H间按站顺 2. 乙及其以远	摘挂列车	—	按组顺编

货物列车应按照列车编组计划、列车运行图和《技规》等的有关规定进行编组。

(1)编入货物列车的车辆去向、车辆编挂方法等应符合列车编组计划的规定。

(2)货物列车的重量和计长应符合列车运行图的规定(摘挂列车除外)。未经有关部门批准,车站不准发出欠轴、超重和超长列车。

(3)编入货物列车中的车辆技术条件、装载危险货物车辆的隔离、关门车的编挂、机车编入列车的条件等,均应符合《技规》的规定。

二、列车运行图及通过能力

在组织旅客和货物运输的生产过程中,列车运行是一个很复杂的环节,它要利用多种铁路技术设备,要求各个部门、各工种、各项作业之间互相协调配合,才能保证行车安全和提高运输效率。列车运行图在这方面起着极其重要的作用。

(一)列车运行图

1. 列车运行图的概念及作用

列车运行图是列车运行时刻的图解,是全路组织列车运行的基础。列车运行图规定了各次列车占用区间的次序,列车在每个车站的到、发或通过时刻,列车在区间内的运行时间和在车站上的停站时间及机车交路,列车的重量和长度标准等。

列车运行图实际上是利用坐标原理来表示列车运行的一种图解。它以垂直线等分横轴表示时间,将纵轴用横线划分代表各车站中心线的位置,如图12-12所示,图上的斜线称为列车运行线。

列车运行图不仅是日常指挥列车运行的重要依据,而且也是保证行车安全、改善铁路技术设备运用、加速机车车辆周转、提高铁路通过能力和运营工作水平的重要工具。

2. 列车运行图的分类

按使用范围以及铁路线路的技术设备(如单线、复线)和列车运行速度、上下行方向的列车数量、列车的运行方式等条件,列车运行图可以分为多种不同类型的列车运行图。

(1)按使用范围的不同,列车运行图可以分为铁路内部使用的列车运行图和社会使用的列车运行图。

铁路内部使用的列车运行图是铁路组织运输生产的依据,是实现“按图行车”的技术组织措施,是确保铁路运输产品质量的基础。

社会使用的列车运行图对铁路来说是铁路运输产品的供销计划，而对社会用户来说，则是旅客安排旅行计划、货主安排货物销售计划的依据。

(2)按区间正线数目的不同，列车运行图可以分为单线运行图、双线运行图和单双线运行图。

单线运行图是指在单线区段上，上下行列车都在同一条正线上运行，因此，列车的交会必须在车站上进行，区间是绝不会出现上下行列车运行线的交点，如图 12-12 所示。

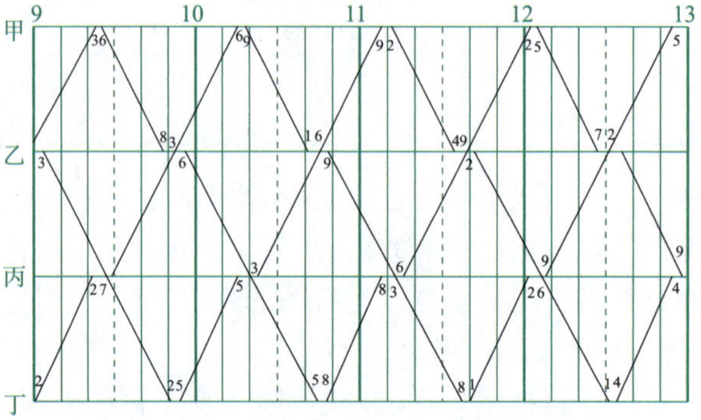

图 12-12　单线成对非追踪平行运行图

双线运行图是指在双线区段上，上下行列车在各自的正线上运行，互不干扰，列车可以在区间内或车站上进行交会，但列车的越行必须在车站上进行，如图 12-13 所示。

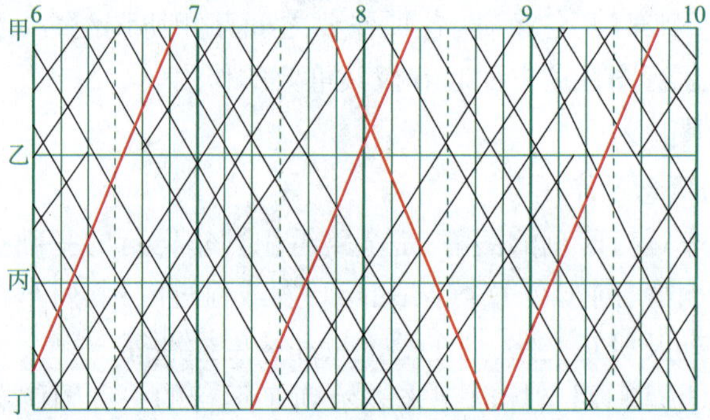

图 12-13　双线追踪非平行运行图

单双线运行图指的是在有部分双线的区段上铺画出的运行图，它分别具有单线运行图和双线运行图的特征。

(3)按同方向列车运行速度的不同，运行图又分为平行运行图和非平行运行图。

平行运行图指的是在同一区间内，同方向列车运行速度相同，因而铺画出的列车运行线相互平行，且在区段内无列车的越行，见图 12-12。

非平行运行图指的是同方向列车运行的速度不相同，因而铺画出的列车运行线出现不平行，且在区段内有列车的越行，见图 12-13。

(4)按上下行列车数目的不同，运行图又分为成对运行图和不成对运行图。在成对运行图上，上下行的列车数目相等，而不成对运行图中上下行的列车数目不相等。

(5)按同方向列车运行方式的不同,运行图又分为追踪运行图和非追踪运行图。

追踪运行图指的是在自动闭塞的双线(或单线)区段上,同方向列车以闭塞分区为间隔,实行追踪运行,见图12-13。

非追踪运行图指的是在非自动闭塞的单线(或双线)区段上,同方向列车以站间或所间区间为间隔,实行非追踪运行,见图12-12。

(二)铁路区段通过能力

通过能力是指在一定的机车车辆类型和一定的行车组织方法的条件下,铁路区段内的各种固定设备,在单位时间内(通常指一昼夜)所能通过或接发的最多列车对数或列数。

铁路区段通过能力是指铁路区段内各种固定设备(如区间、车站、机务段设备、电气化铁路的供电设备等)中最薄弱的通过能力,也称为区段的最终通过能力。与铁路行车组织有关的是区间通过能力和车站通过能力。

1.铁路区间通过能力

铁路区间通过能力,主要取决于该区段的技术设备和所采用的行车组织方法,如区间正线数目、区间长度、线路纵断面、机车车辆类型及信号、联锁及闭塞方式以及列车运行图的类型等。列车运行图类型对区间通过能力影响很大,在同样的技术设备条件下,采取不同的列车运行图类型,通过能力就有很大不同。计算区间通过能力,一般是先计算平行运行图的区间通过能力,然后在此基础上再计算非平行运行图的区间通过能力。

2.铁路车站通过能力

铁路车站通过能力是指车站在现有设备条件下,采用合理的技术作业过程,于一昼夜内所能通过或接发的最多列车对数或列数。它包括咽喉通过能力和到发线通过能力两部分。车站通过能力最后是取咽喉通过能力和到发线通过能力中的最小值。

三、铁路运输调度指挥

(一)铁路运输调度指挥系统

铁路运输业具有点多、线长、部门分工细、各作业环节紧密联系等特点。运输生产过程是在长距离的连续空间带上进行的,涉及部门多、变化大、时间性强,常常是一点不通影响一线,一线不畅影响一片。

为使铁路这一庞大而复杂的系统能够不间断地、均衡地、高效地运转,就必须对铁路的日常生产活动实行分级管理、集中统一指挥。为此,我国铁路的各级运输部门都建立了相应的调度机构,即国铁集团设运输调度指挥中心;铁路局集团公司设调度所;运输站段宜设置生产调度指挥中心,可与站段其他指挥机构合设或合署办公,技术站设调度室(调度车间)。

在各级调度机构中按照业务分工设有不同职名的调度员,如计划调度员、列车调度员、机车调度员、货运调度员、客运调度员等,分别代表各级领导负责一定范围内的日常运输指挥工作。

(二)铁路运输调度工作的基本任务

铁路运输调度是铁路日常运输组织的指挥中枢,分别代表各级领导组织指挥日常运输工作。运输调度的基本任务是正确地编制和执行运输工作日常计划,科学地组织客流、货流和车流，搞好均衡运输，挖掘运输潜力，提高运输效率，经济合理地使用机车车辆及运输设备，组织与运输有关各部门紧密配合，协同动作，实现列车编组计划、列车运行图和运输方案，保证完成旅客运输计划、月度货物运输计划、技术计划，提高经济效率，努力完成铁路运输任务，为社会主义经济建设和国防服务。

实际列车运行的条件随时都有可能发生变化，如每天的车流有可能增加或减少，列车运行图中所规定的车次有可能要停运，有时又需要增开列车，图定列车有可能发生晚点，有的列车需要调整作业时间等。因此在列车运行日常工作中，需要根据变化的情况采取相应的措施来进行运行调整，使列车尽可能按列车运行图行车，这就需要由列车调度员来进行调度指挥。

四、车站行车组织工作

车站是铁路运输的基层生产单位，是客货运输的起始、中转和终到地点，铁路运输生产过程中的绝大部分作业环节都是在车站上进行的。车站工作的质量直接影响着铁路区段方向乃至整个路网运输工作的安全性、准确性、连续性和节奏性，决定着全路运输工作任务完成的数量和质量。因此，正确组织车站工作，特别是车站的行车组织工作，对于保证实现安全、正点、畅通、优质、高效等运输生产管理的基本要求有着十分重要的意义。

车站行车组织工作的主要内容包括接发列车工作、列车及货车的技术作业工作和调车工作等。为了使车站各车间、各工种协调而有节奏地进行日常运输生产，充分发挥技术设备的效能，技术站和货运站均设有调度机构，通过制定车站作业计划来组织指挥车站日常生产活动。

（一）行车闭塞

为了使列车运行安全，通过两站间、所间、闭塞分区的设备或人为控制列车与列车互相间保持一定距离，以保证一个区间（闭塞分区）同一时间内只有一列车运行的技术方法称为行车闭塞法。

我国铁路的行车闭塞法，分为基本闭塞法和电话闭塞法。

1. 基本闭塞法

铁路各车站均装设基本闭塞设备，根据基本闭塞设备的不同，基本闭塞法也分为自动闭塞、自动站间闭塞和半自动闭塞。

双线区段正方向应采用自动闭塞。较繁忙的双线区段，为减少人工操作，便于列车运行调整，确保反向列车运行安全，反方向上应装设自动站间闭塞设备。运量小且增长速度较慢或受其他条件限制的双线段，可采用自动站间闭塞或双线半自动闭塞。单线区段应采用半自动闭塞或自动站间闭塞，运输繁忙时经过经济技术比较，也可采用单线自动闭塞。一个区段内原则上应采用同一类型的闭塞方式。

（1）自动闭塞

自动闭塞是由运行的列车自动完成闭塞作用的一种行车闭塞方法。在自动闭塞区段，将一个站间区间划分为若干个闭塞分区，由装在每个闭塞分区始端的通过信号机进行防护。由于闭塞分区都设有轨道电路，从而能反映出列车占用情况。信号机在列车占用或出清闭塞分区时，能自动地变换显示，以指示追踪列车的运行条件。

(2)自动站间闭塞

自动站间闭塞设备是以站间区间或所间区间作为列车运行间隔。为保证站间区间或所间区间只有一列车占用,区间采用轨道检查装置自动检查空闲。自动站间闭塞与集中联锁设备结合使用,发车站办理发车进路后即自动构成站间闭塞。列车到达接车站或返回发车站并出清区间后,自动解除闭塞。

(3)半自动闭塞

半自动闭塞是以站间区间或所间区间作为列车运行间隔,由人工按规定操作闭塞设备来保证一个区间只有一列列车占用。

开放出站信号机或通过信号机前,双线区段必须得到前次列车到达前方站的到达信号;单线区段必须办理规定的闭塞手续,得到接车站的同意闭塞信号。当出发的列车压上出站方面的轨道电路区段时,出站或通过信号机就会自动关闭,闭塞机同时被锁闭,列车全部到达接车站,压上进站方面的轨道电路,并办理复原手续后,闭塞机才能解锁,从而保证了一个区间在同一时间内只有一列列车运行。

2. 电话闭塞法

当基本闭塞设备发生故障或其他原因不能使用基本闭塞法时(如单线半自动闭塞出站信号机故障等),为维持列车运行,应采用电话闭塞法。

电话闭塞不论在单线或双线,均按站间区间办理。由于电话闭塞没有机械、电气设备的控制,只能靠制度加以约束,开放出站信号机办理闭塞手续时必须严格执行作业标准。

(二)接发列车工作

铁路行车与公路行车不同,列车的会让和越行往往必须在车站上进行,因此要办理接发列车作业。保证不间断地接发列车、严格按列车运行图行车是对车站接发列车工作的基本要求。

为了保证列车运行的安全,列车接入车站和由车站出发,都必须按照一定的程序办理接发列车的必要作业。

在接发列车时需办理的作业有:

1. 办理闭塞(预告)

除采用自动闭塞法行车外,列车运行采用区间间隔行车的方法,即同一时间和同一区间内的一条正线上,只准许有一列列车运行,以防止同向列车尾追或对向列车正面冲突。因此,当列车进入区间前,两站间办理闭塞(预告)手续,是车站接发列车工作的首要作业程序。

采用自动闭塞法行车,当列车发车前,发车站须办理预告手续,便于接车站做好接车准备工作。

2. 准备进路

列车到达、出发或通过所需占用的一段站内线路称为列车进路。为保证列车运行的安全,列车到达或出发之前,车站值班员必须亲自或通过有关人员确认影响进路的调车作业已经停止后,方可准备进路。

3. 开放和关闭进站信号或出站信号

只有在闭塞(预告)手续办理完毕,列车进路确已准备妥当以后,才能开放进站或出站信号,当机车或车辆第一轮对越过该信号机后自动关闭。

4. 交接行车凭证

正常情况下使用自动闭塞法行车时,列车进入闭塞分区的行车凭证为出站或通过信号机显示的允许运行的信号。使用自动站间、半自动闭塞法行车时,列车凭出站信号机或线路所通过信号机显示的允许运行的信号进入区间。

遇设备故障或特殊情况不能按规定显示允许运行信号时,按规定交接书面行车凭证,列车必须取得规定的行车凭证后,才能向区间发车。

5. 接送列车

列车进出车站时,接发列车工作人员应在规定地点接送列车,注视列车运行情况和货物装载状态,发现有危及人身、货物或行车安全的情况,应采取有效措施妥善处理。

6. 发车

车站发车人员确认出站信号机开放,相关行车凭证已交付,旅客上下、行包装卸和列检作业等完了后发车。

7. 开通区间及报点

半自动闭塞、电话闭塞法行车时,列车到达,确认区间空闲后应及时开通区间。

列车到达、发出或通过后,车站值班员应向邻站通知到达出发时刻,及时向列车调度员报点,并记入"行车日志"(设有计算机报点系统的按有关规定办理)。

车站内的接发列车工作由车站值班员统一指挥。接发列车工作的这些作业原则上应由车站值班员亲自办理。如因设备条件和业务量关系难以做到时,除了布置进路(包括进路准备妥当的报告)必须由车站值班员亲自办理,其他各项工作可指派助理值班员或扳道员等办理。

(三)技术站货物列车及货车的技术作业

1. 基本概念

为了保证列车运行安全和货物完整,货物列车在始发站、终到站和运行途经技术站的到发线上及摘挂列车在中间站办理的各项技术作业,统称为货物列车技术作业。货车自到达车站时起,至由车站发出时止,在车站办理的各项技术作业,统称为货车技术作业。这些作业的项目、程序与时间标准统称为货物列车及货车技术作业过程。

2. 技术站办理的货物列车的种类

(1)无改编中转列车:在该技术站不进行改编作业,而只在到发场进行到发技术作业后继续运行的列车。

(2)部分改编中转列车:在该技术站需要变更列车重量、变更运行方向和换挂车组的列车。

(3)到达解体列车:在该技术站进行解体的列车。

(4)自编始发列车:由该技术站编成的列车。

3. 技术站办理的货车种类

(1)无调中转车:随无改编中转列车或部分改编中转列车到达,在该站进行到发技术作业后,又随原列车继续运行的货车。

(2)有调中转车:随到达解体列车或部分改编中转列车到达,在该技术站经过一系列改编作业后,再随自编始发列车或另一列部分改编中转列车继续运行的货车。

(3)货物作业车(或称本站作业车):随到达解体列车或部分改编中转列车到达、需在车站进行货物作业(卸车或装车)的货车。它包括一次货物作业车和双重货物作业车。

4. 货物列车及货车技术作业项目

货物列车到达技术站或列车编组完了后,须在技术站的到达场、出发场或到发场上对列车办理一系列的技术作业。虽然各种列车所需办理的作业内容和要求不完全相同,但下列一些技术作业都是必须办理的:

(1)车辆的技术检查和修理。

(2)车辆的货运检查及整理。

(3)车号员检查核对现车。

(4)车列及票据交接。

除此以外,到达解体列车还应进行准备解体作业;自编始发列车、无改编中转列车还应进行准备发车及发车作业;部分改编中转列车还应进行摘挂车辆的调车作业和准备发车及发车作业。

有调中转车一般要经过到达作业、解体作业、集结过程、编组作业和出发作业,无调中转车随中转列车到达车站,并随原列车出发,因此,在站的技术作业与无改编中转列车在站的技术作业相同。

一次货物作业车一般要经过到达作业、解体作业、送车作业、装或卸车作业、取车作业、集结过程、编组作业和出发作业。

双重货物作业车一般要经过到达作业、解体作业、送车作业、卸车作业、调移、装车作业、取车作业、集结过程、编组作业和出发作业。

(四)调车工作

列车的形成离不开调车。除了列车在车站到、发、通过及在区间内的运行之外,凡是机车车辆在站线或其他线路上进行的一切有目的的移动,统称为调车。调车工作是列车解编、摘挂、车辆取送过程中不可缺少的重要环节,对编组站来说,调车工作更是它的主要生产活动。

1. 调车工作分类

调车工作按其作业目的的不同可分为:

(1)解体调车:将到达解体的车列或车组,按其车辆的去向或其他需要分解到调车场各固定线路上去的调车。

(2)编组调车:按列车编组计划、列车运行图以及有关规章的规定和要求,将车辆选编成车列或车组的调车。

(3)摘挂调车:对部分改编中转列车进行补轴、减轴、车辆换挂以及摘挂列车在中间站进行摘挂车辆的调车。

(4)取送调车:将待装、待卸的车辆由调车场送至装卸作业地点以及从上述地点将作业完了的车辆取回调车场的调车。

(5)其他调车:因工作需要对车列或车组进行转场、转线,对调车场内的停留车辆进行整理,以及机车出入段等调车作业。

车站由于作业性质的不同,完成各种调车工作的比重也不一样,如编组站有大量的解体和编组调车,而中间站一般只进行摘挂和取送调车。

2. 调车作业方法

调车作业方法按使用设备的不同可分为:

(1)牵出线调车:是一种最基本的调车作业方式,通常有推送调车法和溜放调车法两种。

推送调车法是利用机车将车辆从一股道调送到另一股道的指定地点,停妥后再摘车的调车作业方法。这种调车作业方法安全可靠,但调车效率较低。

溜放调车法是利用机车推送车列达到一定速度,并在行进中将计划摘下的车组提钩,司机根据调车长的信号指示减速制动,被摘下的车组借所获得的动能溜向指定地点,由制动人员用人力制动机使之停车或与停留车安全连挂的调车作业方法。

(2)驼峰调车:是利用车辆本身的重力,辅以机车的一定推力,使摘下的车辆由峰顶自行溜入峰下调车场指定线路,由制动人员使用铁鞋或车辆减速器、减速顶、加减速小车等使之停车或与停留车安全连挂的调车作业方法。这是编组站解体车列采用的主要方法。

车列解体作业过程主要包括:挂车(牵出)、推送、溜放、整理。

车站的调车工作,由车站调度员(未设车站调度员的由调车区长,未设调车区长的由车站值班员)统一领导,每个调车组由调车长单一指挥。调车工作必须遵守《技规》《车站行车工作细则》及其他有关规定,保证调车安全、提高调车效率。

(五)车站作业计划

车站作业计划包括班计划、阶段计划和调车作业计划。班计划是车站最基本的计划,它体现铁路局集团公司调度部门对车站规定的任务和要求,由站长或主管运输的副站长按照铁路局集团公司调度的要求编制;阶段计划是一个班各阶段工作的具体安排,是完成班计划的保证,由车站调度员根据该阶段工作开始前的具体情况编制;调车作业计划是列车解体、编组和车辆取送作业的具体行动计划,由调车区长编制。

五、行车安全

行车安全是铁路运输的主要工作,也是最容易产生不安全因素的工作环节,铁路运输中出现的大部分不安全现象都在行车过程中。

(一)行车事故的分类

按照事故的性质、损失及对行车造成的影响,行车事故分为特别重大事故、重大事故、较大事故和一般事故。

1. 特别重大事故

有下列情形之一的,为特别重大事故:

(1)造成30人以上死亡,或者100人以上重伤(包括急性工业中毒,下同),或者1亿元以上直接经济损失的。

(2)繁忙干线客运列车脱轨18辆以上并中断铁路行车48 h以上的。

(3)繁忙干线货运列车脱轨60辆以上并中断铁路行车48 h以上的。

2. 重大事故

有下列情形之一的,为重大事故:

(1)造成10人以上30人以下死亡,或者50人以上100人以下重伤,或者5 000万元以上1亿元以下直接经济损失的。

(2)客运列车脱轨18辆以上的。

(3)货运列车脱轨60辆以上的。

(4)客运列车脱轨2辆以上18辆以下,并中断繁忙干线铁路行车24 h以上或者中断其他线路铁路行车48 h以上的。

(5)货运列车脱轨6辆以上60辆以下,并中断繁忙干线铁路行车24 h以上或者中断其他线路铁路行车48 h以上的。

3. 较大事故

有下列情形之一的,为较大事故:

(1)造成3人以上10人以下死亡,或者10人以上50人以下重伤,或者1 000万元以上5 000万元以下直接经济损失的。

(2)客运列车脱轨2辆以上18辆以下的。

(3)货运列车脱轨6辆以上60辆以下的。

(4)中断繁忙干线铁路行车6 h以上的。

(5)中断其他线路铁路行车10 h以上的。

4. 一般事故

造成3人以下死亡,或者10人以下重伤,或者1 000万元以下直接经济损失的为一般事故。

一般事故分为一般A类事故、一般B类事故、一般C类事故、一般D类事故。

(二)行车事故的预防

预防行车事故,确保行车安全,必须加强领导,坚持把安全工作摆到各级领导的重要议事日程;加强政治思想工作,教育广大职工牢固树立安全第一、质量第一的思想;严格遵守劳动纪律,认真执行规章制度;加强科学管理,坚持预防为主的方针,开展群众性的安全生产活动,及时消除隐患;加强职工的技术培训工作,发动广大职工努力钻研技术业务,不断提高技术水平;采用新技术、新设备,搞好设备养护维修,不断提高技术设备质量;对长期坚持安全生产和防止事故有功人员给予表扬和奖励;加强职工心理素质训练,提高安全心理的稳定性;建立安全检察机构、健全安全检察体制。

六、车站行车作业人身安全

在铁路运输生产过程中,确保人身安全是日常工作的重要内容之一。因此,除了不断地改善劳动条件和设备条件外,应经常组织宣传、学习、贯彻、落实人身安全的有关规定,以确保人身安全及生产任务的顺利完成。

(一)铁路车站行车作业人身安全通用规定

1. 班前禁止饮酒。班中按规定着装,佩带防护用品。

2. 顺线路走时,应走两线路中间,作业人员及所携带的工具不得侵入机车车辆限界,并注意邻线的机车车辆和货物装载状态。严禁在道心、轨枕头上行走。不准脚踏钢轨面、道岔连接杆、尖轨、辙叉心等。

3. 横越线路时，应一站、二看、三通过，注意左右机车车辆的动态及脚下有无障碍物。

4. 横越停有机车车辆的线路时，应先确认该机车车辆暂不移动，然后在该机车车辆较远处通过。严禁在运行中的机车车辆前面抢越。

5. 必须横越列车、车列(组)时，严禁钻车。应先确认该列车、车列(组)暂不移动，然后由车辆通过台或两车车钩上越过；越过时勿碰开钩销，上下车时要抓紧蹬稳并注意邻线有无机车车辆运行；经车辆通过台越过应从车梯上下车。

6. 严禁在机车车辆底下坐卧，以及钢轨上、轨枕头、道心里坐卧或站立。

7. 严禁扒乘运行中的机车车辆，以车代步。

(二)人身伤亡的预防

行车事故的发生往往会导致人身伤亡，因此，预防人身伤亡除遵守预防行车事故的有关规定外，还应做到：

1. 加强铁路沿线的防护设施建设，特别是道口建设。
2. 强化铁路安全常识宣传，普及铁路安全知识。
3. 教育职工遵章守纪，按“人身安全的要求”来要求自己。

第四节　铁路施工组织

一、基本概念

(一)营业线施工

铁路营业线施工是指影响营业线设备稳定、使用和行车安全的各种作业，按组织方式、影响程度分为施工和维修两类。

施工按照作业复杂程度难易和设备影响范围大小依次分为Ⅰ级施工、Ⅱ级施工、Ⅲ级施工。维修按照作业复杂程度和设备影响范围，分为Ⅰ级维修和Ⅱ级维修。

维修项目是指作业开始前不需限速，结束后须达到正常放行列车条件，并且在维修天窗时间内能完成的项目。

(二)邻近营业线施工

邻近营业线施工是指在营业线两侧一定范围内、营业线设备安全限界外影响或可能影响铁路营业线设备稳定、使用和行车安全的作业。邻近营业线施工分为A、B、C三类。

(三)天　窗

天窗是指列车运行图中不铺画列车运行线或调整、抽减列车运行线为施工和维修作业预留的时间。天窗按用途分为施工天窗和维修天窗，按影响范围分为垂直天窗和V形天窗，如图12-14、图12-15所示。

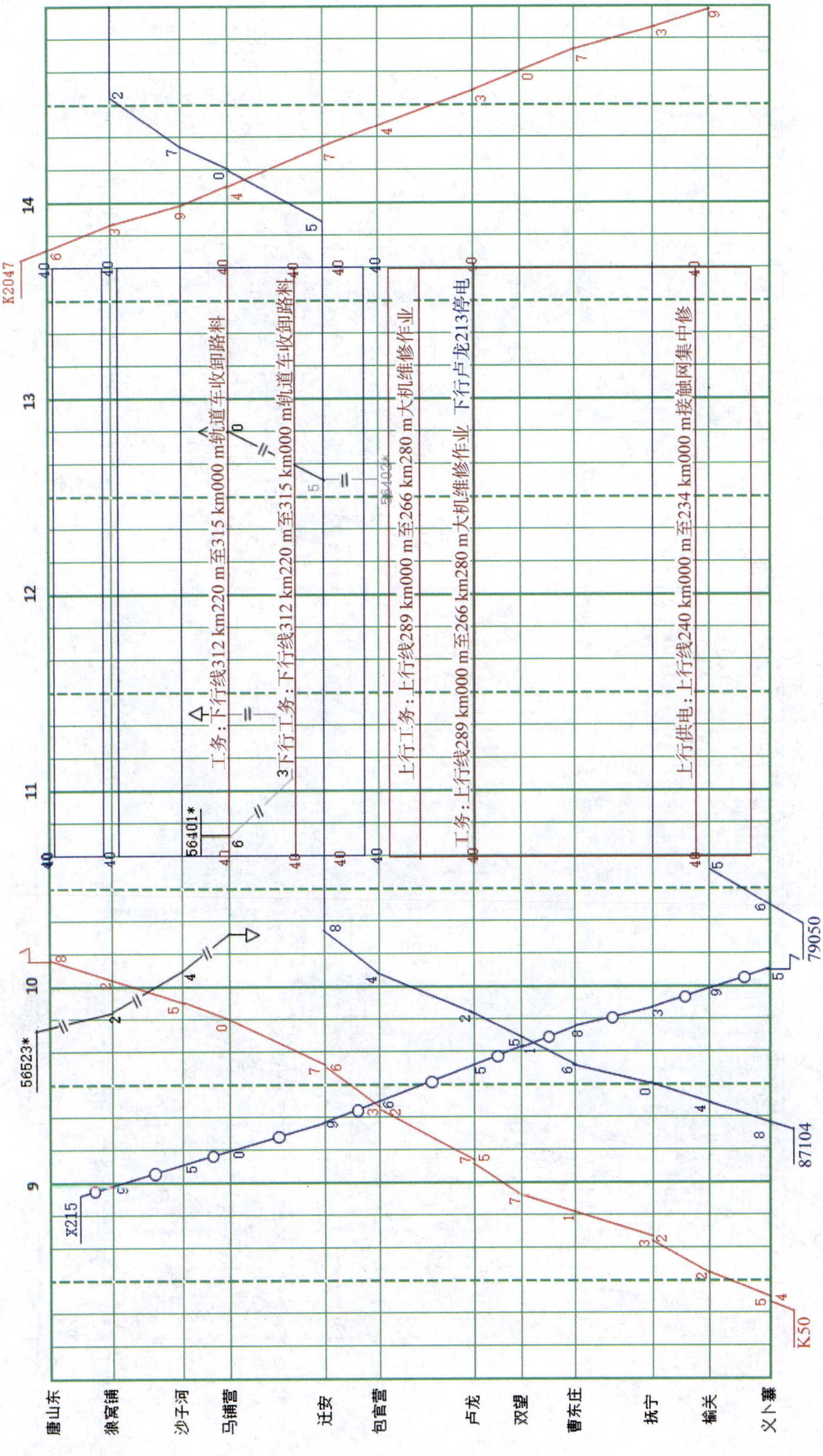
唐山东
狼窝铺
沙子河
马铺营
迁安
包官营
卢龙
双望
曹东庄
抚宁
榆关
义卜寨
9
10
11
12
13
14
X215
56523*
56401*
56402*
K50
K2047
87104
79050
工务：下行线312 km220 m至315 km000 m轨道车收卸路料
下行工务：下行线312 km220 m至315 km000 m轨道车收卸路料
上行工务：上行线289 km000 m至266 km280 m大机维修作业
工务：上行线289 km000 m至266 km280 m大机维修作业
下行卢龙213停电
上行供电：上行线240 km000 m至234 km000 m接触网集中修

图 12-14　垂直天窗

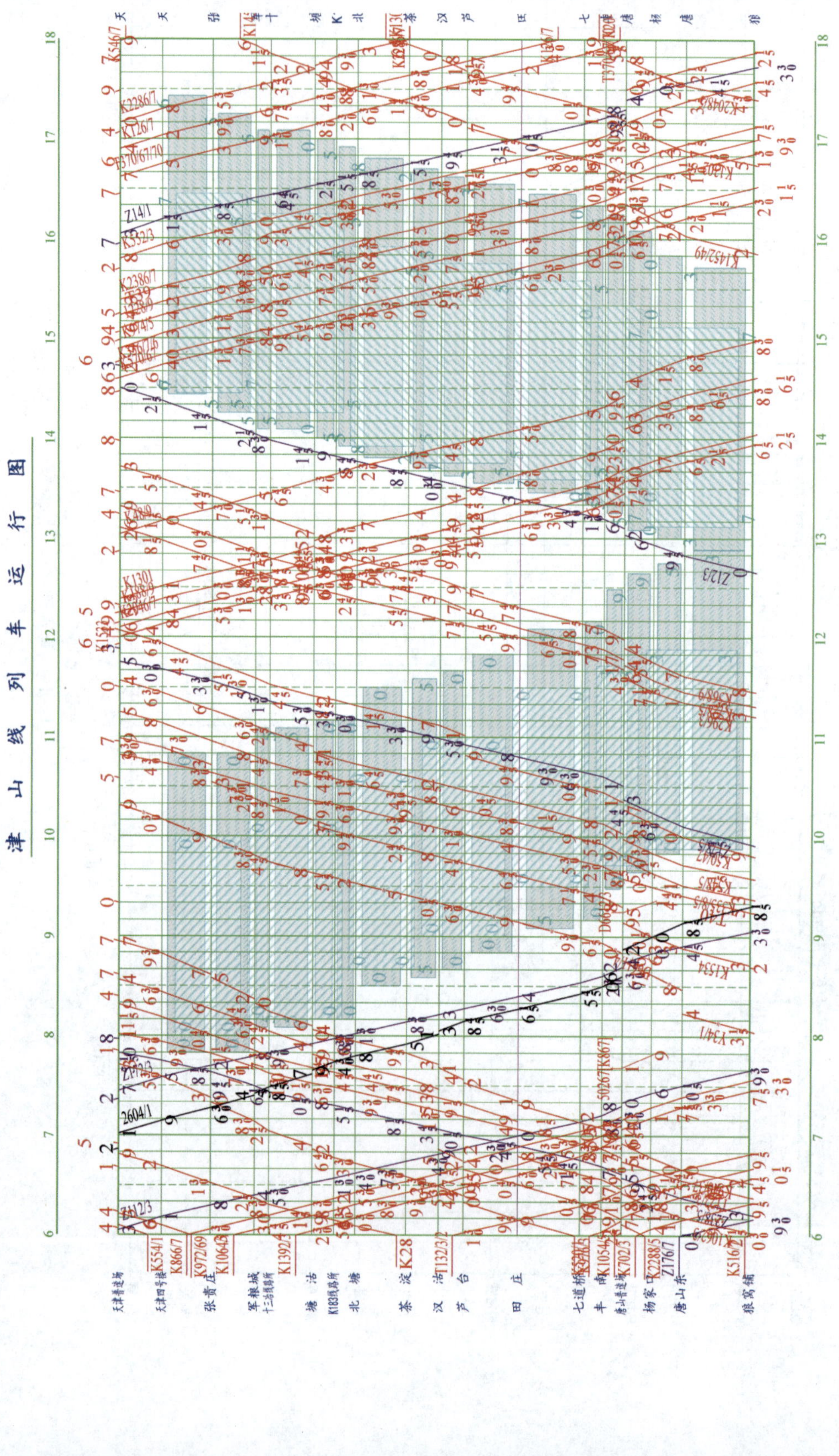

图12-15 V形天窗

二、营业线施工计划

营业线施工计划分为年度轮廓施工计划、月度施工计划、施工日计划和维修计划。

国铁集团调度中心负责组织编制全路繁忙干线集中修年度轮廓施工计划，审批国铁集团管理的月度施工计划和繁忙干线、干线施工分界口货物列车停运计划，审核国铁集团管理的日计划；铁路局集团公司施工办负责组织编制铁路局集团公司年度轮廓施工计划、月度施工计划、施工日计划和高速铁路维修计划；车务段（直属站）负责组织编制普速铁路维修计划。

三、营业线施工登销记

普速铁路进行施工和维修作业时，由施工负责人（驻站联络员）在车站行车设备施工登记簿内登记。车站值班员根据施工计划，对施工项目、影响范围、施工所需时间等逐项审核，确认无误后签认，并向列车调度员申请施工。

车站值班员接到施工调度命令并核对无误后，按规定向施工负责人（驻站联络员）交付。

施工作业完成后，经检查达到放行列车条件，由施工负责人（驻站联络员、设备管理单位人员）办理开通登记（施工销记），车站值班员签认后，按规定开通线路。

复习思考题

1. 旅客运输的基本任务是什么？
2. 铁路旅客运输主要有哪些过程？
3. 铁路货物运输生产过程分为哪三部分？
4. 何谓超限货物？根据货物的超限程度超限货物分为哪几个等级？
5. 何谓列车？列车按运输性质如何分类？
6. 行车闭塞法主要有哪几种？
7. 车站作业计划主要包括哪些计划？分别由哪些人员编制？
8. 简述行车事故如何分类。
9. 简述铁路车站行车作业人身安全通用规定的内容。
10. 何谓营业线施工？并简述营业线施工登销记的流程。

第十三章

高速铁路

学习任务

高速铁路技术是当今时代高新技术的集成、人类文明的结晶和铁路现代化的标志，它集中反映了一个国家铁路牵引动力、线路结构、高速运行控制、高速运输组织和经营管理等方面的技术进步，也体现了一个国家的科技和工业水平。

本章对国内外高速铁路的发展和现状、高速铁路的技术设备、高速铁路行车组织方面进行了介绍。

通过学习，了解高速铁路的技术设备和高速铁路行车组织，了解高速铁路线路相关技术标准、列车运行控制系统的组成、车站设备、高速铁路行车工作原则等相关知识，提高对高速铁路的认知和对高速铁路安全的敬畏之心。

第一节　高速铁路的技术设备

高速铁路是一个集高新技术于一身、复杂的超大规模集成系统。高速铁路系统由土建工程、牵引供电、列车运行控制、高速列车、运营调度、客运服务等子系统构成，其技术装备和普速铁路有很大不同。

一、高速铁路线路

高平顺性是高速铁路与普速铁路的最大区别，高速铁路要求线路的空间曲线平滑，要求路基、轨道、桥梁具有高稳定性、高平顺性、小残余变形和少维修，要求建立严格的线路状态检测和保障轨道持久高平顺的科学管理系统。

（一）高速铁路线路的平面和纵断面

高速铁路线路平、纵断面的设计应采用较大的线路平面圆曲线半径、较长的纵断面坡段、较大的竖曲线半径和较长的夹直线长度，提高线路空间曲线的平顺性，以及尽可能降低列车的横向和竖向加速度，降低列车各种振动叠加的可能性，从而提高旅客乘坐的舒适度。

1. 最小曲线半径和最大半径

曲线半径的选定主要考虑行车速度、地形条件和机车牵引种类等因素,由于高速铁路对轨道高平顺性要求铁路线路尽可能平滑,因此,规定了最小曲线半径。同时,在小偏角情况下为保证最小圆曲线长度而采用最大半径,但当曲线半径大到一定程度时,正矢值将很小,测设和检测精度均难以保证其准确性,反而会成为轨道不平顺的因素,因此,也规定了最大半径 12 000 m。

2. 缓和曲线

直线和圆曲线应采用缓和曲线连接。缓和曲线的线型力求简单,便于测设和养护。缓和曲线应尽量短些,以减少工程量和投资费用。缓和曲线的线型很多,高速铁路采用三次抛物线线型。缓和曲线的长度应根据设计行车速度、曲线半径和地形条件等因素确定,如设计行车速度 350 km/h、曲线半径 12 000 m 时缓和曲线长度达舒适度优秀条件值时(舒适度条件值分为优秀、良好、一般三种情况)为 370 m。

3. 线间距

在高速线路上,当两列车相会时,会产生较大的风压力,最初使列车相互排斥,到接近列车尾部时变为相互吸引。为避免强大风压造成损害,应根据具体情况选择适当的线路间距。

4. 限制坡度

高速列车重量较小,牵引功率较大,可在较大线路坡度上高速运行。因此,与传统铁路相比,高速铁路比较突出的特点是允许采用较大的坡度值,可以选择地形,减少建设线路的工程量。高速铁路区间正线的最大坡度不宜大于 20‰,困难条件下,经技术经济比较,不应大于 30‰,动车组走行线的最大坡度不应大于 35‰。当动车组走行线的最大坡度大于 30‰时,宜铺设无砟轨道。

5. 竖曲线的长度和半径

高速铁路正线相邻坡度差大于或等于 1‰时,应设置竖曲线。竖曲线一般采用圆曲线型,高速铁路竖曲线最小长度不得小于 25 m。

(二) 高速铁路路基

路基工程是铁路轨下基础工程的重要组成部分,是保证列车高速、安全、舒适运行系统中的关键工程,其对地基、路基填料及修建方式等有很高的要求。

(三) 高速铁路桥梁

高速铁路桥梁通过控制结构刚度、徐变拱度、工后沉降,达到桥上线路高可靠性、高稳定性、高平顺性和良好的高速行车车桥耦合动力性能。

(四) 高速铁路隧道

高速列车进入隧道后会诱发瞬变压力、洞口微气压波和行车阻力等方面的空气动力学效应,且高速铁路隧道安全、可靠、耐久性等要求更高。

京张高速铁路八达岭地下车站是目前国内开挖断面最大、单拱跨度最大、埋深及提升高度最大的高速铁路地下车站,是国内唯一的多层立体交错复杂洞室群车站,是目前亚洲规模最大的山岭地下火车站。

二、高速铁路轨道

高速铁路轨道结构由钢轨、扣件、轨枕道床、道岔等部件组成的结构体。由于列车对轨道结构的作用力与速度密切相关，所以要求高速铁路轨道结构具有更高的安全性、稳定性和平顺性，在部件性能、技术水平和养护维修等方面标准更高、要求更严。

(一)高速轨道结构

高速轨道结构分为有砟和无砟轨道两种类型。国内外运营实践表明：两类轨道结构均能适应高速运输的要求，但由于两类轨道结构在技术经济性方面的差异，各国均根据自己的国情、铁路的特点合理选用，以取得最佳的技术经济效益。

1. 有砟轨道

有砟轨道具有结构简单、工程费用低、施工铺设速度快和易于维修等优点，但其缺点体现在稳定性较差，在列车动荷载作用下，轨道的平顺性容易受到影响，道砟粉化及道床累积变形速率较快，养护维修工作量大，修理成本较高；高速运行时道砟易飞溅击打列车且损伤钢轨；线路修理作业的施工慢行对运输影响较大等。

2. 无砟轨道

无砟轨道由钢筋混凝土浇筑而成，与有砟轨道相比，无砟轨道具有轨道稳定性好，轨道几何形位能持久保持，平顺性及刚度均匀性好，耐久性好，服务期长，避免高速运行时道砟飞溅等优点，缺点是初期投资费用高，施工工艺要求高，轨道弹性较差，振动噪声较大等。

我国高速铁路无砟轨道结构总体上分为两大类，即预制板式无砟轨道和现浇混凝土式无砟轨道，其中预制板式无砟轨道分为 CRTS Ⅰ、CRTS Ⅱ、CRTS Ⅲ型和道岔区板式四种，如图 13-1 所示。

(二)无缝钢轨

高速铁路正线及到发线轨道应按一次铺设跨区间无缝线路，施工时首先将钢厂生产的 100 m 定尺长钢轨焊接成 500 m，然后将 500 m 长钢轨运到现场焊接为 2 km 长，最后再将相邻 2 km 长钢轨焊联起来，形成无缝线路。

(三)高速铁路道岔

为满足动车组高速过岔时的安全性和平稳性要求，高速铁路道岔必须具有高平顺性、高精度和高可靠性。高速铁路道岔号码主要有 18 号和 42 号，侧线通过速度分别为 80 km/h 和 160 km/h。18 号道岔主要用于正线和到发线，42 号道岔主要用于联络线。

(四)综合检测列车

综合检测列车是安装了轨道几何、接触网、轮轨力、通信、信号、综合等多个检测系统的动车组，综合检测列车按照一定的运行图对高速铁路线路进行检测，具有对各系统参数进行同步实时检测及综合处理的能力。综合检测列车已成为基础设施检测、保障行车安全、指导养护维修的重要技术手段。

(a)CRTS Ⅰ 型板式无砟轨道

(b)CRTS Ⅱ 型板式无砟轨道

(c)CRTS Ⅲ 型板式无砟轨道

(d)道岔区板式轨道

图 13-1 板式无砟轨道

三、动车组和牵引供电

(一)动 车 组

高速铁路采用动车组作为主要运输设备,动车组可分为动力集中和动力分散两种。目前,CRH 系列动车组都采用动力分散动车组。

(二)牵引供电

高速铁路的牵引供电系统,与常速铁路的牵引供电系统不同,它的供电能力和供电可靠性必须满足高速列车运行的要求。

1. 高速铁路要求接触网受流质过高,分段和分相点数量少,目前我国采用自耦变压器(Auto-Transformer,AT)供电方式。

2. 高速铁路接触网的悬挂类型采用全补偿弹性链型悬挂,高速铁路接触网主要由支柱、支持装置、定位装置、接触悬挂等组成,接触悬挂包括接触线、承力索、吊弦等。接触线型号的选择应满足机械强度和牵引网负荷电流等要求,截面应保证牵引供电系统载流的要求。

四、高速铁路信号与通信

(一)高速铁路信号系统

1. 列车运行控制系统(列控系统)

列控系统是对列车运行实现自动监控的系统,以分级的形式满足不同线路的运输需求,是保障高速铁路运营安全、提高运营效率的核心技术装备,是高速铁路的核心技术设备之一。

(1)系统组成与分级

列控系统包括地面设备、车载设备、信号数据传输网络和车—地信息传输设备。列车运行监控示意图,如图13-2所示。地面设备提供线路参数、目标距离和进路状态。车载设备生成目标距离控制模式曲线,并通过驾驶室内的人机界面为司机提供目标速度、当前速度、最高允许速度、距前方停车点距离等信息,满足高速运行所需的控车要求。信号数据传输网络实现地面设备间的数据信息交互。车—地信息传输设备完成地面设备和车载设备的信息交互。

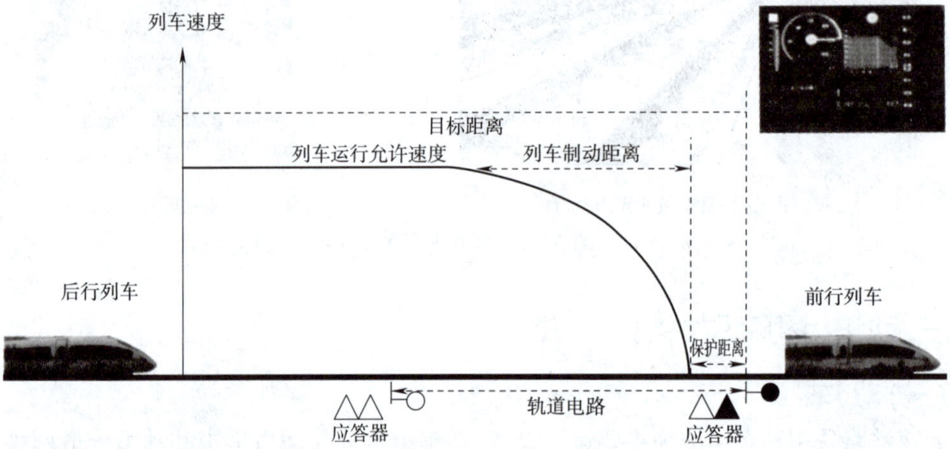

图13-2 列车运行监控示意图

(2)分类

列控系统按速度防护方式分为:

①列车超速防护系统

当列车实际运行速度超过允许速度时,报警装置鸣响给司机报警,若司机失去警惕,列车速度继续升高,当列车运行速度超过最大运行速度时,超速防护设备实施强迫制动,是列车停在显示“禁止”信号的信号机前方。

②列车自动限速系统

当列车实际运行速度超过限制速度时,设备自动实施常用制动,使列车运行速度自动地降低,当列车运行速度降低到低于限制速度一定值后,制动自动缓解。

③列车自动运行系统

列车自动运行系统是叠加在自动限速系统上的。当列车不能按列车运行图正点到达时，在自动限速系统允许速度的前提下，对列车运行的速度自动调整，加速或减速。除具有自动调速功能外，还具有定点停车、自动开关车门、自动列车广播等功能。

2. 计算机联锁系统

车站、线路所、动车段（所）应采用计算机联锁设备。

3. 调度集中系统

调度集中系统是高速铁路信号系统的主要组成部分，高速铁路调度所、车站、线路所、动车段（所）均应采用 CTC 系统实现列车调度指挥自动化。

4. 信号集中监测系统

信号集中监测系统是高速铁路信号系统的组成部分。信号集中监测系统为高速铁路信号系统的运用和维护提供现代化的手段，也极大地方便各级电务部门的管理。信号集中监测系统主要是对车站信号机械室内的电源屏、外电网、道岔转辙装置、信号机、轨道电路以及信号电缆回线进行监测和采集，其对外接口主要包括与智能电源屏、计算机联锁系统、列控系统、CTC 系统等的接口。信号主要系统、设备（含车载设备）应具有自诊断、检测、报警、信息储存、状态再现等功能。采用实现全程联网、可远程监测的信号集中监测系统，对地面信号设备进行集中监测。

（二）专用通信设备

高速铁路通信网应为列车控制、综合调度、信息系统等提供安全、稳定、可靠、灵活的通信手段，满足高速铁路语音、数据和图像等综合业务的发展需要。随着列车运行速度的提高，对通信系统提出了更高的要求。即通信应具有高可靠性，能保证运营管理的高效率，并且与信号系统、计算机相紧密结合，形成一个现代化的运营、管理、服务系统，完成多种信息的传输和提供多重通信服务。

五、高速铁路车站

高速铁路车站是高速铁路系统中重要的基础设施，是客流集散的场所。其主要作用是完成旅客输送任务，生产活动主要包括客运作业和行车技术作业。

（一）车站设计

高铁车站是高速铁路运输组织的基地。与传统铁路客站相比，新建的高铁车站注重室内外空间环境的缔造，高大、通透、开敞的空间特性，提升旅客出行的舒适度。大跨度空间结构技术的创新，使这一目标得以实现。

在高架候车厅、进站厅、站台及地下空间的设计中，更加注重和关心旅客的感受，多采用自然通风采光的方式，室内温度环境、声环境及光环境的研究及控制，提升了车站室内空间品质。

（二）车站类型

1. 根据技术作业性质划分

（1）越行站：主要办理中速列车待避高速列车的作业。

（2）中间站：主要办理停站的各种旅客列车的客运业务，少量高速旅客列车夜间折返停留及各种旅客列车的不停站通过作业。

（3）始发终到站：设在高速铁路、客运专线的起点和终点，位于特大城市的铁路枢纽，主要办理始发、终到高速列车的作业;办理动车组的整备、检修、取送和折返作业。

(4)通过站:车站设在高速铁路、客运专线沿线大、中城市的铁路枢纽,一般都有普通铁路干支线接轨,以办理通过的高、中速旅客列车的客运业务和旅客换乘,还办理部分始发、终到的高速列车及动车组的整备、检修等作业。

2. 按调度集中基本操作方式划分

由列车调度员直接办理接发列车作业的车站(线路所)为集控站,其他车站(线路所)为非集控站。

同时,按客运量大小,高铁车站可分为特大、大、中、小型车站。

(三)车站设备

车站设备主要包括站场设备和客运设备。

1. 站场设备

车站根据业务性质、运量大小及技术作业的需要,设置下列主要设备:

(1)到发线;

(2)折返线;

(3)救援列车停留线、自轮运转特种设备停留线等;

(4)与动车组运用所、动车段相连接的车站,应设动车组走行线(当设有专用的机车走行线并具有相同进路时,可以合设);

(5)动车组长期停放的车站应设动车组存车线;

(6)作业车辆停放线;

(7)通信、信号、联锁、闭塞设备;

(8)根据接发列车、调车作业的需要设置隔开设备等安全设施;

(9)机车乘务组、动车组司机及随车机械师、客运乘务组进行中途换乘作业的车站,应配备值班室、休息室和必要的配套设施。

旅客列车始发终到站、客运枢纽站和上水站,应在到发线间设置列车上水设施和节水装置。

2. 客运设备

客运站房,应根据客运量设有便于购买车票、办理行李包裹、候车、问询、引导、广播、时钟、携带品寄存,以及为旅客服务的文化、卫生及生活上的必要设备。根据规定还应设置实名制验证和制证设备、安全检查设备、客运信息查询设备、视频监控设备、行李包裹到达查询设备、垃圾存放设备、消防设备等,根据需要设置电梯、自动扶梯、无障碍通道和相应的助残设施、污物处理、自动售检票和取票设备等。

办理客运业务的车站应设旅客高站台,并应有照明、引导、广播、时钟和视频监控设备。车站应设置围墙或栅栏。

客运站站前应有广场,站台应有雨棚,跨越线路应采用天桥或地道。大型客运站根据需要设置用于行包、行邮、垃圾清运作业的通道。

设立旅客服务系统,支持铁路局集团公司集中、中心代管小站和车站独立运行等模式,配置相应旅服集成管理平台和车站应急处理平台,实现对车站广播、引导、时钟、查询、视频监控等客运业务的集中管理和控制。

(四)高铁车站举例

1. 北京南站(图 13-3)

北京南站作为京津城际铁路以及京沪高速铁路的始发站和终到站,是我国第一座真正意义上的高铁车站,是一个集铁路、地铁和市政交通设施于一体的大型综合交通枢纽。北京南站于 2008 年 8 月 1 日投入运营,作为我国铁路建设飞速发展的特殊时期建成的大型高铁车站,是我国新型车站建设的先行者,在各方面都起到了积极的探索和示范作用。

图 13-3　北京南站

2. 上海虹桥站(图 13-4)

上海虹桥站是一座高度现代化的高铁车站,总投资超过 150 亿元人民币,总占地面积超过 130 万 m^2。上海虹桥站为沪杭高速铁路、沪宁高速铁路与京沪高速铁路的交汇点,是华东地区最重要的铁路客运枢纽与规模最大铁路客运站。站址位于上海市偏西部,东邻上海虹桥国际机场 T2 航站楼,是虹桥综合交通枢纽的重要组成部分,于 2010 年7 月 1 日投入运营。

图 13-4　上海虹桥站

3. 西安北站(图 13-5)

西安北站共有 18 座站台 34 条股道,是目前国内股道数量最多的高铁车站,站房从上至下分别为“出发层”“站台层”“到达层”“地铁层”,采取上进下出、双进双出的客流组织模式,实现高速铁路与地铁的“零换乘”。西安北站位于西安市城市北部中轴线,是西北地区最重要的、规模最大的铁路客运枢纽,是西安铁路枢纽的主要客运站之一,于 2011 年 1 月 11 日正式投入运营。

图 13-5 西安北站

4. 郑州东站(图 13-6)

郑州东站位于郑州市城市东部,是我国第一个“米”字形高速铁路枢纽,共有 16 座站台 32 条股道,总建筑面积约 41.18 万 m^2,其中候车大厅占地面积 6.7 万 m^2,站房按 5 层布置,其中地上 3 层,地下两层,采取上进下出、双进双出的客流组织模式,实现高速铁路与地铁的“零换乘”。郑州东站于 2012 年 9 月 28 日正式投入运营,是构建中原城市群“一核四轴四区”网络化空间发展格局的重要支撑。

图 13-6 郑州东站

5. 雄安站(图 13-7)

雄安站位于河北省雄安新区境内,是雄安新区开工建设的第一个重大基础设施项目,车站总建筑面积 47.52 万 m^2,建设采用的是站桥合一模式,并采用多项智能设计理念,于 2020 年 12 月 27 日开通运营,主要服务雄安新区。

图 13-7 雄安站

6. 北京丰台站(图 13-8)

北京丰台站是我国首座采用高速、普速客运车场重叠布置的特大型客运站,也是集高速铁路、普速铁路、城市公交、轨道交通于一体的大型立体综合交通枢纽,总规模 17 座站台 32 条股道,于 2022 年 6 月 20 日开通运营,是亚洲最大的铁路枢纽客站,也是新时代铁路大型客运站建设的集大成之作,对于服务支撑京津冀协同发展、雄安新区建设、首都规划建设等国家战略具有重要意义。

图 13-8 北京丰台站

第二节　高速铁路行车组织

一、基本要求

（一）行车组织原则

1. 行车组织基本原则

铁路行车组织工作，必须贯彻安全生产的方针，坚持高度集中、统一领导的原则。运输、机务、车辆、工务、电务、供电、信息、房建等部门要发扬协作精神，主动配合，紧密联系，协同动作，不断提高效率，挖掘运输潜力，完成和超额完成运输任务。

2. 列车运行图

列车运行图是铁路行车组织工作的基础。所有与列车运行有关的铁路各部门，必须按列车运行图的要求，组织本部门的工作，以保证列车按运行图运行。机车周转图应与列车运行图同时编制。

3. 调度集中系统

调度集中系统应具备分散自律控制和非常站控两种模式。分散自律控制模式分为中心操作方式、车站调车操作方式和车站操作方式。

4. 行车工作原则

行车工作必须坚持集中领导、统一指挥、逐级负责的原则。铁路局集团公司与铁路局集团公司间由国铁集团，铁路局集团公司管内各区段间由铁路局集团公司，一个调度区段内由本区段列车调度员统一指挥。

高速铁路列车调度台原则上应独立设置。高速铁路与普速铁路间联络线的行车调度指挥原则上纳入高速铁路调度指挥。

集控站由该区段列车调度员直接指挥；转为车站控制时，根据列车调度员指示，由车站值班员指挥。非集控站由车站值班员统一指挥。

列车和单机由司机负责指挥。列车或单机在车站时，所有乘务人员应按列车调度员（车站控制时为车站值班员）的指挥进行工作。

司机等相关人员应直接向列车调度员报告有关行车工作；在非集控站及转为车站控制的集控站，应向车站值班员报告。

（二）列车乘务

列车应设有列车乘务组。动车组列车应有动车组司机，其他列车应有机车乘务人员；动车组列车应有随车机械师，其他旅客列车应有车辆乘务人员；旅客列车应有客运乘务组。

（三）车站值守

集控站设车务应急值守人员，由车务具有车站值班员职名的人员担任。

在正常情况下，车务应急值守人员不参与行车工作。在设备故障、施工维修、非正常行车等情况下，根据列车调度员指示，车务应急值守人员负责办理相关行车作业。采用车站调车操作方式的车站，车务应急值守人员还应担当调车领导人并负责办理调车进路。

二、编组列车

动车组列车为自走行固定编组列车。

(一)列车编组

动车组为固定编组。单组动车组运用状态下不得解编，两组短编组同型动车组可重联运行。动车组禁止加挂各型机车车辆(无动力调车时的调车机车、救援机车、无动力回送时的本务机车及回送过渡车除外)，禁止编入其他列车。超过检修期限的动车组禁止上线运行(经车辆部门鉴定的回送动车组除外)。

(二)列车中机车车辆的编挂和连挂

两列动车组重联或解编时，由动车组机械师负责引导，司机确认。动车组重联时，被控动车组应退出占用，主控动车组使用调车模式与被控动车组连接。解编操作时，主控动车组转换为调车模式后，必须一次移动 5 m 以上方可停车。

三、调度指挥

高速铁路调度系统是高速铁路运输管理和列车运行控制的中枢，是高速铁路高新技术的集中体现，是高速铁路运营管理现代化、自动化、安全高效的标志，它根据机车车辆配备和动力特性、车站配备及作业、沿线线路和设备状态、相邻线路列车运行的状态等，统筹编制列车运行计划、集中指挥列车运行和协调铁路运输各部门的工作。

我国高速铁路调度系统按功能要求划分为运输计划、运行管理、车辆管理、供电管理、旅客服务、综合维修等子系统。

调度中心与调度所、动车基地、乘务基地、维修基地等之间的关系如图 13-9 所示，各部门之间通过专用网络连接，传递各种生产所需的信息。调度所直接指挥列车的运行，动车

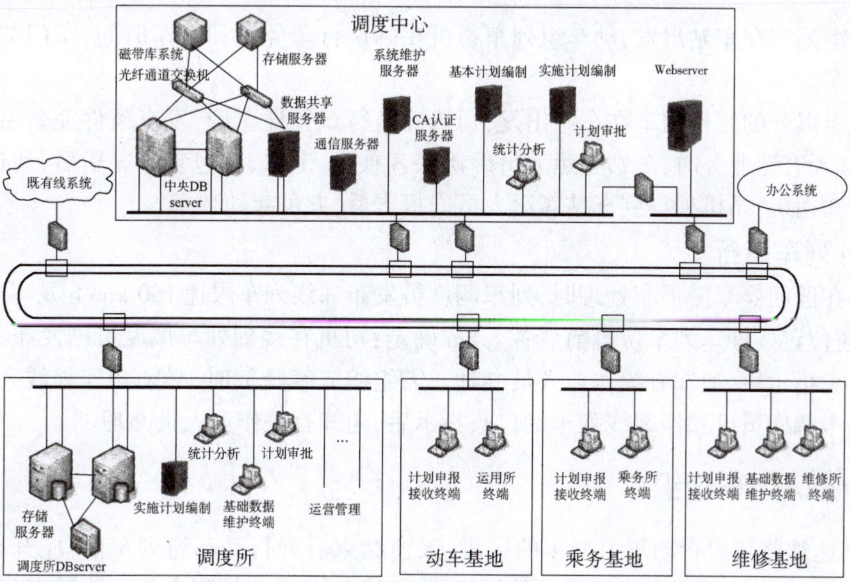

图 13-9　调度中心与调度所、动车基地、乘务基地物理结构

基地、乘务基地、维修基地等为受控部门,按调度所的安排进行工作。调度中心对跨铁路局集团公司调度的业务进行协调。

调度指挥工作主要包括调度日计划的编制、日常运输组织和调度命令的发布等。

(一)调度日计划

调度日计划是一日内的运输工作计划,包括列车开行计划和施工、维修计划。

(二)日常运输组织

有关行车人员必须执行列车调度员命令、口头指示,服从调度指挥。

(三)调度命令

国铁集团、铁路局集团公司调度在组织指挥日常运输工作中,应及时正确发布与运输有关的调度命令,下级调度以及行车有关单位、人员必须执行。指挥列车运行的命令(运行揭示调度命令除外)和口头指示,只能由列车调度员发布。

四、列车运行

(一)行车闭塞

车站均须装设基本闭塞设备。行车基本闭塞法采用自动闭塞、自动站间闭塞二种。电话闭塞法是当基本闭塞法不能使用时所采用的代用闭塞法,当基本闭塞法不能使用时,应根据列车调度员的命令采用电话闭塞法行车。

(二)接发列车

动车组列车由列车长确认旅客上下完毕后,通知司机关闭车门;列车进站停车时,司机按动车组停车位置标停车,确认列车停稳、对准停车位置后开启车门。按钮不在司机操作台上的,由列车长通知随车机械师关闭车门;列车到站停稳后,由随车机械师开启车门。如自动开关门装置故障或特殊情况需单独开关车门时,由司机通知列车工作人员手动开关车门。

动车组列车在车站出发,动车组列车司机在确认行车凭证和开车时间,车门关闭后,即可起动列车。

动车组以外的其他列车在车站出发,司机确认行车凭证正确,发车条件完备后,直接起动列车;办理客运业务时,车站客运人员确认旅客乘降、上水、行包装卸完毕后,通过无线对讲设备通知司机,司机须得到车站客运人员的报告后,方可起动列车。

(三)列车运行

列车在区间停车需下车处理时,列车调度员发布邻线列车限速160 km/h及以下的调度命令,限速位置按停车列车位置前后各1 km确定;司机在接到列车调度员已发布相关调度命令的口头指示后,通知有关作业人员办理。需组织旅客疏散时,必须扣停邻线列车;司机在接到列车调度员已扣停邻线列车的口头指示后,通知有关作业人员办理。

五、确认列车组织

1. 高速铁路仅运行动车组列车的区段,天窗结束后开行动车组列车前,应开行确认列车,确认列车开行纳入列车运行图。其他区段,天窗结束后首趟列车不准为动车组列车;扰动道床不能预先轧道的线路、道岔施工区段，施工开通后第一趟列车不准为旅客列车。

2. 确认列车应由工务、电务、供电部门各指派专业技术人员随车添乘，但有相应地面、车载监测设备的电务、供电部门根据需要添乘。

3. 随车机械师负责开启和关闭操纵端司机室后车厢站台侧门，供添乘人员上下车。随车机械师关闭车门后应及时通知司机。

4. 司机在确认行车凭证和开车时间，车门关闭后，即可起动列车。

5. 添乘人员必须服从司机的管理，不得干扰司机的正常操作。

六、调车工作

车站、动车段(所)的调车工作，应按列车运行图、车站或动车段(所)的技术作业过程及调车作业计划进行。

车站调车作业由列车调度员(由车站负责办理调车进路时为车站值班员或车务应急值守人员)担当调车领导人。分场时的调车工作，由负责该场调车进路的列车调度员(车站值班员或车务应急值守人员)领导。调车作业由调车长单一指挥，遇有特殊情况，可由经鉴定、考试合格的胜任人员担当指挥工作。动车组自走行调车作业、机车及自轮运转特种设备转线等作业由司机负责，不另设调车指挥人。

七、机车车辆停留与防溜

(一)机车车辆停留

1. 有动车组以外的旅客列车上线运行的高速铁路，在动车组运行时段，除动车组、旅客列车车底及本务机车外，车站正线、到发线不应停留其他机车车辆。特殊情况下确需在到发线停留时，由铁路局集团公司制定相应安全措施。

2. 仅运行动车组列车的高速铁路，在动车组运行时段，车站正线、到发线不应停留动车组以外的其他机车车辆。特殊情况下确需在到发线停留时，由铁路局集团公司制定相应安全措施。

3. 临时停留公务车线路上的道岔应开通不能进入该线的位置并加锁。集中联锁的道岔可在控制台上进行单独锁闭。

4. 安全线上禁止停留机车车辆。

(二)机车车辆防溜

1. 动车组防溜。

(1)动车组无动力停留时，有停放制动装置的动车组，由司机负责将动车组处于停放制动状态；动车组无停放制动装置或在坡度为20‰以上的区间无动力停留时，由司机通知随车机械师进行防溜，防溜时应使用铁鞋牢靠固定。

(2)重联动车组在设置铁鞋(止轮器)防溜时，仅设置前列。

(3)如需在同一股道内停留两列不重联的动车组时，两列动车组间应间隔不小于20 m的安全防护距离(动车段、动车所内的股道除外)，并分别做好防溜。

(4)动车段(所)内动车组防溜办法由铁路局集团公司规定。

2. 车辆防溜。

(1)车辆在车站停留时,应连挂在一起,拧紧两端车辆的人力制动机,并以铁鞋牢靠固定。特殊情况下分组停放时,应分别采取防溜措施。

(2)一批作业中临时停留的车辆,须拧紧两端车辆的人力制动机或以铁鞋止轮。

(3)调车作业实行“谁作业、谁防溜(撤除)”的原则,防溜措施的设置和撤除由调车人员(机车及自轮运转特种设备为司机,其他无调车人员的为设备使用单位人员)负责。

3. 机车及自轮运转特种设备在车站停留时,由司机负责将其保持制动(防溜)状态,并按规定采取止轮措施。

4. 施工路用车辆及自轮运转特种设备需在车站停留时,使用单位应派人负责看守。其他车辆在车站到发线停留时,由车站人员(车务应急值守人员或其他胜任人员)对其防溜措施进行检查、确认。

复习思考题

1. 高速铁路系统包括哪些组成部分?
2. 简述我国高速铁路的发展情况。
3. 高速铁路的线路有哪些特点?
4. 高速铁路的轨道结构有哪些特点?
5. 高速铁路的信号系统是如何组成的?
6. 何谓列车运行控制系统?
7. 高速铁路车站类型有哪些?
8. 高速铁路运输组织工作的特点是什么?
9. 高速铁路的调度系统是如何组成的?
10. 动车组应如何采取防溜?

第十四章

重载运输

学习任务

重载运输是世界铁路货物运输发展方向，也是我国铁路扩充运输能力的重要措施。通过采用大功率机车、扩大列车编组、提高列车轴重、特殊运输组织方式等措施，提高了运输能力、运输效率，降低了运输成本。

本章介绍了重载铁路的定义、重载运输的发展史，并对重载运输技术设备、重载运输组织模式进行了介绍。

通过学习，了解重载运输的发展史、重载运输相关技术设备，了解重载铁路的定义、重载铁路线路技术标准、重载运输的模式等相关知识。

重载运输是在一定的铁路技术装备条件下，通过采用大功率机车或电力机车、扩大列车编组长度、提高列车轴重和牵引重量、采用特殊运输组织方式等措施，使牵引重量和输送能力达到一定标准的运输方式，从而发挥铁路集中、大宗、长距离、全天候的运输优势，达到提高运输能力、提高运输效率、降低运输成本的目的。

我国《铁路主要技术政策》规定，重载铁路为满足列车牵引重量 8 000 t 及以上、轴重为 27 t 及以上、在至少 150 km 线路区段上年运量大于 4 000 万 t 三项条件中两项的铁路。

第一节　重载运输技术设备

我国在重载列车的基础设施强化技术、车辆重载技术、牵引、制动技术、列车同步操纵、无线数据传输、重载运输组织技术、重载组合列车优化操纵、综合维修技术等方面开展了一系列技术创新工作，形成了重载运输技术体系。

一、重载铁路线路

开行重载列车必须有与之相适应的线路，主要是指线路的承载能力、几何尺寸、站线长度、线路坡度等，它们必须符合列车在运行中对线路所产生的各种力的要求。

(一)限制坡度

重载铁路的限制坡度与所经地段的地形条件、线路等级、牵引类型等因素有关,需经技术经济比选后确定,一般按重、空车方向分别确定。重车方向最大限制坡度在4‰~10‰之间,空车方向在12‰~30‰之间。如大秦铁路的限制坡度重车方向为4‰,空车方向为12‰。

(二)最小曲线半径

选择最小曲线半径应充分考虑重载铁路的特点,结合地形、行车速度、养护维修和运行安全等条件,通过技术经济比选尽可能采用较大的曲线半径。国外的重载铁路最小曲线半径一般为400~1 200 m,困难地段可取300 m。我国大秦铁路最小曲线半径一般地段为800 m,困难地段取400 m;浩吉铁路最小曲线半径一般地段为1 200 m,困难地段为800 m。

(三)到发线有效长度

列车重量和长度的增加,在很大程度上受车站到发线有效长的限制。而重载列车运行区段上站线需要延长的长度要根据组织开行的重载列车的主要方式确定。由机车在头部牵引重量超过5 000~6 000 t的整列式重载列车,站线要延长到1 050~1 250 m;在开行两个4 000~5 000 t普通货物列车合并编组而成的组合列车时,其牵引吨数可达8 000~10 000 t,线路有效长应延长到1 500~1 700 m;若牵引吨数达到20 000 t以上时则有效长应延长到2 600 m以上。在我国重载线路上,开行1万t和2万t列车,车站到发线有效长分别为1 700 m和2 600 m,大秦线部分车站延长到2 800 m。

二、重载轨道结构

重载铁路的基本特征是运量多、轴重大。尤其是轴重,它是车辆每一轮对加于轨道上的重力,对轨道结构与线路状态产生着广泛而严重的影响。轨道结构伤损与运量和轴重有密切关系。

为了延长钢轨使用寿命,减少养护维修工作量,重载铁路线路应选用重型和特重型的轨道标准,一次性铺设跨区间无缝线路,采用100 m长定尺钢轨,道岔应采用重载专用道岔。大秦铁路重车线主要采用75 kg/m U77MnCr及U78CrV高强钢轨,其热轧钢轨轨面硬度大于320 HB,不仅强度高,且具有良好的焊接和热处理性能,满足了25 t轴重货车运行的需要。

三、重载机车车辆

除美国、加拿大、澳大利亚等国采用内燃牵引外,其他各国重载列车的牵引动力,一般采用电力牵引。

(一)重载列车对牵引动力的要求

为满足重载列车的牵引要求,主要是通过增加机车的牵引功率和实现轮轨之间最佳黏着来提高机车的牵引力。此外,机车还需要有足够大的起动牵引力,以保证重载列车在长大坡道线路区段的安全运行。在运行中的牵引和制动过程应能自动调整和控制,并在机车上装设必要的故障检测和诊断系统。

目前,凡列车重量超过10 000 t时普遍采用多机牵引,多台机车合理地分布在列车前部和中部,并根据列车的实际重量确定所需要的机车台数。由于列车编组很长,牵引动力又分别位于整个列车的不同部位，前后机车联系、操作动作的失调，都会直接危及行车安全。

为了解决列车同步操控问题，中国铁路采用 Locotrol 技术。Locotrol 系统主要提供机车遥控功能，由主控机车遥控分布在列车中的其他机车，使各个机车同步牵引、制动或缓解，优化整列车的动力分配和制动控制。

（二）重载列车的牵引机车

2004 年起研制并陆续下线的和谐$_1$型（HXD_1）、和谐$_2$型（HXD_2）的大功率电力机车由两节相同的 4 轴机车重联组成，最高运行时速达 120 km，机车总功率分别达 9 600 kW 和 10 000 kW；和谐$_3$型（HXD_3）为 6 轴机车，最高运行时速达 120 km，机车总功率达 7 200 kW。在此基础上，6 轴 9 600 kW 的 HXD_{18}、HXD_{2B}、HXD_{3B} 也逐步投产。在大秦线实现了采用 2 台和谐型大功率机车加可控列尾的方式，开行 2 万 t 重载组合列车。

（三）重载运输的车辆

为了充分利用牵引动力，增加列车的牵引重量，最有效的途径是增加每延米轨道的载重量。重载运输的车辆应采用载重量大、强度高、自重系数小的大型四轴货车。我国大秦铁路采用自主研制的载重 80 t 级 C_{80}、C_{80B} 型 25 t 轴重煤炭专用敞车，以适应重载运输的需要。其中 C_{80} 型为双浴盆式铝合金车体，C_{80B} 型为有中梁、平地板式不锈钢车体，车钩连挂方式采用牵引拉杆，三辆一组，两端为 16 型旋转车钩和 17 型固定车钩连挂，中间为牵引杆连接。

（四）车钩缓冲装置

车钩缓冲装置是车辆最重要的部件之一。重载列车对车钩缓冲装置的结构设计、材质工艺、维修保养以及机车操纵技术等方面都提出了具体要求。在重载单元列车中，由于采用翻卸方式卸车，为创造不摘车卸车条件，在车辆一端装有高强度旋转式车钩。

（五）制动装置

重载列车与普通列车相比，速度并不高，但重量大、编组车辆数多、列车很长，列车需要制动或缓解时，前后部车辆制动与缓解的时间差较大，造成了纵向冲击力的加大。

重载列车制动装置应具备如下功能：

1. 应具有较高的制动波速和缓解波速。它可以缩短制动和缓解时列车前后部作用的时间，减轻制动和缓解的纵向冲击，并能缩短列车制动距离。

2. 采用摩擦系数较大的闸瓦，如高摩合成闸瓦。这样，可保证在同样的闸瓦摩擦力的条件下，改用较小的制动缸和副风缸，以减少初充气的时间。

3. 采用性能良好的空重车自动调整装置，保证空车不滑行、重车具有足够的制动力。

4. 要有密封式制动缸和良好的“压力保持”性能。在长大下坡道制动保压时，能保持制动缸压强不因泄漏而衰减。

四、重载供电系统

电气化重载铁路供电能力必须与线路运输能力相适应，供电设施应预留发展条件。例如采用高强度、耐腐蚀、少维修的接触网零部件，提高电气化铁路的运行可靠性和抗灾能力；推广供电综合监控及数据采集技术；推广弓网实时监测技术，发展在线监测装置与技术。大秦线的正线接触网采用新型 CTHA150 型，承力索采用 THJ150 型，水平拉杆改用平头腕臂，吊弦改用整体载流吊弦，有效适应了重载列车的运行要求，全面提升了接触网的整体强度。

五、重载通信信号

重载铁路信号系统由计算机联锁系统、自动闭塞系统、DMIS 系统及建立在 DMIS 系统平台上的 CTC 系统、车载信号系统、环境监测控系统组成。大秦线采用 GSM-R 综合数字移动通信系统与 Locotrol 技术的结合，把 Locotrol 技术由过去的点到点的通信传输，发展为系统网络通信传输，覆盖全线，解决了机车间通信距离限制的关键问题，使得 210 辆、2 600 多米长的重载车辆，实现了前后同步控制，操纵误差最少仅为 0.6 s；实现 800 MHz 数据电台与 Locotrol 技术的结合，使通信传输距离由 450 MHz 的 650 m 提高到 800 MHz 的 790 m，进一步拓展了 Locotrol 技术的应用领域。

六、重载单元列车的装卸设备

重载单元列车是把装、运、卸形成一套完整单元体系，即整个列车在同一站装车后，把列车作为一个整体，中途不更换机车、不解体地远距离运输，到站后卸货，并且在装卸车站要有与之相配套的装卸机具和站内线路。

（一）单元式重载列车的装车站

开行单元式重载列车时，装车必须可靠迅速，条件允许时，一般采用环线式装车站。在装车站修建环线，在环线上设 1‰的上坡，使车钩始终伸开，在环线上还配有装车设备、轨道衡等。这种车站占地面积较大，但可以使列车在走行中装车，且不需要转向设备和作业。

（二）单元式重载列车的装车系统

单元式重载列车的装车系统要求较高，在装车点应设有高速定量装车系统。在装车时由控制室遥控列车进行移动，机车上装有恒速器，使列车移动速度按规定要求进行。全列装完后，机车乘务员方能开始操纵机车。

（三）单元式重载列车的卸车系统

为使单元式重载列车整列不停车卸车，在有条件的地区应设有环线线路。在条件受限制的地区则采取分组卸车的办法。按列车编组的车型不同，卸车主要采用漏卸式和翻卸式。漏卸即漏斗车在高架栈桥或卸车坑道上打开车门直卸；翻卸则是将敞车固定在翻车机内旋转倾覆卸车。采用不摘钩翻卸式的专用卸车必须在（每辆车或多辆一组）一端装有高强度旋转式车钩。在卸车站上需有拨车机、翻车机和解冻库等设备。我国大秦铁路的秦皇岛港、曹妃甸港主要采用不摘钩翻卸式。

第二节　重载运输组织

一、铁路重载运输的模式

按重载列车的作业组织方法区分，铁路重载运输主要有以下两种模式。

(一)单元式重载列车

单元式重载列车是把大功率机车(双机或多机)与一定编成辆数的同类专用货车固定组成一个运输"单元",并以此作为运营计费的单位。运送的货物品种单一,在装、卸站间往返循环运行,中途列车不拆散,不进行改编作业,机车车辆固定编挂位置,车底固定回空,两端车站装卸设备配套,是装、运、卸"一条龙"的运输组织形式。

(二)组合式重载列车

组合式重载列车是由两列及其以上同方向运行的普通货物列车首尾相接、合并组成的列车。机车分别挂于各自的货物列车首部,由最前方货物列车的机车担任本务机车,运行至前方某一技术站或终到站后,分解为普通货物列车,是扩大运输能力的一种运输组织方式。

二、大秦线重载组合列车的开行方式

自 2004 年起,大秦线开行的 2 万 t 重载组合列车主要有 3 种编组开行方式的技术。

(一)采用 4 台 SS_4 机车开行 4 ×5 000 t 重载组合列车

Locotrol 技术在世界各国重载运输中均以 5 000 t 列车的长度为基本单元开行重载组合列车。由于原来采用的 450 MHz 数据电台在山区隧道地区传输距离仅为 650 m,为满足大秦线运输需求,国铁集团采用 800 MHz 数据电台作为无线传输平台,实现了 800 MHz 数据电台与 Locotrol 技术的系统集成,传输距离达到 790 m,满足了机车间通信的要求。这种模式由 4 列编组 51 辆的 C_{80} 型单元列车,每列由 SS_4 机车单机牵引连挂而成(简称 1 +1 +1 +1 模式)。

(二)采用 4 台 SS_4 机车开行 2 ×10 000 t 重载组合列车

大秦线有 46 个万 t 装车点和 8 个 2 万 t 装车点,为了满足运输需要,提高运输效率,自 2005 年开始,大秦铁路实现了 Locotrol 技术与 GSM-R 技术的结合,成功开行了 2 ×10 000 t 重载组合列车,标志着中国铁路重载运输技术达到世界先进水平。这种模式下列车由 2 列编组 105 辆的 C_{80} 型单元万吨列车连挂而成,列车前部 1 台 SS_4 型机车牵引,中部 2 台 SS_4 型机车重联牵引,尾部连挂 1 台 SS_4 型机车(简称 1 +2 +1 模式)。

(三)采用 2 台和谐型机车开行 2 ×10 000 t 重载组合列车

2007 年 5 月,成功开行了用 2 台大功率和谐型电力机车加可控列尾装置牵引 2 万 t 重载组合列车的综合试验,开创了世界铁路重载史的新篇章。采用 2 台大功率和谐型机车牵引 2 万 t 重载组合列车,减少了机车台数,提高了运输效率和经济效益。列车由 1 台 HXD 机车牵引105 辆 C_{80} 型与另一台 HXD 机车牵引 105 辆 C_{80} 型组合,尾部加可控列尾装置(简称 1 +1 + 可控列尾模式)。

总之,根据各国铁路运营条件、技术装备水平、发展重载运输目的的不同,重载运输采用的重载列车、运输类型、组织方式也各有差异。

复习思考题

1. 何谓重载铁路？
2. 简述我国重载铁路的发展历程。
3. 重载铁路线路技术标准有哪些要求？
4. 重载列车对牵引动力有何要求？
5. 重载铁路的车辆有哪些特性？
6. 简述重载列车制动装置应具备的功能。
7. 大秦线是如何解决机车间同步操控问题的？
8. 铁路重载运输主要有哪几种模式？
9. 何谓组合式重载列车？
10. 大秦线重载组合列车的开行方式有哪些？

附录 计量单位名称符号对照表

量的名称	计量单位名称	计量单位符号
长度	米	m
	厘米	cm
	毫米	mm
	千米(公里)	km
	英尺	ft
质量	吨	t
	千克(公斤)	kg
时间	秒	s
	分	min
	[小]时	h
	天(日)	d
频率	赫[兹]、千赫、兆赫	Hz、kHz、MHz
线质量	千克每米(公斤每米)	kg/m
速度	米每秒	m/s
	千米每[小]时(公里每[小]时)	km/h
力	牛[顿]	N
	千牛[顿]	kN
功率	瓦[特]	W
	千瓦[特]	kW
电压	伏[特]	V
	千伏[特]	kV
压强	帕[斯卡]	Pa
	千帕[斯卡]	kPa
面积	平方米	m^2
体积	立方米	m^3

参考文献

[1] 中国铁路总公司. 铁路技术管理规程(普速铁路部分)[S]. 北京:中国铁道出版社,2014.

[2] 中国铁路总公司. 铁路技术管理规程(高速铁路部分)[S]. 北京:中国铁道出版社,2014.

[3]《中国高速铁路》编委会. 中国高速铁路[M]. 北京:中国铁道出版社,2013.

[4] 中国国家铁路集团有限公司. 铁路车站行车作业人身安全规定[S]. 北京:中国铁道出版社有限公司,2020.

[5] 佟立本. 铁道概论[M]. 8 版. 北京:中国铁道出版社有限公司,2020.

[6] 周平. 铁道概论[M]. 2 版. 北京:中国铁道出版社,2018.

[7] 李和平. 铁道工程概论[M]. 北京:人民交通出版社,2020.

[8] 尹传忠,王立坤. 综合运输学概论[M]. 上海:上海交通大学出版社,2020.

[9] 国家铁路局. 铁路行车组织词汇:GB/T 8568—2013[S]. 北京:中国标准出版社,2014.

[10] 袁清武. 车辆构造与检修[M]. 北京:中国铁道出版社,2006.

[11] 张旺狮. 车辆新技术[M]. 北京:中国铁道出版社,2004.

[12] 张旺狮. 车辆制动装置[M]. 北京:中国铁道出版社,2007.

[13] 吕永昌,林瑜筠. 计算机联锁[M]. 北京:中国铁道出版社,2007.

[14] 徐啸明. 列控车载设备[M]. 北京:中国铁道出版社,2007.

[15] 徐啸明. 列控地面设备[M]. 北京:中国铁道出版社,2007.

[16] 蓝茜英,蒋笑冰. 铁路专用通信[M]. 北京:中国铁道出版社,2011.

[17] 沈尧星. 铁路数字调度通信[M]. 北京:中国铁道出版社,2004.

[18] 王邠. 数字调度通信系统[M]. 北京:中国铁道出版社,2011.

[19] 庞高荣,张树凯. 高速铁路 GSM-R 通信系统[M]. 北京:中国铁道出版社,2011.

[20] 董昱. 区间信号与列车运行控制系统[M]. 北京:中国铁道出版社,2008.

[21]《中国铁路建设史》编委会. 中国铁路建设史[M]. 北京:中国铁道出版社,2003.